Le droit des droits

De l'application des droits fondamentaux en Colombie au prisme du droit comparé

Droit comparé
Collection dirigée par Arnaud Martin

Parce que le droit ne peut plus être considéré dans sa seule dimension nationale et que son étude doit s'ouvrir aux droits étrangers, que l'analyse comparative permet de s'échapper des déterminismes qui faussent l'étude des systèmes juridiques et que l'étude des systèmes normatifs étrangers peut faciliter la recherche de réponses aux questions juridiques, la collection Droit comparé met à la disposition des chercheurs et des praticiens du droit un ensemble de travaux destinés à alimenter leur réflexion tout en donnant aux objectifs, aux méthodes et à l'utilité de l'analyse comparative une plus grande visibilité.

Elle publie des recherches en droit comparé ou accordant une place importante au comparatisme juridique, que ce soit en droit public ou en droit privé, en droit français ou en droit étranger, que celles-ci prennent la forme d'essais, d'actes de colloques ou de séminaires ou de thèses.

Elle est naturellement ouverte à toutes les écoles de pensée juridique, ainsi qu'aux recherches pluridisciplinaires dès lors qu'elles présentent une dominante juridique.

Carlos Bernal Pulido

Le droit des droits

De l'application des droits fondamentaux en Colombie au prisme du droit comparé

L'Harmattan

5-7, rue de l'École-Polytechnique ; 75005 Paris
http://www.harmattan.fr
diffusion.harmattan@wanadoo.fr
harmattan1@wanadoo.fr
ISBN : 978-2-343-04835-2
EAN : 9782343048352

À María José.

SOMMAIRE

Remerciements

Ce livre est le résultat de plusieurs années de recherches et de travaux professionnels, au cours lesquelles j'ai pu me forger un certain nombre de convictions sur la théorie et la pratique des droits fondamentaux en Colombie.

Dans la formation de telles convictions, mes conversations avec le professeur Robert Alexis, durant mes séjours à sa chaire de philosophie du droit et de droit public de l'Université de Kiel, ainsi que les intéressantes discussions que j'ai eues avec son assistant, le Dr Martin Borowski, ont eu une importance capitale.

De même, les présentes pages doivent beaucoup à plusieurs professeurs et amis espagnols qui m'ont beaucoup apporté par leurs conseils, leurs observations et leurs critiques. Parmi eux, je voudrais mentionner le directeur de ma thèse de doctorat à Salamanque, le professeur José Luis Cascajo Castro, le professeur Martín de la Vega, également de l'Université de Salamanque, et le professeur Juan Antonio García Amado, de l'Université de León.

Ce livre a aussi bénéficié d'échanges d'idées sur le droit constitutionnel nord-américain avec le professeur Stanley Paulson, de l'Université Washington de Saint-Louis, aux États-Unis, et du matériel bibliographique réuni à la bibliothèque de l'Université d'Oxford, en Angleterre, durant l'été 2002, grâce à l'invitation du professeur Joseph Raz.

En ce qui concerne la jurisprudence constitutionnelle colombienne, je dois dire que certaines idées que je défends dans ce livre proviennent des débats qui ont eu lieu, à la Cour constitutionnelle, avec le juge Manuel José Cepeda Espinosa et le professeur Rodolfo Arango. Mais, par-dessus tout, certains concepts et idées résultent d'observations pertinentes de mes collègues du groupe de recherches en droit constitutionnel de l'Université Externado de Colombie, en particulier des professeurs Nésor Osuna, Alexei Julio, Humberto Sierra, Germán Lozano et Édgar Solano.

Je suis aussi redevable envers M. Andrés Sutiérrez, moniteur, qui m'a fourni la documentation nécessaire pour plusieurs des écrits qui composent ce livre, et mon assistant à la chaire d'introduction au droit de l'Université Externado de Colombie, le professeur Juan Carlos Upegui, pour ses critiques et ses recommandations sur le choix de la jurisprudence.

Je dois aussi à María José Viana une très fructueuse collaboration dans la sélection et l'analyse d'une partie de la jurisprudence qui sert de fondement aux écrits présentés dans cet ouvrage.

Je ne peux manquer de mentionner, en termes généraux car une liste détaillée me ferait courir le risque de commettre des omissions impardonnables, l'apport de mes étudiants du doctorat en droit et des maîtrises de droit public et de droit administratif de la responsabilité de l'État, des spécialisations en droit public et en droit constitutionnel et parlementaire, et du cours de perfectionnement en théorie de l'interprétation des droits fondamentaux – enseignements qui ont eu lieu au cours du 1er semestre 2004 –, ainsi que de mes étudiants de 1er cycle du cours d'introduction au droit, tous de l'Université Externado de Colombie, à l'élaboration de ma conception des droits fondamentaux. Je leur dois nombre d'idées exposées dans ce livre. Bien sûr, les erreurs sont entièrement imputables à l'auteur.

Enfin, je voudrais remercier l'université Externado de Colombie pour le généreux financement qu'elle m'a accordé pour mener à bien ce projet, son recteur, le Dr Fernando Hinestrosa, et les professeurs Carlos Restrepo Piedrahíta et Luis Villar Borda pour leurs encouragements constants ; et à titre personnel, ma mère, María Stella, mon père, Libardo, et mon frère, Luis, pour leur soutien inconditionnel. Et bien sûr, à María José, ma grande bénédiction, pour tout… À elle, je dédie ce livre.

INTRODUCTION

Dans son célèbre essai, *American Jurisprudence through English Eyes: The Nightmare and the Noble Dream*[1], H. L. A. Hart observait que la jurisprudence nord-américaine relative aux droits fondamentaux proclamés par les amendements à la Constitution avait fait échouer l'idéal de ce que devait être une Cour et de ce qu'elle devait et pouvait faire. La multiplication des jugements qui donnaient des contenus idéologiques à des principes comme l'égalité, le procès équitable ou la liberté d'expression, semblait placer la Cour suprême fédérale aux antipodes d'un juge au sens où l'entendait Lord Radcliffe, c'est-à-dire d'un « savant objectif, impartial et expérimenté qui se borne à déclarer le droit », et la jurisprudence très loin d'une « application impartiale des règles de droit, préexistantes et déterminées, pour résoudre un cas concret[2] ».

Avec une grande finesse, Hart affirmait que cela avait suscité deux réactions opposées dans la doctrine : le cauchemar (*the Nightmare*) et le noble rêve (*the Noble Dream*).

Du côté du cauchemar figuraient ceux qui annonçaient le cataclysme de la conception du juge, c'est-à-dire l'impossibilité de continuer à considérer ce dernier comme une simple instance d'application du droit, que l'on pouvait facilement distinguer du législateur. Il semblait déjà que le juge, dans ses jugements, n'appliquait pas seulement le droit préexistant, mais créait aussi un nouveau droit. Le juge ressemblait alors davantage à une troisième chambre édictant des normes *ad hoc* pour résoudre des cas relevant de sa compétence, quand ceux-ci n'étaient pas prévus par le droit en vigueur ou quand ils étaient résolus d'une façon erronée. On présentait l'insuffisance de la logique comme l'unique facteur permettant de décrire et de contrôler l'application du droit, et on invitait à reconnaître ouvertement que l'interprète ne renonçait en aucun cas à introduire ses conceptions sur la justice et la politique dans l'application des normes. De même, on conseillait de ne pas empêcher cela ; au contraire, on menaçait d'exiger que les tendances idéologiques du juge soient ouvertement discutées et qu'elles demeurent dans les limites de ses compétences discrétionnaires.

La vision de cauchemar, incarnée par le réalisme juridique nord-américain – avec notamment, à sa tête, Holmes, McDougal et Frank –, et récemment reformulée de façon très ingénieuse par les *Critical Legal Stu-*

---

[1] *Essays in Jurisprudence and Philosophy*, Oxford, Oxford University Press, 1983, p. 123 et s..

[2] *Ibid.*, p. 125-126.

dies, s'opposait à l'idéalisme du « doux rêve ». Cette conception mettait l'accent sur l'idée que l'on pouvait expliquer et justifier le fait que le juge devait appliquer le droit préexistant et ne pas créer un droit nouveau, y compris quand il apparaissait que les règles juridiques ne permettaient pas de déterminer le sens de la décision[1]. Cette approche rejetait nettement l'idée selon laquelle l'interprète se prononçait ou pouvait se prononcer sur les affaires qui lui étaient soumises selon son bon plaisir ou sa volonté, quand la norme applicable était indéterminée. Comme substitut, elle préconisait que l'indétermination conduise le juge à faire une interprétation générale des principes et des valeurs qui constituaient le fondement du système juridique, pour en déduire la solution appropriée en l'espèce. Le juge ne devait jamais dire ce que le droit devait être, conformément à sa position idéologique, mais ce que le droit était, selon une interprétation générale de la Constitution et de la morale politique qui s'institutionnalise par le biais de celle-ci. Le cauchemar d'un droit plein de lacunes comblées par l'exercice de la subjectivité judiciaire est remplacé par le rêve idyllique d'un droit complet, appliqué par un interprète qui écarte la politique et se drape d'objectivité sur le fondement moral de la Constitution.

Il ne semble pas trop difficile d'établir un parallèle entre, d'une part, cette perception de Hart de la division qui fragmentait la doctrine nord-américaine et, d'autre part, la constance des opinions suscitées par la jurisprudence de la Cour constitutionnelle sur les droits fondamentaux. Cependant, sans tomber dans l'emphase littéraire ou dans une sorte d'artefact classificatoire, on peut affirmer que tant le cauchemar que le noble rêve ont connu, en Colombie, une variante pessimiste et une interprétation optimiste.

La variante pessimiste du cauchemar a été représentée par tous ceux qui déploraient l'effritement du formalisme légaliste qui commençait à se manifester dans le système juridique antérieur à la nouvelle Constitution, dans lequel les droits étaient protégés uniquement dans les limites de la loi et des textes administratifs. Ces voix réactionnaires ont fait part de leur perplexité en constatant que la faculté d'appliquer les clauses indéterminées qui composent le catalogue des droits fondamentaux confère nécessairement à la Cour constitutionnelle un authentique pouvoir de création de nouvelles normes. Les normes que l'on dégage dans les marges sémantiques desdites clauses, les sous-règles, comme les appellent la jurisprudence et une partie de la doctrine, ne sont pas une émanation directe du contenu des droits fondamentaux, mais une création originale du juge constitutionnel. De plus, elles ont dénoncé l'impossibilité de contrôler cette création juridictionnelle de normes qui, par conséquent, relèverait de l'arbitraire absolu de la Cour, et elles ont exprimé leur mécontentement face à l'activisme réformateur avec lequel l'exercice de cette compétence aurait été envisagé.

[1] *Ibid.*, p. 133 et s..

La version optimiste du cauchemar coïncide avec la constatation que l'efficacité directe des droits fondamentaux face à la loi et aux autres actes juridiques étatiques ou privés donne à la Cour constitutionnelle la compétence de créer du droit, ce qui ressemble, dans une certaine mesure, au pouvoir du Congrès. Cette conception affirme que l'exercice de cette compétence va au-delà de l'image utopique du juge objectif qu'offre le rationalisme éclairé. Bien au contraire, elle invite à prendre conscience de la complexité de l'interprétation constitutionnelle qui fournit à l'interprète une marge irréductible de pouvoir discrétionnaire, dans laquelle transparaissent son idéologie et ses orientations politiques, pour ne pas mentionner les manifestations inconscientes de son profil psychologique et autres empreintes subjectives. Cependant, le plus étrange dans cette version optimiste du cauchemar est sa complaisance à l'égard de l'activisme de la Cour constitutionnelle, favorable à la transformation du droit et du *statu quo*. De ce point de vue, la marge de pouvoir discrétionnaire que l'interprétation des droits fondamentaux confère à la Cour se présente comme une stratégie légitime pour le changement social et un mécanisme alternatif de l'État constitutionnel lui-même pour satisfaire les demandes reléguées à un second plan par l'inefficacité du pouvoir législatif et de l'administration. Dans un pays comme la Colombie, où la structure traditionnelle de l'État n'a pu satisfaire à un niveau acceptable les demandes de sécurité des citoyens, de protection de la vie et des libertés et de garantie du minimum vital, l'activisme de la Cour constitutionnelle est justifié. L'inefficacité du Congrès et de l'Exécutif génère un vide du pouvoir qui délégitime l'État et met en danger les droits fondamentaux que garantit la Constitution. Comme on veut que la fonction de la Cour consiste à veiller à l'intégrité des droits fondamentaux, son rôle doit être renforcé sur la scène politique et suppléer le déficit des pouvoirs de l'État, dont la négligence conduit à une situation contraire à celle envisagée par la Constitution.

En troisième lieu, il y a l'interprétation optimiste du rêve noble. Cette conception diverge de celles précédemment évoquées sur le plan structurel, dans la mesure où elle considère que l'application des droits fondamentaux ne donne pas au juge une marge de pouvoir discrétionnaire d'une importance telle que se produisent les conséquences redoutées par les victimes du cauchemar. Au contraire, on considère que l'exercice de la fonction d'application de ces droits conduit la Cour constitutionnelle à relever le défi de la construction d'une théorie matérielle de la Constitution, à partir de laquelle on peut déterminer le sens qui doit être attribué aux dispositions proclamant des droits fondamentaux dans chaque cas concret. L'élaboration de cette théorie paraît clairement être une entreprise viable. Sa réalisation implique une combinaison de trois éléments à la portée de tout bon juge : une reconstruction des fondements politiques et moraux de la Constitution (les piliers de l'État social et démocratique de droit, énoncés à l'article 1er de la Constitution), une vision cohérente et solide de l'ordre juridique, et une fine compréhension des règles de rationalité que toute argumentation doit respecter. L'interprétation des droits fondamentaux, réalisée dans une vision idéologique des valeurs proclamées dans la Constitution, en cohérence avec le reste de l'ordre juridique et soumise au respect des règles de rationalité de l'argumentation juridique, ne suppose l'exercice d'aucun type d'arbitraire juridique qui débouche sur une création débridée de droits, mais l'application de leurs contenus au sens strict. Finalement, la version optimiste du doux rêve donne un caractère satisfaisant à ces considérations analytiques par le fait que la Cour constitutionnelle applique le contenu des droits fondamentaux dans toute sa portée et soutient ainsi la transformation du *statu quo*. Sa vision sur ce point correspond à celle optimiste du cauchemar.

Enfin, la version pessimiste du doux rêve résulte d'une symbiose entre la conception analytique de l'interprétation des droits fondamentaux, évoquée au paragraphe précédent, et la crainte que l'application de ces droits, avec toutes ses implications, affaiblisse le système démocratique. Cette alternative finale ne réfute pas la conviction que l'attachement aux valeurs constitutionnelles, aux autres contenus de l'ordre juridique et aux règles de rationalité de l'argumentation apporte une sécurité à l'interprétation des droits, mais elle nie l'intérêt de faire prévaloir les normes qui découlent de ces trois facteurs sur les décisions que le législateur et les administrations adoptent par les voies de la démocratie. On craint que lesdites normes provenant de la Constitution remplacent les accords entre les intérêts sociaux qui se forgent dans la délibération publique. On prédit la paralysie de la vie sociale, qui serait gouvernée par une sorte de microcosme constitutionnel dans lequel tout serait préalablement établi et ne pourrait être décidé jour après jour par les délibérations entre les citoyens et leurs représentants.

L'antagonisme entre ces quatre positions peut être synthétisé par un double dilemme : sur le plan analytique, la disjonction entre les thèses du cauchemar et du doux rêve et, sur le plan idéologique, l'alternative entre la conviction que l'activisme de la Cour constitutionnelle, comme l'exercice d'un pouvoir discrétionnaire ou l'accomplissement strict de la fonction d'appliquer les droits fondamentaux dans toute leur ampleur, est justifié ou non. Il en résulte qu'il est tout à fait pertinent de reconnaître qu'il existe un lien entre ces deux dilemmes. Plus la thèse optimiste sera plausible, plus le doux rêve le sera. Parallèlement, le cauchemar paraît conduire au pessimisme. Plus les arguments forcent à conclure que l'activisme judiciaire est nécessaire pour l'application des droits fondamentaux, plus grande sera la justification de son exercice par la juridiction constitutionnelle. De manière corrélative, plus l'activisme paraîtra discrétionnaire, plus sa raison d'être décroîtra.

Cette relation directe entre la perspective analytique et la justification idéologique de l'activisme attribue à celle-ci une valeur supérieure, qui se retrouve dans les écrits sur l'application des droits fondamentaux faisant l'objet du présent ouvrage. Pour nous, cependant, il n'est pas du tout évident que le cauchemar et le noble rêve entravent les possibilités de l'horizon analytique (Hart ne le pensait pas non plus). Entre l'objectivisme et le subjectivisme interprétés de la façon la plus radicale, il existe une intéressante variété de points intermédiaires parmi lesquels se trouve peut-être l'équilibre adéquat.

Les écrits qui composent ce livre traitent de cette problématique. Il s'agit d'un ensemble combiné de textes sur le droit des droits, c'est-à-dire sur la façon dont la Cour constitutionnelle détermine le contenu des droits fondamentaux proclamés par la Constitution de 1991. La question qui constitue le fil conducteur est de savoir de quelle manière et jusqu'à quel point l'application des droits fondamentaux faite par la Cour constitutionnelle peut être considérée comme objective ou, de plus modestement, comme rationnelle.

Pour répondre à cette interrogation, ce livre est structuré en deux parties et comporte en tout douze chapitres. La première partie traite des critères d'application des droits fondamentaux. Elle débute par un écrit sur l'objectivité dans le contrôle de constitutionnalité des lois, dans lequel nous tentons de préciser jusqu'à quel point l'interprétation des droits fondamentaux et des autres normes de la Constitution, dans le contrôle de constitutionnalité des lois, peut être objective. La thèse que nous défendons est que, dans ce type de contrôle, opère une sorte d'objectivité faible, dénommée rationalité, et dont la satisfaction est déterminée par le respect des règles de l'argumentation juridique. Or, dans le deuxième chapitre, nous définissons en quoi consiste ladite rationalité et en quoi elle se différencie des autres concepts qui apparaissent fréquemment dans la jurisprudence et la doctrine relatives aux droits fondamentaux : les notions de caractère raisonnable et de proportionnalité. Quant aux troisième et quatrième chapitres, ils approfondissent la troisième notion, celle relative au principe de proportionnalité. Ainsi, tandis que, dans le troisième chapitre, nous nous livrons à une analyse plus pointue du troisième sous-principe qui le compose, le principe de proportionnalité au sens strict ou de pondération, dans le quatrième chapitre, nous précisons ce que doit être l'application du principe de proportionnalité au sens large dans l'étude de la constitutionnalité de la législation pénale. Aujourd'hui plus que jamais, cette spécificité a une dimension institutionnelle en Colombie, dans la mesure où la soumission du droit pénal au principe de proportionnalité, non seulement au niveau législatif, mais aussi et surtout au niveau judiciaire, est l'un des fondements sur lesquels repose le nouveau système de procédure pénale accusatoire.

Or, la première partie s'achève par trois écrits sur deux thèmes capitaux pour la conception et l'application des droits fondamentaux que nous avons actuellement en Colombie. Les cinquième et sixième chapitres se réfèrent à l'aspect le plus important relatif aux sources des droits fondamentaux dans l'ordre juridique colombien, c'est-à-dire la valeur de la source du droit, autrement dit, la force obligatoire ou le caractère de précédent qu'ont la jurisprudence en général et la jurisprudence constitutionnelle en particulier. Ce n'est plus un secret que le droit des droits est avant tout un droit jurisprudentiel qui résulte de l'accumulation de dispositions indéterminées consacrées aux droits fondamentaux, à laquelle s'est livrée la Cour constitutionnelle. S'il en est ainsi, on doit se demander comment ce droit jurisprudentiel s'insère dans l'ordre juridique d'ascendance romano-germanique, dans lequel la loi a été la source de droit par antonomase. À son tour, la nécessité de répondre à cette question se fait plus contraignante si l'on constate que la jurisprudence, surtout celle de la Cour constitutionnelle, occupe chaque jour une place plus importante dans l'argumentation juridique, et que cela contraste avec le caractère auxiliaire que paraît lui conférer l'article 230 de la Constitution.

Enfin, la première partie s'achève par un écrit qui paraît aller à contre-courant des écrits antérieurs. Dans le chapitre intitulé « La Constitution conserve-t-elle sa valeur dans un État social immergé dans la globalisation ? », nous étudions un problème intéressant, qui paraît trancher avec la pratique colombienne. Tandis qu'en Colombie, nous connaissons actuellement une surcharge du système constitutionnel, dans lequel un grand nombre d'aspirations politiques se fondent sur ce qui peut dériver de la Constitution et des droits fondamentaux par l'interprétation et la jurisprudence, dans d'autres régions du monde, notamment en Europe, la vie est déconstitutionnalisée, la Constitution perd son autorité en tant que source de décisions quotidiennes et, au contraire, la politique paraît retrouver le rôle que l'État constitutionnel avait attribué à la dogmatique des droits fondamentaux. Comme le signale Dieter Grimm, la Constitution paraît avoir un avenir incertain dans un monde où l'économie et le capital gouvernent tout, où la globalisation efface l'importance des pouvoirs constituants et constitués dans le cadre de l'État, et où les demandes citoyennes portent surtout sur des biens que le marché est appelé à pourvoir.

La seconde partie de ce livre est consacrée à une étude de divers droits fondamentaux généraux. Le fil conducteur de l'analyse est toujours l'examen de l'application des droits fondamentaux par la Cour constitutionnelle. Toutefois, cet examen s'en tient à la manière particulière dont la Cour applique le droit au libre développement de la personnalité, le droit à l'égalité, les droits sociaux et le droit fondamental à un procès équitable. Enfin, comme la première partie, la seconde partie se termine par un essai consacré à l'un des thèmes les plus représentatifs parmi ceux concernant l'application des droits fondamentaux dans une société globalisée : le problème des droits fondamentaux des immigrants.

Comme le lecteur pourra le constater, ce livre, dont les divers textes qui le composent peuvent être lus indépendamment les uns des autres, privilégie le point de vue analytique[1]. La rigueur qu'impose le traitement des problèmes dans cette perspective impose de renoncer à traiter explicitement de multiples aspects idéologiques, factuels et politiques relatifs à l'application des droits fondamentaux. Nous sommes conscients que la frontière entre la perspective analytique et les points de vue idéologiques et factuels est artificielle, et que la démarche analytique a un fondement et une dimension idéologiques et empiriques inévitables. Toutefois, ce lien n'empêche pas de privilégier l'une ou l'autre perspective, pour se focaliser sur les éléments les plus pertinents de chacune d'elles. Dans ce cas, comme dans tant d'autres, la division est plus éclairante que la vision holiste. Descartes conseillait déjà, comme méthode de travail, de « diviser chacune des difficultés que j'examinerai en autant de parcelles qu'il se pourrait, et qu'il serait requis pour le mieux résoudre[2] », c'est-à-dire de diviser les questions à examiner en autant d'aspects qu'il est possible et nécessaire pour une meilleure résolution de celles-ci. Seule une analyse de la façon dont le droit des droits est mis en pratique, séparée de la discussion idéologique ou du débat philosophique relatif à la question de savoir si les droits fondamentaux sont justifiés ou non, ou du débat sociologique sur la question de l'efficacité de ces droits, permettra de les envisager sérieusement comme des limites normatives à l'exercice du pouvoir, et permettra de reconnaître dans quelle mesure la jurisprudence représente une application rigoureuse de la Constitution et à quel point elle commence à devenir une politique dissimulée, au moyen de la rhétorique que l'ouverture structurelle des droits rend parfois possible.

[1] Il est bien connu qu'en sciences sociales, toute étude peut envisager trois types de problèmes : empiriques, analytiques et normatifs. Les problèmes empiriques font référence à des questions relatives à l'état de choses existant en un temps et un lieu déterminés et, par conséquent, il convient d'y répondre dans la réalité, spécialement au moyen des méthodes quantitatives et qualitatives de la sociologie et des autres techniques cognitives des sciences naturelles et physiques. Pour leur part, les problèmes analytiques, ou structurels, comme on peut aussi les dénommer, renvoient aux concepts et à leurs relations. L'approche analytique qui s'occupe de ce type de problèmes tente de donner au contenu et à la structure des concepts qui composent un certain domaine de connaissance une plus grande clarté, une plus grande cohérence et une plus grande consistance. Finalement, les problèmes normatifs ont une dimension déontologique, téléologique et idéologique et, à partir de là, prétendent établir ce qu'est le bien, le correct et le juste, pour en faire l'objectif des actions individuelles et collectives.

[2] R. DESCARTES, *Discours de la méthode*, Paris, Booking International, 1995, p. 33.

Première partie

L'application des droits fondamentaux

CHAPITRE PREMIER

DE L'APPLICATION DES DROITS FONDAMENTAUX ET DE L'OBJECTIVITÉ DANS LE CONTRÔLE DE CONSTITUTIONNALITÉ DES LOIS[1]

Le contrôle de constitutionnalité des lois est la compétence de la Cour constitutionnelle d'établir si une loi déterminée est compatible ou non avec la Constitution. Il s'agit d'une garantie accordée à la Constitution, tout particulièrement aux droits fondamentaux. C'est un mécanisme « contre-majoritaire » qui essaie d'éviter que la liberté des individus, et surtout des minorités, soit à la merci des alternances politiques. En Colombie, le contrôle de constitutionnalité est exercé dans le cadre des procédures exposées à l'article 241 de la Constitution et de l'action d'inconstitutionnalité prévue par l'article 4[2].

Le contrôle de constitutionnalité des lois a été la pierre angulaire du modèle européen de justice constitutionnelle, depuis son ébauche par Hans Kelsen et son instauration pour la première fois par Constitution autrichienne de 1920. De nos jours, il conserve encore son importance sur le vieux contenant, bien que les cours constitutionnelles consacrent une grande partie de leurs efforts à trancher les recours d'*amparo*, dans lesquels on contrôle en principe la constitutionnalité des décisions des juges ou des actes de l'administration. Cependant, le contrôle de constitutionnalité des lois est encore une pièce essentielle des systèmes constitutionnels européens, essentiellement parce que, dans presque tous, le législateur conserve le privilège de définir, de concevoir et de limiter les droits fondamentaux. La régulation des droits est, par antonomase, une matière législative. La garantie effective des droits fondamentaux exige, par conséquent, un contrôle de constitutionnalité de la législation qui les définit, les encadre et traduit les dispositions constitutionnelles précises ou vagues en obligations, interdictions, autorisations ou habilitations.

Dès sa création, le contrôle de constitutionnalité a suscité, en Europe, de vives discussions qui ont essayé d'apporter une réponse à d'intéressantes

---

[1] Une première version de ce chapitre a été publiée à la *Revista de Derecho del Estado*, n° 7, 1999, p. 121 et s..

[2] Sur les mécanismes d'exercice du contrôle de constitutionnalité des lois en Colombie, *cf.* J. TOBO GUTIÉRREZ, *La Corte Constitucional y el control de constitucionalidad en Colombia*, Bogota, Ediciones Jurídicas Gustavo Ibáñez, 2e éd., 1999, p. 161 et s..

questions théoriques. Il faut mentionner, entre autres, la controverse sur la légitimité de la justice constitutionnelle, motivée par les tentatives de préciser les limites fonctionnelles du contrôle de constitutionnalité des lois. L'étude de cette question a fait naître, à son tour, une discussion sur l'interprétation de la constitution, domaine où les théories de l'argumentation juridique jouent, de nos jours, un rôle principal.

En Colombie, la création de la Cour constitutionnelle par la Constitution de 1991 et les premières années de fonctionnement de celle-ci invitent aussi à se poser certaines des questions qui ont été débattues par la doctrine nord-américaine et par celle de certains pays européens. Elles ont surtout trait à la possibilité de concilier le fonctionnement de la juridiction constitutionnelle avec l'un des corollaires les plus importants du principe démocratique, à savoir que le Parlement est l'organe compétent pour organiser la vie politique de la société. Pour cette raison, il semble convenable de se pencher sur les diverses étapes de la tentative de combinaison de ces deux éléments du système constitutionnel et de résolution des tensions les plus fortes entre eux.

Le débat sur la légitimité de la juridiction constitutionnelle

Sous la République de Weimar a eu lieu un débat célèbre entre Hans Kelsen et Carl Schmitt sur la légitimité de la justice constitutionnelle[1].

L'attaque virulente lancée par Schmitt a fait planer un doute sur le caractère juridictionnel de la Cour constitutionnelle et a conduit à accuser l'institution imaginée par Kelsen de miner le principe de la séparation des pouvoirs publics et de faire de la politique une question juridique. De même, l'auteur allemand a prédit que la justice constitutionnelle conduirait inexorablement au gouvernement des juges et, pour reprendre les mots célèbres de Guizot, à la judiciarisation de la politique et à la politisation de la justice, dans lesquels la justice aurait tout à perdre et la politique rien à gagner.

Carl Schmitt identifiait l'exercice de la justice avec la tâche de subsumer certains faits dans des hypothèses normatives préalablement établies par le législateur. Pour cette raison, dans cette conception stricte, on ne pouvait pas encadrer l'activité de vérification de la compatibilité de la loi à la Constitution. Dans ce cas, il y a seulement une comparaison entre des normes, et non une application juridictionnelle du droit à un cas concret ; on vérifie seulement la compatibilité ou la contrariété entre deux dispositions, à partir de

---

[1] *Cf.* C. SCHMITT, *La defensa de la Constitución*, Madrid, Tecnos, 1983 ; H. KELSEN, *¿Quién debe ser el defensor de la Constitución?*, Madrid, Tecnos, 1995. Une critique intéressante de cette polémique peut être lue *in* N. ZANON « La polémique entre Hans Kelsen et Carl Schmitt sur la justice constitutionnelle », *Annuaire Internationale de Justice Constitutionnelle*, vol. V, 1989, p. 177 et s.. De même, il convient de citer, sur ce thème, l'excellent article de P. P. PORTINARO, « Dal custode della costituzione alla costituzione dei custodi », *in* G. GOZZI (coord.), *Democrazia, diritti, costituzione. I fondamenti costituzionali delle democrazie contemporanee*, Bologna, Il Mulino, 1997, p. 401-436.

laquelle on invalide ou non la loi, mais on ne subsume rien. Pour cette raison, cet auteur estimait impensable de « parler d'une justice de la loi formulée dans la Constitution sur la loi ordinaire[1] ».

Carl Schmitt soutient que ces objections sur la nature juridictionnelle des tribunaux constitutionnels deviennent plus évidentes si l'on tient compte du fait que leur activité consiste à s'opposer aux lois contraires à des dispositions de la Constitution dont l'interprétation suscite généralement des doutes et des divergences d'opinion. Pour cette raison, il ne semble presque jamais évident d'établir si texte législatif que contrôle la Cour constitutionnelle contrevient aux dispositions constitutionnelles. De tels problèmes juridiques ne peuvent être résolus au moyen des processus logiques de la subsomption. Il est davantage nécessaire d'aller au-delà des différences apparentes, de corriger les imprécisions, et cela ne peut être obtenu que par une décision ayant une portée obligatoire[2]. Schmitt concède que, dans tout processus d'application du droit, il y a un tel élément de décision, et que le travail des cours consiste surtout à mettre fin aux doutes sur son autorité et non à rendre évident le raisonnement juridique qui doit prévaloir dans chaque cas, en établissant une solution jusqu'alors entourée de discrétion dans l'ordre juridique. La valeur de chaque jugement, dit-il, « ne réside pas dans une argumentation écrasante, mais dans l'élimination autoritaire du doute ». Cependant, pour le juriste allemand, il n'était pas cohérent avec la Constitution de Weimar d'attribuer à une cour la compétence de se prononcer sur l'interprétation de ses dispositions, puisqu'elles étaient presque toujours seulement des formules ou des compromis dilatoires, des accords apocryphes cachetés à la cire par les constituants qui devaient être concrétisés par un « législateur constitutionnel » dans des fonctions de haute politique[3].

Kelsen a réfuté avec force les diatribes de Schmitt contre la justice constitutionnelle. Il a insisté sur le fait qu'attribuer au Parlement ou au gouvernement le contrôle de la constitutionnalité de ses propres actes serait une naïveté politique[4] qui, de plus, contournerait le principe selon lequel personne ne peut être juge et partie. De même, il a critiqué la proposition de confier au Président du Reich le contrôle de constitutionnalité des lois. À cette fin, il a dirigé une violente attaque contre la théorie de Benjamen Constant sur le pouvoir neutre du monarque, qui lui servait de soutien. Mais surtout, Kelsen a revendiqué la nature juridictionnelle de la Cour constitutionnelle. Il a réfuté l'opposition entre la fonction juridictionnelle et les fonctions politiques, dans laquelle était soutenue la négation du caractère juridictionnel de la fonction des juges constitutionnels. Pour cela, il s'est

---

[1] C. SCHMITT, *La defensa de la Constitución*, *op. cit.*, p. 87.

[2] *Ibid.*, p. 89 et s..

[3] *Ibid.*, p. 93.

[4] H. KELSEN, « La garantía jurisdiccional de la Constitución (La justicia constitucional) », *in* H. KELSEN, *Escritos sobre la democracia y el socialismo*, Madrid, Debate, 1988, p. 129.

servi de la conception décisionniste de l'application du droit défendue par Schmitt.

> Si l'on envisage la « politique » comme une « décision » – a soutenu Kelsen – sur la résolution des conflits d'intérêts [...], elle est alors présente dans tout jugement, dans une plus ou moins grande mesure, comme un élément de décision, un élément d'exercice du pouvoir[1].

Sur le fondement de cette idée de juridiction, Kelsen a allégué que la différence entre la tendance politique que revêt l'application de la loi par tout tribunal et l'exercice du contrôle des lois par la Cour constitutionnelle est seulement de nature quantitative, et non de nature qualitative. Sans aucun doute, le dispositif présent dans tout jugement se manifeste plus ou moins clairement dans le contrôle de constitutionnalité des lois. Cependant, cette circonstance ne conduit, ni à la négation du caractère juridictionnel de la fonction qu'exerce la Cour constitutionnelle, ni à ce que le contrôle de constitutionnalité ne puisse être attribué à un organe juridictionnel indépendant[2].

D'autre part, Kelsen a essayé de réfuter que, tandis que la juridiction ordinaire s'occupe de l'application de la loi au cas concret au moyen de processus logiques de subsomption, la juridiction constitutionnelle se charge de trancher des controverses d'opinion ou de lever des doutes, activités qui, pour Schmitt, sont plus celles d'un « législateur constitutionnel » que celles d'un juge. Kelsen a montré que tous les juges sont constamment confrontés à la nécessité de trancher des débats juridiques relatifs, non seulement à des questions de fond, mais aussi à des problèmes de procédure. Il en découle que l'on ne peut pas nier à la Cour constitutionnelle son caractère juridictionnel en se fondant seulement sur l'argument selon lequel les dispositions constitutionnelles qu'elle doit appliquer ont un contenu douteux.

Ce premier débat entre Kelsen et Schmitt sur la légitimité de la juridiction constitutionnelle a pris fin avec l'évolution en faveur de l'enracinement et du développement de l'institution contestée. Il est bien connu que la juridiction constitutionnelle s'est sans cesse étendue au cours du dernier siècle[3]. Non seulement elle s'est généralisée en Europe, mais elle a été introduite dans un grand nombre de pays, parmi lesquels presque tous les pays latino-américains. En raison de son importante fonction de garantie de la Constitution et des libertés consacrées par celle-ci, elle est conçue comme un élément essentiel de tout État démocratique de droit. Il est certain qu'au cœur de ce processus, la discussion sur la légitimité de la juridiction constitutionnelle est restée latente. La polémique s'est centrée avant tout sur la question de savoir si le contrôle de constitutionnalité des lois suppose ou non un dom-

---

[1] H. KELSEN, *¿Quién debe ser el defensor de la Constitución?*, *op. cit.*, p. 18.

[2] *Ibid.*, p. 21.

[3] Sur la diffusion de la juridiction constitutionnelle, *cf.* L. PEGORARO, *Lineamenti di giustizia costituzionale comparata*, Torino, Giappichelli, 1998, tout particulièrement le chapitre 1er « I prototipi e la circolazione dei modelli di giustizia costituzionale », p. 11-66, et la bibliographie qui y est citée et qui concerne une longue liste de pays.

mage profond à la démocratie représentative[1]. Il convient de rappeler à ce sujet la grande discussion qu'a suscitée – et suscite encore aux États-Unis – le célèbre argument d'Alexander Bickel contre le *judicial review*[2]. La question, fréquemment débattue, est de savoir s'il est contraire à la démocratie de confier à un groupe de juges qui ne sont pas directement élus par le peuple le pouvoir d'interpréter la Constitution et de contrôler les lois.

Cependant, de nos jours, dans la majorité des pays, le débat n'est pas aussi tranché. On ne discute plus sur le fait de savoir si l'on doit supprimer ou maintenir la juridiction constitutionnelle. Une polémique se développe plutôt sur la forme de son exercice ; on examine comment on doit développer le contrôle de constitutionnalité des lois pour le rendre compatible avec le fonctionnement de la démocratie représentative. On débat des limites de la compétence des tribunaux constitutionnels, des limites imposées à l'exercice adéquat de leurs attributions, et de leur séparation des fonctions du législateur.

La discussion sur les limites fonctionnelles de la juridiction constitutionnelle

La controverse sur la délimitation des fonctions de la juridiction constitutionnelle présuppose l'acceptation de l'existence de la Cour constitutionnelle en tant qu'institution étatique. De même, elle suppose d'admettre la compatibilité entre le constitutionnaliste et la démocratie, ou entre la protection des droits fondamentaux et le fonctionnement des mécanismes de la démocratie représentative. En d'autres termes, quand on tente de tracer les limites fonctionnelles de la juridiction constitutionnelle, il est considéré comme convenu qu'il est nécessaire de présenter sous un jour favorable deux questions importantes qui tendent parfois vers des directions opposées : d'une part, que la régulation de la vie politique de la société émane de procédures de délibération menées à bien par des institutions représentatives ; d'autre part, que ladite régulation est soumise à la constitution et aux droits fondamentaux, et

---

[1] Sur la doctrine nord-américaine, *cf.* l'analyse de M. J. PERRY, *The Constitution in the Courts. Law or Politics?*, Oxford and New York, Oxford University Press, 1994, p. 16 et s.. En Allemagne, J. HABERMAS, *Facticidad y validez. Sobre el derecho y el Estado democrático de derecho en términos de teoría del discurso*, Madrid, Trotta, 1998, p. 315 et s.. Sur la doctrine espagnole, V. FERRERES COMELLA, *Jurisdicción constitucional y democracia*, Madrid, Centro de Estudios Constitucionales, 1997, tout particulièrement le chapitre 1er, p. 17-52. Voir également P. CRUZ VILLALÓN, « Legitimidade da justiça constitucional e princípio da maioria », *in Legitimidade e legitimaçao da justiça constitucional. Coloquio no 10.° Aniversário do Tribunal Constitucional*, Coimbra, Coimbra Editora, 1995, p. 85 et s..

[2] A. BICKEL, *The Least Dangerous Branch: the Supreme Court at the Bar of Politics*, Yale University Press, 1962, p. 16-17. Sur ce thème, voir également C. R. SUNSTEIN, « Constitutions and Democracies: an Epilogue », *in* J. ELSTER et R. SLAGSTAD (coord.), *Constitutionalism and Democracy. Studies in Rationality and Social Change*, Cambridge, New York, New Rodelle, Melbourne, Sydney, Cambridge University Press, 1988, p. 336.

que la Cour constitutionnelle peut développer un contrôle tendant à vérifier l'effectivité de l'observance de ses dispositions.

Certains constitutionnalistes et philosophes du droit et de la politique parmi les plus avisés convergent sur le fait que les idées démocratiques et les principes de suprématie de la constitution et de respect des droits fondamentaux par le parlement et tous les organes de l'État sont compatibles et, de plus, corrélativement nécessaires[1]. Toutefois, ces mêmes opinions autorisées divergent au moment de définir de quelle façon ces éléments doivent être combinés dans les sociétés plurielles contemporaines. La question centrale du débat est de savoir où doivent se situer les cours constitutionnelles dans la protection des droits fondamentaux face au pouvoir législatif, de telle sorte que la garantie des droits ne devienne pas un artifice pour appauvrir la démocratie représentative ; la protection des droits et de la constitution se transforme alors en une usurpation des fonctions du législateur.

La recherche d'une réponse à ce problème a conduit la doctrine à tenter d'élaborer des catalogues de règles de conduite que les juges constitutionnels doivent observer pour remplir leur mission de façon convenable, sans envahir les domaines de compétence du législateur. Ces catalogues de règles sont variés et divergent selon les auteurs, car ils sont le reflet fidèle des diverses conceptions de l'État, de la constitution et du droit. Cette diversité des visions sur les principes directeurs qui doivent orienter l'activité des juges constitutionnels a suscité d'intéressantes polémiques. Sur cette question, on connaît assez bien la controverse qui s'est développée aux États-Unis entre ceux qui défendent un contrôle de constitutionnalité des lois limité au con-

---

[1] Une magnifique étude sur la compatibilité entre les droits fondamentaux et la démocratie peut être lue au chapitre III, « Reconstrucción interna del derecho: el sistema de los derechos », de J. HABERMAS, *Facticidad y validez*, *op. cit.*, p. 147 et s.. Voir également J. HABERMAS, « Anhang zu "Faktizität und Geltung". Replik auf Beiträge zu einem Symposion der Cardozo Law School », *in* J. HABERMAS, *Die Einbeziehung des Anderen. Studien zur politischen Theorie*, 2e éd., Frankfurt, Suhrkamp, 1997, p. 378 et s. ; J. HABERMAS, « Über den internen Zusammenhang von Rechtsstaat und Demokratie », *in* K. PREUSS (dir.), *Zum Begriff der Verfassung. Die Ordnung des Politischen*, Frankfurt, Fischer, 1994, p. 88 et s., et p. 90 et s. ; J. RAWLS, *El liberalismo político*, Barcelone, Grijalbo-Mondadori, 1996, p. 326. Sur la discussion entre Habermas et Rawls sur les divers modes d'articulation des droits fondamentaux dans une démocratie, J. HABERMAS et J. RAWLS, *Debate sobre el liberalismo político*, Barcelone, Buenos Aires y México, Paidos, 1998. Sur l'accord entre J. Habermas et R. Dworkin sur la complémentarité entre les droits fondamentaux et le principe démocratique, *cf.* J. HABERMAS, R. DWORKIN et K. GÜNTHER, « ¿Impera el derecho sobre la política? », *La Política*, n° 4, octobre 1998, p. 7. Voir également J. ISENSE, « Grundrechte und Demokratie », *D. St*, 1981, p. 166 et s. ; E. DENNINGER, « Il singolo e la legge universale », *in Democrazia*, *op. cit.*, p. 88 et s., et 94 et s. ; L. FERRAJOLI, *Derecho y razón. Teoría del garantismo penal*, Madrid, Trotta, 1995, chap. VII et XIII ; L. FERRAJOLI, « El derecho como sistema de garantías », *Jueces para la democracia. Información y debate*, n° 16 et 17, 1992, p. 61-69 ; E. W. BÖCKENFÖRDE, « Teoría e interpretación de los derechos fundamentales », *in Escritos sobre derechos fundamentales*, Baden-Baden, Nomos, 1993, p. 66 et s. ; S. HOLMES, *The Anatomy of Antiliberalism*, Cambridge et Londres, Harvard University Press, 2e éd., 1996, p. 226.

trôle du fonctionnement correct des procédures démocratiques, et ceux qui, au contraire, défendent un contrôle matériel de la législation. Il convient de mentionner, même de façon succincte, les arguments exposés par les tenants de chacune des positions. Ensuite, nous examinerons les principales règles de délimitation des fonctions de la juridiction constitutionnelle qui ont été proposées par certains auteurs espagnols emblématiques. Toutes ces positions sont naturellement pertinentes lorsqu'elles tentent de préciser la limite qui sépare le Congrès de la Cour constitutionnelle dans le système politique colombien.

Un contrôle de constitutionnalité limité au contrôle des procédures démocratiques

La doctrine exposée par J. H. Ely dans son œuvre désormais classique *Democracy and Distrust* constitue un paradigme de la conception du contrôle de constitutionnalité des lois qui postule que celui-ci doit se limiter à garantir le fonctionnement correct des procédures démocratiques de prise de décisions. Cette position considère la constitution avant tout comme un ensemble de procédures favorisant la délibération et la compréhension entre les citoyens, dont ne peuvent découler, par des raisonnements certains, des solutions substantielles aux problèmes juridiques. Ces dispositions ont en général une structure ouverte. Elles expriment des idées contestables qui peuvent parfois apporter plusieurs réponses en même temps à une même question. La conséquence est que les dispositions constitutionnelles ne constituent pas un matériel normatif suffisant pour déterminer de manière indubitable quand une loi est ou n'est pas inconstitutionnelle. Pour cette raison, l'interprète de la constitution se voit contraint de recourir à d'autres sources juridiques : le droit naturel, les traditions juridiques de la société ou ses valeurs, ou un consensus, plus fictif que réel, entre les membres de la communauté. Toutefois, ces autres sources ne proposent pas davantage une réponse concluante à chaque question constitutionnelle. Dans tous ces domaines domine un certain relativisme, duquel le juge peut déduire très peu de conclusions sûres pour ses jugements. Pour cette raison, Ely soutient que le juge constitutionnel ne doit pas tenter d'évaluer la constitutionnalité des décisions du législateur dans une perspective substantielle. Au contraire, affirme l'auteur, « ce sur quoi devrait porter en priorité le *judicial review* devrait être le déblocage d'obstructions dans le processus démocratique[1] ».

---

[1] J. H. ELY, *Democracy and Distrust. A Theory of Judicial Review*, Cambridge (Mass.) et Londres, Harvard University Press, 1980, p. 117 ; trad. esp. *Democracia y desconfianza. Una teoría del control de constitucionalidad*, Bogotá, Universidad de los Andes, 1997. Une présentation et une glose de la théorie d'Ely peuvent être trouvées dans différents travaux en langue espagnole : E. ALONSO GARCÍA, *La interpretación de la Constitución*, Madrid, Centro de Estudios Constitucionales, 1984, p. 328 et s. ; FERRERES COMELLAS, *Justicia constitucional y democracia*, *op. cit.*, p. 53 et s., et R. GARGARELLA, *La justicia frente al gobierno. Sobre el carácter contramayoritario del poder judicial*, Barcelone, Ariel, 1996, p. 148 et s..

La théorie d'Ely a fait l'objet de plusieurs objections. La première s'attaque à ses fondements, après avoir nié que les constitutions – y compris la Constitution des États-Unis – limitent la tâche de la juridiction constitutionnelle au contrôle du fonctionnement correct de la procédure démocratique. Mais même si la compétence unique des juges constitutionnels était le contrôle des formes de la délibération démocratique, son exercice impliquerait aussi un contrôle de constitutionnalité des lois sur les aspects matériels des droits. Ce serait le cas, par exemple, quand il est nécessaire de déclarer une loi inconstitutionnelle parce que le droit à une participation égale de tous les intéressés ou la liberté d'expression aurait été transgressé[1]. Le juge constitutionnel doit alors faire face au problème de l'interprétation des droits fondamentaux, et de la constitution en général, d'un point de vue matériel. Dans ces cas, la Cour ne peut pas toujours adopter une attitude passive ; elle ne peut pas toujours se limiter à approuver les décisions adoptées par le législateur. Au contraire, elle doit discerner, parmi elles, celles dont elle doit déclarer l'inconstitutionnalité et celles pour lesquelles elle ne doit pas le faire. Mais, pour une telle procédure de jugement, cette théorie du contrôle de constitutionnalité n'offre ni outil d'analyse, ni instruction, ni guide d'action.

Malgré les critiques, cette perspective du contrôle de constitutionnalité a eu, ces derniers temps, une résonance importante. En ce sens, il convient de remarquer, par exemple, que dans *Facticidad et validez*, Habermas s'est servi de certaines des thèses principales d'Ely pour énoncer une vision de la juridiction constitutionnelle dans la perspective de sa théorie du discours. La conception de l'auteur allemand part d'une différenciation, d'une certaine façon surprenante, entre l'interprétation des droits fondamentaux dans les recours d'*amparo* (ou les actions en protection) et dans le contrôle abstrait des normes. De tels droits, conçus comme des principes à deux dimensions, l'une objective, l'autre subjective, doivent être appliqués dans ces deux catégories de procédures. Cette application exige une interprétation constructive et créatrice de la part de la Cour constitutionnelle, qui articule le sens du lien objectif avec les devoirs d'abstention qui découlent, pour l'État, de l'aspect subjectif. Selon Habermas, la Cour peut réaliser une interprétation semblable pour se prononcer en matière de recours d'*amparo*, sans affaiblir sa légitimité ni mettre entre parenthèses le principe démocratique. Le jugement d'*amparo* est seulement un acte d'application juridique, qui propose une réflexion au moyen d'un discours juridique, selon la terminologie de K. Günther[2]. Dans ces cas, la Constitution offre à la haute cour une seule

---

[1] Sur ces critiques de la théorie d'Ely dans la doctrine espagnole, *cf.* FERRERES COMELLAS, *op. cit.*, p. 62 et s. ; ALONSO GARCÍA, *op. cit.*, p. 341 et s. ; F. J. DÍAZ REVORIO, *La Constitución como orden abierto*, Madrid, McGraw-Hill, 1997, p. 181 et s..

[2] Sur la distinction de K. Günther entre les discours entre discursos de fundamentación et les discours d'application de normes juridiques, *cf. Der Sinn für Angemessenheit. Anwendungsdiskurse in Moral und Recht*, Frankfurt, Suhrkamp, 1988, p. 309 et s., et « Ein norma-

solution cohérente et adaptée qu'elle doit dégager et appliquer[1]. Mais cela n'est pas le cas dans le cadre du contrôle abstrait des normes. La Constitution, remarque Habermas, ne peut pas être comprise « comme un ordre juridique global de type concret qui [impose] *a priori* à la société un mode de vie déterminé ». Elle « détermine [plutôt] les procédés politiques conformes à ceux que les citoyens, exerçant leur droit d'autodétermination, peuvent employer dans le but d'établir des modes de vie justes par la coopération, et avec des perspectives de succès[2] ». Dans cette optique, le sens du contrôle de constitutionnalité des lois est « surtout d'examiner le contenu des normes controversées au regard des présupposés démonstratifs et des conditions procédurales du processus démocratique de production de normes[3] ». La Cour constitutionnelle doit veiller au maintien des conditions qui rendent possible, dans le Parlement et l'opinion publique, une politique délibérative dans des conditions de liberté, dans laquelle les pouvoirs sociaux ne donnent par la primauté à leurs intérêts particuliers par rapport à l'intérêt général. La fonction de la Cour n'est pas de juger les résultats de ces procédures de délibération et de communication. Il est certain que la formation professionnelle spécialisée des juges constitutionnels donne à leurs jugements une plus grande rationalité que celle que l'on peut attendre des procédures législatives, caractérisées par des luttes de pouvoir et d'intérêts. Malgré tout, cette circonstance ne doit pas conduire à un remplacement de la discussion politique par les jugements de la juridiction constitutionnelle. Le contrôle de constitutionnalité des lois ne peut pas supplanter le débat politique qui culmine avec la production normative. Les procédures juridictionnelles ne sont prévues que pour l'application des dispositions juridiques, conçues et créées dans un processus de discussion auquel participent toutes les personnes affectées par les mesures étatiques.

Sur la base de ces idées, Habermas remarque que le contrôle abstrait des lois devrait viser la garantie du respect de la liberté d'expression de tous les participants aux procédures de production des normes. Pour cette raison, il soutient que, dans un État démocratique, ce contrôle devrait faire partie de l'*iter* législatif et que, par conséquent, le contrôle des lois devrait être exercé par une institution appartenant au Parlement lui-même.

---

tive Begriff der Kohëherz für eine Theorie der juristischen Argumentation », *Rechtstheorie*, n° 20, 1989, p. 163 a 190. Un commentaire critique sur ces implications de cette distinction peut être lue *in* R. ALEXY, « Justification and Application of Norms », *Ratio Iuris*, vol. 6, n° 2, 1993, p. 157-170.

[1] J. HABERMAS, *Facticidad y validez*, *op. cit.*, p. 334.

[2] *Ibid.*, p. 336. Il est assez paradoxal qu'Habermas soutienne cette conception de la Constitution et qu'en même temps il considère que le Tribunal constitutionnel peut en déduire une seule solution cohérente et adéquate dans les recours d'*amparo*.

[3] *Ibid.*, p. 337.

Le problème de la délimitation d'un contrôle matériel de constitutionnalité des lois

Comme nous l'avons déjà affirmé, à l'approche d'Ely s'oppose, dans la doctrine nord-américaine, celle des auteurs qui défendent un contrôle matériel de constitutionnalité des lois. Ceux-ci affirment que, quand les juges exercent le *judicial review*, ils doivent, non seulement faire porter leur attention sur les procédures par lesquelles la loi a été adoptée, mais aussi constater que le contenu de la loi applicable en l'espèce est compatible avec la Constitution. Bien évidemment, les tenants de cette vision doivent faire face au problème que la conception d'Ely essaie d'éluder : comment garantir que ce contrôle matériel n'est pas exercé d'une manière arbitraire, comment éviter que le contenu de la loi, produit de la délibération parlementaire, soit ni plus ni moins remplacé par les opinions du juge, sous prétexte de garantir la suprématie de la Constitution.

Pour éviter cette intrusion des juges dans le domaine du législateur, on a proposé tout un ensemble de règles de comportement du juge qui ont surtout trait aux méthodes d'interprétation de la Constitution. L'idée fondamentale est que l'exercice limité, objectif et, par conséquent, non arbitraire du *judicial review*, est garanti quand le juge interprète la Constitution de façon adéquate. Si le juge emploie correctement les méthodes d'interprétation, il reste toujours dans son domaine, il assure de façon pertinente la suprématie de la Constitution et l'intégrité des droits fondamentaux, et il ne représente pas un danger pour le fonctionnement de la démocratie.

Ici, cependant, se pose une autre question : quand considère-t-on que le juge emploie correctement les méthodes d'interprétation de la Constitution ? Quelle est la meilleure méthode d'interprétation et comment doit-elle être utilisée par le juge ? Comme on le sait, ce problème a suscité, aux États-Unis, une controverse cruciale entre les originalistes et les non-originalistes[1], controverse particulièrement vive dans ce pays en raison de l'ancienneté du texte constitutionnel. Les originalistes soulignent que la Constitution doit être interprétée en tenant compte de certaines circonstances datant de ses origines : le sens originel ou les intentions originelles des constituants. R. Bork, l'un des plus fervents défenseurs de cette position, soutenait que le sens des dispositions constitutionnelles que les juges ne pouvaient altérer était celui qui leur aurait été donné à l'époque où elles ont été rédigées[2]. De même, cet auteur s'est référé à la nécessité pour les juges d'interpréter la

---

[1] Dans la doctrine espagnole, on peut trouver d'intéressants développements sur cette controverse. *Cf.* par exemple J. C. BAYÓN, « La interpretación constitucional en la reciente doctrina norteamericana », *Revista de las Cortes Generales*, n° 4, 1985, p. 140 et s. ; R. GARGARELLA, *La justicia frente al gobierno*, *op. cit.*, p. 59 et s..

[2] R. H. BORK, « The Original Understanding », *in* S. J. BRISON et W. SINNOTT-ARMSTRONG (eds.), *Contemporary Perspectives on Constitutional Interpretation*, San Francisco et Oxford, Westview Press, 1993, p. 50-51.

Constitution conformément aux intentions des constituants, et non en fonction de leurs propres valeurs. Il a affirmé, en ce sens, que la principale manière dont les juges peuvent déduire des droits de la Constitution consiste à déterminer celle que les constituants emploieraient s'ils devaient appliquer aujourd'hui le texte qu'ils ont rédigé[1].

Les approches des non-originalistes partent de la critique du littéralisme et des arguments fondés sur les intentions des constituants. Elles soulignent que tenter d'éclairer le sens des termes de la Constitution ou de la volonté hypothétique de ses rédacteurs peut susciter d'interminables discussions. Mais surtout, ils critiquent les conséquences conservatrices de cette doctrine et de l'ancrage dans le passé que suppose la régulation de la société par les interprétations de juristes appartenant à des générations éloignées dans le temps. Pour cette raison, ils suggèrent au juge de recourir à d'autres sources d'interprétation : les précédents, les traditions, les principes neutres (*wechsler*), ou les principes et valeurs de la communauté.

Parmi les doctrines non-originalistes, la théorie de R. Dworkin a acquis, au cours des dernières décennies, une importance insoupçonnée qui justifie qu'elle soit spécialement mentionnée. Dworkin part d'un cognitivisme constitutionnel selon lequel tout juge peut – et donc doit –, dans tous les cas, interpréter la Constitution de façon adéquate. Dans sa vision, les dispositions constitutionnelles, et surtout celles qui énoncent les droits fondamentaux, contiennent, pour chaque controverse juridique, une unique solution correcte, une vérité substantielle, palpable[2]. L'interprète doit persister à chercher cette vérité unique, par une lecture morale des principes abstraits de la Constitution[3]. Dworkin signale que les droits fondamentaux font allusion à « des principes moraux sur la décence politique et la justice » dont le contenu ne dépend pas du résultat des votes parlementaires ni des accords entre les différents groupes sociaux. La structure des droits n'est pas le résultat d'une oscillation de décisions prises dans le cadre de procédures démocra-

---

[1] R. H. BORK, « Neutral Principles and Some First Amendment Problems », *Illinois Law Journal*, vol. 47, n° 1, 1971, p. 17. Sur les thèses de BORK, *cf.*, dans la doctrine espagnole, M. BELTRÁN, *Originalismo e interpretación: Dworking v. Bork: una polémica constitucional*, Madrid, Civitas et Universidad Complutense, 1988.

[2] R. DWORKIN, « ¿Realmente no hay una respuesta correcta en los casos difíciles? », *in* P. CASANOVAS et J. J. MORESO (eds.), *El ámbito de lo jurídico. Lecturas de pensamiento jurídico contemporáneo*, Barcelona, Grijalbo-Mondadori, 1994, p. 475 et s.. *Cf.* un compte-rendu des principaux auteurs du constitutionnalisme nord-américain qui défendent la thèse de la réponse correcte unique *in* J. J. MORESO, *La indeterminación del derecho y la interpretación de la Constitución*, Madrid, Centro de Estudios Políticos y Constitucionales, 1997, p. 188 et s..

[3] R. DWORKIN, *Freedom's Law. The Moral Reading of the American Constitution*, Oxford et New York, Oxford University Press, 1996, p. 2. ; R. DWORKIN, *Los derechos en serio*, Barcelona, Ariel, 1984, p. 396 et s..

tiques[1], mais est explicitement ou implicitement contenue dans la Constitution et dans les valeurs de la communauté sur lesquelles se fonde son texte. Selon cet auteur, il est assez douteux que l'interprétation constitutionnellement correcte des droits fondamentaux soit une émanation des délibérations démocratiques, dans la mesure où ceux qui y participent sont motivés par des intérêts personnels. Toutefois, il estime que les droits ne peuvent être considérés comme l'objet mais comme la limite des procédures démocratiques[2]. Leur fonction est de lier les mains de la communauté, de soustraire du jeu politique certaines règles essentielles pour la structuration et le fonctionnement de la société[3]. Par conséquent, aucune décision de la majorité ne peut empiéter sur le domaine des libertés proclamées par la Constitution et, quand elle le fait, elle doit être invalidée par les juges. Quand ils doutent de la constitutionnalité d'une loi, les juges doivent interpréter la Constitution et déterminer si la volonté de la majorité est contraire à celle-ci. Ceci n'est naturellement pas une tâche facile dont les résultats seraient évidents. Ce caractère abstrait des dispositions constitutionnelles, et surtout de celles qui proclament les droits fondamentaux, rend indispensable que les juges se réclament de jugements moraux pour rendre plus claire leur signification. Toutefois, la société a en eux une totale confiance. Grâce à leur intégrité morale et leur connaissance juridique de la *praxis* constitutionnelle, ils sont dotés d'une capacité inégalée d'assurer, dans chaque affaire, une interprétation correcte des droits fondamentaux.

Cette doctrine du contrôle de constitutionnalité a donné naissance à une opposition entre le juge constitutionnel et le législateur. Celui-là se transforme en protecteur des droits fondamentaux et des minorités, face à la volonté générale exprimée à travers les décisions du Parlement. Les décisions du juge constitutionnel et du législateur sont gouvernées par des logiques différentes. Tandis que le contenu des lois est le produit de l'application de la règle de la majorité, le sens des jugements du juge constitutionnel est déterminé par la logique des droits. Cependant, pour Dworkin, cet antagonisme ne doit pas conduire à penser que le contrôle de constitutionnalité des décisions législatives suppose une détérioration du principe démocratique. Au contraire, pour cet auteur, ledit contrôle est une condition qui aide à atteindre

---

[1] Dworkin traite, sur un ton péjoratif, de « passéistes » les juges qui « font preuve d'une grande déférence à l'égard des décisions des autres branches du gouvernement » : R. DWORKIN, *El imperio de la justicia*, Barcelone, Gedisa, 1992, p. 260.

[2] R. DWORKIN, « Gleichheit, Demokratie und die Verfassung: wir, das Volk und die Richter », *in Zum Begriff der Verfassung. Die Ordnung des Politischen*, Frankfurt a. M., Fischer, 1994, p. 173 et s..

[3] S. HOLMES, « Precommitment and the Paradox of Democracy », *in* J. ELSTER et R. SLAGSTAD (eds.), *Constitutionalism and Democracy. Studies in Rationality and Social Change*, Cambridge, New York, New Rochelle, Melbourne et Sydney, Cambridge University Press, 1988, p. 157 et s..

une vraie démocratie, conçue non dans un sens statistique comme le gouvernement de la moitié plus l'un, mais dans un sens communautaire[1].

Aussi, la conception de Dworkin du contrôle de constitutionnalité des lois aux États-Unis a fait l'objet de vives critiques. On lui a objecté, par exemple, son caractère cognitiviste excessif. On a souligné qu'il est douteux que le juge puisse tirer du texte de la Constitution une réponse correcte unique pour toutes les questions constitutionnelles. Cela ne serait envisageable que si le juge pouvait compter sur des conditions de travail idéales : un délai illimité pour se prononcer, une information complète, une clarté linguistique et conceptuelle parfaite, et une totale absence de préjugés[2]. Comme il apparaît que, dans la réalité, de telles circonstances ne sont jamais réunies quand survient un différend constitutionnel, il semble raisonnable de douter que le juge puisse tirer du droit une vérité unique non controversée pour les trancher. De même, on a soutenu que l'appréhension des droits fondamentaux comme un ensemble de principes qui prévoient une solution correcte unique pour tous les cas entraîne un affaiblissement du Parlement et de la loi, étant étrangère aux postulats de l'État constitutionnel et démocratique. Une telle conception de la Constitution présuppose que celle-ci détaille le contenu de chaque mesure législative. Par là même, elle conduit à étendre d'une manière inadéquate le contenu des dispositions constitutionnelles, à surévaluer le texte constitutionnel au point de le considérer comme une source immédiate de la législation. Le législateur se transforme ainsi en un simple exécutant constitutionnel, dépourvu de tout pouvoir d'appréciation[3]. Cela entraîne à son tour une conséquence indésirable : la loi perd son indépendance, devient seulement un moyen au service de l'application optimale de la Constitution et, selon les termes de Ch. Starck, l'argumentation politique se transforme en dogme constitutionnel[4].

---

[1] DWORKIN, *Freedom's Law*, *op. cit.*, p. 7.

[2] *Cf.* R. ALEXY, « Sistema jurídico, principios jurídicos y razón práctica », *Doxa*, n° 5, 1988, p. 151 ; R. ALEXY, « Idée et structure d'un système de droit rationnel », *Archive de Philosophie du Droit*, 1988 ; A. AARNIO, *Wegen Recht und Billigkeit*, Berlin, Duncker & Humblot, 1988, p. 73 y 74. Encore plus radical contre la thèse de l'unique réponse correcte : N. MACCORMICK, « Taking the "Rights Thesis" Seriously », *in* N. MACCORMICK, *Legal Right and Social Democracy. Essays in Legal and Political Philosophy*, Oxford, Clarendon Press, 1982, p. 126 et s..

[3] Le Tribunal constitutionnel espagnol s'est prononcé contre cette option : « Le législateur n'exécute pas la Constitution, mais il crée librement du droit dans le cadre que celle-ci lui offre. » Jugement 209 de 1987, f. j. 3.

[4] CH. STARCK, « La légitimité de la justice constitutionnelle et le principe démocratique de majorité », *in Legitimidade e legitimaçao da justiça constitucional*, *op. cit.*, p. 69.

La délimitation fonctionnelle de la juridiction constitutionnelle dans la doctrine espagnole

En général, la majorité de la doctrine constitutionnelle européenne, et espagnole en particulier, s'est tournée vers une troisième voie pour résoudre le problème de la délimitation fonctionnelle de la juridiction constitutionnelle par rapport au législateur. Dans cette troisième voie figurent les positions intermédiaires qui, bien qu'elles ne conçoivent pas la Constitution comme un catalogue détaillé de solutions substantielles pour chaque conflit constitutionnel, ne la comprennent pas non plus comme un simple ensemble de procédures appliquées par la juridiction constitutionnelle. Une telle position est peut-être idéale lorsqu'il s'agit de rendre compte de la pratique habituelle des cours constitutionnelles, y compris de la Cour constitutionnelle colombienne. Mais il est évident que cette dernière ne se limite pas au contrôle du respect des règles de la procédure législative. Elle s'est préoccupée, dans plusieurs de ses jugements, des problèmes juridiques substantiels relatifs aux droits fondamentaux et à d'autres normes constitutionnelles, mais cette circonstance n'autorise pas à penser qu'elle a résolu tous ces cas au moyen d'une réponse unique offerte par la Constitution, ni même à justifier un activisme exacerbé, une supériorité face au Parlement. Une position théorique de ce genre reconnaît que l'ambiguïté, l'imprécision et l'indétermination du texte constitutionnel autorisent diverses lectures jugées équivalentes[1], et ces dernières facilitent la définition de solutions multiples pour les conflits spécifiques. En ce sens, la Constitution est un cadre juridique qui doit être concrétisé et qui fixe seulement les conditions des procédures de la décision politique et établit quelques limites[2]. C'est alors au législateur qu'il revient en principe de légiférer sur le fondement des dispositions relatives aux droits fondamentaux et d'autres normes constitutionnelles, et d'établir les conséquences dans chaque hypothèse qui en découle. Les dispositions législatives ne sont pas prédéterminées par la Constitution ; c'est le produit d'un débat politique sur les intérêts et les conceptions de la société, exposés dans les arguments des représentants des citoyens dans le cadre des débats parlemen-

[1] Le Tribunal constitutionnel a soutenu en ce sens : « La Constitution est un cadre de coïncidences suffisamment large pour que, dans le cadre de celle-ci, figurent des choix politiques très différents. Le travail d'interprétation de la Constitution ne consiste pas nécessairement à fermer la porte à des choix ou à des variantes qui s'imposent autoritairement à d'autres. Il faudra arriver à cette conclusion quand le caractère univoque de l'interprétation s'impose par le jeu des critères herméneutiques. Nous voulons dire que les choix politiques et de gouvernement ne sont pas préalablement programmés une fois pour toutes, de telle sorte que la seule chose qu'il faille faire soit appliquer ce programme préalable. » Jugement 11 de 1981, f. j. 7.

[2] E.-W. BÖCKENFÖRDE, « Los métodos de la interpretación constitucional. Inventario y crítica », *in* E.-W. BÖCKENFÖRDE, *Escritos sobre derechos fundamentales*, Baden-Baden, Nomos, 1993, p. 17 et 41 ; H. SIMON, « La jurisdicción constitucional », *in Manual de derecho constitucional*, Madrid, Marcial Pons, 1996, p. 851 ; CH. STARCK, « La suprématie de la Constitution et la justice constitutionnelle », *in* CH. STARCK, *La Constitution : cadre et mesure du droit*, Paris-Marseille, Economica- Presses Universitaires d'Aix, 1994, p. 26.

taires. C'est précisément pour cette raison qu'il faut parfois aussi mettre en doute le contenu des lois. Si ce dernier n'est pas prédéterminé par la Constitution, il est possible qu'il déborde parfois du cadre que celle-ci lui a fixé. Quand il existe un quelconque soupçon, on met en œuvre l'un des procédés de contrôle des lois pour que la Cour constitutionnelle se prononce et établisse si l'inconstitutionnalité soupçonnée est réelle ou non.

Une partie significative de la doctrine espagnole défend cette position sur le contrôle de constitutionnalité des lois. Une telle conception est soutenue, par exemple, par F. Rubio Llorente, lorsqu'il dit que le législateur « n'"exécute" pas la Constitution mais agit librement dans les limites établies par celle-ci[1] ». Dans le même sens, M. Aragón Reyes a noté que le Tribunal constitutionnel ne doit pas prendre la place que la Constitution assigne au législateur démocratique, comme seul pouvoir « capable de mettre en vigueur la Constitution sur le plan normatif », de « compléter par des normes juridiques les parties que le constituant a laissées inachevées[2] ». Le haut tribunal « ne doit annuler ses productions que quand elles apparaissent en totale contradiction avec la norme constitutionnelle, en respectant dans les autres cas la large marge de liberté que la Constitution lui octroie[3] ». En d'autres termes, « quand la règle n'est pas clairement déduite de la Constitution, celle du législateur est toujours valable[4] ».

La même opinion a été partagée par de Otto[5] et, récemment, par Ferreres Comellas[6], qui revendiquent la présomption de constitutionnalité de la loi. Nieto[7], Pérez Royo[8], Rodrígez-Piñero y Bravo-Ferrer et Leguina Villa[1] ont,

---

[1] F. RUBIO LLORENTE, « Problemas de la interpretación constitucional en la jurisprudencia del Tribunal Constitucional español », *in* F. RUBIO LLORENTE, *La forma del poder. Estudios sobre la Constitución*, 2e éd., Madrid, Centro de Estudios Constitucionales, 1997, p. 585.

[2] M. ARAGÓN REYES, *Constitución y democracia*, Madrid, Tecnos, 1990, p. 119.

[3] M. ARAGÓN REYES, « La aplicación judicial de la Constitución: algunas consideraciones sobre la justicia constitucional », *in* M. ARAGÓN REYES, *Escritos de derecho constitucional*, Madrid, Centro de Estudios Constitucionales, 1998, p. 119.

[4] M. ARAGÓN REYES, *Constitución y democracia*, *op. cit.*, p. 124. Toutefois, dans certaines pages de cet ouvrage, ARAGÓN semble nuancer un peu l'exigence de ne déclarer l'inconstitutionnalité que quand une règle déterminée se déduit clairement de la Constitution. Il soutient que le tribunal « découvre le droit et n'invente pas », « parce que la règle de droit ne se trouve pas "indéterminée", mais "prédite" dans de telles dispositions. Le juge doit alors déterminer cette règle, par des « catégories juridiques encapsulées ou synthétisées » dans le texte de la Constitution.

[5] I. DE OTTO, *Derecho constitucional. Sistema de fuentes*, 5e réimpr., Barcelone, Ariel, 1997, p. 148 et 149.

[6] V. FERRERES COMELLA, *Justicia constitucional y democracia*, *op. cit.*, p. 141 et s., et p. 160 et s..

[7] A. NIETO, « Peculiaridades jurídicas de la norma constitucional », *Revista de Administración Pública*, vol. I, n° 100 à 102, 1983, p. 400.

[8] J. PÉREZ ROYO, *Curso de derecho constitucional*, Madrid, Marcial Pons, 1994, p. 112 et s..

eux aussi, affirmé que les dispositions constitutionnelles relatives aux droits fondamentaux ne contenaient pas toute la réglementation juridique de ceux-ci. Bien que ces dispositions prescrivent des contenus directement applicables, dans la majorité des cas, elles ont besoin d'un développement ultérieur par des normes juridiques d'un rang inférieur (la loi par antonomase). Ces normes établissent une réglementation détaillée du contenu de chaque droit, de ses formes d'exercice, de ses limites et de ses garanties juridiques. Ces régulations des droits doivent respecter son contenu essentiel et, quand elles ne le font pas, elles doivent être déclarées inconstitutionnelles par la Cour.

Ainsi, c'est le législateur qui développe les droits fondamentaux à l'intérieur de la marge de liberté que la Constitution établit, et c'est la Cour constitutionnelle qui contrôle la production des normes législatives, et qui a le dernier mot à propos de leur constitutionnalité. Mais cela ne veut pas dire que le dernier mot prononcé par la Cour exprime la vérité ou, en d'autres termes, la réponse correcte à chaque problème de constitutionnalité. La décision de la Cour constitue seulement une lecture du texte de la Constitution, effectuée à la lumière des circonstances du cas concret, avec des limites de temps et de connaissances, par quelques juges plongés dans la société et ayant par là même une vision politique de celle-ci[2]. Il est tout à fait certain que les jugements de la Cour sont revêtus d'une autorité. Ses décisions sont revêtues de l'autorité de la chose jugée, grâce à laquelle la société se trouve déchargée de l'incertitude perpétuelle quant à la constitutionnalité des lois. Toutefois, l'autorité de la chose jugée n'implique pas l'attribut de la vérité ou, d'une façon moins indubitable, du caractère plausible ou correct. L'impossibilité d'intenter un recours contre les décisions de la Cour constitutionnelle devant une instance supérieure, et le devoir de les honorer, sont des phénomènes distincts du caractère correct desdites décisions au regard des dispositions de la Constitution. Pour cette raison, au sein de la doctrine et de l'opinion publique, on peut également douter et discuter de la constitutionnalité des décisions de la Cour. Dans des cas extrêmes, cette discussion peut même avoir lieu au Parlement, où l'on peut envisager une réforme de la Constitution qui les prive d'effet. Comme tout juge, la Cour constitutionnelle a alors aussi un ou plusieurs auditoires, entendus selon les termes de Perelman[3] ou ceux de la communauté idéale de dialogue d'Habermas. En d'autres

---

[1] M. RODRÍGUEZ-PIÑERO Y BRAVO FERRER et J. LEGUINA VILLA, « La hiérarchie des normes constitutionnelles et sa fonction dans la protection des droits fondamentaux », *Annuaire Internationale de Justice Constitucionelle*, t. VI, 1990, p. 124.

[2] M. J. PERRY, « Interpreting Law: The Problem of Constitutional Adjudication », M. J. PERRY, *Morality, Politics & Law. A Bicentennial Essay*, Oxford y New York, Oxford University Press, 1988, p. 121.

[3] Le terme auditoire, en ce sens, fait allusion à l'ensemble de personnes qu'une décision ou une prétention tente de persuader ou de convaincre. *Cf.* CH. PERELMAN, *La lógica jurídica y la nueva retórica*, Madrid, Civitas, 1979, p. 141 et s. ; CH. PERELMAN et L. OLBRECHTS-

termes, les jugements de la Cour constitutionnelle doivent paraître raisonnablement acceptables pour l'ensemble de ses interlocuteurs : le Parlement, artisan de la loi contrôlée, les divers groupes qui le composent, les auteurs d'un recours d'*amparo* ou d'un recours en inconstitutionnalité, les juges qui soulèvent la question, la doctrine juridique et l'opinion publique elle-même. De plus, la forme collégiale de la Cour elle-même et la possibilité de votes dissidents rendent nécessaire que les magistrats rapporteurs tentent de convaincre les autres du caractère plausible des jugements[1].

Cette possibilité de controverses sur les jugements de la Cour constitutionnelle donne lieu à un mécanisme de contrôle plus ou moins efficace. Toute polémique de ce type est toutefois confrontée à un important problème : comment juger si la décision de la Cour constitutionnelle dans une affaire déterminée est correcte ou non, conformément aux dispositions relatives aux droits fondamentaux ? Qu'est-ce qui différencie un jugement acceptable ou plausible d'un qui ne l'est pas ?

Plusieurs critères ont été proposés pour répondre à cette question[2]. Dans la doctrine espagnole, une distinction particulièrement importante est opérée entre les jugements constitutionnels plausibles et ceux qui ne sont pas, selon qu'ils sont fondés sur des critères juridiques ou sur des raisonnements politiques. Le Tribunal constitutionnel a lui-même consigné précisément ces principes d'évaluation dans un passage assez connu : « Il faut considérer, d'une part, les décisions politiques et la procédure de jugement politique que de telles décisions méritent et, d'autre part, la déclaration d'inconstitutionnalité qui doit être faite selon des critères strictement juridiques[3]. » De Otto[4], Tomás y Valiente[5], García de Enterría[1], Canosa Usera[2],

---

TYTECA, *Tratado de la argumentación. La nueva retórica*, Madrid, Gredos, 1989, p. 55 et s., 65 et s., et 71 et s.. Sur ce même concept, A. AARNIO, R. ALEXY et A. PECZENIK, « Grundlagen der juristischen Argumentation », *in* W. KRAWIETZ y R. ALEXY (dir.), *Metatheorie juristischer Argumentation*, Berlin, Duncker & Humblot, 1983, p. 75 et s., et J. BELL, « The Acceptability of Legal Arguments », *in* N. MACCORMICK y P. BIRKS (eds.), *The Legal Mind. Essays for Tony Honoré*, Oxford, Clarendon Press, p. 53.

1 J. L. CASCAJO CASTRO, « La figura del voto particular en la jurisdicción constitucional española », *Revista Española de Derecho Constitucional*, n° 17, mayo-agosto de 1986, p. 171 et s..

2 Il est bien connu que la solution à cette polémique a déclenché le grand débat sur l'interprétation de la Constitution par le *judicial review* aux États-Unis. Dans la doctrine espagnole, on peut trouver divers travaux qui rendent compte en détails de cette polémique : ALONSO GARCÍA. *La interpretación de la Constitución, op. cit.* ; BAYÓN, « La interpretación », *op. cit.* ; DÍAZ-REVORIO, *La Constitución como orden abierto, op. cit.*, chap. IV.

3 Jugement 11 de 1981, f. j. 7. Dans le même sens, jugement 29 de 1982, f. j. 2.

4 I. DE OTTO, « La posición del Tribunal Constitucional a partir de la doctrina de la interpretación constitucional », *in El Tribunal Constitucional*, vol. III, Madrid, Dirección General de lo Contencioso del Estado e Instituto de Estudios Fiscales, 1981, p. 1941 et s..

5 F. TOMÁS Y VALIENTE, « Los jueces y la Constitución », *in* G. PECES-BARBA (coord.), *Estudios sobre la Constitución española*, Madrid, Universidad Carlos III, 1994, p. 148 et s..

Aragón Reyes[3] et Jiménez Campo[4] ont aussi défendu ce critère de distinction, qui trouve son principal fondement théorique dans la séparation entre la fonction législative et la fonction de contrôle de constitutionnalité de la législation, et dans le caractère juridictionnel du Tribunal constitutionnel[5].

Mais ce critère d'appréciation du caractère acceptable des décisions du Tribunal soulève le problème de la définition de ce que l'on doit comprendre par « caractère politique » et par « caractère juridique », et comment s'établissent les frontières entre l'un et l'autre. Dans sa critique adressée à Schmitt, Kelsen a montré qu'il n'est pas raisonnable d'opposer le politique, entendu au sens large d'exercice du pouvoir, au pouvoir juridictionnel, conçu comme l'application du droit, puisque, dans tout jugement, il y a un « élément de décision, un élément d'exercice du pouvoir[6] ». Wróblewski a aussi souligné le caractère politique de l'interprétation constitutionnelle. En ce sens, il a compris le politique comme ce qui est relatif aux relations entre différents groupes intéressés par l'exercice du pouvoir étatique pour servir leurs objectifs[7]. Le politique se manifeste alors de deux façons dans l'interprétation constitutionnelle : « en premier lieu, il garantit *ex definitione* le respect de règles constitutionnelles qui ont en elles-mêmes un caractère politique et, en second lieu, la fonction des décisions interprétatives est politique quand elle détermine les sujets significatifs sur le plan politique. » En ce sens, tout jugement de constitutionnalité a une dimension juridique et une dimension politique et, sans qu'il existe nécessairement un parallèle, tout jugement de constitutionnalité relève de l'application et de la création du droit. S'il en est ainsi, comment définir quand un jugement est juridiquement fondé et quand il l'est politiquement ?

À ce sujet, Jiménez Campo a montré que le caractère juridique des jugements de la Cour constitutionnelle dépend du fait que ceux-ci sont fondés sur un idéal juridique de contrôle et sur une argumentation juridique. Nous avons déjà ici deux points de référence importants : d'une part, l'exigence que les décisions de la juridiction constitutionnelle soient fondées sur une des dispositions de la Constitution, d'autre part, le renvoi de la question du

---

[1] E. García de Enterría, « La posición jurídica del Tribunal Constitucional en el sistema español: posibilidades y perspectivas », *Revista Española de Derecho Constitucional*, n° 1, enero-abril de 1981, p. 82.

[2] R. Canosa Usera, *Interpretación constitucional y fórmula política*, Madrid, Centro de Estudios Constitucionales, 1988, p. 1 et 153.

[3] R. Canosa Usera, « La aplicación judicial de la Constitución », *op. cit.*, p. 118.

[4] J. Jiménez Campo, « Sobre los límites del control de constitucionalidad de la ley », *in* E. Aja (coord.), *Las tensiones entre el Tribunal Constitucional y el legislador en la Europa actual*, Barcelone, Ariel, 1998, p. 171 et s..

[5] M. García Pelayo, « El "status" del Tribunal Constitucional », *Revista Española de Derecho Constitucional*, n° 1, janvier-avril 1981, p. 30 et 31.

[6] H. Kelsen, *¿Quién debe ser el defensor de la Constitución?*, *op. cit.*, p. 18.

[7] J. Wróblewski. *Constitución y teoría general de la interpretación jurídica*, Madrid, Civitas, 1985, p. 111.

caractère plausible des jugements de la Cour constitutionnelle au fait qu'ils puissent être juridiquement argumentés. De Otto avait déjà souligné : « La frontière entre la politique et le droit n'est pas celle qui sépare la décision de la déduction méthodique, mais celle qui distingue les modes de fondement et d'argumentation des décisions et qui différencie celles qui peuvent être politiquement fondées de celles qui le sont juridiquement[1] ».

Cependant, la question qui se pose par la suite est de savoir quand une décision repose sur une argumentation juridique. Jiménez Campo l'explique : une argumentation juridique est un raisonnement juridique « objectif », étranger à « toutes estimations qui requièrent, ou qui prétendent l'existence d'une communauté de croyances ». En ce sens, le tribunal ne doit pas s'aventurer sur le terrain de la politique, « du libre choix des fins, de l'articulation inconditionnée des principes appropriés pour l'obtenir et de la justification ou du fondement des uns et des autres dans les préférences et les choix ».

Cependant, cette définition du caractère juridique des jugements de la Cour constitutionnelle présente plusieurs inconvénients. Ceux-ci découlent, en premier lieu, de l'allusion faite à l'objectivité du raisonnement du juge. Le concept d'objectif est très ambigu. À son sujet, il faut proposer quelques hypothèses. Il se peut que ce raisonnement qui évoque seulement des dispositions constitutionnelles comme fondements de la décision soit objectif. Mais, dans cette hypothèse, la solution d'un cas peut demeurer suffisamment fondée en se référant à des concepts aussi abstraits que la liberté d'expression, le droit à l'honneur ou la dignité humaine, concepts qui, en outre, entrent parfois en conflit entre eux.

Il semble que la réponse ne puisse être que négative. Comme Gadamer l'a mis en évidence, aucune norme n'est en mesure de réglementer sa propre application[2]. Aucune norme n'est parfaite, au sens où elle pourrait prévoir les circonstances de toutes ses applications possibles[3]. Pour cette raison, fonder une décision judiciaire ne consiste pas seulement à rappeler les dispositions de la Constitution et de la loi et à remarquer l'existence d'une contradiction entre elles. De plus, la motivation des jugements de contrôle de constitutionnalité doit rendre explicites les propositions qui donnent sa signification au texte de la Constitution en l'espèce, et la loi soumise à un contrôle. Ces propositions découlent de l'application d'un vaste ensemble de règles intermédiaires (interprétatives, limitatives, extensives, etc.). L'emploi

---

[1] I. DE OTTO, « La posición », *op. cit.*, p. 1944. Dans le même sens, *cf.* PÉREZ ROYO, *Curso de derecho constitucional*, *op. cit.*, p. 114 ; M. ARAGÓN REYES, « La interpretación de la Constitución y el carácter objetivado del control constitucional », *Revista Española de Derecho Constitucional*, n° 17, mai-août 1986, p. 96 ; et TOMÁS Y VALIENTE, « Los jueces y la Constitución », *op. cit.*, p. 150.

[2] H. G. GADAMER. *Verdad y método*, Salamanca, Sígueme, 1977, p. 70 et 380, spéc. p. 396 et s...

[3] K. GÜNTHER, « Ein normativer Begriff der Kohärenz », *op. cit.*, p. 167.

de ces règles dépend du choix du juge. C'est ici que le critère de l'objectivité trouve son principal obstacle : comment peut-on mesurer l'objectivité du critère juridique pour construire et pour ordonner, dans un raisonnement, cet ensemble de propositions intermédiaires, et pour en extraire la solution en l'espèce. La tâche semble particulièrement complexe.

Cependant, face à cette question, on pourrait répliquer que l'objectivité se traduit dans l'attachement au précédent. Mais cette réponse ne serait pas satisfaisante. La Cour constitutionnelle a toujours la possibilité de changer sa doctrine. Dans ce cas, elle doit simplement fonder le changement sur une argumentation convenable[1]. S'il en est ainsi, comment alors juger de l'objectivité de la nouvelle doctrine avec le critère de la subordination au précédent, s'il s'agit précisément d'une interprétation qui s'en écarte ? De même, contre le critère du précédent, on peut alléguer qu'il ne permet pas de juger de l'objectivité des décisions dans de nouveaux cas.

L'identification des raisonnements juridiques à ceux qui n'interviennent pas dans le choix législatif des fins et des moyens de l'action de l'État, à laquelle se livre Jiménez Campo, suscite également plusieurs objections. À ce sujet, on peut douter d'une stricte séparation entre la juridiction constitutionnelle et l'activité consistant à choisir les finalités politiques et les moyens pour les atteindre. Par nature, tout jugement de constitutionnalité est un jugement à propos de la validité des fins politiques que le législateur s'est fixées et des moyens qui permettent de les atteindre. En ce sens, García Pelayo a adroitement soutenu : « l'objet de la procédure de jugement du Tribunal constitutionnel est la grande politique[2]. » Le jugement de la haute juridiction se rapporte nécessairement à l'objet de la législation, au choix politique de buts et de stratégies.

Une hypothèse comme solution : la théorie de l'argumentation juridique dans le contrôle de constitutionnalité des lois

Conformément à ce que nous avons dit précédemment, le jugement du caractère recevable ou correct des décisions de la Cour constitutionnelle doit reposer sur d'autres critères qui servent à déterminer quand un jugement est juridiquement fondé. Ce n'est pas un problème exclusivement des jugements du juge constitutionnel, et cela concerne aussi les décisions de tous les juges. Le juge ordinaire comme le juge constitutionnel exerce une fonction juridictionnelle, décide sur la base du droit, et doit fonder ses jugements sur la norme juridique. Pour cette raison, concrètement, le droit constitutionnel

---

[1] R. ALEXY, *Teoría de los derechos fundamentales*, *op. cit.*, p. 535-540. M. Gascón Abellán a montré, en ce sens, que la technique du précédent est seulement une règle formelle de l'argumentation, qui doit être intégrée dans le raisonnement juridique avec d'autres formes et critères d'interprétation : *La técnica del precedente y la argumentación racional*, Madrid, Tecnos, 1993, p. 94 et s..

[2] « El status del Tribunal Constitucional », *op. cit.*, p. 11.

peut profiter des avancées de la méthodologie juridique générale et, surtout, des théories de l'argumentation juridique, dans la détermination de critères et de stratégies de contrôle du caractère correct des jugements[1].

Le problème fondamental soulevé par les théories de l'argumentation juridique dans le domaine de l'application judiciaire est celui de la rationalité des jugements[2]. La question à laquelle lesdites théories essaient de répondre est précisément celle de savoir quels sont les critères qui assurent la rationalité de la décision juridique[3]. D'après Wróblewski, « une décision rationnelle est une décision justifiée[4] ». Pour qu'une décision soit justifiée, il n'est pas nécessaire qu'elle soit vraie, ni juste d'un point de vue objectif. Cependant, une décision qui a été adoptée d'une manière intuitive ou arbitraire par le juge, et qu'*ex-post* celui-ci explique par un ensemble apocryphe d'arguments juridiques, n'est pas non plus une décision justifiée. Une décision justifiée est celle qui procède d'un raisonnement respectueux des règles de la logique et de l'argumentation juridique[5], et qui est construite sur la base de normes remarquables et pertinentes. Dans un sens opposé, une décision n'est pas justifiée et, par conséquent, n'est pas une décision acceptable ou plausible, quand elle transgresse les règles de l'argumentation juridique. La justification fait surtout allusion au caractère correct du raisonnement sous-jacent à la décision judiciaire, dans lequel sont pris en considération différents arguments qui peuvent la déterminer dans un sens ou dans l'autre. De la même manière, d'après Atienza, une décision est rationnelle si elle respecte les règles de la logique déductive, ainsi que les principes de la rationalité pratique : la consistance, l'efficacité, la cohérence, la généralisation et la sincérité ; si elle est adoptée sans éviter l'utilisation d'une source du droit de caractère inaliénable, et si elle n'est pas adoptée sur la base de critères éthiques ou politiques, non spécifiquement prévus par l'ordre juridique[6].

---

[1] L. GIANFORMAGGIO, « L'interpretazione della costituzione tra applicazione di regole de argomentazione basata sui principi », *Rivista internazionale di filosofia del diritto*, n° 62, 1, 1985, p. 103.

[2] ALEXY a montré que la rationalité des jugements fait allusion à ce qui peut être « rationnellement fondé dans le cadre de l'ordre juridique » : *Teoría de la argumentación jurídica, op. cit.*, p. 274.

[3] J. A. GARCÍA AMADO, « Del método jurídico a las teorías de la argumentación jurídica », *Archivo de Filosofía del Derecho*, 1986, p. 154 ; H. GARN, *Zur Rationalität rechtlicher Entscheidungen*, Stuttgart, Steiner,1986, p. 16 et s..

[4] J. WRÓBLEWSKI, « Legal Decision and its Justification », *in Le raisonnement juridique*, Bruxelles, Huobert Hubien, 1971, p. 412. Voir également J. WRÓBLEWSKI, *The Judicial Application of Law*, New York, Kluwer, 1992, p. 209.

[5] Sur les règles de l'argumentation juridique, *cf.* par exemple R. ALEXY, *Teoría de la argumentación jurídica, op. cit.*, p. 184 et s., et 214 et s. ; A. AARNIO, *Denkenweisen der Rechtswissenschaft*, Vienne et New York, Springer, 1979, p. 98 et s. ; M. ATIENZA, *Las razones del derecho. Teorías de la argumentación jurídica*, Madrid, Centro de Estudios Constitucionales, 1991 ; T. MAZZARESE, *Forme di razionalità delle decisioni giudiziali*, Torino, Giappichelli, 1996.

[6] M. ATIENZA, « Para una razonable definición de razonable », *Doxa*, n° 4, 1987, p. 193.

Comme corollaire, seules peuvent être considérées comme rationnellement acceptables les décisions qui répondent aux règles de l'argumentation juridique. Bien sûr, l'application de ces règles n'élimine pas tous les éléments d'évaluation et subjectifs desdites décisions, et par conséquent elles n'impliquent pas non plus la satisfaction totale des divers interlocuteurs de la haute cour. En ce sens, il faut prévenir que la rationalité de tout jugement ne peut être davantage que relative[1].

Cependant, cette circonstance ne fait pas perdre sa valeur à la construction des règles d'argumentation, ni à l'examen de la jurisprudence constitutionnelle dans cette optique. Ces tâches sont propres à la dogmatique constitutionnelle. Avec elles, il s'agit de fonder, de justifier et de limiter les voies par lesquelles elle envisage la pratique de la juridiction constitutionnelle, et de construire des perspectives d'analyse et de critique de celle-ci. La théorie de l'argumentation dans le contrôle de constitutionnalité des lois, la théorie des dispositions constitutionnelles (à l'intérieur de laquelle figure la théorie des droits fondamentaux) et la théorie des arguments d'interprétation constitutionnelle doivent remplir cette tâche.

Cette théorie ouvre l'une des voies les plus importantes que notre réflexion constitutionnelle doit suivre dans le nouveau siècle. L'analyse des processus d'argumentation dans le contrôle de constitutionnalité des lois est, non seulement, un présupposé nécessaire pour la confortation de la jeune Cour constitutionnelle colombienne dans le système politique, et pour la délimitation de ses fonctions concernant le législateur, mais surtout, elle est une base indispensable pour faire entrer dans le domaine public les procédés d'interprétation constitutionnelle, et ainsi parvenir, avec le temps, à faire en sorte que la Constitution de 1991 cesse d'être un prophète qui prodigue des prévisions inattaquables et devienne un guide de comportement parfaitement clair pour tous les Colombiens.

Bibliographie

Références doctrinales

A. AARNIO, *Denkenweisen der Rechtswissenschaft*, Wien et New York, Springer, 1979.

A. AARNIO, *Wegen Recht und Billigkeit*, Berlin, Duncker & Humblot, 1988.

A. AARNIO, R. ALEXY et A. PECZENIK, « Grundlagen der juristischen Argumentation », *in* W. KRAWIETZ et R. ALEXY (coords.), *Metatheorie juristischer Argumentation*, Berlin, Duncker & Humblot, 1983.

R. ALEXY, « Sistema jurídico, principios jurídicos y razón práctica », *Doxa*, n° 5, 1988.

[1] M. SEGURA ORTEGA. *La racionalidad jurídica*, Madrid, Tecnos, 1998, p. 120 et s. ; M. ATIENZA, *Tras la justicia. Una introducción al derecho y al razonamiento jurídico*, Barcelone, Ariel, 1993, p. 138.

R. ALEXY, « Idée et structure d'un système de droit rationnel », *Archive de Philosophie du Droit*, 1988.
R. ALEXY, *Teoría de la argumentación jurídica*, M. ATIENZA (trad.), Madrid, Centro de Estudios Constitucionales, 1989.
R. ALEXY, « Justification and Application of Norms », *Ratio Iuris*, 6 (2), juillet 1993.
R. ALEXY, *Teoría de los derechos fundamentales*, G. VALDEZ (trad.), Madrid, Centro de Estudios Constitucionales, 1997.
E. ALONSO GARCÍA, *La interpretación de la Constitución*, Madrid, Centro de Estudios Constitucionales, 1984.
M. ARAGÓN REYES, « La interpretación de la Constitución y el carácter objetivo del control constitucional », *Revista Española de Derecho Constitucional*, n° 17, 1986.
M. ARAGÓN REYES, *Constitución y democracia*, Madrid, Tecnos, 1990.
M. ARAGÓN REYES, « La aplicación judicial de la Constitución: algunas consideraciones sobre la justicia constitucional », *in* M. ARAGÓN REYES, *Escritos de derecho constitucional*, Madrid, Centro de Estudios Constitucionales, 1998.
M. ATIENZA, « Para una razonable definición de razonable », *Doxa*, n° 4, 1987.
M. ATIENZA, *Las razones del derecho. Teorías de la argumentación jurídica*, Madrid, Centro de Estudios Constitucionales, 1991.
M. ATIENZA, *Tras la justicia. Una introducción al derecho y al razonamiento jurídico*, Barcelona, Ariel, 1993.
J. C. BAYÓN, « La interpretación constitucional en la reciente doctrina norteamericana », *Revista de las Cortes Generales*, n° 4, 1985.
J. BELL, « The Acceptability of Legal Arguments », *in* N. MACCORMICK et P. BIRKS (eds.), *The Legal Mind. Essays for Tony Honoré*, Oxford, Clarendon Press.
M. BELTRÁN, *Originalismo e interpretación: Dworking v. Bork: una polémica constitucional*, Madrid, Civitas y Universidad Complutense, 1988.
A. BICKEL, *The Least Dangerous Branch: The Supreme Court at the Bar of Politics*, Yale University Press, 1962.
E.-W. BÖCKENFÖRDE, « Los métodos de la interpretación constitucional. Inventario y crítica », *in* E.-W. BÖCKENFÖRDE, *Escritos sobre derechos fundamentales*, Baden-Baden, Nomos, 1993.
E.-W. BÖCKENFÖRDE, « Teoría e interpretación de los derechos fundamentales », *in ibid.*.
R. H. BORK, « Neutral Principles and Some First Amendment Problems », *Illinois Law Journal*, 47 (1), 1971.
R. H. BORK, « The Original Understanding », *in* S. J. BRISON et W. SINNOTT-ARMSTRONG (eds.), *Contemporary Perspectives on Constitutional Interpretation*, Boulder, San Francisco et Oxford, Westview Press, 1993.

R. CANOSA USERA, *Interpretación constitucional y fórmula política*, Madrid, Centro de Estudios Constitucionales, 1988.

J. L. CASCAJO CASTRO, « La fiugra del voto particular en la jurisdicción constitucional española », *Revista Española de Derecho Constitucional*, n° 17, 1986.

P. CRUZ VILLALÓN, « Legitimidade da justiça constitucional e princípio da maioria », *in Legitimidade e legitimaçao da justiça constitucional. Coloquio no 10.º Aniversário do Tribunal Constitucional*, Coimbra, Coimbra Editora, 1995.

I. DE OTTO, « La posición del Tribunal Constitucional a partir de la doctrina de la interpretación constitucional », *in El Tribunal Constitucional*, vol. III, Madrid, Dirección General de lo Contencioso del Estado e Instituto de Estudios Fiscales, 1981.

I. DE OTTO, *Derecho constitucional. Sistema de fuentes*, 5.ª reimp., Barcelona, Ariel, 1997.

E. DENNINGER, « Il singolo e la legge universale », *in* G. GOZZI (ed.), *Democrazia, diritti, costituzione. I fondamenti costituzionali delle democrazie contemporanee*, Bologna, Il Mulino, 1997.

F. J. DÍAZ REVORIO, *La Constitución como orden abierto*, Madrid, Mc. Graw-Hill, 1997.

R. DWORKIN, *Los derechos en serio*, Barcelona, Ariel, 1984.

R. DWORKIN, *El imperio de la justicia*, Barcelona, Gedisa, 1992.

R. DWORKIN, « ¿Realmente no hay una respuesta correcta en los casos difíciles? », *in* P. CASANOVAS et J. J. MORESO (eds.), *El ámbito de lo jurídico. Lecturas de pensamiento jurídico contemporáneo*, Barcelone, Grijalbo-Mondadori, 1994.

R. DWORKIN, « Gleichheit, Demokratie und die Verfassung: wir, das Volk und die Richter », *in Zum Begriff der Verfassung. Die Ordnung des Politischen*, Frankfurt a. M., Fischer, 1994.

R. DWORKIN, *Freedom's Law. The Moral Reading of the American Constitution*, Oxford & New York, Oxford University Press, 1996.

J. H. ELY, *Democracy and Distrust. A Theory of Judicial Review*, Cambridge (Mass.) et Londres, Harvard University Press, 1980 ; trad. esp. *Democracia y desconfianza. Una teoría del control de constitucionalidad*, Bogotá, Universidad de los Andes, 1997.

L. FERRAJOLI, « El derecho como sistema de garantías », *Jueces para la democracia. Información y debate*, n° 16 et 17, 1992.

L. FERRAJOLI, *Derecho y razón. Teoría del garantismo penal*, Madrid, Trotta, 1995.

V. FERRERES COMELLA, *Jurisdicción constitucional y democracia*, Madrid, Centro de Estudios Constitucionales, 1997.

H. G. GADAMER, *Verdad y método*, Salamanque, Sígueme, 1977.

J. A. GARCÍA AMADO, « Del método jurídico a las teorías de la argumentación jurídica », *Archivo de Filosofía del Derecho*, 1986.

E. GARCÍA DE ENTERRÍA, « La posición jurídica del Tribunal Constitucional en el sistema español: posibilidades y perspectivas », *Revista Española de Derecho Constitucional*, n° 1, 1981.
M. GARCÍA PELAYO, *« El "status" del Tribunal Constitucional », Revista Española de Derecho Constitucional*, n° 1, 1981.
R. GARGARELLA, *La justicia frente al gobierno. Sobre el carácter contramayoritario del poder judicial*, Barcelona, Ariel, 1996.
H. GARN, *Zur Rationalität rechtlicher Entscheidungen*, Stuttgart, Steiner, 1986.
M. GASCÓN ABELLÁN, *La técnica del precedente y la argumentación racional*, Madrid, Tecnos, 1993.
L. GIANFORMAGGIO, « L'interpretazione della costituzione tra applicazione di regole ed argomentazione basata sui principi », *Rivista internazionale di filosofia del diritto*, n° 62, 1, 1985.
K. GÜNTHER, *Der Sinn für Angemessenheit. Anwendungsdiskurse in Moral und Recht*, Frankfurt a. M., Suhrkamp, 1988.
K. GÜNTHER, « Ein normative Begriff der Kohëherz für eine Theorie der juristischen Argumentation », *Rechtstheorie*, n° 20, 1989.
J. HABERMAS, *Facticidad y validez. Sobre el derecho y el Estado democrático de derecho en términos de teoría del discurso*, Madrid, Trotta, 1998.
J. HABERMAS, « Über den internen Zusammenhang von Rechtsstaat und Demokratie », *in* U. K. PREUSS (coord.), *Zum Begriff der Verfassung. Die Ordnung des Politischen*, Frankfurt a. M., Fischer, 1994.
J. HABERMAS, « Anhang zu "Faktizität und Geltung". Replik auf Beiträge zu einem Symposion der Cardozo Law School », *Die Einbeziehung des Anderen. Studien zur politischen Theorie,* Frankfurt a. M., Suhrkamp, 2ª ed., 1997.
J. HABERMAS et J. RAWLS, *Debate sobre el liberalismo político*, Barcelona, Buenos Aires y México, Paidos, 1998.
J. HABERMAS, R. DWORKIN et K. GÜNTHER, « ¿Impera el derecho sobre la política? », *La Política*, n° 4, 1998.
S. HOLMES, « Precommitment and the Paradox of Democracy », *in* J. ELSTER et R. SLAGSTAD (eds.), *Constitutionalism and Democracy. Studies in Rationality and Social Change*, Cambridge, New York, New Rodelle, Melbourne y Sydney, Cambridge University Press, 1988.
S. HOLMES, *The Anatomy of Antiliberalism*, Cambridge and London, Harvard University Press, 2nd ed., 1996.
J. ISENSEE, « Grundrechte und Demokratie », *Der Staat*, 1981.
J. JIMÉNEZ CAMPO, « Sobre los límites del control de constitucionalidad de la ley », *in* E. AJA (coord.), *Las tensiones entre el Tribunal Constitucional y el legislador en la Europa actual*, Barcelona, Ariel, 1998.
H. KELSEN, « La garantía jurisdiccional de la Constitución (La justicia constitucional) », *in* H. KELSEN, *Escritos sobre la democracia y el socialismo*, Madrid, Debate, 1988.

H. KELSEN, *¿Quién debe ser el defensor de la Constitución?*, Madrid, Tecnos, 1995.
N. MACCORMICK, « Taking the "Rights Thesis" Seriously », *in* N. MACCORMICK, *Legal Right and Social Democracy. Essays in Legal and Political Philosophy*, Oxford, Clarendon Press, 1982.
T. MAZZARESE, *Forme di razionalità delle decisioni giudiziali*, Torino, Giappichelli, 1996.
J. J. MORESO, *La indeterminación del derecho y la interpretación de la Constitución*, Madrid, Centro de Estudios Políticos y Constitucionales, 1997.
A. NIETO, « Peculiaridades jurídicas de la norma constitucional », *Revista de Administración Pública*, vol. I, n° 100 à 102, 1983.
L. PEGORARO, *Lineamenti di giustizia costituzionale comparata*, Torino, Giappichelli, 1998.
Ch. PERELMAN, *La lógica jurídica y la nueva retórica*, Madrid, Civitas, 1980.
Ch. PERELMAN et L. OLBRECHTS-TYTECA, *Tratado de la argumentación. La nueva retórica*, Madrid, Gredos, 1989.
J. PÉREZ ROYO, *Curso de derecho constitucional*, Madrid, Marcial Pons, 1994.
M. J. PERRY, « Interpreting Law: The Problem of Constitutional Adjudication », *in* M. J. PERRY, *Morality, Politics & Law. A Bicentennial Essay*, Oxford and New York, Oxford University Press, 1988.
M. J. PERRY, *The Constitution in the Courts. Law or Politics?*, Oxford y New York, Oxford University Press, 1994.
P. P. PORTINARO, « Dal custode della costituzione alla costituzione dei custodi" », *in* G. GOZZI (coord.) *Democrazia, diritti, costituzione. I fondamenti costituzionali delle democrazie contemporanee*, Bologna, Il Mulino, 1997.
J. RAWLS, *El liberalismo político*, Barcelona, Grijalbo-Mondadori, 1996.
M. RODRÍGEZ-PIÑERO et J. LEGUINA VILLA, « La hiérarchie des normes constitutionnelles et sa fonction dans la protection des droits fondamentaux », *Annuaire Internationale de Justice Contitutionnelle*, 1990.
F. RUBIO LLORENTE, « Problemas de la interpretación constitucional en la jurisprudencia del Tribunal Constitucional español », *in* F. RUBIO LLORENTE, *La forma del poder. Estudios sobre la Constitución*, Madrid, Centro de Estudios Constitucionales, 2ª ed., 1997.
C. SCHMITT, *La defensa de la Constitución*, Madrid, Tecnos, 1983.
M. SEGURA ORTEGA, *La racionalidad jurídica*, Madrid, Tecnos, 1998.
H. SIMON, « La jurisdicción constitucional », *in Manual de derecho constitucional*, Madrid, Marcial Pons, 1996.
Ch. STARCK, « La suprématie de la Constitution et la justice constitutionnelle », *in* Ch. STARCK, *La Constitution : cadre et mesure du droit*, Paris-Marseille, Economica et Presses Universitaires d'Aix-Marseille, 1994.
Ch. STARCK, « La légitimité de la justice constitutionnelle et le principe démocratique de majorité », *in Legitimidade e legitimaçao da justiça consti-*

tucional. Coloquio no 10.º Aniversário do Tribunal Constitucional, Coimbra, Coimbra Editora, 1995.
C. R. SUNSTEIN, « Constitutions and Democracies: an Epilogue », *in* J. ELSTER et R. SLAGSTAD (coords.), *Constitutionalism and Democracy. Studies in Rationality and Social Change*, Cambridge, New York, New Rodelle, Melbourne et Sydney, Cambridge University Press, 1988.
J. TOBO GUTIÉRREZ, *La Corte Constitucional y el control de constitucionalidad en Colombia*, Bogotá, Ediciones Jurídicas Gustavo Ibáñez, 2ª ed., 1999.
F. TOMÁS Y VALIENTE, « Los jueces y la Constitución », *in* G. PECES-BARBA (coord.), *Estudios sobre la Constitución española*, Madrid, Universidad Carlos iii, 1994.
J. WRÓBLEWSKI, « Legal Decision and its Justification », *in Le raisonnement juridique*, Bruxelles, Hubien, 1971.
J. WRÓBLEWSKI, *Constitución y teoría general de la interpretación jurídica*, Madrid, Civitas, 1985.
J. WRÓBLEWSKI, *The Judicial Application of Law*, New York, Kluwer, 1992.
N. ZANON, « La polémique entre Hans Kelsen et Carl Schmitt sur la justice constitutionnelle », *Annuaire Internationale de Justice Constitutionnelle*, 1989.

Références jurisprudentielles

Tribunal constitutionnel espagnol, jugement 11 de 1981.
Tribunal constitutionnel espagnol, jugement 29 de 1982.
Tribunal constitutionnel espagnol, jugement 209 de 1987.

CHAPITRE II

RATIONALITÉ, PROPORTIONNALITÉ ET CARACTÈRE RAISONNABLE DANS LE CONTRÔLE DE CONSTITUTIONNALITÉ DES LOIS

Les arguments que nous développons dans ce chapitre sont fondés sur quelques prémisses théoriques que nous jugeons opportun d'expliciter. Nous partirons du présupposé selon lequel le contrôle de constitutionnalité des lois doit être compris comme une forme particulière de discours politique. Dans ce discours, la Cour constitutionnelle analyse et évalue les divers arguments interprétatifs pour ou contre la constitutionnalité d'une loi, et la décision adoptée comme résultat de cet *iter* a la prétention d'être correcte et acceptée comme telle par la communauté politique et juridique[1].

Un jugement constitutionnel ne constitue une décision correcte que s'il est correctement justifié. Or, la possibilité de justifier correctement une décision de ce type représente une propriété idéale de celle-ci, qui peut être liée au caractère correct de la justification qu'avance concrètement la Cour constitutionnelle. Le caractère correct de la jurisprudence se fonde sur la possibilité pour la Cour constitutionnelle d'argumenter correctement. En ce qui concerne l'activité de la Cour, le caractère correct de ses décisions dépend, non seulement du respect des règles de logique, mais aussi de l'évaluation correcte des arguments interprétatifs pertinents en l'espèce. Plus les arguments interprétatifs de la loi et des dispositions constitutionnelles seront correctement évalués par la Cour constitutionnelle, plus la décision sera correctement fondée.

Ainsi, sur cette base, on peut dire que la rationalité, le caractère raisonnable et le principe de proportionnalité sont des critères d'évaluation correcte des arguments interprétatifs des dispositions législatives et

---

[1] Sur le concept de « prétention de correction », voir R. ALEXY, *El concepto y la validez del derecho*, Barcelona, Gedisa, 1994, p. 41 et s. ; R. ALEXY, « Law and Correctness », *in* M. D. A. FREEMAN (ed.), *Legal Theory at the End of the Millennium, Current Legal Problems*, n° 51, 1998, p. 205 et s. ; J. HABERMAS, « Rationalität der Verständigung. Sprechakttheoretische Erläuterungen zum Begriff der kommunikativen Rationalität », *in* J. HABERMAS, *Wahrheit und Rechtfertigung. Philosophische Aufsätze*, Frankfurt a. M., Suhrkamp, 1999, p. 112. En sens inverse, E. BULYGIN, « Alexy's Thesis of the Necessary Connection between Law and Morality », *Ratio Juris*, n° 2, 2000, p. 133 et s. La réponse de R. ALEXY, « On the Thesis of a Necessary Connection between Law and Morality: Bulygin's Critique », *Ratio Juris*, n° 2, 2000, p. 138 et s..

constitutionnelles et, en ce sens, sont des critères pouvant fonder correctement les décisions adoptées dans le cadre d'un contrôle de constitutionnalité. Ces critères remplissent deux fonctions : d'une part, ce sont des critères par lesquels la Cour constitutionnelle tente de prendre des décisions correctes et de les formuler correctement ; d'autre part, ce sont des critères d'évaluation par lesquels la communauté politique et juridique examine le caractère correct des décisions de la Cour constitutionnelle.

Le présent chapitre a pour objet d'évaluer les relations entre de tels critères de justification et d'évaluation des jugements de constitutionnalité, en se référant en particulier à la *praxis* de raisonnement développée, d'une part, par plusieurs tribunaux constitutionnels européens, comme les tribunaux espagnol ou italien, d'autre part, par notre Cour constitutionnelle. Pour cela, nous analyserons les caractéristiques particulières de nos trois concepts, puis nous verrons quelles sont leurs interactions.

Les critères de rationalité

La rationalité est un concept plus abstrait et plus complexe que ceux de proportionnalité et de caractère raisonnable. Ce concept apparaît dans la théorie juridique comme un succédané de l'objectivité. Il est bien connu que l'objectivité est un idéal auquel on peut difficilement aspirer en droit constitutionnel, du fait de l'imprécision des dispositions constitutionnelles et législatives. Dans les affaires complexes, de nombreuses incertitudes – de type analytique, normatif ou factuel – apparaissent, qui suscitent des politiques et des conflits d'opinion qui ne peuvent être résolus par l'application de procédures interprétatives de type algorithmique. Dans ces affaires, le caractère correct de la décision et des arguments exposés dans les motifs ne peut être évalué à partir de critères objectifs, mais sur la base de l'observance partielle de plusieurs critères de rationalité. Ces critères doivent être respectés dans toute décision jurisprudentielle.

Nous souhaitons préciser que la rationalité des jugements est un type particulier de rationalité[1] et que, comme telle, elle fonctionne comme un critère d'évaluation du comportement humain[2]. Ainsi, on parle de rationalité des décisions jurisprudentielles quand on se réfère aux exigences que les jugements et leurs motivations doivent satisfaire pour être rationnels.

Le catalogue de ces exigences de rationalité est assez large et a fait l'objet de diverses systématisations dans plusieurs théories sur

---

[1] Cfr, sur les diverses significations du concept de rationalité, K. Baier, *The Rational and the Moral Order. The Social Roots of Reason and Morality*, Chicago y La Salle, Open Court, 1995, p. 35 et s. ; J. Habermas, « Rationalität der Verständigung », *op. cit.*, p. 105 et s. ; J. R. Searle, *Razones para actuar. Una teoría del libre albedrío*, Barcelona, Ediciones Nobel, 2000, p. 239.

[2] Sur la rationalité en tant que moyen d'évaluation, *cf.* K. Baier, *The Rational and the Moral Order*, *op. cit.*, p. 37 et s.. Cette acception de la rationalité est synonyme de la rationalité pratique. Sur ce concept, *cf.* Searle, *op. cit.*, p. 109 et s. ; J. Habermas, *op. cit.*, p. 107 et s..

l'argumentation juridique[1]. En appliquant ces critères, la Cour constitutionnelle ne peut parvenir à dégager, dans toutes les affaires, une décision correcte unique. La communauté juridique ne peut prétendre éliminer le caractère discrétionnaire en marge des évaluations de la Cour, de sorte qu'il est nécessaire de reconnaître que ces critères n'offrent pas une garantie d'objectivité. Toutefois, sa fonction d'orientation et d'évaluation et sa contribution à la clarté de l'argumentation dans un domaine aussi controversé que l'interprétation de la Constitution ne doivent pas être sous-estimées.

Dans la doctrine de la philosophie juridique et du droit constitutionnel, il n'existe pas de catalogue univoque des critères de rationalité jurisprudentielle. Au contraire, ce thème a suscité et continue de susciter de très vifs débats théoriques[2]. Malgré tout, sans prétendre aucunement être exhaustif, il paraît possible d'énumérer les critères qui ont fait l'objet d'un consensus dans la doctrine qui fait le plus autorité. Une telle énumération sera utile pour pouvoir ensuite différencier les critères de rationalité de ceux de proportionnalité et de caractère raisonnable.

L'élément mentionné est composé des critères suivants, avec ses concepts et ses règles :

1. Premier critère : la clarté et la solidité conceptuelle. Le fondement des jugements constitutionnels est d'autant plus rationnel qu'il est construit sur la base d'arguments clairs et solides du point de vue conceptuel et linguistique[3].

a. La clarté conceptuelle. Le concept de clarté conceptuelle implique que la signification des arguments utilisés par la Cour constitutionnelle peut être comprise par les parties qui interviennent dans le procès et par la communauté juridique et politique. Les arguments interprétatifs utilisés par la Cour doivent donc suivre les règles linguistiques de la communauté[4].

---

[1] Sur les théories de l'argumentation juridique et les règles de rationalité des jugements, voir notamment R. ALEXY, *Teoría de la argumentación jurídica*, Madrid, Centro de Estudios Constitucionales, 1981, p. 184 et s., et p. 214 et s. ; A. AARNIO, *Denkenweisen der Rechtswissenschaft*, Vienne et New York, Springer, 1979, p. 98 et s. ; M. ATIENZA, *Las razones del derecho. Teorías de la argumentación jurídica*, Madrid, Centro de Estudios Constitucionales, 1991 ; J. A. GARCÍA AMADO, « Del método jurídico a las teorías de la argumentación jurídica », *Anuario de Filosofía del Derecho*, t. III, 1986, p. 167 et s. ; T. MAZZARESE, *Forme di razionalità delle decisioni giudiziali*, Torino, Giappichelli, 1996.

[2] Sur les arguments pour et contre la validité des règles et des critères de la rationalité judiciaire, voir E. TUGENDHAT, « Zur Entwicklung von moralischen Begründungsstrukturen im modernen Recht », *Archiv für Recht und Sozial Philosophie*, Beiheft n° 14, 1980, p. 1 et s. ; U. NEUMANN, *Juristische Argumentationslehre*, Darmstadt, Wissenschaftliche Buchgesellschaft, 1986, p. 94 et s..

[3] R. ALEXY, « Grundgesetz und Diskurstheorie », *in Legitimation des Grundgesetzes aus Sicht von Rechtsphilosophie und Gesellschafstheorie*, Baden-Baden, Nomos, 1996, p. 344.

[4] Il s'agit d'une application particulière de la règle de la raison pratique : « Différents interlocuteurs ne peuvent utiliser la même expression avec des significations différentes. » *Cf.* ALEXY, *Teoría de la argumentación jurídica*, *op. cit.*, p. 185.

b. La solidité conceptuelle. La solidité conceptuelle se réfère à la non-contradiction des arguments avancés par la Cour constitutionnelle et par l'usage constant des concepts qui composent de tels arguments ; cela veut dire que la Cour doit attribuer aux mêmes concepts le même sens[1].

2. Deuxième critère : la solidité normative. Le fondement des décisions constitutionnelles est d'autant plus rationnel qu'il repose sur des arguments qui peuvent justifier les mêmes résultats interprétatifs quand ils sont appliqués à des faits identiques ou analogues[2]. L'application des mêmes arguments à des faits distincts ou la production de résultats interprétatifs différents doit toujours être justifiée[3].

3. Troisième critère : la complétude. Le fondement des décisions constitutionnelles est d'autant plus rationnel qu'il est fondé sur des arguments qui présentent la plus grande complétude possible. Selon ce critère, tout argument doit être complet, c'est-à-dire qu'il doit contenir toutes les prémisses qui en font partie[4].

4. Quatrième critère : le respect de la logique déductive. Le fondement des décisions constitutionnelles est d'autant plus rationnel qu'il respecte les règles de la logique déductive[5].

5. Cinquième critère : le respect des charges de l'argumentation. Le fondement des décisions constitutionnelles est d'autant plus rationnel que celles-ci reposent sur une argumentation réunissant les caractéristiques propres au contrôle de constitutionnalité des lois – par exemple celles qui découlent notamment du principe *in dubio pro libertate* ou de celui de la présomption de constitutionnalité des lois.

6. Sixième critère : la solidité et la cohérence de l'argumentation. Le fondement des décisions de constitutionnalité est d'autant plus rationnel qu'il est consistant et cohérent du point de vue de l'argumentation.

a. La solidité de l'argumentation. La solidité de l'argumentation peut être définie comme l'absence de contradictions entre les propositions qui compo-

---

[1] Ce critère découle également de la règle selon laquelle « divers interlocuteurs ne peuvent utiliser une même expression avec des significations différentes », et du principe de non-contradiction. *Cf.* R. ALEXY, *Teoría de la argumentación jurídica*, *op. cit.*, p. 185 ; A. AARNIO, *Lo racional como razonable*, Madrid, Centro de Estudios Constitucionales, 1991, p. 254 et s. ; E. ALONSO GARCÍA, *La interpretación de la Constitución*, Madrid, Centro de Estudios Constitucionales, p. 60.

[2] Il s'agit d'une explication particulière de la règle de la raison pratique : « Tout interlocuteur qui applique un prédicat F à un objet, doit être disposé à appliquer aussi F à tout autre objet égal dans tous les aspects pertinents. » *Cf.* ALEXY, *op. cit.*, p. 185 ; M. ATIENZA, *Tras la justicia. Una introducción al derecho y al razonamiento jurídico*, Barcelona, Ariel, 1993, p. 137. Cete règle est fondée sur le principe d'universalité. Sur ce principe, A. PECZENIK, *Grundlagen der juristischen Argumentation*, Vienne et New York, Springer, 1983, p. 189.

[3] Alexy et Aarnio parlent en ce sens d'un « traitement cohérent du cas analogue » : R. ALEXY, *op. cit.*, p. 185-187 ; AARNIO, *op. cit.*, p. 254 et s..

[4] ALEXY, *op. cit.*, p. 236.

[5] M. ATIENZA, « Para una razonable definición de razonable », *Doxa*, n° 4, 1987, p. 193.

sent les arguments de la Cour constitutionnelle (il ne s'agit pas de la cohérence des concepts, que l'on a évoquée comme premier critère de rationalité)[1].

b. La cohérence de l'argumentation. Le critère de la cohérence exige que les arguments invoqués par la Cour constitutionnelle pour fonder les décisions constitutionnelles reposent sur des règles, des valeurs communes ou des principes généraux[2]. On doit souligner que la cohérence est une propriété présente dans tout système de propositions, et que l'ensemble des justifications adoptées par la Cour constitutionnelle n'est rien d'autre qu'un système de propositions immergées dans la pratique juridique[3]. Une nouvelle proposition d'interprétation produite dans ce système est d'autant plus cohérente que :

1. elle est adossée à d'autres propositions du système ou à des prémisses normatives, analytiques ou empiriques qui fondent également d'autres propositions du système lui-même,
2. elle répond aux règles de préférence ou de priorité établies par le système, et
3. elle se fonde sur des concepts généraux propres au système juridique[4].

Enfin, il convient de rappeler qu'il existe un élément commun à toutes les règles de rationalité. Toutes ces règles ne constituent que des idées régulatrices, c'est-à-dire des règles idéales qui, d'une part, orientent le travail de la Cour constitutionnelle, d'autre part, fonctionnent comme des critères d'évaluation, de critique et d'analyse des décisions et des motivations de la Cour. Si l'on tient compte de ce caractère idéal, on peut dire qu'une décision et une motivation sont d'autant plus rationnelles qu'elles satisfont aux critères de rationalité.

---

[1] N. MACCORMICK, « Coherence in Legal Justification », *in* W. KRAWIETZ, H. SCHLESKY, G. WINKLER et A. SCHUAMM (eds.), *Theorie der Normen. Festgabe für Ota Weinberger zum 65*, Geburstag, Berlin, Duncker & Humblot, 1984, p. 43 et s. ; N. MACCORMICK, « Los límites de la racionalidad en el razonamiento jurídico », *in* J. BETEGÓN et J. R. DE PÁRAMO (eds.), *Derecho y moral. Ensayos analíticos*, Barcelona, Ariel, 1996, p. 19 et s. ; M. ATIENZA, *Las razones del derecho, op. cit.*, p. 143 et s..

[2] N. MACCORMICK, *op. cit.*, p. 43 ; M. ATIENZA, *Tras la justicia, op. cit.*, p. 137 ; R. ALEXY et A. PECZENIK, « The Concept of Coherence and its Significance for Discoursive Rationality », *Ratio Juris*, n° 1, 1990, p. 115 et s., et B. BAUM LAVENBOOK, « The Role of Coherence in Legal Reasoning », *Law and Philosophy*, n° 3, 1984, p. 355 et s..

[3] Sur l'activité interprétative comme système cohérent d'énoncés : G. PINO, « Coerenza e verità nell'argomentazione giuridica. Alcune riflessioni », *Rivista internazionale di filosofia del diritto*, n° 1, 1988, p. 85 et s..

[4] R. ALEXY, « Juristische Begründung, System und Kohärenz », *in* G VON F. WIEACKER, O. BEHRENDS, M. DIESSELHORST et R. DREIER (eds.), *Rechtsdogmatik und Praktische Vernunft. Symposiun zum 80*, Göttingen, Vondenhoeck & Ruprecht, 1990, p. 97 et s. ; AARNIO, *Lo racional como razonable, op. cit.*, p. 254 et s..

Le principe de proportionnalité

Le principe de proportionnalité est un concept juridique qui apparaît fréquemment dans les jugements des tribunaux constitutionnels européens, mais aussi dans ceux de la Cour constitutionnelle colombienne. L'utilisation de ce principe contribue de façon déterminante à donner un fondement aux jugements de constitutionnalité portant sur les actes des pouvoirs publics qui portent atteinte aux droits fondamentaux.

Depuis ses origines en droit constitutionnel allemand[1], et dans sa réception dans d'autres ordres juridiques, le principe de proportionnalité se compose de trois règles que toute intervention étatique dans des matières relevant des droits fondamentaux doit observer pour pouvoir être considérée comme constitutionnellement légitime. Ces règles sont les sous-principes d'adéquation, de nécessité et de proportionnalité au sens strict[2]. Ces sous-principes peuvent être énoncés de la façon suivante[1] :

---

[1] Sur l'origine du principe de proportionnalité en droit public allemand, B. REMMERT, *Verfassungs und verwaltungsrechtsgeschichtliche Grundlagen des Übermaßverbotes*, Heidelberg, C. F. Müller, 1995.

[2] Sur l'origine de ces sous-principes en droit public allemand, R. VON KRAUSS, *Der Grundsatz der Verhältnismäßigkeit. In seiner Bedeutung für die Notwendigkeit des Mittels im Verwaltungsrecht*, Hamburg, Appel, 1955, p. 14 et s. ; P. LERCHE, *Übermaß und Verfassungsrecht. Zur Bindung des Gesetzgebers an die Grundsätze der Verhältnismäßigkeit und der Erforderlichkeit*, Köln, Berlin, München et Bonn, Carl Heymanns, 1961, p. 19 et s.. Sur la doctrine constitutionnelle allemande actuelle, R. ALEXY, *Teoría de los derechos fundamentales*, Madrid, Centro de Estudios Constitucionales, 1997, p. 111 et s.. Sur la doctrine espagnole, C. BERNAL PULIDO, *El principio de proporcionalidad y los derechos fundamentales*, Madrid, Centro de Estudios Políticos y Constitucionales, 2003 ; M. MEDINA GUERRERO, *La vinculación negativa del legislador a los derechos fundamentales*, Madrid, McGraw Hill, 1997, p. 120 et s. ; J. BARNÉS, « El principio de proporcionalidad. Estudio preliminar », *Cuadernos de derecho público*, n° 5, 1998, p. 9, 15 et s.. Sur la doctrine portugaise, J. J. GOMES CANOTILHO, *Direito constitucional e teoria da Constituiçao*, Coimbra, Almedina, 1997, p. 262 et s.. Sur la doctrine française, V. GOESEL-LE BIHAN, « Réflexion iconoclaste sur le contrôle de proportionnalité exercé par le Conseil constitutionnel », *Revue française de droit constitutionnel*, n° 30, 1997, p. 227 et s.. Sur la doctrine suisse, U. ZIMMERLI, *Der Grundsatz der Verhältnismäßigkeit im öffentlichen Recht. Versuch einer Standortbestimmung*, Bern, Universidad de Berna, 1979, p. 13 et s.. Sur la doctrine britannique, G. DE BÚRCA, « Proportionality and Wednesbury Unreasonableness: The Influence of European Legal Concepts on UK Law », *European Public Law*, vol. 3, n° 4, 1997, p. 561 et s.. Sur la doctrine du droit communautaire, A. EMMERICH FRITSCHE, *Der Grundsatz der Verhältnismäßigkeit als Direktive und Schranke der EG - Rechtsetzung*, Berlin, Duncker & Humblot, 2000, p. 96 et s.. Sur la doctrine sur l'application du principe de proportionnalité dans la jurisprudence de la Cour européenne des droits de l'homme, B. FASSBENDER, « El principio de proporcionalidad en la jurisprudencia del Tribunal Europeo de Derechos Humanos », *Cuadernos de derecho público*, n° 5, 1998, p. 52 et s.. Une partie importante de la doctrine constitutionnelle italienne considère que le principe de proportionnalité est un des sens dans lesquels se concrétise le principe de la *ragionevolezza* (caractère raisonnable). Par exemple, G. ZAGREBELSKI, *Giustizia costituzionale*, Bologna, Il Mulino, 2.ª ed., 1988, p. 147 et s. ; G. ZAGREBELSKI, « Su tre aspetti della ragionevolezza », *in Il principio di ragionevolezza nella giurisprudenza della Corte costituzionale. Riferimenti comparatistici. Atti del seminario svoltosi a Roma, Palazzo*

- l'adéquation : selon ce sous-principe, toute intervention dans les droits fondamentaux doit être adéquate pour contribuer à atteindre un but constitutionnellement légitime ;

- la nécessité : selon ce sous-principe, toute intervention dans les droits fondamentaux doit être réalisée au moyen de la mesure la plus favorable pour le droit concerné parmi toutes celles qui sont tout aussi capables d'atteindre le but visé ;

- la proportionnalité au sens strict : selon ce sous-principe, l'importance de l'objectif que poursuit l'intervention dans le droit fondamental doit être adéquate au regard de la signification du droit concerné. Autrement dit, les avantages obtenus par l'intervention dans un droit fondamental doivent compenser les sacrifices qu'elle implique pour son titulaire et pour la société en général[2].

Toute intervention dans les droits fondamentaux qui n'observe pas les exigences de ces sous-principes est illégitime et, de ce fait, doit être déclarée inconstitutionnelle. L'application du principe de proportionnalité présuppose qu'une mesure des pouvoirs publics représente une intervention dans un droit fondamental, c'est-à-dire qu'elle l'affecte négativement, en annulant, en abrogeant, en restreignant ou en supprimant une norme ou une disposition[3] qui peut être rattachée *prima facie*[4] à la disposition constitutionnelle spécifiant le droit concerné. Si la mesure d'intervention passe le test des sous-principes de proportionnalité, elle sera définitivement considérée comme une restriction acceptable du droit correspondant. Dans le cas contraire, la norme ou la position de droit fondamental qui fait l'objet de l'intervention acquiert une validité non seulement *prima facie*, mais aussi définitive et, pour cette raison, la loi qui affecte négativement le droit doit être déclarée inconstitutionnelle.

---

della Consulta, nei giorni 13 e 14 ottobre 1992, Milano, Giuffrè, 1994, p. 179 et s. ; S. FOIS, « "Ragionevolezza" e "valori": interrogazioni progressive verso le concezioni sulla forma di Stato sul diritto", *in Il principio di ragionevolezza*, *op. cit.*, p. 103 et s. ; D.-U. GALETTA, « El principio de proporcionalidad en el derecho público italiano », *Cuadernos de derecho público*, n° 5, 1998, p. 299 et s. ; P. BARILE, « Il principio di ragionevolezza nella giurisprudenza della Corte costituzionale », *in Il principio di ragionevolezza*, *op. cit.*, p. 21 et s..

1 *Cf.* C. BERNAL PULIDO, *El principio de proporcionalidad*, *op. cit.*, chap. VI.

2 *Cf.* sur la formulation de ces sous-principes dans la jurisprudence constitutionnelle comparée : en Espagne, jugement 66-1995, f. j. 5, 207-1996, f. j. 4, 136-1999, f. j. 22 et s.. Sur la jurisprudence du Tribunal constitutionnel fédéral allemand, *BVerfGE*, 30, 292 (316).

3 Sur le concept de norme et de position de droit fondamental, R. ALEXY, *Teoría de los derechos*, *op. cit.*, p. 53 et s. ; K. STERN, *Das Staatsrecht der Bundesrepublik Deutschland*, vol. III, 2, « Allgemeine Lehre der Grundrechte », München, C. H. Beck, 1994, p. 11.

4 Sur le concept de validité *prima facie*, W. D. ROSS, *The Right and the Good*, Oxford, Clarendon Press, 1930, p. 19 et s. ; R. M. HARE, *Moral Thinking. Its Levels, Method and Point*, Oxford, Clarendond Press, 1981, p. 27 et s., et 38 et s. ; J. SEARLE, « Prima Facie Obligations », *in* J. RAZ (ed.), *Practical Reasoning*, Oxford, Oxford University Press, 1978, p. 84 et s..

Le critère du caractère raisonnable

En droit public espagnol, le critère du caractère raisonnable est utilisé par les juges – en particulier par le Tribunal constitutionnel – pour fonder leurs décisions[1], et il est employé par la communauté juridique et politique pour évaluer le caractère correct des décisions jurisprudentielles. Cependant, le concept de caractère raisonnable est érigé comme un concept ambigu. Les raisons de cette ambiguïté résident dans le fait que tant la doctrine que la jurisprudence du Tribunal constitutionnel attribuent de multiples significations à ce critère. Ainsi, on ne peut parler d'un sens constant et sans ambiguïté de la notion de caractère raisonnable. Parmi cette multitude de concepts, deux ont une importance toute particulière. Voyons ceci plus en détail.

Le caractère raisonnable comme concept subsidiaire de la « stricte rationalité »

Selon une première acception, exposée en particulier par Manuel Atienza, le caractère raisonnable serait un concept subsidiaire de la « stricte rationalité » des procédures et des raisonnements qui conduisent à des décisions jurisprudentielles. Selon Atienza, une décision est « strictement rationnelle » si :

1. elle suit les règles de la logique déductive,
2. elle suit les principes de la rationalité pratique (uniformité, cohérence, généralité et honnêteté),
3. elle est fondée sur une source juridique, et
4. elle n'est pas fondée sur des critères éthiques ou politiques non prévus par l'ordre juridique[2].

Ces quatre critères de la stricte rationalité se rapprochent des critères de la rationalité précédemment énumérés[3]. Selon Atienza, quand, en respectant les critères de la rationalité, on ne peut pas adopter une décision – parce que, par exemple, dans les cas difficiles, ces critères conduiraient à une décision inacceptable, ou à deux ou plusieurs décisions contradictoires ou qui, sans être contradictoires, constituent des solutions alternatives et toutes plau-

---

[1] A. Nieto, *El arbitrio judicial*, Barcelona, Ariel, 2001, p. 336 et s..

[2] M. Atienza, « Para una razonable definición de "razonable" », *Doxa*, n° 4, 1987, p. 193 et s. ; M. Atienza, « Sobre lo razonable en el derecho », *Revista Española de Derecho Constitucional*, n° 7, 1989, p. 93 et s..

[3] Les critères 1 et 2 sont inclus dans notre énumération des critères de rationalité de la décision juridictionnelle. Le critère 3 est présupposé par les critères pour l'interprétation des dispositions constitutionnelles et législatives pertinentes dans le contrôle de constitutionnalité des lois. Enfin, le critère 4 est discutable, parce l'on oppose à la possibilité d'utiliser, dans l'argumentation juridictionnelle, les critères d'argumentation de la pratique générale. Sur ce critère, il n'existe pas un consensus dans la doctrine.

sibles, ou encore ne conduiraient à aucune décision –, il faut alors adopter une décision raisonnable[1].

Une décision est raisonnable si :

1. elle représente le point d'équilibre entre les exigences contradictoires qui doivent nécessairement être prises en compte dans le cas particulier, et

2. elle est acceptable pour la communauté entendue comme un auditoire idéal.

Ces deux critères s'impliquent réciproquement, parce qu'une décision sera d'autant plus partagée par la communauté que l'équilibre sera bon entre les exigences opposées en l'espèce. Selon Atienza, cet objectif peut être atteint par la recherche du plus grand nombre possible d'arguments généralement partagés afin de soutenir une pondération correcte des dispositions législatives qui s'opposent en l'espèce[2]. Si ces arguments ne sont pas acceptables, aucune décision acceptable ne peut être prise et il faudra donc en conclure que le cas *sub judice* est un « cas tragique[3] ».

Le caractère raisonnable comme interdiction de l'arbitraire

Dans un sens plus étroit, une décision raisonnable est une décision non arbitraire, c'est-à-dire fondée sur une raison juridique légitime.

Le principe d'interdiction de l'arbitraire est établi par l'article 9.3 de la Constitution espagnole. Ce principe interdit les exercices du pouvoir public ouvertement déraisonnables, c'est-à-dire des exercices d'un pouvoir qui n'a aucune motivation[4] et qui ne tient pas compte des individus touchés. En ce sens, un acte de l'État est déraisonnable quand il manque de tout fondement, quand il ne tend à réaliser aucun objectif juridiquement pertinent[5].

Un cas spécial de ce type de caractère raisonnable se présente quand le Tribunal constitutionnel développe le jugement d'égalité. Selon le critère précisé par la jurisprudence constitutionnelle espagnole, le principe d'égalité (consacré à l'article 14 de la Constitution espagnole) est violé quand est commise une discrimination, c'est-à-dire une différence de traitement dé-

---

[1] Également, selon l'opinion de A. CARRASCO PERERA, le caractère raisonnable est un critère que le Tribunal constitutionnel applique quand la solution ne peut découler directement du texte constitutionnel et qu'un raisonnement déductif au sens strict, caractérisé par la « nécessité logique », ne peut être mené à bien. *Cf.* « El "juicio de razonabilidad" en la justicia constitucional", *Revista Española de Derecho Constitucional*, n° 11, 1984, p. 46, 48 et 50.

[2] M. ATIENZA, « Para una razonable definición de "razonable" », *op. cit.*, p. 199.

[3] M. ATIENZA, « Sobre lo razonable en el derecho », *op. cit.*, p. 101.

[4] T.-R. FERNÁNDEZ, « Voz "Interdicción de la arbitrariedad", *Enciclopedia jurídica básica*, vol. III, p. 3644 et s. ; T.-R. FERNÁNDEZ, *De la arbitrariedad de la administración*, Madrid, Civitas, 3e éd., 1999, p. 82 et s., et 160 et s. ; E. GARCÍA DE ENTERRÍA, « La interdicción de la arbitrariedad en la potestad reglamentaria », *Revista de Administración Pública*, n° 30, p. 138 ; NIETO, *El arbitrio judicial*, *op. cit.*, p. 370 et s..

[5] *Cf.* T.-R. FERNÁNDEZ, *De la arbitrariedad del legislador. Una crítica de la jurisprudencia constitucional*, Madrid, Civitas, 1998, p. 30 et s. ; 41 et s. ; 45 et s.. Dans la jurisprudence constitutionnelle espagnole, jugement 108 de 1986, f. j. 18.

pourvue de justification objective, raisonnable et proportionnée[1]. Au contraire, le traitement différencié de deux situations juridiques ne constitue pas une violation du principe d'égalité si elle est proportionnée et si elle est fondée sur des raisons significatives du point de vue juridique[2] (c'est-à-dire, si elle est raisonnable).

Les relations entre la rationalité, la proportionnalité et le caractère raisonnable

Il existe, entre les critères de rationalité, de proportionnalité et de caractère raisonnable, de multiples relations de complémentarité qu'il est nécessaire de souligner.

La double implication entre les critères de rationalité et la première signification du caractère raisonnable

Selon la thèse d'Atienza, le caractère raisonnable doit être compris, dans un premier sens, comme un critère subsidiaire des critères de rationalité. De notre point de vue, cette thèse n'est pas une thèse plausible, pour deux raisons essentielles. En premier lieu, il convient de noter que lorsque l'on veut prendre une décision raisonnable, c'est-à-dire une décision qui établit un équilibre entre les différentes exigences concurrentes et acceptables pour la communauté, il faut appliquer les critères de la rationalité. L'application de ces critères est essentielle pour identifier les arguments généralement reconnus qui conduisent à une pondération adéquate et qui sont en mesure d'obtenir le soutien du consensus de la communauté. De tels arguments ne peuvent être produits par un processus d'argumentation reposant sur des critères de clarté, de consistance et de cohérence. Pour cette raison, les critères de la rationalité remplissent leur fonction propre, y compris quand on recherche une décision « raisonnable ».

En second lieu, on ne peut nier que ces critères cherchent en tout cas à fonder une décision qui vise un « équilibre entre des exigences contraires » (cela fait référence, par-dessus tout, au critère de cohérence), et qui suscite un consensus général. La conclusion est donc que toute décision qui est prise au moyen des critères de rationalité tend à être une décision raisonnable, et que toute décision raisonnable présuppose les critères de rationalité.

---

[1] *Cf.* parmi de nombreux jugements du Tribunal constitutionnel espagnol, jugement 75 de 1983, f. j. 2, et jugement 209 de 1988, f. j. 6.

[2] A. CARRASCO PERERA, « El "juicio de razonabilidad" en la justicia constitucional », *op. cit.*, p. 50.

Le second sens du caractère raisonnable comme partie du principe de proportionnalité

La seconde signification du caractère raisonnable se réfère à une composante du sous-principe de pertinence. La pertinence d'un acte d'une autorité publique suppose, pour que celui-ci contribue à atteindre un objectif juridiquement acceptable, que cet objectif existe et que, sur la base de la deuxième signification du caractère raisonnable, il puisse être considéré comme un motif justifiant l'acte[1]. L'examen de l'existence de cette raison est la première partie de l'analyse de la pertinence d'une action gouvernementale. Dans la jurisprudence constitutionnelle espagnole, l'exception à cette thèse est le principe d'égalité. Le Tribunal constitutionnel a jugé que quand on examine la constitutionnalité de la différence de traitement de deux situations juridiques, on doit vérifier s'il y a une raison qui justifie cette dernière (c'est ce qu'on appelle le caractère raisonnable du traitement différencié) et si la différence de traitement est proportionnée. Dans ce cas, le caractère raisonnable de l'action gouvernementale est un présupposé – ou un critère antérieur et indépendant – de l'adéquation et de proportionnalité de l'acte lui-même[2].

L'application des critères de rationalité dans l'argumentation du principe de proportionnalité

Les critères de rationalité remplissent la fonction de règles procédurales que l'on applique pour obtenir la décision de constitutionnalité par l'application des sous-principes de proportionnalité. Les critères de rationalité guident la Cour constitutionnelle dans l'examen de la loi, pour vérifier si celle-ci est appropriée, nécessaire et proportionnelle au sens strict. Le critère de complétude et le critère de cohérence sont les plus importants. La complétude exige que soient examinés tous les arguments interprétatifs pertinents de caractère normatif, empirique et analytique, pour décider si la loi remplit les exigences des sous-principes de proportionnalité. Les critères de cohérence, pour leur part, imposent à la Cour de considérer les précédents et les prémisses analytiques, empiriques et normatifs comme des critères de détermination de la relation d'antécédence que suppose le principe de proportionnalité au sens strict.

En ce sens, la thèse soutenue ici est qu'on ne peut obtenir une décision correcte sur le plan de l'argumentation que par l'application des critères de rationalité, quand on applique le principe de proportionnalité. Les critères de

---

[1] P. LERCHE, *Übermaß*, *op. cit.*, p. 41 et s., et 162 et s..

[2] *Cf.* pour une analyse de la jurisprudence constitutionnelle espagnole sur cet aspect, A. CARRASCO PERERA, « El "juicio de razonabilidad" en la justicia constitucional », *op. cit.*, p. 58 et s..

rationalité déterminent l'argumentation juridique qui intègre les sous-principes de proportionnalité.

Les principes de caractère raisonnable et de proportionnalité dans la jurisprudence de la Cour constitutionnelle

Après ces références au droit comparé, il convient d'aborder la question de la signification et de la portée des principes de caractère raisonnable et de proportionnalité dans la jurisprudence de la Cour constitutionnelle colombienne[1].

Le caractère raisonnable et la proportionnalité dans l'application du principe d'égalité

Une observation diachronique de la jurisprudence révèle que le premier de ces principes à apparaître dans les arrêts de la Cour constitutionnelle a été le principe du caractère raisonnable.

Une première idée qui apparaît dans la jurisprudence constitutionnelle et qui est le reflet de la doctrine et de la jurisprudence de droit comparé que nous avons précédemment exposées, affirme que le concept de caractère raisonnable se réfère à l'établissement dans le droit d'une logique différente de la logique formelle et, osons le dire, de la logique qui prévalait avant la Constitution de 1991. À cet égard, la Cour constitutionnelle, dans le jugement T-230 de 1994, affirme que le caractère raisonnable se réfère à une logique

> ... fondée sur la pondération et le soupèsement de valeurs et non seulement sur la confrontation logique de celles-ci [...]. Aristote, continue la Cour dans son jugement, avait déjà prévu cette caractéristique quand il avait exposé l'idéal de jurisprudence – atteint à partir d'une large expérience du fonctionnement des institutions sociale – comme méthode pour prendre des décisions justes. Quand il s'agit de l'action humaine, on ne peut pas juger sur la base d'une démonstration incontestable. Dans le domaine de la raison pratique, le tribunal dispose seulement de raisonnements dialectiques et problématiques. La même chose arrive au législateur ; ses décisions prennent en compte seulement l'ordinaire et le circonstanciel. Alors, quand une situation s'éloigne de l'ordinaire, le juge doit être inspiré par l'idée d'équité. À la justice entendue comme la conformité à la loi, Aristote oppose, quand cela est nécessaire, une justice supérieure fondée sur l'équité[2].

Ainsi, selon la Cour constitutionnelle, la logique du raisonnable est la logique de la prudence, de l'expérience, de l'aporétique – ou le raisonnement problématique – et de l'équité.

---

[1] *Cf.* sur ce thème dans la doctrine, C. RODRÍGUEZ, « El test de razonabilidad y el derecho a la igualdad », *in Observatorio de Justicia Constitucional*, Bogotá, Universidad de los Andes y Siglo del Hombre Editores, 1998, p. 274 et s..

[2] *Cf.* Cour constitutionnelle, jugement T-230 de 1994, M. P. : Eduardo CIFUENTES MUÑOZ.

Selon la Haute cour, l'application de cette logique est une nécessité qu'impose ce qu'énonce la Constitution de 1991 sur les droits fondamentaux :

> Si la Charte des droits, soutient la Cour, demande au juge constitutionnel des décisions en droit qui soient justes et dans lesquelles les valeurs et les principes essentiels de l'ordre juridique trouvent leur réalisation, nous sommes forcés de conclure que les procédures formelles de validité ne conduiront pas toujours à la découverte de la solution idéale. En d'autres termes, la primauté constitutionnelle des postulats axiologiques fondamentaux conditionne la poursuite des critères positifs de validité normative au respect des valeurs et des principes [...] Dans ces systèmes juridiques où prédomine le contrôle de constitutionnalité des lois et où les postulats de l'État social de droit sont en vigueur, quand une solution apparaît comme la seule admissible pour des raisons d'équité, de bon sens ou d'intérêt général, elle tient à s'imposer contre toutes les autres[1].

Malgré cela, il convient de signaler que l'apparition de ce principe est liée avant tout à l'application du principe d'égalité. Comme cela a été soutenu[2], dans la jurisprudence de la Cour constitutionnelle, et sous l'influence des expériences de la Cour suprême des États-Unis, de la Cour européenne des droits de l'homme et des juridictions constitutionnelles allemande et espagnole[3], le principe d'égalité s'applique par le biais du test dit du caractère raisonnable. Il en est ainsi parce que, comme l'assure la Haute cour dans le bref jugement T-442 de 1992, le principe d'égalité, dans la mesure où il prohibe la discrimination, implique l'« exigence du caractère raisonnable de la différenciation » qui doit être recherchée[4].

Dans ce même sens, la Cour constitutionnelle, dans le jugement C-530 de 1993, a soutenu que l'« action des pouvoirs publics qui implique des traitements différenciés doit réunir une série de caractéristiques pour ne pas être discriminatoire[5] ». Parmi elles, il convient de mentionner « que la différenciation doit satisfaire au prérequis du caractère raisonnable. Il ne suffit pas que soit poursuivie n'importe quelle finalité : il doit s'agir d'une finalité constitutionnellement admissible ou, en d'autres termes, raisonnable[6] ». Dans ce même jugement, la Cour a précisé ce que signifie le terme « raisonnable ». Le caractère raisonnable ne se réfère pas à « la réalisation optimale des valeurs constitutionnelles[7] », parce que cette réalisation est quelque chose qui relève du domaine des décisions politiques ou de l'opportunité. Le

---

[1] *Ibid.*.

[2] *Cf.* dans ce volume C. BERNAL PULIDO, « Le jugement d'égalité dans la jurisprudence de la Cour constitutionnelle ».

[3] *Cf.* Cour constitutionnelle, jugement C-022 de 1996, M. P. : Carlos GAVIRIA DÍAZ.

[4] *Cf.* Cour constitutionnelle, jugement T-422 de 1992, M. P. : Eduardo CIFUENTES MUÑOZ.

[5] *Cf.* Cour constitutionnelle, jugement C-530 de 1993, M. P. : Alejandro MARTÍNEZ CABALLERO.

[6] *Ibid.*.

[7] *Ibid.*.

caractère raisonnable d'une mesure fait allusion à ce que sa finalité soit « constitutionnellement légitime ou admissible[1] ».

Dans le prolongement de ceci, il convient d'affirmer que, y compris dans des jugements rendus à la même époque que le jugement T-422 de 1992, également dans le domaine de l'application du principe d'égalité, la Cour constitutionnelle introduit le principe de proportionnalité[2]. En ce sens, la jurisprudence constitutionnelle colombienne paraît suivre la jurisprudence espagnole dans son aspect antérieurement mentionné selon lequel le principe de proportionnalité fait partie du test du caractère raisonnable[3], par lequel on applique le principe d'égalité. En ce sens, la Cour constitutionnelle a signalé catégoriquement, dans le jugement T-015 de 1994, que le principe de proportionnalité est un « élément essentiel » du principe du caractère raisonnable[4]. Concrètement, selon la Cour constitutionnelle, si l'autorité étatique a introduit une différenciation comme moyen d'atteindre un objectif déterminé, cette mesure doit être proportionnelle audit objectif et ne doit pas avoir d'effets démesurés sur d'autres intérêts juridiques. En ce sens, comme l'affirme le jugement mentionné,

> le principe de proportionnalité cherche à ce que la mesure, non seulement ait un fondement légal, mais aussi soit appliquée de telle manière que les intérêts juridiques d'autres personnes ou d'autres groupes ne soient pas affectés, ou qu'ils le soient au minimum. De cette façon, la communauté demeure protégée des excès ou des abus de pouvoir qui pourront provenir de l'emploi indiscriminé de la compétence législative ou du pouvoir discrétionnaire attribué à l'administration[5].

Il est certain que le législateur comme l'administration dispose d'un pouvoir discrétionnaire pour établir des différences. Toutefois, l'exercice de ce pouvoir discrétionnaire doit respecter les exigences du principe de proportionnalité et doit être raisonnable. Comme l'indique la Cour constitutionnelle, « soumis à l'examen de la constitutionnalité, le critère de différenciation choisi [...] ne pourra être acceptable que s'il existe une justi-

---

[1] *ibid.*

[2] *Cf.*, sur la nature, le fondement et le concept du principe de proportionnalité dans l'ordre juridique colombien, le jugement C-916 de 2002, M. P. : Manuel José CEPEDA ESPINOSA. Dans ce jugement, la Cour constitutionnelle a soutenu : « Dans la jurisprudence constitutionnelle, le postulat de la proportionnalité constitue une directive non explicitement traduite en droit positif dans la Charte politique. D'un point de vue abstrait, la proportionnalité est un concept relationnel dont l'application cherche à placer deux éléments en position d'équilibre. Le concept de la proportionnalité renvoie à la relation d'équilibre entre différents couples de concepts comme hypothèse de fait et conséquence juridique, affectation et défense, attaque et réaction. Historiquement, la proportionnalité a été associée à des concepts et à des images comme la balance, la règle ou l'équilibre. »

[3] *Cf.* sur ce test, parmi les nombreuses jugements de la première étape jurisprudentielle, le jugement T-230 de 1994, M. P. : Eduardo CIFUENTES MUÑOZ.

[4] *Cf.* Cour constitutionnelle, jugement T-015 de 1994, M. P. : Alejandro MARTÍNEZ CABALLERO.

[5] *Cf.* Cour constitutionnelle, jugement T-422 de 1992, M. P. : Eduardo CIFUENTES MUÑOZ.

fication objective et raisonnable pour établir un tel traitement différencié[1] ». Mais, de plus, le critère de différenciation doit être proportionnel, étant donné que, « même s'il existe une justification raisonnable d'accepter le critère de différenciation énoncé, celui-ci doit être proportionnel[2] ».

La distinction entre le caractère raisonnable et la proportionnalité repose sur le fait que leur objet est différent. Tandis que l'objet du caractère raisonnable est la finalité de la différenciation, la proportionnalité se réfère aux conséquences juridiques de ladite différenciation. Ainsi, comme le soutient la Cour constitutionnelle dans le jugement C-530 de 1993, « un traitement inégal fondé sur une hypothèse de fait réel, qui poursuit rationnellement une finalité constitutionnellement admissible, serait toutefois contraire à l'article 13 de la Constitution si la conséquence juridique était disproportionnée[3] ».

Or, il est pertinent de souligner que, dès les premiers jugements, le principe de proportionnalité a été compris par la Cour constitutionnelle comme la combinaison des trois sous-principes de pertinence, de nécessité et de proportionnalité au sens strict, ainsi que nous l'avons déjà dit[4]. Le jugement T-422 de 1992 fait allusion au sous-principe de proportionnalité au sens strict, dans le passage précité qui se réfère à « ce que la mesure, non seulement ait un fondement légal, mais également soit appliquée de telle sorte que les intérêts juridiques d'autres personnes ou d'autres groupes ne soient pas affectés, ou que cela se produise à un degré minimum ». Par ce sous-principe, un équilibre entre les principes en conflit est recherché. Mais plus encore, ce jugement se réfère en ces termes aux sous-principes de pertinence et de nécessité :

> Le jugement de proportionnalité entre la finalité recherchée par la norme et les mesures prises pour cela prend en compte, non seulement la nécessité et l'adéquation des dernières à la première, mais aussi l'existence d'autres mesures alternatives qui pourraient remplir la même tâche tout en portant atteinte dans une moindre mesure aux intérêts ou aux biens juridiques légitimes[5].

---

[1] *ibid.*

[2] *ibid.*

[3] *Cf.* Cour constitutionnelle, jugement C-530 de 1993, M. P. : Alejandro MARTÍNEZ CABALLERO.

[4] *Cf.* sur la structure du principe de proportionnalité, dans la jurisprudence de la Cour constitutionnelle, parmi bien d'autres, les jugements T-230 de 1994, M. P. : Eduardo CIFUENTES MUÑOZ, C-584 de 1997, M. P. : Eduardo CIFUENTES MUÑOZ, y C-309 de 1997, M. P. : Alejandro MARTÍNEZ CABALLERO.

[5] *Cf.* Cour constitutionnelle, jugement T-422 de 1992, M. P. : Eduardo CIFUENTES MUÑOZ. Toutefois, il convient de signaler que la reconnaissance de cette composition du principe de proportionnalité n'a pas été une constante dans la jurisprudence constitutionnelle. Ainsi, le jugement T-230 de 1994, M. P. : Eduardo CIFUENTES MUÑOZ, établit que le concept d'adéquation ne fait pas partie du principe de proportionnalité, mais exprime une idée plus large : « Le terme "proportionnalité" est propre aux relations entre objets, ou entre parties de ceux-ci, susceptibles de quantification, pour des raisons de degré, d'intensité, de magnitude ou d'autres motifs. L'idée d'adéquation, en revanche, est plus large et introduit une connota-

Sur cet aspect, toutefois, le jugement C-022 de 1996 est beaucoup plus clair. Celui-ci évoque explicitement la jurisprudence allemande, dont est originaire le principe de proportionnalité :

> Le concept de proportionnalité comprend trois concepts partiels : l'adéquation des moyens choisis au but visé, la nécessité de l'utilisation de ces moyens pour atteindre le but (c'est-à-dire qu'il n'existe pas d'autre moyen qui puisse conduire au but en affectant dans une moindre mesure les principes constitutionnels touchés par l'usage de ces moyens), et la proportionnalité au sens strict entre les moyens et le but, c'est-à-dire que le moyen employé pour atteindre ce but ne sacrifie pas des principes constitutionnels supérieurs[1].

Ce même jugement précise quelle est la signification que recouvrent ces sous-principes quand ils sont utilisés pour appliquer le principe d'égalité.

> Dans le cas concret du principe d'égalité – soutient la Cour constitutionnelle –, le concept de proportionnalité signifie, par conséquent, qu'un traitement inégal ne porte atteinte à ce principe que s'il est démontré qu'il est : 1. adéquat pour atteindre un but constitutionnellement recevable ; 2. nécessaire, c'est-à-dire qu'il n'existe pas de moyen moins coûteux en termes de sacrifice d'autres principes constitutionnels pour atteindre le but, et 3. proportionné, c'est-à-dire que le traitement inégal ne sacrifie pas des valeurs et des principes (parmi lesquels figure le principe d'égalité) plus importants que le principe que l'on veut satisfaire par ledit traitement[2].

Il est toutefois curieux que la terminologie retenue par la Cour constitutionnelle pour se référer aux sous-principes de proportionnalité ait été parfois

---

tion estimative et circonstancielle qui plus propre à l'analyse constitutionnelle de valeurs. En effet, quand l'interprète soupèse le tout, composé des faits, de la norme qui introduit la distinction et de la référence d'égalité (Constitution), il réalise un acte unique et irrépétible, comme le sont les circonstances qui sont soumises à son jugement. Son travail ne consiste pas à subsumer les faits dans la norme légale et celle-ci, à son tour, dans la norme constitutionnelle avec pour objectif de constater l'adéquation logique du particulier au général. Le juge constitutionnel est plutôt appelé à comprendre – avec toute la force sémantique de ce mot – la relation d'adéquation entre les éléments indiqués. C'est un travail herméneutique dans lequel les éléments constituent un tout doté de sens et non simplement une addition de parties séparables.

[1] *Cf.* Cour constitutionnelle, jugement C-022 de 1996, M. P. : Carlos GAVIRIA DÍAZ. La Cour constitutionnelle s'est prononcée dans le même sens dans son jugement C-309 de 1997, M. P. : Alejandro MARTÍNEZ CABALLERO. Selon le jugement de proportionnalité, la Cour soutient que « quand divers principes constitutionnels sont en conflit, comme c'est le cas ici, il revient au juge constitutionnel, non seulement d'étudier la constitutionnalité de la finalité poursuivie par la mesure déterminer, mais aussi, en outre, d'examiner si la limitation du droit est proportionnée, à la lumière de l'importance du principe affecté. Pour cela, le juge doit, premièrement, déterminer si le traitement différent et la restriction des droits constitutionnels sont "adéquats" pour parvenir à la fin poursuivie, deuxièmement, s'ils sont "nécessaires", au sens où il n'existe pas une autre mesure moins onéreuse en termes de sacrifice d'autres principes constitutionnels pour atteindre la fin poursuivie, et, troisièmement, s'ils sont "proportionnés *stricto sensu*", c'est-à-dire qu'ils ne sacrifient pas des valeurs et des principes qui ont un poids plus grand que le principe que l'on prétend satisfaire ».

[2] *Cf.* Cour constitutionnelle, jugement C-022 de 1996, M. P. : Carlos GAVIRIA DÍAZ.

inconsistante et éloignée des usages linguistiques propres à la doctrine et à la jurisprudence comparées. Ainsi, dans le jugement C-530 de 1993, la Cour n'a pas fait allusion à la pertinence et à l'adéquation entre le moyen et la fin. Au contraire, elle évoque cette connexion en employant le terme de « rationalité ». Selon la Cour constitutionnelle, une autre des conditions que les traitements différenciés doivent réunir pour pouvoir être catalogués comme des différentiations constitutionnellement admissibles est la rationalité.

> Cette qualité – précise la Haute cour –, très différente du caractère raisonnable, consiste dans l'adéquation du moyen aux buts visés, c'est-à-dire qu'elle consiste en ce qu'il existe un lien effectif entre le traitement différent qui est imposé, l'hypothèse de fait qui le justifie et la finalité qui est poursuivie[1].

Dans le même sens, la Cour constitutionnelle, dans le jugement T-230 de 1994, soutient que le caractère rationnel se réfère à l'« efficacité du rapport entre le moyen normatif et le but ou la valeur constitutionnelle[2] ».

Malgré tout, cette définition de la rationalité ne paraît alors pas très claire ni très convaincante car, dans le jugement C-530 de 1993, à peine quelques paragraphes plus loin, on peut lire plusieurs considérants sur la rationalité qui, non seulement sont peu compréhensibles, mais également s'accordent difficilement avec sa définition comme rapport d'adéquation entre les moyens et les buts.

La Cour soutient, par exemple, que le caractère rationnel « vise une finalité logique », « fait allusion à la cohérence interne, c'est-à-dire [qu'il] est un phénomène structurel », qu'il appartient « à la sphère de la logique formelle » et qu'il « exprime l'exercice de la raison comme règle et moyen des actes humains ». Tout ceci paraît pouvoir culminer avec une déclaration aussi grandiloquente qu'insondable : la rationalité « est, simplement, le produit de l'essence rationnelle de l'être humain[3] ».

En faisant abstraction de ces problèmes d'inconsistance terminologique qui, soit dit en passant, se sont posés dans presque tous les pays où l'on applique les principes de rationalité ou de proportionnalité[4], il est intéressant de noter que la jurisprudence constitutionnelle colombienne a développé avec un luxe de détails le test du caractère raisonnable pour l'application du principe d'égalité. Comme nous l'avons montré par ailleurs[5], – et pour cette raison,

---

[1] *Cf.* Cour constitutionnelle, jugement C-530 de 1993, M. P. : Alejandro MARTÍNEZ CABALLERO.

[2] *Cf.* Cour constitutionnelle, jugement T-230 de 1994, M. P. : Eduardo CIFUENTES MUÑOZ.

[3] *Cf.* Cour constitutionnelle, jugement C-530 de 1993, M. P. : Alejandro MARTÍNEZ CABALLERO.

[4] *Cf.* sur ces problèmes, dans la jurisprudence italienne, L. DI GREGORIO, « Argomenti e criteri del principio di ragionevolezza », *in* M. LA TORRE et A. SPADARO (eds.), *La ragionevolezza nel diritto*, Torino, Giappichelli, 2002, et dans la jurisprudence espagnole, M. GONZÁLEZ BEILFUSS, *El principio de proporcionalidad en la jurisprudencia del Tribunal Constitucional*, Pamplona, Aranzadi, 2003.

[5] *Cf.* C. BERNAL PULIDO, « El juicio de igualdad », *op. cit.*

nous ne développerons pas en détail cette question –, à partir du jugement C-022 de 1996[1], la jurisprudence colombienne développe deux tendances en ce qui concerne le test d'égalité : une qui a pour base la jurisprudence allemande sur le principe de proportionnalité, et une autre qui se fonde sur la jurisprudence nord-américaine sur le test d'égalité composé de trois analyses.

Le point culminant de cette évolution est atteint avec le jugement C-093 de 2001 dans lequel la Cour constitutionnelle propose pour la première fois un modèle intégré[2] du test du caractère raisonnable qui, du moins en théorie, cherche à profiter des avantages de ces deux modèles de test, issus de latitudes si distantes[3]. Dans ce modèle symbiotique du test du caractère raison-

---

[1] *Cf.* Cour constitutionnelle, jugement C-022 de 1996, M. P. : Carlos GAVIRIA DÍAZ.

[2] Il faut toutefois signaler que ce test intégré avait un précédent dans le jugement T-352 de 1997, M. P. : Eduardo CIFUENTES MUÑOZ.

[3] *Cf.* Cour constitutionnelle, jugement C-093 de 2001, M. P. : Alejandro MARTÍNEZ CABALLERO. En ce sens, la Cour constitutionnelle, dans le jugement C-093 de 2001, soutient, dans ce passage qu'en raison de son importance il convient de citer malgré sa longueur : « La doctrine et la jurisprudence constitutionnelle comparées, ainsi que la pratique de cette juridiction, paraissent indiquer qu'il existe deux grandes approches pour analyser les cas en relation avec le droit à l'égalité. Le premier d'entre eux, qui a été développé principalement par la Cour européenne des droits de l'homme et par les tribunaux constitutionnels d'Espagne et d'Allemagne, se fonde sur ce que l'on appelle le test ou jugement de proportionnalité, qui comprend plusieurs étapes. Ainsi, le juge étudie si la mesure est ou non "adéquate", c'est-à-dire si elle constitue une mesure idoine pour atteindre une fin constitutionnellement valable ; ensuite, elle examine si le traitement différent est ou n'est pas "nécessaire" ou "indispensable", pour lequel le fonctionnaire doit analyser s'il existe ou non d'autres mesures qui seraient moins coûteuses en termes de sacrifice d'un droit ou d'une valeur constitutionnelle, et qui aurait l'avantage de permettre d'atteindre, avec la même efficacité, la fin proposée. Et finalement, le juge doit réaliser une analyse de "proportionnalité au sens strict" pour déterminer si le traitement inégal ne sacrifie pas des valeurs et des principes constitutionnels qui ont une plus grande importance que ceux atteints par la mesure différentielle. L'autre tendance, enracinée dans la jurisprudence de la Cour suprême des États-Unis, se fonde sur l'existence de différents niveaux d'intensité dans les "analyses" ou "tests" d'inégalité (stricts, intermédiaires ou légers). Ainsi, quand le test est strict, le traitement différent doit constituer une mesure nécessaire pour atteindre un objectif constitutionnel impérieux, tandis que si le test est souple ou raisonnablement limité, il suffit que la mesure soit potentiellement adéquate pour atteinre un objectif qui ne soit pas interdit par l'ordre juridique. L'analyse élémentaire montre que ces deux approches, loin d'être contradictoires, sont complémentaires. Ainsi, chacune prétend déterminer si le traitement différent a ou non un fondement objectif et raisonnable, pour lequel on examine si ledit traitement est oui ou non un instrument idoine pour atteindre certains objectifs admis par la Constitution. Cette complémentarité explique que cette Cour, quand elle a eu à étudier des problèmes d'égalité, a privilégié dans certaines jugements le jugement de proportionnalité tandis que, dans d'autres jugements, elle a préféré recourir à la méthodologie des analyses d'intensité différente. Toutefois, l'affinité qui existe entre deux méthodologies d'analyse constitutionnelle de l'égalité ne signifie pas qu'elles soient identiques, car chacune d'elles a des particularités et des avantages qui lui sont propres. Ainsi, comme l'a montré la doctrine, le jugement de proportionnalité européen a l'avantage d'éclairer sur le plan analytique quels sont les différentes démarches que doit réaliser le juge. Mais il est discutable que la même analyse de proportionnalité puisse être appliquée dans tous les cas, car il ne paraît pas raisonnable d'étuder de la même façon une réglementation qui établit des distinctions dans l'attribution d'avantages et d'obligations sur la base de critères

nable, le principe de proportionnalité apparaît comme la colonne vertébrale de la structure, qui s'applique à chaque fois avec une intensité différente selon la matière concernée et la catégorie des droits affectés par les différences de traitements établies par l'autorité étatique. La fonction de cette argumentation, telle qu'elle est définie à partir du jugement C-022 de 1996, est celle de « guide méthodologique pour apporter une réponse à la question (capitale) qui doit être posée pour tout problème en rapport avec le principe d'égalité », c'est-à-dire : « quel est le critère pertinent pour établir un traitement inégal ou, en d'autres termes, la justification proposée pour l'établissement d'un traitement inégal est-elle raisonnable[1] ? »

Le principe de proportionnalité dans les actes de l'administration

La jurisprudence constitutionnelle a reconnu que le principe de proportionnalité s'appliquait pleinement, en plus du domaine relatif à l'application du principe d'égalité, dans tout le champ d'activité de l'administration publique. Comme nous le savons, sur ce terrain, le principe de proportionnalité doit tenir compte d'une spécification explicite du droit positif, dans l'article 36 de la Constitution. Selon cet article, « Dans la mesure où le contenu d'une décision, de caractère général ou particulier, est discrétionnaire, celle-ci doit être adaptée aux buts de la norme qui l'autorise, et *proportionnelle* aux faits qui lui servent de cause » (nous soulignons).

Toutefois, pour la Cour constitutionnelle, l'existence de cette source du droit n'est pas l'unique raison pertinente pour que l'application de ce principe dans le domaine des actes de l'administration publique soit obligatoire.

---

raciaux, et une autre qui fonde la différence de traitement sur des critères de mérite. Ainsi, la race est un critère de différenciation interdit (article 13 de la Constitution), tandis que la Constitution admet que le mérite puisse permettre d'établir une distinction entre les personnes sur des aspects déterminés. Précisément, en raison de la nécessité de recourir à des outils différents pour ces divers types de cas, la doctrine et la juriprudence des États-Unis ont développé l'idée qu'il doit exister des jugements d'égalité d'intensité différente. Toutefois, le problème de ces tests d'égalité d'intensité différente est que, parfois, ils n'éclairent pas suffisamment les étapes de l'analyse, dans la mesure où toute l'étude judiciaire se base simplement sur une relation moyen-fin. La complémentarité entre le jugement de proportionnalité et les tests d'égalité, ainsi que ses forces et faiblesses relatives ont conduit la doctrine, sur des critères que cette Cour adopte, à signaler le caractère convenable de l'adoption d'un "jugement intégré" d'égalité, qui retient le meilleur des deux méthodologies. Ainsi, ce jugement ou test intégré tenterait d'utiliser les avantages analytiques de la preuve de proportionnalité, par laquelle il mènerait à bien les différentes étapes proposées par ce type d'examen : l'adéquation, le caractère indispensable et la proportionnalité *stricto sensu*. Toutefois, et à la différence de l'analyse de proportionnalité européenne, la pratique constitutionnelle indique qu'il n'est pas convenable que l'analyse judiciaire soit effectuée avec la même rigueur dans tous les cas car, selon la nature de la réglementation étudiée, il convient que la Cour ajuste en intensité chacune des différentes étapes du jugement de proportionnalité, reprenant ainsi les avantages des tests étasuniens. »

[1] *Cf.* Cour constitutionnelle, jugement C-022 de 1996, M. P. : Carlos GAVIRIA DÍAZ. *Cf.*, dans le même sens, le jugement C-392 de 2002, M. P. : Álvaro TAFUR GALVIS.

La jurisprudence constitutionnelle accepte la thèse, déjà posée par la Cour européenne des droits de l'homme et la Cour de justice de l'Union européenne et par les tribunaux comme le Tribunal suprême espagnol, selon laquelle le principe de proportionnalité est un « principe propre à l'État de droit[1] ». Participant de l'État de droit, le principe de proportionnalité n'exige pas seulement qu'il existe une relation adéquate entre les moyens et les finalités poursuivies par l'État, mais il interdit également tout type d'excès[2]. Par conséquent, les sanctions administratives, par exemple, ne peuvent pas être extrêmement graves, de même que les exigences que l'administration impose pour l'exercice des droits individuels ne peuvent être excessivement lourdes. Ainsi, le principe de proportionnalité restreint le champ du pouvoir discrétionnaire en matière administrative. Il en bannit l'arbitraire et l'excès et soumet l'administration au respect des droits fondamentaux établis par la Constitution.

Si, par exemple, on est conscient qu'un grand nombre d'activités administratives peuvent porter atteinte à la liberté générale d'action des individus protégée par le droit au libre développement de la personnalité, proclamé par l'article 16 de la Constitution, on doit aussi affirmer que lesdites actions doivent respecter les exigences du principe de proportionnalité pour pouvoir être compatibles avec la Constitution. Comme la Cour constitutionnelle l'a soutenu, « une restriction du droit au libre développement de la personnalité n'est constitutionnellement admissible que si, en plus d'être adéquate et nécessaire pour atteindre un but légitime, elle est proportionnée[3] ». Pour cette raison, la Haute cour conclut, dans le jugement T-015 de 1994 :

> Le principe de proportionnalité concerne toutes les actions de l'administration publique et les actes des particuliers qui sont chargés de la prestation d'un service public, quand il s'agit d'imposer une sanction qui entraîne la perte ou la restriction d'un droit[4].

Autrement dit, le principe de proportionnalité est une limite générale imposée à l'exercice de toute fonction administrative qui suppose une atteinte aux droits fondamentaux.

---

[1] *Cf.* Cour constitutionnelle, jugement T-015 de 1994, M. P. : Alejandro MARTÍNEZ CABALLERO. *Cf.* sur le fondement du principe de proportionnalité dans l'État de droit, C. BERNAL PULIDO, *El principio de proporcionalidad, op. cit.*, chap. V.

[2] Voir aussi, sur le principe de proportionnalité comme critère faisant partie de l'« arsenal herméneutique » du juge constitutionnel pour contrôler les excès de l'activité étatique, le jugement C-475 de 1997, M. P. : Eduardo CIFUENTES MUÑOZ.

[3] *Cf.* Cour constitutionnelle, jugement T-015 de 1994, M. P. : Alejandro MARTÍNEZ CABALLERO.

[4] *ibid.*

Le principe de proportionnalité comme limite des limites des droits fondamentaux

En relation avec la thèse précédente, il convient de souligner que notre jurisprudence constitutionnelle a déjà développé l'idée, issue de la doctrine allemande, selon laquelle le principe de proportionnalité est une limite des limites des droits fondamentaux[1].

Selon cette idée, en raison de ses antécédents dans l'État libéral de droit, la règle générale dans l'État constitutionnel est la validité des droits fondamentaux. Les citoyens jouissent d'une liberté et de droits fondamentaux *prima facie*, antérieurs à toute concession ou restriction du pouvoir politique. Toutefois, ces droits peuvent être restreints par l'État, à partir de l'acte fondateur de la société civile, étant donné que la finalité de la fondation de ladite société réside précisément dans l'harmonisation de l'exercice des droits des différents titulaires, par le moyen de règles juridiques, pour dépasser les situations de chaos que produit la liberté absolue. La société civile remplace la loi du plus fort par la règle juridique.

En outre, les restrictions que l'État, au nom de la société civile, impose aux droits fondamentaux sont aussi sujettes à certaines restrictions. Le principe de proportionnalité est la plus significative de ces restrictions. Selon ce principe, dans l'État constitutionnel, n'importe quelle restriction aux droits fondamentaux ne peut être valide ; seules le sont celles qui sont : capables de contribuer à atteindre un certain but légitime ; nécessaires, c'est-à-dire les plus bénignes parmi tous les moyens alternatifs qui sont au moins aussi capables d'atteindre la finalité désirée ; et proportionnées au sens strict, c'est-à-dire qu'elles établissent un équilibre entre les intérêts que présente leur mise en œuvre et les préjudices qu'elles produisent. Ainsi, le principe de proportionnalité est la restriction de la restriction, la limite des limites aux droits fondamentaux, le critère qui conditionne la validité des limites que l'État impose aux droits fondamentaux.

La reconnaissance de cette idée apparaît déjà, au sujet du droit au libre développement de la personnalité, dans le passage précité du jugement T-015 de 1994 : « une restriction du droit au libre développement de la personnalité n'est constitutionnellement admissible que si, en plus d'être adéquate et nécessaire pour atteindre un but légitime, elle est proportionnée[2]. »

Une idée similaire, concernant également le droit au libre développement de la personnalité, est exposée dans le jugement SU-642 de 1998[3], dans lequel la Cour constitutionnelle a soutenu :

---

[1] *Cf.* sur le développement et la caractérisation de cette idée, C. BERNAL PULIDO, *El principio de proporcionalidad, op. cit.*, chap. V.

[2] *Cf.* Cour constitutionnelle, jugement T-015 de 1994, M. P. : Alejandro MARTÍNEZ CABALLERO.

[3] *Cf.* Cour constitutionnelle, jugement SU-642 de 1998, M. P. : Eduardo CIFUENTES MUÑOZ.

> [...] Ces restrictions qui se produisent dans la zone d'ombre du droit fondamental au libre de développement de la personnalité sont susceptibles d'être contrôlées par le juge constitutionnel qui devra constater, dans le cadre du jugement de proportionnalité, que celles-ci sont raisonnables et proportionnées et, de ce fait, adaptées aux normes supérieures. Ledit jugement consiste à établir si la mesure limitative poursuit une finalité constitutionnelle, si elle est adaptée au but visé, si elle est nécessaire dans la mesure où il n'existe pas d'alternative raisonnable limitant moins la liberté et aussi efficace et, finalement, si l'atteinte à l'autonome est acceptable et strictement proportionné à la fin envisagée[1].

Cette doctrine qui, en principe, ne semble applicable qu'au droit au développement de la personnalité, et qui a été appliquée de façon analogue dans d'autres jugements, comme le jugement C-309 de 1997[2], a toutefois été étendue par la suite à d'autres droits et à d'autres domaines pour énoncer, en définitive, le caractère général du principe de proportionnalité comme limite des limites aux droits fondamentaux dans le cadre juridique de l'État social de droit, établi par la Constitution de 1991[3]. Cela apparaît déjà dans le jugement T-741 de 1999, dans lequel la Cour constitutionnelle a soutenu :

> Il est pertinent d'effectuer le jugement de proportionnalité [...] quand la norme mise en cause restreint effectivement des droits ou des principes fondamentaux, car son objectif est d'établir si la finalité poursuivie avec la

[1] *Cf.* de même les jugements C-309 de 1997, M. P. : Alejandro MARTÍNEZ CABALLERO, et T-067 de 1998 M. P. Eduardo CIFUENTES MUÑOZ.

[2] *Cf.* Cour constitutionnelle, jugement T-309 de 1997, M. P. : Alejandro MARTÍNEZ CABALLERO. Dans ce jugement, la Cour a analysé la constitutionnalité de l'obligation que le conducteur d'un véhicule porte sa ceinture de sécurité. Dans ce jugement, la Cour applique une version très large du principe de proportionnalité que, dans le style de la meilleure jurisprudence allemande, elle combine avec une modulation de l'intensité de son application, en fonction du degré d'atteinte au droit fondamental concerné, c'est-à-dire le libre développement de la personnalité.

[3] Sur le caractère de principe général du principe de proportionnalité, qui s'applique à toutes les actions publiques et privées, la Cour constitutionnelle, dans son jugement C-916 de 2002, M. P. : Manuel José CEPEDA ESPINOSA, a soutenu : « La proportionnalité en droit se réfère à une maxime générale et à un paramètre d'action pour la totalité de l'activité étatique, quoique pas exclusivement, car le principe de proportionnalité peut aussi s'appliquer dans le domaine des relations entre particuliers régies par le droit privé. Dans son sens constitutionnel, la proportionnalité est un principe de correction fonctionnelle de toute l'activité étatique qui, jointe à d'autre principes d'interprétation constitutionnelle – unité de la Constitution, force normative, force intégratrice, concordance pratique, harmonisation concrète, immunité des droits constitutionnels et interprétation conforme à la Constitution –, cherche à assurer que les pouvoirs publics agissent dans le cadre de l'État de droit, sans déborder de l'exercice de leurs fonctions. Son fondement normatif ultime est donné par les principes fondamentaux de l'État de droit (article 1er de la Constitution), la force normative de la Constitution (article 4 de la Constitution), et le caractère inaliénable des droits de la personne humaine (article 5 de la Constitution) [...] Des fonctions que remplit le principe de proportionnalité dans le contrôle de constitutionnalité de la législation et dans la protection des droits fondamentaux dépendent en grande partie l'effectivité de l'État social de droit, le respect de la dignité humaine et l'inaliénabilité des droits de la personne. »

norme en question justifie une telle restriction, et si son contenu, en ce qu'il limite leur exercice, est proportionné à la restriction imposée[1].

Dans le même sens, on doit prendre en considération ce que soutient la Cour constitutionnelle dans son jugement T-417 de 2000[2]. D'après ce jugement, le principe de proportionnalité établit :

> Toute mesure de l'État social de droit doit être en dernier ressort adéquate et acceptable par la personne concernée, et celui-ci reconnaît donc à tout individu sa dignité individuelle et se différencie de l'État fondé sur le respect de l'État transpersonnaliste antérieur à la Charte politique de 1991[3].

Dans le jugement, la Cour explique aussi que la justification de cet énoncé du principe de proportionnalité comme limite générale des actions de l'État implique que la thèse selon laquelle l'intérêt général prime l'intérêt particulier ne peut pas s'appliquer sans nuances ni considérations particulières.

> Ce principe de proportionnalité – soutient la Cour – de la thèse selon laquelle, dans un État social de droit, on n'exige pas de l'individu qu'il se soumettre par avance à la collectivité dont il fait partie, [implique que] face aux intérêts légitimes de la société dans son ensemble, les intérêts individuels sont aussi légitimes, et le principe de proportionnalité impose le respect de tous ceux-ci car, en cas de conflit, la solution ne peut être la préférence accordée automatiquement à l'intérêt social ; en revanche, les intérêts devront être soupesés et, dans la mesure du possible, préservés[4].

Par la suite, dans le jugement C-142 de 2001[5], la Cour constitutionnelle s'est montrée encore plus explicite quand elle a accepté l'idée au cœur de la théorie du noyau essentiel[6], et elle a établi que le principe de proportionnalité – invoqué, dans ce jugement, sous l'appellation de principe constitutionnel de pondération – est le critère qui définit ce qui constitue le noyau essentiel d'un droit fondamental et qui fonctionne comme limite des limites qui lui sont imposées. En ce sens, la Cour signale :

> Les droits fondamentaux, en tant qu'ils fixent des standards d'action susceptibles de développement juridique, sont sujets à certaines conditions d'exercice et de jouissance. Il revient à la Cour de vérifier que le législateur n'a pas imposé aux droits des limites excessives qui méconnaissent son noyau essentiel, dès lors que celui-ci a été compris comme « la colonne vertébrale qui ne peut être remise en cause par l'autorité ou un particulier », de sorte qu'il postule l'idée d'un contenu minimum irréductible du droit qui, en

[1] *Cf.* Cour constitutionnelle, jugement C-741 de 1999, M. P. : Fabio MORÓN DÍAZ.

[2] *Cf.* Cour constitutionnelle, jugement T-417 de 2000, M. P. : Carlos GAVIRIA DÍAZ.

[3] *ibid.*

[4] *ibid.*

[5] *Cf.* Cour constitutionnelle, jugement C-142 de 2001, M. P. : Eduardo MONTEALEGRE LYNETT.

[6] *Cf.* sur cette théorie, C. BERNAL PULIDO, *El principio de proporcionalidad*, *op. cit.*, chap. IV ; J. C. GAVARA DE CARA, *Derechos fundamentales y desarrollo legislativo. La garantía del contenido esencial de los derechos fundamentales en la Ley Fundamental de Bonn*, Madrid, Centro de Estudios Constitucionales, 1994.

soi, s'érige en barrière infranchissable face au législateur. Cette « limite des limites » permet de distinguer, pour chaque droit, ce qui est l'œuvre du constituant de ce qui relève du devoir du législateur historique qui, à la condition de ne pas redéfinir le seuil du noyau essentiel, peut l'actualiser selon l'époque, les tendances, les valeurs et les nécessités de chaque moment.

Le noyau essentiel d'un droit fondamental, comme l'a signalé la Cour, [...] est indirectement protégé par le principe constitutionnel de pondération de la fin légitime à atteindre face à la limitation du droit fondamental, par la prohibition des limitations disproportionnées à son libre exercice [...] En d'autres termes – précise la Haute cour – le jugement de proportionnalité doit en principe s'appliquer, lequel, de par son caractère strict, a été réservé à l'étude des restrictions imposées aux droits fondamentaux.

Le jugement T-269 de 2002 est également révélateur de cet aspect. Dans ce jugement, la Cour constitutionnelle a établi :

> N'ayant pas un caractère absolu, les droits fondamentaux peuvent aussi faire l'objet de restrictions lorsqu'ils s'opposent à l'exercice d'autres droits fondamentaux ou à la garantie d'autres buts constitutionnels. Toutefois, ces limitations, pour être valides, doivent être proportionnées. La Cour a établi qu'un tel prérequis peut être corroboré par la réalisation d'un jugement de proportionnalité[1].

Dans ce jugement, la Cour constitutionnelle a également approfondi la question de la structure de ce principe. Les étapes du jugement de proportionnalité, selon la version exposée par la Cour, sont :

> i. de déterminer si la mesure limitative vise une finalité constitutionnelle ; ii. si elle est adaptée au but ; iii. si elle est nécessaire à la réalisation de celui-ci – ce qui implique l'inexistence d'une alternative qui garantisse la réalisation du but en limitant dans une moindre mesure le droit qui se trouve restreint – ; et iv. si elle est strictement proportionnée au but qu'elle cherche à réaliser – ce qui implique l'absence de sacrifice de valeurs et de principes qui ont un plus grand poids que le principe qu'elle prétend satisfaire[2].

À partir de la formulation de cette thèse générale, la Cour constitutionnelle a étendu l'application du principe de proportionnalité à d'autres champs spécifiques, mais toujours comme limite des limites aux droits fondamentaux. Ainsi, dans le jugement C-251 de 2002, la Cour soutient que ce principe s'applique en droit international humanitaire, ainsi que dans les protections dont celui-ci bénéficie en droit interne[3].

Pour sa part, le jugement C-370 de 2002 ne laisse aucun doute sur la soumission du droit pénal au principe de proportionnalité, dans les termes suivants : « Cette Cour a signalé que le principe de proportionnalité ou de "prohibition de l'excès" » limite la liberté d'action du législateur en matière

[1] *Cf.* Cour constitutionnelle, jugement T-269 de 2002, M. P. : Marco Gerardo MONROY CABRA.

[2] *Cf.* les antécédents de cette définition dans les jugements T-1321 de 2000, M. P. : Martha VICTORIA SÁCHICA, et T-124 de 1998, M. P. : Alejandro MARTÍNEZ CABALLERO.

[3] *Cf.* Cour constitutionnelle, jugement C-251 de 2002, M. P. : Eduardo MONTEALEGRE LYNETT et Clara Inés VARGAS HERNÁNDEZ.

répressive. Cette juridiction a alors conclu que « seul l'usage proportionné du pouvoir répressif de l'État, c'est-à-dire adapté au cadre de droits et libertés constitutionnels, garantit la validité d'un ordre social juste, fondé sur la dignité et la solidarité humaines[1] ». Dans ce jugement, la Cour a également précisé les conséquences de cette application du principe de proportionnalité en matière pénale :

> Directement lié au principe de proportionnalité, il est clair que l'État doit éviter la criminalisation de conduites, quand il a d'autres moyens moins préjudiciables que le droit pénal pour défendre les biens juridiques qu'il prétend protéger. Et dans un État social de droit, fondé sur la dignité humaine et la liberté et l'autonomie des personnes (articles 1er, 5 et 16 de la Constitution), il est excessif que le législateur opte pour le moyen affectant le plus la liberté personnelle, comme le droit pénal, quand il peut recourir à des instruments moins préjudiciables pour ces droits constitutionnels pour protéger les mêmes biens juridiques. Le droit pénal, dans un État social de droit, est alors aussi limité par le principe de nécessité, car il a le caractère d'*ultima ratio*. Par conséquent, ces peines, qui seraient inutiles, sont inconstitutionnelles.

Les jugements C-317 de 2002[2] et C-205 de 2003[3] vont dans le même sens.

Finalement, il faut dire que le jugement C-802 de 2002[4] a souligné que le principe de proportionnalité doit aussi être respecté par toutes les mesures adoptées dans le cadre des états d'exception. Sur cet aspect, la Cour constitutionnelle a soutenu :

> La proportionnalité entre la grave perturbation de l'ordre public et les mesures adoptées pour la conjurer, comme limite constitutionnelle de l'état de crise intérieure, soulève la question de la nécessité de maintenir une relation d'équilibre entre l'hypothèse de fait invoquée et les outils juridiques déployés pour la dépasser. Cet équilibre est prioritaire, car la réalisation d'un effort démesuré pour obtenir un bénéfice minimum en matière d'ordre public qu'il s'agit de rétablir échappe à la rationalité de l'État constitutionnel.

De manière analogue à ce qui a été dit en matière pénale, la Cour constitutionnelle, dans le jugement C-125 de 2003, a revendiqué l'application du principe de proportionnalité en droit disciplinaire. Sur cet aspect, la Cour a décrit, dans les termes suivants, la signification de l'application de ce principe dans ce domaine :

> Quant au principe de proportionnalité en matière de sanction administrative, celui-ci exige que tant la faute décrite que la sanction correspondant à celle-ci soient adaptées aux buts de la norme, c'est-à-dire à la réalisation des prin-

---

[1] *Cf.* jugements C-070 de 1996, M. P. : Eduardo CIFUENTES MUÑOZ ; C-118 de 1996, M. P. : Eduardo CIFUENTES MUÑOZ ; C-148 de 1998, M. P. : Carlos GAVIRIA DÍAZ, et C-370 de 2002, M. P. : Eduardo MONTEALEGRE LYNETT.

[2] *Cf.* Cour constitutionnelle, jugement C-317 de 2002, M. P. : Clara Inés VARGAS HERNÁNDEZ.

[3] *Cf.* Cour constitutionnelle, jugement C-205 de 2003, M. P. : Clara Inés VARGAS HERNÁNDEZ.

[4] *Cf.* Cour constitutionnelle, jugement C-802 de 2002, M. P. : Jaime CÓRDOBA TRIVIÑO.

cipes qui gouvernent la fonction publique. Concernant la sanction administrative, la proportionnalité implique aussi que celle-ci ne soit pas excessivement sévère eu égard à la gravité de la conduite, ni ne manque d'importance face à cette gravité[1].

De plus, il est important de souligner que, sur ce terrain, le principe de proportionnalité repose sur une spécification en droit positif, à l'article 18 du Code disciplinaire unique qui établit : « *Proportionnalité.* La sanction disciplinaire devra correspondre à la gravité de la faute commise. Dans le degré de la sanction, on doit appliquer les critères que fixe cette loi. »

Bibliographie

Références doctrinales

A. AARNIO, *Denkenweisen der Rechtswissenschaft*, Vienne et New York, Springer, 1979.

A. AARNIO, *Wegen Recht und Billigkeit*, Berlin, Duncker & Humblot, 1988.

A. AARNIO, *Lo racional como razonable*, Madrid, Centro de Estudios Constitucionales, 1991.

R. ALEXY, *Teoría de la argumentación jurídica*, Madrid, Centro de Estudios Constitucionales, 1981.

R. ALEXY, « Juristische Begründung, System und Kohärenz », *in* O. BEHRENDS, M. DIESSELHORST et R. DREIER (ed.), *Rechtsdogmatik und Praktische Vernunft. Symposion zum 80. Geburstag von F. Wieacker*, Göttingen, Vondenhoeck & Ruprecht, 1990.

R. ALEXY, *El concepto y la validez del derecho*, Barcelone, Gedisa, 1994.

R. ALEXY, « Grundgesetz und Diskurstheorie », *in Legitimation des Grundgesetzes aus Sicht von Rechtsphilosophie und Gesellschafstheroie*, Baden-Baden, Nomos, 1996.

R. ALEXY, *Teoría de los derechos fundamentales*, Madrid, Centro de Estudios Constitucionales, 1997.

R. ALEXY, « Law and Correctness », *in* M. D. A. FREEMAN (ed.), *Legal Theory at the End of the Millennium, Current Legal Problems*, n° 51, 1998.

R. ALEXY, « On the Thesis of a Necessary Connection between Law and Morality: Bulygin's Critique », *Ratio Juris*, n° 2, 2000.

R. ALEXY et A. PECZENIK, « The Concept of Coherence and its Significance for Discoursive Rationality », *Ratio Juris*, n° 1, 1990.

E. ALONSO GARCÍA, *La interpretación de la Constitución*, Madrid, Centro de Estudios Constitucionales, 1984.

M. ATIENZA, « Para una razonable definición de "razonable" », *Doxa*, n° 4, 1987.

[1] *Cf.* Cour constitutionnelle, jugement C-125 de 2003, M. P. : Marco Gerardo MONROY CABRA.

M. ATIENZA, « Sobre lo razonable en el derecho », *Revista Española de Derecho Constitucional*, n° 7, 1989.
M. ATIENZA, *Las razones del derecho. Teorías de la argumentación jurídica*, Madrid, Centro de Estudios Constitucionales, 1991.
M. ATIENZA, *Tras la justicia. Una introducción al derecho y al razonamiento jurídico*, Barcelone, Ariel, 1993.
K. BAIER, *The Rational and the Moral Order. The Social Roots of Reason and Morality*, Chicago et La Salle, Open Court, 1995.
P. BARILE, « Il principio di ragionevolezza nella giurisprudenza della Corte costituzionale », *in Il principio di ragionevolezza nella giurisprudenza della Corte costituzionale. Riferimenti comparatistici. Atti del seminario svoltosi a Roma, Palazzo della Consulta, 13 e 14 ottobre 1992*, Milan, Giuffrè, 1994.
J. BARNÉS, « El principio de proporcionalidad. Estudio preliminar », *Cuadernos de derecho público*, n° 5, 1998.
B. BAUM LAVENBOOK, « The Role of Coherence in Legal Reasoning », *Law and Philosophy*, n° 3, 1984.
C. BERNAL PULIDO, *El principio de proporcionalidad y los derechos fundamentales*, Madrid, Centro de Estudios Políticos y Constitucionales, 2003.
C. BERNAL PULIDO, « Le jugement d'égalité dans la jurisprudence de la Cour constitutionnelle », *in ibid.*.
E. BULYGIN, « Alexy's Thesis of the Necessary Connection between Law and Morality », *Ratio Juris*, n° 2, 2000.
A. CARRASCO PERERA, « El "juicio de razonabilidad" en la justicia constitucional », *Revista Española de Derecho Constitucional*, n° 11, 1984.
G. DE BÚRCA, « Proportionality and Wednesbury Unreasonableness: The Influence of European Legal Concepts on UK Law », *European Public Law*, vol. 3, n° 4, 1997.
L. DI GREGORIO, « Argomenti e criteri del principio di ragionevolezza », *in* M. LA TORRE et A. SPADARO (ed.), *La ragionevolezza nel diritto*, Torino, Giappichelli, 2002.
A. EMMERICH FRITSCHE, *Der Grundsatz der Verhältnismäßigkeit als Direktive und Schranke der EG-Rechtsetzung*, Berlin, Duncker & Humblot, 2000.
B. FASSBENDER, « El principio de proporcionalidad en la jurisprudencia del Tribunal Europeo de Derechos Humanos », *Cuadernos de derecho público*, n° 5, 1998.
T. R. FERNÁNDEZ, *De la arbitrariedad del legislador. Una crítica de la jurisprudencia constitucional*, Madrid, Civitas, 1998.
T. R. FERNÁNDEZ, *De la arbitrariedad de la administración*, Madrid, Civitas, 3e éd., 1999.
T. R. FERNÁNDEZ, « Interdicción de la arbitrariedad », *Enciclopedia jurídica básica*, vol. III, 2000.
S. FOIS, « "Ragionevolezza" e "valori": interrogazioni progressive verso le concezioni sulla forma di Stato sul diritto », *in* G. CATTARINO (dir.), *Il prin-*

cipio di ragionevolezza nella giurisprudenza della Corte Costituzionale. Riferimenti comparatistici. Atti del seminario svoltosi a Roma, Palazzo della Consulta, 13 e 14 ottobre 1992, Milano, Giuffrè, 1994.

D.-U. GALETTA, « El principio de proporcionalidad en el derecho público italiano », *Cuadernos de derecho público*, n° 5, 1998.

J. A. GARCÍA AMADO, « Del método jurídico a las teorías de la argumentación jurídica », *Anuario de Filosofía del Derecho*, t. III, 1986.

E. GARCÍA DE ENTERRÍA, « La interdicción de la arbitrariedad en la potestad reglamentaria », *Revista de Administración Pública*, n° 30, 1959.

J. C. GAVARA DE CARA, *Derechos fundamentales y desarrollo legislativo. La garantía del contenido esencial de los derechos fundamentales en la Ley Fundamental de Bonn*, Madrid, Centro de Estudios Constitucionales, 1994.

V. GOESEL-LE BIHAN, « Réflexion iconoclaste sur le contrôle de proportionnalité exercé par le Conseil constitutionnel », *Revue française de droit constitutionnel*, n° 30, 1997.

J. J. GOMES CANOTILHO, *Direito constitucional e teoria da Constituiçao*, Coimbra, Almedina, 1997.

M. GONZÁLEZ BEILFUSS, *El principio de proporcionalidad en la jurisprudencia del Tribunal Constitucional*, Pamplona, Aranzadi, 2003.

J. HABERMAS, « Rationalität der Verständigung. Sprechakttheoretische Erläuterungen zum Begriff der kommunikativen Rationalität », *in* J. HABERMAS, *Wahrheit und Rechtfertigung. Philosophische Aufsätze*, Frankfurt a. M., Suhrkamp, 1999.

R. M. HARE, *Moral Thinking. Its Levels, Method and Point*, Oxford, Clarendond Press, 1981.

P. LERCHE, *Übermaß und Verfassungsrecht. Zur Bindung des Gesetzgebers an die Grundsätze der Verhältnismäßigkeit und der Erforderlichkeit*, Köln, Berlin, München y Bonn, Carl Heymanns, 1961.

N. MACCORMICK, « Coherence en legal justification », *in* W. KRAWIETZ, H. SCHLESKY, G. WINKLER et A. SCHUAMM (ed.), *Theorie der Normen. Festgabe für Ota Weinberger zum 65. Geburstag*, Berlin, Duncker & Humblot, 1984.

N. MACCORMICK, « Los límites de la racionalidad en el razonamiento jurídico », *in* J. BETEGÓN et J. R. DE PÁRAMO (ed.), *Derecho y moral. Ensayos analíticos*, Barcelona, Ariel, 1996.

T. MAZZARESE, *Forme di razionalità delle decisioni giudiziali*, Torino, Giappichelli, 1996.

M. MEDINA GUERRERO, *La vinculación negativa del legislador a los derechos fundamentales,* Madrid, McGraw Hill, 1997.

U. NEUMANN, *Juristische Argumentationslehre*, Darmstadt, Wissenschaftliche Buchgesell-schaft, 1986.

A. NIETO, *El arbitrio judicial*, Barcelona, Ariel, 2001.

A. PECZENIK, *Grundlagen der juristischen Argumentation*, Wien y New York, Springer, 1983.

G. PINO, « Coerenza e verità nell'argomentazione giuridica. Alcune riflessioni », *Rivista Internazionale di Filosofia del Diritto*, n° 1, 1988.
B. REMMERT, *Verfassungs- und verwaltungsrechtsgeschichtliche Grundlagen des Übermaßverbotes*, Heidelberg, C. F. Müller, 1995.
C. RODRÍGUEZ, « El test de razonabilidad y el derecho a la igualdad », *Observatorio de Justicia Constitucional*, Bogotá, Universidad de los Andes y Siglo del Hombre Editores, 1998.
W. D. ROSS, *The Right and the Good*, Oxford, Clarendon Press, 1930.
J. SEARLE, « Prima Facie Obligations », *in* J. RAZ (ed.), *Practical Reasoning*, Oxford, Oxford University Press, 1978.
J. R. SEARLE, *Razones para actuar. Una teoría del libre albedrío*, Barcelona, Ediciones Nobel, 2000.
K. STERN, *Das Staatsrecht der Bundesrepublik Deutschland*, vol. III, 2, « Allgemeine Lehre der Grundrechte », München, C. H. Beck, 1994.
E. TUGENDHAT, « Zur Entwicklung von moralischen Begründungsstrukturen im modernen Recht », *Archiv für Recht und Sozial Philosophie*, Beiheft n° 14, 1980.
R. VON KRAUSS, *Der Grundsatz der Verhältnismäßigkeit. In seiner Bedeutung für die Notwendigkeit des Mittels im Verwaltungsrecht*, Hamburgo, Appel, 1955.
G. ZAGREBELSKI, *Giustizia costituzionale*, 2ª ed., Bologna, Il Mulino, 1988.
G. ZAGREBELSKI, « Su tre aspetti della ragionevolezza », *in* G. CATTARINO (dir.), *Il principio di ragionevolezza nella giurisprudenza della Corte costituzionale. Riferimenti comparatistici. Atti del seminario svoltosi a Roma, Palazzo della Consulta, 13 e 14 ottobre 1992*, Milano, Giuffrè, 1994.
U. ZIMMERLI, *Der Grundsatz der Verhältnismäßigkeit im öffentlichen Recht. Versuch einer Standortbestimmung*, Bern, Universidad de Berna, 1979.

Références jurisprudentielles

Cour constitutionnelle, jugement T-422 de 1992, M. P. : Eduardo CIFUENTES MUÑOZ.
Cour constitutionnelle, jugement C-530 de 1993, M. P. : Alejandro MARTÍNEZ CABALLERO.
Cour constitutionnelle, jugement T-015 de 1994, M. P. : Alejandro MARTÍNEZ CABALLERO.
Cour constitutionnelle, jugement T-230 de 1994, M. P. : Eduardo CIFUENTES MUÑOZ.
Cour constitutionnelle, jugement C-022 de 1996, M. P. : Carlos GAVIRIA DÍAZ.
Cour constitutionnelle, jugement C-070 de 1996, M. P. : Eduardo CIFUENTES MUÑOZ.
Cour constitutionnelle, jugement C-118 de 1996, M. P. : Eduardo CIFUENTES MUÑOZ.

Cour constitutionnelle, jugement C-309 de 1997, M. P. : Alejandro MARTÍNEZ CABALLERO.
Cour constitutionnelle, jugement T-352 de 1997, M. P. : Eduardo CIFUENTES MUÑOZ.
Cour constitutionnelle, jugement C-475 de 1997, M. P. : Eduardo CIFUENTES MUÑOZ.
Cour constitutionnelle, jugement C-584 de 1997, M. P. : Eduardo CIFUENTES MUÑOZ.
Cour constitutionnelle, jugement T-067 de 1998 M. P. : Eduardo CIFUENTES MUÑOZ.
Cour constitutionnelle, jugement T-124 de 1998, M. P. : Alejandro MARTÍNEZ CABALLERO.
Cour constitutionnelle, jugement C-148 de 1998, M. P. : Carlos GAVIRIA DÍAZ.
Cour constitutionnelle, jugement SU-642 de 1998, M. P. : Eduardo CIFUENTES MUÑOZ.
Cour constitutionnelle, jugement C-741 de 1999, M. P. : Fabio MORÓN DÍAZ.
Cour constitutionnelle, jugement T-417 de 2000, M. P. : Carlos GAVIRIA DÍAZ.
Cour constitutionnelle, jugement T-1321 de 2000, M. P. : Martha VICTORIA SÁCHICA.
Cour constitutionnelle, jugement C-093 de 2001, M. P. : Alejandro MARTÍNEZ CABALLERO.
Cour constitutionnelle, jugement C-142 de 2001, M. P. : Eduardo MONTEALEGRE LYNETT.
Cour constitutionnelle, jugement C-251 de 2002, M. P. : Eduardo MONTEALEGRE LYNETT et Clara Inés VARGAS HERNÁNDEZ.
Cour constitutionnelle, jugement T-269 de 2002, M. P. : Marco Gerardo MONROY CABRA.
Cour constitutionnelle, jugement C-317 de 2002, M. P. : Clara Inés VARGAS HERNÁNDEZ.
Cour constitutionnelle, jugement C-370 de 2002, M. P. : Eduardo MONTEALEGRE LYNETT.
Cour constitutionnelle, jugement C-392 de 2002, M. P. : Álvaro TAFUR GALVIS.
Cour constitutionnelle, jugement C-802 de 2002, M. P. : Jaime CÓRDOBA TRIVIÑO.
Cour constitutionnelle, jugement C-916 de 2002, M. P. : Manuel José CEPEDA ESPINOSA.
Cour constitutionnelle, jugement C-125 de 2003, M. P. : Marco Gerardo MONROY CABRA.
Cour constitutionnelle, jugement C-205 de 2003, M. P. : Clara Inés VARGAS HERNÁNDEZ.

Tribunal constitutionnel espagnol, jugement 75 de 1983.
Tribunal constitutionnel espagnol, jugement 108 de 1986.
Tribunal constitutionnel espagnol, jugement 209 de 1988.
Tribunal constitutionnel espagnol, jugement 66 de 1995.
Tribunal constitutionnel espagnol, jugement 207 de 1996.
Tribunal constitutionnel espagnol, jugement 136 de 1999.
Cour constitutionnelle allemande, *BVerfGE*, 30, 292 (316).

CHAPITRE III

LA PONDÉRATION COMME PROCÉDÉ D'INTERPRÉTATION DES DROITS FONDAMENTAUX

L'une des idées les plus importantes en théorie du droit contemporain, tant dans le monde anglo-saxon que dans le droit continental, est que les ordres juridiques ne sont pas composés exclusivement de règles, c'est-à-dire du type traditionnel de normes juridiques, mais aussi de principes. La conviction traditionnelle qui, dans la jurisprudence anglaise, apparaît dans l'œuvre d'Austin[1] et se perpétue avec le concept de droit d'Herbert L. Hart[2], et qui, dans le droit continental, apparaît surtout dans les travaux de Kelsen, soutenait que le droit était exclusivement constitué de règles, c'est-à-dire de normes bien déterminées, pourvues d'une structure conditionnelle hypothétique. Avec cette thèse s'est répandue l'idée selon laquelle la manière unique d'appliquer le droit était la subsomption. Ces idées fondamentales étaient corrélatives, puisque la forme d'application des règles est précisément la subsomption. Ceci mérite quelques développements.

D'un côté, on considérait que tout le droit était formé uniquement de règles, c'est-à-dire de normes, dont l'exemple le plus clair est fourni par le Code pénal, dont les règles font correspondre une hypothèse de fait et une sanction clairement différenciée. Comme l'a précisé Kelsen[3] dans sa *théorie pure du droit*, la structure de ces normes est conditionnellement hypothétique :

si A, alors B.

Dans cette structure, A est l'hypothèse de fait de la norme et B la conséquence juridique. Et ce que la norme prévoit consiste en ce que, dans le cas où, dans la réalité, se produisait l'hypothèse de fait A posée par la norme, le juge devrait alors infliger la sanction B à l'agent qui a commis l'action prévue dans l'hypothèse de fait.

Or, il faut dire que la manière d'appliquer ces normes est la subsomption. Cette dernière est une espèce de syllogisme qui, comme tel, comprend deux

---

[1] *Cf.* J. AUSTIN, *El objeto de la jurisprudencia*, Madrid, Centro de Estudios Constitucionales, 2003.

[2] *Cf.* H. L. HART, *El concepto de derecho*, Buenos Aires, Abeledo-Perrot, 1963.

[3] *Cf.* H. KELSEN, *Teoría pura del derecho*, trad. de la 1e éd., Buenos Aires, Editorial Universitaria de Buenos Aires, 1994, p. 60 et s..

prémisses et une conclusion. La prémisse majeure est la norme avec sa structure conditionnelle hypothétique :

si A, alors B,

tandis que la prémisse mineure est une déclaration subsomptive de la forme :

x est A.

Cet énoncé affirme que *x* est un cas de A.

Enfin, la conclusion découle des prémisses majeure et mineure, et établit que la sanction *y* doit être appliquée au cas *x*, *x* étant un cas de A.

Dans la théorie moderne du droit, et surtout à partir des recherches de Dworkin dans le monde anglo-saxon et d'Alexy dans le monde germanique, aux règles et à la subsomption s'ajoutent les principes et la pondération. Ainsi, la conviction qu'il existe des principes liés aux règles de structure conditionnelle hypothétique s'est imposée. De plus, la reconnaissance de l'existence des principes implique, à son tour, la reconnaissance d'une nouvelle forme d'application du droit : la pondération.

Les principes sont des normes, mais pas des normes dotées d'une structure conditionnelle hypothétique avec une hypothèse de fait et une sanction bien précise. Les principes sont plutôt des commandements d'optimisation qui ordonnent qu'une chose soit réalisée dans la plus grande mesure possible, conformément aux possibilités juridiques et factuelles qui jouent en sens contraire[1].

Les droits fondamentaux sont le plus clair exemple de principes que nous avons dans l'ordre juridique. Bien que la Cour constitutionnelle ait reconnu, dès ses premiers jugements, que les droits fondamentaux sont des normes, personne ne peut dire que ces dernières ont la structure conditionnelle hypothétique de règles. Par leur rédaction abstraite, ces normes ont plutôt la structure de principes qui, en tant que commandements d'optimisation, ordonnent que leur objet soit réalisé dans la plus grande mesure possible, conformément aux possibilités juridiques et factuelles qui jouent en sens contraire.

Or, la pondération est la manière d'appliquer les principes et de résoudre les conflits qui peuvent se présenter entre eux et les principes ou les raisons qui jouent en sens contraire. Le mot « pondération » dérive de la locution latine *pondus* qui signifie « poids ». Cette référence étymologique est significative car, quand le juge ou le procureur pondère, sa fonction consiste à peser ou soupeser les principes qui correspondent au cas d'espèce. Comme l'a dit clairement Ronald Dworkin[2], les principes sont dotés d'une propriété que les règles n'ont pas : le poids. Les principes ont un poids dans chaque cas concret, et pondérer consiste à déterminer quel est le poids spécifique

---

[1] R. ALEXY *Tres escritos sobre los derechos fundamentales y la teoría de los principios*, Bogotá, Universidad Externado de Colombia, 2002, p. 95.

[2] R. DWORKIN, « ¿Es el derecho un sistema de normas? », *in* D. DWORKIN, *La filosofía del derecho*, México, Fondo de Cultura Económica, 1980, p. 84 et s..

des principes qui s'opposent. Par exemple, quand la Cour constitutionnelle applique les principes constitutionnels de protection de l'intimité et du droit à l'information, elle les pondère pour établi lequel a le plus grand poids dans le cas concret. Le principe qui a un poids supérieur sera celui qui triomphera dans la pondération et qui déterminera la solution dans le cas concret. Dans le cas où il s'agit de la divulgation d'une information d'intérêt public, il conclura très probablement que le droit à l'information pèse plus que le droit à l'intimité et que l'on devrait par conséquent considérer comme légitime la divulgation de l'information.

La pondération est, en effet, l'activité consistant à soupeser deux principes en conflit dans un cas concret pour déterminer lequel des deux a un poids plus grand dans les circonstances spécifiques, et donc lequel des deux détermine la solution du cas concret.

En raison de cette fonction, la pondération est devenue un critère méthodologique indispensable pour l'exercice de la fonction juridictionnelle, tout particulièrement dans le cadre des cours constitutionnelles qui se chargent de l'application de normes qui, comme les droits fondamentaux, ont la structure de principes. Malgré cela, la pondération se trouve au cœur de nombreuses discussions théoriques qui révèlent que certains de ses aspects, comme ses structures et ses limites, sont loin d'être toujours clairs. L'objectif de ce chapitre est d'analyser ces problèmes. Malgré tout, il convient au préalable d'exposer plus en détail le concept de pondération[1].

Le concept de pondération

Comme nous l'avons déjà mentionné, la pondération est la façon dont sont appliqués les principes juridiques, c'est-à-dire les normes qui ont la structure de commandements d'optimisation. Ces normes ne déterminent pas exactement ce qui doit être fait, mais ordonnent « que quelque chose soit réalisé dans la plus grande mesure possible, dans le cadre des possibilités juridiques et factuelles existantes[2] ». Les possibilités juridiques sont déterminées par les principes et les règles, et les possibilités réelles découlent d'énoncés factuels.

Pour établir cette « plus grande mesure possible » dans laquelle doit se réaliser un principe, il est nécessaire de confronter celui-ci avec des principes opposés ou des principes qui s'appuient sur des règles opposées. C'est le cas dans un conflit de principes quand, dans un cas concret, deux ou plusieurs dispositions juridiques sont pertinentes, fondent *prima facie* deux normes incompatibles entre elles, et peuvent être proposées comme des solu-

---

[1] Pour une analyse minutieuse du concept de pondération, voir C. BERNAL PULIDO. *El principio de proporcionalidad y los derechos fundamentales*, Madrid, Centro de Estudios Políticos y Constitucionales, 2003, p. 757 et s..

[2] R. ALEXY, *Teoría de los derechos fundamentales*, E. GARZÓN VALDÉS (trad.), Madrid, Centro de Estudios Políticos y Constitucionales, 1997, p. 86 et 87.

tions en l'espèce. Un conflit de principes se présente, par exemple, quand les deux parents d'une fille, qui pratiquent le culte évangélique, refusent de la conduire à l'hôpital bien qu'elle soit en danger de mort, en raison du respect des commandements de cette doctrine religieuse[1]. Si nous nous référons au droit constitutionnel colombien, nous observerons que les dispositions des articles 16 et 19 de la Constitution, qui établissent respectivement la liberté des cultes et le droit au libre développement de la personnalité[2], fondent un principe qui, dans la plus grande mesure possible, permet de dire aux parents si, conformément à leurs croyances, ils doivent conduire ou non leur enfant à l'hôpital. Ce principe entre en conflit avec les principes du droit à la vie et à la santé de l'enfant, établis par les articles 11, 44 et 49 de la Constitution, qui ordonnent de protéger la vie et la santé des enfants dans la plus grande mesure possible[3]. L'incompatibilité normative se présente dans ce cas, parce qu'il découle des articles 16 et 19 qu'il est permis *prima facie* aux parents de l'enfant de décider s'ils l'emmènent ou non à l'hôpital, tandis qu'il découle des articles 11, 44 et 49 que conduire l'enfant à l'hôpital est une conduite ordonnée *prima facie* par les droits fondamentaux.

La pondération est la manière de résoudre cette incompatibilité entre des normes *prima facie*. Pour une telle fin, la pondération ne garantit pas une articulation systématique de tous les principes juridiques, qui, en tenant compte de leur hiérarchie, résout à l'avance tous les conflits possibles entre ceux-ci. Au contraire, comme le syllogisme, la pondération est seulement une structure qui peut fonder une relation de priorité conditionnée par les principes en conflit[4] pour établir ainsi lequel doit déterminer la solution en l'espèce.

---

[1] L'exemple est celui du jugement T-411 de 1994 de la Cour constitutionnelle colombienne, M. P. : A. BARRERA CARBONELL.

[2] Article 19 de la Constitution politique : « La liberté des cultes est garantie. Toute personne a le droit de pratiquer librement sa religion et de la diffuser sous la forme individuelle ou collective. Toutes les confessions religieuses et les églises sont également libres devant la loi. »
Article 16 de la Constitution politique : « Toutes les personnes ont droit au libre développement de leur personnalité sans autre limitations que celles qu'imposent les droits des autres et l'ordre juridique. »

[3] Article 11 de la Constitution politique : « Le droit à la vie est inviolable. Il n'y aura pas de peine de mort. »
Article 44 de la Constitution politique : « Sont des droits fondamentaux des enfants : la vie, l'intégrité physique, la santé, la sécurité sociale, l'alimentation équilibrée [...]. Les droits des enfants prévalent sur les droits des autres. »
Article 48 de la Constitution politique : « La protection de la santé et de l'environnement sain sont des services publics à la charge de l'État. Est garanti à toutes les personnes l'accès aux services de promotion, de protection et de recouvrement de la santé. »

[4] C'est ce qu'Alexy appelle la loi de collision : *cf. Teoría de los derechos fundamentales*, *op. cit.*, p. 90 et s..

La structure de la pondération

C'est sans doute Robert Alexy qui a exposé avec le plus de clarté et de précision la structure de la pondération. D'après lui, pour établir la relation de priorité conditionnée par les principes en conflit, il est nécessaire de prendre en compte trois éléments qui forment la structure de la pondération : la loi de la pondération, la formule du poids, et les charges de l'argumentation.

La loi de la pondération

Selon la loi de la pondération, « plus le degré de l'insatisfaction ou de l'atteinte à l'un des principes est grand, plus l'importance de la satisfaction de l'autre doit l'être[1] ».

Si l'on suit cette loi, la pondération peut être divisée en trois phases qu'Alexy identifie lui-même clairement :

> Dans la première phase, il convient de définir le degré de non-satisfaction ou d'atteinte à l'un des principes. Ensuite, dans une deuxième phase, on définit l'importance de la satisfaction du principe qui joue sens contraire. Enfin, dans une troisième phase, on doit définir si l'importance de la satisfaction du principe contraire justifie l'atteinte ou la non-satisfaction de l'autre[2].

Il est pertinent d'observer que la première et la seconde phase de la pondération sont analogues. Dans chaque cas, l'opération consiste à établir un degré d'atteinte ou de non-satisfaction – du premier principe – et de l'importance de la satisfaction – du second principe. Désormais, nous nous référerons à chaque phénomène comme la détermination du degré d'atteinte au principe en l'espèce[3]. Dans cette échelle, le degré d'atteinte d'un principe dans un cas concret peut être « léger », « moyen » ou « grave ». Ainsi, par exemple, l'atteinte à la vie et à la santé de l'enfant, qui trouverait son origine dans le fait de permettre aux parents évangéliques de ne pas la conduire à l'hôpital, pourrait être qualifiée de grave, vu le danger de mort. De façon corrélative, la satisfaction de la liberté de culte des parents, qui dériverait de ladite permission, pourrait être mesurée seulement comme moyenne ou légère.

Il convient de reconnaître que le degré de mise en cause des principes dans le cas concret n'est pas l'unique variable valable pour déterminer, dans la troisième phase, si la satisfaction du second principe justifie l'atteinte au

---

[1] *Ibid.*, p. 161 et s..

[2] *Cf.* R. ALEXY, « Epílogo a la Teoría de los derechos fundamentales*f* », C. BERNAL PULIDO (trad.), *Revista Española de Derecho Constitucional*, n° 66, 2002, p. 32.

[3] Dans cette terminologie, on peut dire que tandis que le premier principe est affecté de manière négative, le second est affecté de manière positive. Selon la notation d'Alexy, nous symboliserons le degré d'affectation ou de non satisfaction du premier principe dans le cas concret comme IP_iC et l'importance de la satisfaction du second principe, également dans le cas concret, comme WP_jC. *Cf. ibid.*, p. 40 et s..

premier. La seconde variable est ce que l'on appelle le « poids abstrait » des principes pertinents[1]. La variable du poids abstrait se fonde sur la reconnaissance que, bien que les principes qui entrent en conflit aient parfois le même niveau hiérarchique en raison de la source de droit dont ils émanent – par exemple, les droits fondamentaux proclamés par la Constitution ont le même niveau hiérarchique sur le plan normatif –, dans certaines occasions, l'un d'entre eux peut avoir, en théorie, une plus grande importance, en fonction de la conception prédominante des valeurs dans la société. Ainsi, par exemple, on peut éventuellement reconnaître que le principe de protection de la vie a un poids abstrait plus grand que la liberté, étant donné que, pour exercer la liberté, il est nécessaire d'être en vie, ou que, comme le soutient Joseph Raz, la vie est un présupposé pour que nous puissions accéder à toutes les choses qui ont une valeur et exercer tous nos droits[2]. De la même manière, la jurisprudence constitutionnelle de divers pays a reconnu, à plusieurs occasions, un poids abstrait plus grand que la liberté de l'information face au droit à l'honneur ou à l'intimité et à l'intégrité physique et psychologique sur d'autres principes, par leur lien avec la dignité humaine[3].

À cela, s'ajoute une troisième variable, que nous nommerons la variable S. Elle se réfère à la sécurité des appréciations empiriques qui ont trait à l'affectation de la mesure examinée dans le cas concret – par exemple, permettre aux parents évangéliques de décider s'ils conduisent ou non leur fille à l'hôpital – sur les principes pertinents[4]. L'existence de ces variables découle de la reconnaissance que les appréciations empiriques relatives à l'affectation de principes en conflit peuvent avoir un degré de certitude différent et, par là même, le poids reconnu au principe devra être plus ou moins grand. Ainsi, par exemple, l'atteinte au principe de droit à la santé et à la vie de la fille des évangéliques devra être considérée comme grave s'il existe une certitude qu'elle mourra de n'avoir pas été conduite à l'hôpital. En revanche, cette atteinte sera moindre si les médecins ne peuvent identifier le mal qui la frappe ou ne peuvent établir quelles seraient les conséquences dans le cas où elle ne recevrait pas un traitement médical.

Dès lors, les questions sont de savoir comment sont liés les poids concrets et abstraits des principes qui concourent à la pondération, lequel concourt le plus à la sécurité des prémisses empiriques, pour déterminer enfin si l'importance de la satisfaction du principe contraire justifie l'affectation ou

---

[1] Selon la notation d'Alexy, nous symboliserons le poids abstrait du premier principe par GP_iA, et celui du second príncipe par GP_jA.

[2] *Cf.* J. RAZ, *Valor, respeto y apego*, Bogotá, Universidad Externado de Colombia, 2004.

[3] *Cf.*, avec une analyse de la jurisprudence constitutionnelle espagnole sur ce point, C. BERNAL PULIDO, *El principio de proporcionalidad*, *op. cit.*, p. 770 et 772.

[4] *Cf.* R. ALEXY, « Epílogo », *op. cit.*, p. 56, spécialement la note 101. Selon la notation d'Alexy, nous indiquerons ici la sécurité des appréciations empiriques relatives à l'affectation du premier principe par SP_iC et du second par SP_jC.

la non-satisfaction de l'autre. D'après Alexy, cela est possible par la « formule du poids ».

La formule du poids

Cette formule a la structure suivante[1] :

$$GP_{i,j}C = \frac{IP_iC \cdot GP_iA \cdot SP_iC}{WP_jC \cdot GP_jA \cdot SP_jC}$$

Cette formule affirme que le poids du principe P_i par rapport au principe P_j, dans les circonstances en l'espèce, résulte du quotient entre, d'une part, le produit de l'affectation du principe P_i *in concreto*, son poids abstrait et la sécurité des prémisses empiriques relatives à son affectation et, d'autre part, le produit de l'affectation du principe P_j *in concreto*, son poids abstrait et la sécurité des prémisses empiriques relatives à son affectation. Alexy maintient que l'on peut attribuer une valeur numérique aux variables qui se rapportent à l'affectation des principes et au poids abstrait, conformément aux trois degrés de l'échelle triadique, de la manière suivante : léger 2^0, c'est-à-dire 1 ; moyen 2^1, c'est-à-dire 2 ; grave 2^2, c'est-à-dire 4^2. En revanche, on peut attribuer aux variables relatives à la sécurité des prémisses factuelles une valeur de sécurité 2^0, c'est-à-dire 1 ; plausible 2^{-1}, c'est-à-dire ½, et pas évidemment fausse 2^{-2}, c'est-à-dire ¼. Ainsi, par exemple, le poids du droit à la vie et à la santé de la fille des évangéliques pourrait s'établir de la façon suivante, en préjugeant que l'affectation de ces droits est cataloguée comme grave ($IP_iC = 4$), de même son poids abstrait (il s'agit de la vie !) ($GP_iA = 4$) et la certitude des prémisses (il existe un risque imminent de mort) ($SP_iC = 1$). Parallèlement, la satisfaction de la liberté du culte et du droit au libre développement de la personnalité des parents peut être cataloguée comme intermédiaire ($WP_jC = 2$), son poids abstrait comme moyen (on pourrait arguer que la religion n'est pas une question de vie ou de mort) ($GP_jA = 2$) et la sécurité des prémisses sur l'affectation comme grave (puisqu'il est sûr que leur donner l'ordre d'emmener la fille à l'hôpital suppose une restriction de la liberté religieuse) ($SP_jC =1$)[3].

En effet, dans l'exemple, l'application de la formule du poids à la vie et à la santé de l'enfant donnerait les résultats suivants :

[1] *Ibid.*. Pour une étude plus approfondie, voir R. ALEXY, « Die Gewichtsformel », *in* J. JICKELI, M. KREUTZ et D. REUTER (éd.), *Gedächtnisschrift für Jürgen Sonnenschein*, Berlin, De Gruyter, 2003, p. 771 et s..

[2] R. ALEXY, « Epílogo », *op. cit.*, p. 42 et s..

[3] *Ibid.*, p. 56. Également, R. ALEXY, « Die Gewichtsformel », *op. cit.*, p. 789 et s..

$$GP_{i,j}C = \frac{4 \cdot 4 \cdot 1}{2 \cdot 2 \cdot 1} = \frac{16}{4} = 4$$

Corrélativement, le poids de la liberté de cultes et du droit au libre développement de la personnalité des parents serait le suivant :

$$GP_{j,i}C = \frac{2 \cdot 2 \cdot 1}{4 \cdot 4 \cdot 1} = \frac{4}{16} = 0{,}25$$

On en viendrait ainsi à établir que la satisfaction de la liberté du culte et du droit au libre développement de la personnalité des parents – satisfaits seulement à un niveau 0,25 – ne justifie pas l'intervention dans les droits à la vie et à la santé de l'enfant – affectés à un niveau 4. Ces derniers droits devraient primer dans la pondération et, comme résultat en l'espèce, il devrait être établi que les parents emmènent l'enfant à l'hôpital.

Les charges de l'argumentation

Le troisième élément de la structure de la pondération est constitué des charges de l'argumentation[1]. Les charges de l'argumentation opèrent quand il existe un équilibre entre les valeurs qui résultent de l'application de la formule du poids, c'est-à-dire quand les poids des principes sont identiques ($GP_{i,j}C = GP_{j,i}C$). Sur cette question, Robert Alexy paraît défendre sans doute deux positions, qui pourraient être incompatibles dans certains cas, l'une dans le dernier chapitre de la *Teoría de los derechos fundamentales*, l'autre dans l'« Epílogo » à ladite théorie, écrit quinze ans plus tard.

Dans la *Teoría de los derechos fundamentales*, Alexy défend l'existence d'une charge argumentative en faveur de la liberté juridique et de l'égalité juridique, qui correspondrait à la maxime *in dubio pro libertate*[2]. Conformément à cette charge argumentative, aucun principe opposé à la liberté juridique ou à l'égalité juridique ne pourrait prévaloir sur elle, à moins que des « raisons plus fortes » soient alléguées[3]. En cas d'équilibre, c'est-à-dire quand les principes opposés à la liberté juridique ou à l'égalité juridique n'ont pas un poids plus grand mais égal, cela pourrait être interprété comme imposant que la priorité soit donnée à ces dernières. Autrement dit, l'équilibre jouerait en faveur de la liberté et de l'égalité juridique. Par conséquent, si une mesure affectait la liberté ou l'égalité juridique, ou si les principes qui l'appuient n'avaient pas un plus grand poids que celles-ci, la

[1] Pour une analyse plus approfondie de cette question, *cf.* C. BERNAL PULIDO, *El principio de proporcionalidad*, *op. cit.*, p. 789 et s..

[2] R. ALEXY, *Teoría de los derechos fundamentales*, *op. cit.*, p. 549 et s..

[3] *Ibid.*, p. 550.

mesure serait disproportionnée et, s'il s'agissait d'une loi, celle-ci devrait être déclarée inconstitutionnelle.

Toutefois, dans l'« Epílogo » à la *Teoría de los derechos fundamentales*, Alexis penche en faveur d'une argumentation différente. Dans le cas d'équilibre, il soutient que la décision qui est jugée apparaît comme « non disproportionnée » et, par conséquent, qu'elle doit être déclarée constitutionnelle. Cela signifie que les équilibres joueraient en faveur de l'acte qui est jugé, et qui, dans le contrôle de constitutionnalité des lois, est précisément la loi. En d'autres termes, selon Alexis dans l'« Epílogo », les équilibres ne joueraient pas en faveur de la liberté et de l'égalité juridique, mais en faveur du législateur et du principe démocratique sur lequel est fondée la compétence du Parlement. De cette façon, s'il existait un équilibre, la loi devrait être déclarée constitutionnelle, pour avoir été produite dans le cadre de compétence que la Constitution reconnaît au législateur[1].

Naturellement, la contradiction entre ces deux attitudes sur la charge de l'argumentation se présente uniquement quand il existe un conflit entre, d'un côté, la liberté juridique ou l'égalité juridique et, d'un autre côté, d'autres principes différents de celles-ci. Dans ce cas, deux interprétations sur la position d'Alexy pourraient être avancées, puisque cet auteur ne se prononce pas explicitement sur cette possible contradiction. Soit Alexy a changé de position et, quinze ans plus tard, il a relativisé sa tendance libérale, et il privilégie aujourd'hui le principe démocratique, soit, au contraire, son argumentation penche toujours en faveur de la liberté juridique et de l'égalité juridique et, par conséquent, les équilibres jouent en principe en faveur de ce que détermine le législateur, à moins qu'il ne s'agisse d'interventions sur la liberté juridique ou l'égalité juridique. Dans ce cas exceptionnel, les équilibres favorisent ces deux principes.

Les limites de la pondération

Il convient de signaler que cette contradiction entre les charges de l'argumentation n'est pas la seule limite de la rationalité de la pondération, du moins comme l'entend Robert Alexy. Nous nous référons ici aux limites de la loi de pondération et des charges de l'argumentation.

Les limites rationnelles de la loi de pondération

Sur ce premier aspect, il convient de signaler qu'il n'existe pas de critère objectif pour définir les facteurs déterminants du poids qu'ont les principes dans la loi de pondération, et qui précisent la formule du poids, c'est-à-dire

[1] R. ALEXY, « Epílogo », *op. cit.*, p. 44 et s..

le degré d'affectation en l'espèce des principes, leur poids abstrait et la sécurité des prémisses empiriques relatives à l'affectation[1].

En ce qui concerne le premier, il est bien certain que, comme l'argumente Alexy dans l'« Epílogo » à la *Teoría de los derechos fundamentales*, dans certaines occasions, « il est possible de faire des jugements rationnels[2] » sur le degré d'affectation des principes en conflit en l'espèce. En ce sens, il existe des cas faciles en ce qui concerne l'évaluation des affectations des principes. Ainsi, par exemple, le fait qu'une revue satirique traite un paraplégique d'« estropié » constitue clairement une offense *grave* à son droit à l'honneur, alors qu'en même temps, cela contribue seulement de manière légère – si tant est que cela y contribue – à la satisfaction de la liberté de l'information.

Toutefois, à côté de ces cas faciles, il existe toujours des cas difficiles dans lesquels les prémisses, non seulement analytiques, mais aussi normatives, qui fondent la classification, sont extrêmement incertaines. Ainsi en est-il, par exemple, de tous les cas dans lesquels la liberté religieuse est en jeu. D'ordinaire, la gravité d'une intervention en matière de liberté religieuse n'est pas susceptible d'être déterminée *in abstracto* sur la base de critères objectifs ou, si l'on veut, intersubjectifs mais, au contraire, c'est une chose qu'en principe seul le croyant atteint pourrait établir et qui dépendrait de sa subjectivité. La gravité d'obliger un évangélique à conduire sa fille à l'hôpital, ou un témoin de Jéhovah à autoriser une transfusion sanguine pour son fils ou pour lui-même est une chose que seul le titulaire de la liberté religieuse peut préciser. Pour un croyant, il peut être plus important de mourir pour remplir ses obligations religieuses que de poursuivre, dans le péché, une vie impure qui conduit à une condamnation éternelle. En général, cette modalité de cas difficiles se présente quand ce qui est en jeu dans la pondération est un cadre de liberté ou d'autonomie que la Constitution a accordé à un individu ou à un groupe. En ce sens, le même phénomène se produit quand les objectifs qui concourent à la pondération sont un droit fondamental – l'intégrité physique, par exemple – et l'autonomie d'une communauté. Un exemple de ce phénomène est donné par le cas où, conformément à ses lois traditionnelles, dont l'application est garantie par la Colombie, les autorités d'une communauté indigène colombienne condamnent un contrevenant à soixante coups de fouet[3]. Il est probable que, dans la perspective de la société majoritaire, les coups de fouet sont considérés, à la quasi-unanimité, comme une atteinte grave au droit à l'intégrité physique.

Toutefois, dans cette perspective, il sera très difficile de cataloguer justement le degré d'atteinte à l'autonomie de la communauté indigène qui entraînerait avec elle l'inapplication de la loi traditionnelle qui ordonne les

[1] Voir, sur certaines règles argumentatives pour déterminer le poids de ces facteurs, C. BERNAL PULIDO. *El principio de proporcionalidad*, *op. cit.*, p. 760 et s..

[2] *Cf.* R. ALEXY, « Epílogo », *op. cit.*, p. 33 et s..

[3] C'est le cas de le jugement T-523 de 1997, M. P. : C. GAVIRIA DÍAZ.

coups de fouet. Ainsi, comme quand la liberté religieuse est en jeu, il n'apparaît pas clairement à partir de quel point de vue la gradation doit se faire. Et ce doute peut seulement résulter de l'acteur juridique – surtout le juge – après qu'il a adopté une position matérielle et idéologique. Un juge plus respectueux de la liberté religieuse ou de l'autonomie des communautés indigènes fera valoir le point de vue interne de la personne affectée. Au contraire, un juge plus partisan de l'universalité des droits de l'homme et de l'imposition des valeurs de la société majoritaire fera prévaloir la vision de cette dernière. Ainsi, cet aspect de la pondération fournirait au juge une marge d'action, dans laquelle celle-ci peut faire valoir son idéologie politique[1] en s'acheminant, selon les termes de Duncan Kennedy, au « jugement-auquel-il-veut-arriver[2] ».

La pondération fournit aussi une marge d'action à l'interprète, quand il existe des doutes sur le fait de savoir si un cas est facile ou difficile à apprécier au regard du degré de l'atteinte aux principes. Il peut advenir que même un cas qui paraît facile est en réalité un cas difficile. Cela peut se voir dans un exemple auquel Alexy fait lui-même allusion et qui se réfère au jugement sur le tabac de la Cour constitutionnelle allemande[3]. Alexy considère que ce jugement est représentatif de l'ensemble des « exemples faciles sur lesquels il est plausible de formuler des jugements rationnels sur les intensités des interventions dans les droits fondamentaux et sur les degrés de réalisation des principes, de telle sorte que, par la pondération, on peut établir un résultat rationnel ». Le jugement traite du droit des producteurs de tabac de mettre des étiquettes qui avertissent du danger du tabagisme pour la santé. Alexy soutient que celle-ci est une intervention « relativement légère sur la liberté de profession et d'office[4] », surtout si on la compare avec d'autres mesures alternatives : l'interdiction ou la restriction de la vente de tabac. Corrélativement, Alexy pense que cette mesure satisfait à un haut niveau le principe opposé, la protection de la santé. Comme argument, il signale : « Le Tribunal constitutionnel ne devait pas exagérer quand, dans son jugement sur les avertissements sur le tabac, il considère comme certain, "conformément à l'état des connaissances de la médecine actuelle", que fumer provoque le cancer ainsi que des maladies cardiovasculaires[5]. » Ainsi, l'atteinte légère à la liberté de profession et d'office s'oppose à un plein respect du droit à la santé.

---

[1] *Cf.* D. KENNEDY, *A Critique of Adjudication (fin de siècle)*, Cambridge and London, Harvard University Press, 1997, p. 1.

[2] *Cf.* D. KENNEDY, *Libertad y restricción en la decisión judicial*, D. LÓPEZ MEDINA et J. M. POMBO (trads.), Bogotá, Ediciones Uniandes, 1999, p. 91 et s..

[3] *Cf. BVerfGE* 95, 173 (184).

[4] *Cf.* R. ALEXY, « Epílogo », *op. cit.*, p. 33.

[5] *Ibid.*.

Or, il convient de reconnaître que cette argumentation d'Alexy n'est pas la seule valable. Au contraire, il existe des degrés alternatifs, qui pourraient conduire à des solutions différentes. On pourrait ici prendre surtout en considération que, du point de vue factuel, il est tout à fait discutable que l'obligation d'étiqueter les boîtes de cigarettes avec des avertissements sur les risques pour la santé de fumer puisse impliquer une grande satisfaction du droit à la santé. On peut aussi penser que l'efficacité dissuasive de ces étiquettes est minimale voire nulle, parce que l'information qu'elles divulguent est largement connue ; parce que la dépendance au tabac n'est pas le résultat du manque d'information sur son caractère nuisible, mais plutôt un cas clair de faiblesse de la volonté ; et même – un argument ironique – parce que, parfois, pour l'esprit humain, ce qui est interdit et ce qui est nuisible donne davantage envie. Si on observe les choses dans cette perspective, alors, en ce qui concerne le degré dans lequel on satisfait le droit à la santé, on peut conclure que la graduation qu'Alexy – et le Tribunal constitutionnel allemand – établit est insatisfaisante ou que, sur ce point, il s'agit d'un cas difficile.

Or, cette difficulté à déterminer le point de vue correct pour apprécier le degré de l'atteinte aux principes et les arguments corrects dans les cas difficiles, se présente aussi en ce qui concerne la fixation du poids abstrait et de la sécurité des prémisses significatives dans la pondération.

Le poids abstrait est une variable très singulière, qui renvoie toujours à des considérations idéologiques et rend nécessaire une prise de position de l'interprète sur les aspects matériels, relatifs aux idées de Constitution, d'État et de justice. Naturellement, la variable du poids abstrait perd toute son importance quand les principes confrontés dans la pondération sont de la même nature. Les poids abstraits sont annulés quand, par exemple, on établit un conflit entre un même droit fondamental exercé par deux titulaires différents – deux groupes politiques contraires qui veulent manifester dans la même rue d'une ville la même heure et dans le même jour, et il est possible que la manifestation simultanée donne lieu à un affrontement entre les groupes. Toutefois, bien au contraire, les poids abstraits présentent une grande importance quand s'opposent des droits ou des principes différents dont les caractéristiques conduisent à leur attribuer un poids abstrait plus grand ou plus petit. Il est ainsi possible d'accorder un poids abstrait plus grand au droit à la vie ou aux droits fondamentaux qui ont un rapport avec le principe démocratique – comme la liberté d'information – ou avec la dignité humaine[1] – comme le droit à l'intimité ou à l'intégrité physique –, ou simplement, quand la Constitution elle-même l'établit d'une certaine manière, comme quand l'article 44 de la Constitution colombienne prescrit que « les

[1] *Cf.* sur le principe démocratique et la dignité humaine comme éléments remarquables pour la fixation du poids abstrait des principes, les jugements colombiens T-556 de 1998, M. P. : J. Gregorio HERNÁNDEZ GALINDO, et T-796 de 1998, M. P. : H. HERRERA VERGARA.

droits des enfants prévalent sur les droits des autres ». Corrélativement, on peut aussi accorder un poids abstrait moindre aux principes qui sont en conflit avec les droits fondamentaux et qui n'apparaissent pas dans la Constitution, mais qui ont été établis par le législateur pour la détermination de buts et sont approuvés en dernier ressort par le principe démocratique.

Malgré tout ce qui précède, il est nécessaire de reconnaître que la fixation du poids abstrait présente aussi certaines limites de rationalité, qui reconnaissent également une place à la subjectivité de l'interprète. Il est bien difficile d'établir une gradation préétablie complète de poids abstraits, et formulée dans des termes de l'échelle triadique. Il est possible que l'idée que le droit à la vie ait la valeur la plus importante (4) ne suscite aucun désaccord. Mais alors, quelle est la valeur qui doit être accordée aux droits qui sont liés au principe démocratique ou à la dignité humaine ? Et, en outre, cette valeur doit-elle être égale pour tous les droits, ou peut-elle changer en fonction du lien plus ou moins étroit entre ces droits et ces principes ? La liberté de l'information aurait-elle alors le même poids abstrait que la vie (4), ou doit-on estimer qu'elle a seulement un poids abstrait moyen (2) ? Ces difficultés apparaissent parce que la gradation du poids abstrait dans le cadre de l'échelle triadique passe par le même problème que présente la construction de ce que Böckenförde appelle l'« ordre fondamental », dans lequel la Constitution apparaît comme une échelle hiérarchique détaillée de tous les droits et des principes existants. Bien que la gradation du poids abstrait soit moins complexe, parce qu'elle n'exige pas la construction d'une hiérarchie ordinale détaillée, mais seulement la classification des principes dans trois rangs de poids, dans cette opération, l'influence de l'idéologie de l'interprète est toujours fondamentale. Ainsi, un juge plus individualiste accordera à la liberté générale d'action et aux libertés spécifiques le poids abstrait le plus haut et aux principes qui ont à voir avec la collectivité un poids plus petit. Un juge qui agit avec la volonté d'obtenir la construction, l'intégration et la défense de la communauté, fera le contraire.

Finalement, les limites de la rationalité apparaissent aussi lorsqu'on essaie d'établir la certitude des prémisses empiriques relatives à l'atteinte aux principes. Comme nous l'avons exposé dans une autre publication[1], du point de vue empirique, l'atteinte à un principe dépend de la plus grande ou de la plus petite efficacité, de la rapidité, de la probabilité, de la portée et de la durée de l'intervention qu'implique la mesure jugée dans la pondération. De cette manière, l'affectation négative et la satisfaction des principes seront plus grandes quand la mesure examinée présentera une efficacité, une rapidité, une probabilité, une portée et une durée plus grandes. Sur ce point, les possibilités de rationalité sont limitées, d'abord, en raison de la difficulté à établir la certitude des prémisses empiriques dans toutes ces perspectives, ensuite parce que les connaissances empiriques de l'interprète sont aussi

[1] C. BERNAL PULIDO, *El principio de proporcionalidad*, *op. cit.*, p. 763 et s..

limitées. En même temps, et en second lieu, les limitations naissent de la complexité qui résulte de la combinaison des variables. Comment doit-on cataloguer, par exemple, la certitude d'une prémisse empirique dont l'efficacité peut être établie de manière plausible (½), sa rapidité de manière non évidemment fausse (¼), sa probabilité sûre (1), sa portée plausible (½) et sa durée sûre (1) ? Et, corrélativement, cette certitude sera-t-elle plus grande si on attribue aux mêmes variables les mêmes valeurs de sécurité mais dans un ordre différent : efficacité (¼), rapidité (1), probabilité (½), atteint (1) et durée (½) ? Enfin, laquelle de ces variables est, en définitive, plus déterminante que la certitude ?

À partir de cela, on peut seulement conclure que, sur ce point, l'interprète dispose aussi d'une marge irréductible de subjectivité, dans la mesure où il peut faire valoir ses appréciations empiriques sur les circonstances dans lesquelles se développe la pondération.

Les limites de la rationalité dans les charges de l'argumentation

Comme nous l'avons déjà observé, la contradiction entre les charges d'argumentation *in dubio pro libertate* et *in dubio pro legislatore* constitue aussi une limite à la rationalité de la pondération, qui procure à l'interprète une marge de subjectivité. L'application de l'une ou de l'autre charge dépend de la position idéologique du juge. Un juge qui veut donner la prévalence au principe démocratique agira toujours avec l'*in dubio pro legislatore* et il accordera ainsi au Parlement la possibilité d'équilibrer les principes dans un conflit au moyen d'un lien entre ses poids spécifiques. Au contraire, un juge libéral se servira, dans tous les cas, de l'*in dubio pro libertate*, et il déclarera disproportionnées ces mesures qui ne réussissent pas à favoriser le principe qui constitue son but, à un plus haut degré que celui auquel sont affectées l'égalité juridique ou la liberté juridique. Cette égalité et cette liberté, alléguera-t-il, sont les piliers de l'État de droit et leur sacrifice ne se justifie que quand de plus grands bénéfices sont obtenus. Finalement, il est possible que le juge défende des solutions nuancées qui combinent l'application de l'une ou l'autre charge argumentative ou qui sont le résultat d'une pondération entre celles-ci. Ainsi, on pourrait appliquer l'*in dubio pro legislatore* aux mesures ordinaires d'affectation des droits fondamentaux, et réserver l'*in dubio pro libertate* aux mesures qui, dans le cas concret, affectent fortement l'égalité juridique ou la liberté juridique. On pourra aussi considérer l'application de l'*in dubio pro libertate* comme la règle générale, et destiner l'*in dubio pro legislatore* à des domaines dans lesquels le Parlement a une plus large marge d'action en raison de la matière, comme la politique économique ou la politique criminelle. Il ne semble pas absurde de soutenir qu'une Constitution ouverte permettrait n'importe laquelle de ces possibilités, parce qu'elle contient, en même temps, les principes, parfois opposés, de la démocratie et de la liberté, de l'égalité juridique et de l'égalité factuelle, de la construction de la communauté et du respect de l'individu.

Conclusion

Tout ce qui précède montre que la pondération n'est pas un procédé algorithmique qui, en lui-même, garantit l'obtention d'une réponse correcte unique dans tous les cas. Au contraire, elle présente diverses limites en termes de rationalité, qui procurent à l'interprète une irréductible marge d'action, dans laquelle il peut faire valoir son idéologie et ses propres appréciations. Cependant, le fait que la rationalité qu'offre la pondération ait des limites n'affecte pas sa valeur méthodologique, et le fait que la circonstance dont le syllogisme ne garantit pas la vérité des prémisses majeures et mineures ne la prive pas non plus complètement de son utilité. La pondération représente un procédé clair, y compris en ce qui concerne ses propres limites. Bien que l'on ne puisse pas réduire la subjectivité de l'interprète, on peut voir quelle est l'étendue de cette subjectivité, quelle est la marge d'évaluations du juge et comment lesdites évaluations constituent aussi un élément pour fonder les décisions. La pondération est conduite selon certaines règles qui admettent une application rationnelle, mais qui ne peuvent en aucune manière réduire l'influence de la subjectivité du juge sur la décision et son fondement. Le degré de l'atteinte aux principes, la détermination de son poids abstrait et de la certitude des prémisses empiriques et le choix de la charge de l'argumentation appropriée en l'espèce constituent le champ de ladite subjectivité.

Bibliographie

Références doctrinales

R. ALEXY, *Teoría de los derechos fundamentales*, E. GARZÓN VALDÉS (trad.), Madrid, Centro de Estudios Políticos y Constitucionales, 1997.

R. ALEXY, « Epílogo a la Teoría de los derechos fundamentales », C. BERNAL PULIDO (trad.), *Revista Española de Derecho Constitucional*, n° 66, 2002.

R. ALEXY, *Tres escritos sobre los derechos fundamentales y la teoría de los principios*, Bogotá, Universidad Externado de Colombia, 2002.

R. ALEXY, « Die Gewichtsformel », *in* J. JICKELI, M. KREUTZ et D. REUTER (eds.), *Gedächtnisschrift für Jürgen Sonnenschein*, Berlin, De Gruyter, 2003.

J. AUSTIN, *El objeto de la jurisprudencia*, Madrid, Centro de Estudios Constitucionales, 2003.

C. BERNAL PULIDO, *El principio de proporcionalidad y los derechos fundamentales*, Madrid, Centro de Estudios Políticos y Constitucionales, 2003.

R. DWORKIN, « ¿Es el derecho un sistema de normas? », *in* R. DWORKIN, *La filosofía del derecho*, México, Fondo de Cultura Económica, 1980.

H. L. HART, *El concepto de derecho*, Buenos Aires, Abeledo-Perrot, 1963.
H. KELSEN, *Teoría pura del derecho*, Buenos Aires, Editorial Universitaria de Buenos Aires, (trad. de la 1e éd.), 1994.
D. KENNEDY, *A Critique of Adjudication (fin de siècle)*, Cambridge y London, Harvard University Press, 1997.
D. KENNEDY, *Libertad y restricción en la decisión judicial*, D. LÓPEZ MEDINA et J. M. POMBO (trads.), Bogotá, Ediciones Uniandes, 1999.
J. RAZ, *Valor, respeto y apego*, Bogotá, Universidad Externado de Colombia, 2004.

Références jurisprudentielles

Cour constitutionnelle, jugement T-411 de 1994, M. P. : A. BARRERA CARBONELL.
Cour constitutionnelle, jugement T-523 de 1997, M. P. : C. GAVIRIA DÍAZ.
Cour constitutionnelle, jugement T-556 de 1998, M. P. : J. G. HERNÁNDEZ GALINDO.
Cour constitutionnelle, jugement T-796 de 1998, M. P. : H. HERRERA VERGARA.
Cour constitutionnelle allemande, *BVerfGE* 95, 173 (184).

CHAPITRE IV

LE PRINCIPE DE PROPORTIONNALITÉ DE LA LÉGISLATION PÉNALE[1]

L'objectif de ce chapitre est d'analyser si le principe de proportionnalité doit être appliqué comme critère du contrôle de constitutionnalité des délits et des peines. L'intérêt de ce thème réside dans la profonde controverse que la jurisprudence constitutionnelle colombienne et celle d'autres pays ont suscitée sur deux questions connexes. En premier lieu, il s'agit de savoir si le fait de qualifier une conduite de délit et de fixer par jugement une peine déterminée est une question qui concerne exclusivement le législateur ou si, au contraire, elle est susceptible d'être contrôlée par la Cour constitutionnelle. Cependant, si la réponse à ce problème réside dans l'unique alternative, se pose alors, en second lieu, la question de savoir s'il est rationnel et légitime de réaliser le contrôle de constitutionnalité des lois pénales sur la base du principe de proportionnalité[2]. Ces deux questions feront l'objet des deux parties de nos développements.

Les droits fondamentaux et la législation pénale

L'un des principes de toute démocratie représentative est que les décisions fondamentales pour la société doivent être prises par le législateur. Comme nous le savons, quand ce principe est spécifié par une Constitution qui, comme la Constitution colombienne (article 1er), consacre en outre un catalogue de droits fondamentaux et un système de justice constitutionnelle, une tension constante et irréductible s'institutionnalise entre la démocratie et la liberté ou, plus précisément, entre les décisions de la majorité parlementaire et leurs concrétisations par la Cour constitutionnelle à partir des droits fondamentaux. Cette tension s'étend à tous domaines dans lesquels la légis-

---

[1] Une première version de ce chapitre a été publiée dans les actes des XXIVe Journées Internationales de Droit Pénal, Colombie, Université Externado de Colombie, août 2002.

[2] Sur cet aspect, la discussion à laquelle l'affaire 136 de 1999 (affaire du *Bureau national de HB*) a donné lieu en droit constitutionnel espagnol a été éclairante. Voir sur cette discussion, entre autres, B. ALÁEZ CORRAL, « Defensa de la Constitución, libertades de expresión e información y principio de proporcionalidad (a propósito de la sentencia 136 de 1999, del 20 de julio de 1999) », *Repertorio Aranzadi del Tribunal Constitucional*, n° 15, 1999, p. 15 et s. ; et J. M. BILBAO UBILLOS, « La excarcelación tenía un precio: el Tribunal enmienda la plana del legislador (comentario de la sentencia 136 de 1999 en el caso de la Mesa Nacional de HB) », *Revista Española de Derecho Constitucional*, n° 58, 2000, p. 277 et s..

lation touche au contenu des droits, et elle est à l'origine de la nécessité de délimiter les compétences respectives du législateur et de la Cour constitutionnelle.

Le droit pénal est l'un des secteurs de l'ordre juridique dans lesquels cette tension entre le législateur et la Cour est la plus forte. Sur ce terrain, la controverse oppose surtout trois thèses.

Tout d'abord, on allègue le fait qu'attribuer la qualification de répréhensibles à des comportements déterminés que l'on considère comme nuisibles à la vie sociale et fixer les sanctions qui doivent être prises au cas où ceux-ci se réalisent est une affaire de politique criminelle, étrangère à tout type de certitudes déductibles des droits fondamentaux, et que, par conséquent, elle doit relever des consensus et des tractations parlementaires que reflète la législation.

À l'opposé, on affirme que la qualification pénale d'une conduite implique toujours une intervention dans les droits fondamentaux et que, par conséquent, il revient à la Cour constitutionnelle d'établir si les interventions pénales ont définitivement le caractère de restrictions valables ou, au contraire, de violations de tels droits. En d'autres termes, toute loi pénale implique une intervention dans les droits fondamentaux et, par conséquent, peut être constitutionnelle ou inconstitutionnelle.

Finalement, on aborde la tension entre la législation pénale et les droits fondamentaux du point de vue du titulaire des biens et des droits protégés. Comme on le sait, dans l'État social de droit, les droits fondamentaux ne revêtent pas seulement la dimension de droits de défense face aux interventions étatiques, mais aussi leur dimension de prestations[1], l'aspect de droits de protection, qui exigent des conduites positives des pouvoirs publics qui les garantissent face à leurs propres activités et face aux actions de tiers[2]. De ce point de vue, toute loi pénale apparaît comme une mesure que l'État adopte pour protéger les droits fondamentaux et les autres biens constitutionnels[3]. Par cette voie, on soutient alors que le législateur pénal, non seulement peut nuire aux droits fondamentaux par un excès de sévérité de ses mesures (par exemple, la violation du droit-liberté en raison d'une peine exagérée), mais aussi parce que la sévérité de ses prévisions ne parvient pas à offrir une protection suffisante aux droits et autres biens constitutionnels qui lui sont imposés.

---

[1] *Cf.*, sur les dimensions des droits fondamentaux, N. OSUNA. *Tutela y amparo. Derechos protegidos*, Bogotá, Universidad Externado de Colombia, 1997, chap. III.

[2] *Cf.*, sur l'efficacité face à trois des droits fondamentaux, A. JULIO, *La eficacia entre particulares de los derechos fundamentales*, Bogotá, Universidad Externado de Colombia, 1999.

[3] *Cf.*, parmi bien d'autres, sur le droit pénal et la peine comme mécanismes de protection des droits fondamentaux et des bien constitutionnels, S. MIR PUIG, *El derecho penal en el Estado social y democrático de derecho*, Barcelona, Ariel, 1994, p. 37. De même, parmi bien d'autres, les jugements de la Cour constitutionnelle colombienne C-565 de 1993, M. P. : Hernando HERRERA VERGARA, et C-026 de 1995, M. P. : Carlos GAVIRIA DÍAZ.

Nous allons envisager avec la plus grande attention ces trois thèses relatives à l'action du législateur.

La spécification d'un délit et la fixation de la peine comme exercice de la politique législative

Dans une intéressante série de jugements, la Cour constitutionnelle colombienne a clairement établi que tant la qualification pénale d'une conduite que la fixation de la peine sont des questions qui relèvent de la compétence du législateur. Il est certain que la Cour n'a jamais soutenu qu'il découle de cette affirmation que la législation pénale est exemptée du contrôle de constitutionnalité. Au contraire, dans plusieurs de ses jugements, elle a reconnu que le droit pénal ne peut se comprendre que dans le cadre de la Constitution[1] et que, par conséquent, « la faculté du législateur de restreindre des droits, comme développement de l'*ius puniendi*, n'est pas illimitée[2] » ou, en d'autres termes, que « le législateur n'a pas un pouvoir discrétionnaire absolu pour définir les types de délits et les procédures pénales, puisqu'il doit respecter les droits constitutionnels des personnes, qui apparaissent ainsi comme le fondement et la limite du pouvoir répressif de l'État[3] ».

Cependant, la Cour a souligné à plusieurs reprises que cette subordination du droit pénal aux droits fondamentaux n'implique pas de reconnaître que la Constitution a défini *ab initio* et une bonne fois pour toutes le contenu de la législation pénale. Dit métaphoriquement, la Constitution ne se présente pas comme un microcosme de la législation pénale, dans lequel se trouvent déjà définies *in nuce* toutes les qualifications pénales et toutes les peines appropriées à chaque moment historique[4]. C'est justement tout le contraire. Dans le large cadre de la Constitution, le législateur est doté d'un espace de pouvoir discrétionnaire pour déterminer le contenu de la loi pénale qui est adaptée aux circonstances sociales, politiques et économiques et qui est en accord avec l'idéologie des majorités du Congrès. Comme la Cour elle-même le note : « à travers la procédure démocratique d'adoption des lois, l'État spécifie la conduite défendue et fixe les sanctions proportionnées [...] et dans ce travail historique, il reçoit et abandonne des philosophies répressives succes-

---

[1] *Cf.* Cour constitutionnelle, jugement C-176 de 1994, M. P. : Alejandro MARTÍNEZ CABALLERO.

[2] *Cf.* Cour constitutionnelle, jugement C-581 de 2001, M. P. : Jaime ARAÚJO RENTERÍA.

[3] *Cf.* Cour constitutionnelle, jugement C-609 de 1996, M. P. : Alejandro MARTÍNEZ CABALLERO et Fabio MORÓN DÍAZ.

[4] L'idée que la Constitution ne préfigure en aucun cas en détails le contenu dudit droit pénal a été clairement exposée dans l'explication de vote au jugement C-565 de 1993, M. P. : Hernando HERRERA VERGARA, souscrite par les magistrats Eduardo CIFUENTES et Alejandro MARTÍNEZ. Cette explication diverge de l'optique conceptuelle de la majorité, parce que celle-ci partirait de l'idée que « dans la Constitution, on peut trouver une vision substantialiste intégrale du droit pénal ». « Le caractère drastique de la norme [pénale] correspondrait, selon ce schéma, à la préfiguration des peines qui peuvent être déduites de la Charte politique. »

sives et distinctes, qui peuvent être plus ou moins radicales, selon ce que le législateur lui-même juge politiquement nécessaire et convenable, *par le fait qu'à l'intérieur de certaines limites différents développements de la politique criminelle sont alors possibles*[1] ».

Corrélativement à cette acceptation, dans plusieurs cas, la Cour constitutionnelle s'est elle-même imposé des limites dans l'exercice du contrôle des lois pénales, c'est-à-dire qu'elle a refusé de contrôler en détail la compatibilité des mesures adoptées par le Congrès avec les droits fondamentaux. Nous nous référerons désormais à cette position comme la thèse stricte de l'autorestriction. L'application de cette thèse a conduit la Cour constitutionnelle à estimer, par exemple, que la faculté d'établir des législations répressives plus ou moins favorables aux droits fondamentaux, que la Constitution a attribuée au Congrès, comprend aussi le pouvoir de déterminer le moment où celles-ci doivent commencer à être appliquées[2]. Dans le même sens, la Cour a indiqué que « définir les causes de l'extinction du procès pénal est une compétence exclusive du législateur[3] ». De même, de manière plus générale, la jurisprudence de la Haute cour a établi catégoriquement que

> la vérification du fait de savoir si une sanction pénale est suffisante ou non en ce qui concerne l'infraction pour laquelle elle est envisagée comprend l'élaboration d'un jugement de valeur qui, excepté dans les cas de disproportion manifeste et indéniable ou indiscutablement déraisonnable, déborde du domaine de compétence des juges.

Si la Cour intervenait dans ces domaines, « elle dénaturerait le sens du contrôle de constitutionnalité », elle en arriverait à prendre des décisions qui traitent « d'affaires de pure convenance, réservées au pouvoir législatif[4] ». De cette manière, tant qu'une violation évidente des droits fondamentaux n'est pas commise,

> le législateur peut créer ou supprimer des comportements délictuels, introduire des classifications entre eux, établir des sanctions, graduer les peines applicables, fixer la catégorie et l'ampleur de celles-ci en fonction de circonstances aggravantes ou atténuantes des comportements sanctionnés, en fonction de l'appréciation, de l'analyse et de la pondération qu'il porte sur les phénomènes de la vie sociale et des dommages plus ou moins grands que certains comportements peuvent causer sur cet ensemble[5].

Enfin, comme principe général, la Cour a convenu que la compétence pour « établir les nouveaux faits répréhensibles, et déterminer la hiérarchie entre ces derniers, ainsi que pour établir les sanctions et les procédures ap-

---

[1] *Cf.* Cour constitutionnelle, jugement C-609 de 1996, M. P. : Alejandro MARTÍNEZ CABALLERO et Fabio MORÓN DÍAZ, et C-581 de 2001, M. P. : Jaime ARAÚJO RENTERÍA.

[2] *Cf.* Cour constitutionnelle, jugement C-609 de 1996, M. P. : Alejandro MARTÍNEZ CABALLERO et Fabio MORÓN DÍAZ.

[3] *Cf.* Cour constitutionnelle, jugement C-1490 de 2000, M. P. : Fabio MORÓN DÍAZ.

[4] *Cf.* Cour constitutionnelle, jugement T-103 de 1997, M. P. : Jorge ARANGO MEJÍA.

[5] *Ibid.*.

plicables auxdits faits [...] relève exclusivement du législateur[1] », ou, autrement dit, que le législateur « jouit d'un large pouvoir discrétionnaire, parce qu'il est le seul appelé à évaluer les dommages sociaux que cause une certaine conduite et les mesures répressives que doit adopter l'État, dans le cadre de la politique criminelle, pour sa prévention et sa répression[2] ».

Il existe un bon nombre d'arguments puissants qui plaident en faveur de la thèse stricte de l'autorestriction. Nous nous référerons ici à quatre des plus importants : l'argument du manque de certitude, celui de la réserve de loi pénale, celui des droits de protection et celui de la liberté positive.

L'argument du manque de certitude soutient que l'on ne peut apporter, aux questions de savoir s'il est correct de punir une conduite et quelle peine doit être prononcée au cas où celle-ci se produit, une réponse qui puisse se déduire avec certitude des droits fondamentaux ou qui parvienne à susciter un consensus social large et univoque. On apporte la réponse à des interrogations telles que celle de savoir si l'on doit punir la consommation de drogue ou l'avortement, dans quelles circonstances et par quelles peines, qui ne peut découler directement des dispositions de la Constitution. Il s'agit plutôt de problèmes controversés dans la société, qui refusent tout type de consensus et qui, pour autant, ne doivent pas être décidés par le juge, mais par le législateur élu démocratiquement. La Cour constitutionnelle a reconnu le poids de cet argument et certains de ses traits. Ainsi, par exemple, en se référant au droit disciplinaire, la Cour a admis :

> L'existence d'une large disparité d'appréciations dans le concert social au sujet de la rigueur, du caractère strict, de la nature et de l'étendue des différentes peines et sanctions, n'échappe pas à la Cour. Dans cette matière, des conceptions dissemblables s'entrelacent sur la fonction de la peine à laquelle on peut imprimer un caractère expiatoire, resocialisant ou dissuasif, en fonction de l'époque et des idées qu'adopte la personne ou le groupe social. Il ne sera pas difficile de trouver des voix qui récriminent âprement la peine pour son caractère bénin à côté d'autres qui regrettent sa sévérité[3].

Le second argument découle du précédent. S'il n'existe pas de certitude sur la correction des qualifications pénales et des peines, il est logique de penser que, comme l'établit la jurisprudence de la Cour, « la détermination des comportements qui méritent une sanction et l'établissement de leur nature, de la portée et de la dosimétrie punitive correspondante[4] », est une question réservée seulement au législateur[5]. Ce serait le sens de ce que pres-

---

[1] *Cf.* Cour constitutionnelle, jugement C-301 de 1999, M. P. : Alfredo BELTRÁN SIERRA ; *cf.* aussi, sur l'assurance que le choix de la sévérité des peines est une affaire qui relève exclusivement du législateur : C-565 de 1993, M. P. : Hernando HERRERA VERGARA.

[2] *Cf.* Cour constitutionnelle, jugement C-146 de 1994, M. P. : José GREGORIO HERNÁNDEZ GALINDO, et C-739 de 2000, M. P. : Fabio MORÓN DÍAZ.

[3] *Cf.* Cour constitutionnelle, jugement C-591 de 1993, M. P. : Eduardo CIFUENTES MUÑOZ.

[4] *Ibid.*.

[5] *Cf.* sur cet argument, l'explication spéciale de vote au jugement C-239 de 1997, M. P. : Carlos GAVIRIA DÍAZ, émise par le magistrat Eduardo CIFUENTES : « La matière pénale appar-

crivent les articles 150 alinéas 2 et 29 de la Constitution qui, corrélativement, soustrairait ces questions de la compétence de l'administration et de la juridiction (y compris constitutionnelle)[1].

En troisième lieu, il convient d'évoquer l'argument des droits de protection. Selon cet argument, l'acceptation que les droits fondamentaux et les autres biens constitutionnels (par exemple, la préservation de l'ordre économique ou de l'environnement) recouvrent un aspect des droits et des biens de protection implique d'attribuer au législateur la compétence pour créer des catégories pénales et imposer des sanctions le plus discrétionnairement possible. Par conséquent, par exemple, le problème de savoir si un droit ou un bien doit être protégé par des normes pénales ou si, au contraire, il doit être garanti par le biais d'autres moyens moins sévères, n'est pas précisé par la Constitution et ne peut pas être résolu par la jurisprudence. Il ne revient qu'au législateur d'établir la nécessité d'utiliser le droit pénal, comme *ultima ratio*, ou de pencher pour un autre type de mesures alternatives[2].

---

tient au domaine réservé du législateur, et le contraire affaiblirait gravement le principe démocratique. » Cette explication met également l'accent sur le lien qui existe entre cet argument et celui de l'absence de certitude du domaine pénal : « L'activisme de la Cour constitutionnelle est pleinement justifié là où les règles constitutionnelles existent et quand on peut tirer de celles-ci une signification clairement déontique, bien qu'elle soit générale et requière un développement normatif ultérieur. Quand ces conditions ne sont pas réunies, la Cour entre dans le champ du décisionnisme et abandonne sa fonction juridictionnelle avec un affaiblissement manifeste de la légitimité démocratique dont l'intangibilité devrait être maintenue. »

[1] *Cf.* aussi, sur la réserve de loi pénale, les jugements C-739 de 2000, M. P. : Fabio MORÓN DÍAZ, et C-647 de 2001, M. P. : Alfredo BELTRÁN SIERRA, dans lesquels cet argument a joué un rôle central pour déclarer la constitutionnalité d'un cas pour exclure la peine sanctionnant l'avortement, introduite par le législateur dans le nouveau Code pénal. La Cour constitutionnelle a soutenu : « N'est pas non plus inconstitutionnel le paragraphe accusé de la supposée violation du droit à la vie, comme l'affirme le plaignant, et pour les raisons que celui-ci avance pour étayer sa demande, dans la mesure où le nouveau Code pénal, comme nous l'avons déjà dit, dans les articles 122 et 123, définit le délit d'avortement comme le législateur l'a considéré convenablement dans le cadre d'un État social, pluraliste et démocratique de droit. Et conformément à sa compétence de production de la loi, le Congrès de la République a jugé nécessaire et convenable au regard des circonstances sociales, politiques et culturelles d'établir un cas personnel d'exclusion de la peine, qui peut être légitimement adoptée comme une décision législative. »

[2] La Cour constitutionnelle a fait allusion à cet argument dans le jugement C-015 de 1997, M. P. : Eduardo CIFUENTES MUÑOZ : « La protection pénale de certains biens et valeurs doit être permanente et absolue et, dans ce cas, la protection pénale de l'ordre légal correspond à l'obligation positive constitutionnelle de protéger la vie et les droits fondamentaux des personnes. Par contre, d'autres biens peuvent être susceptibles d'une protection pénale relative, que ce soit parce qu'ils sont caractéristiques d'un domaine non universel déterminé de relations, ou parce que leur protection efficace peut être assurée par d'autres moyens juridiques légitimes différents de la législation pénale elle-même, motif qui peut justifier l'adoption de politiques criminelles visant à "dépénaliser" certaines conduites. La protection légale du patrimoine et de la bonne foi n'est pas étrangère à la Constitution, mais de celle-ci on n'argue pas qu'elle doive avoir toujours l'empreinte du droit pénal. Par conséquent, la liberté de l'élaboration de la norme expressément réservée au législateur en matière pénale, en vertu de

Le dernier – mais non le moindre – argument est celui de la liberté positive. Selon ce concept, au sein de l'État, on attribue uniquement au sujet la liberté d'avoir un comportement qui soit raisonnable ou nécessaire. La liberté ne consiste pas à faire ou à laisser faire ce que l'on veut, mais à faire ce qui est raisonnable ou nécessaire. Lié au problème de la compétence du législateur pénal, le concept positif de liberté indiquerait que c'est le législateur et non l'individu ou la jurisprudence constitutionnelle qui doit déterminer ce que l'on doit entendre par raisonnable ou nécessaire. En ce sens, le législateur est l'instance qui doit définir les conduites par lesquelles s'exerce la liberté de l'individu[1], et la législation pénale est l'un des principaux moyens employés pour définir de façon négative les contours de cette liberté.

L'argument de la liberté positive a aussi été invoqué à certaines occasions par la Cour constitutionnelle. Ainsi, par exemple, cet argument a occupé le centre de la scène dans l'opinion dissidente des magistrats José Gregorio Hernández, Hernando Herrera, Fabio Morón et Vladimiro Naranjo dans le jugement C-221 de 1994[2] (affaire de la dose personnelle). Dans cette opinion dissidente, qui commence par la maxime connue de Mazzini : « La véritable liberté ne consiste pas dans le droit de choisir le mal, mais seulement dans le droit de choisir entre les chemins qui conduisent au bien », l'argumentation suivante est invoquée en faveur de la pénalisation de la consommation de drogue et contre le jugement qui la déclare inconstitutionnelle :

> Cela va à l'encontre de la nature de la loi que de dépénaliser une conduite préjudiciable *per se*. C'est un droit de la société, et des malades eux-mêmes, que la loi ne permette pas la consommation de substances qui, comme cela est pleinement démontré, portent inexorablement et irréversiblement atteinte à l'espèce humaine. Il n'y a aucun principe juridique valable qui permette la destruction de l'humanité. C'est un contresens de défendre, en avançant l'argument de la défense de la dignité humaine, la dépénalisation de la consommation de drogues, fût-elle limitée à ce que l'on appelle la "dose personnelle", étant donné que c'est précisément cette dignité qui se trouve gravement atteinte par les effets de l'addiction à la drogue.

Il faut reconnaître un certain fondement aux arguments qui soutiennent la thèse stricte de l'autolimitation. Il est évident que la pénalisation de certaines conduites est un domaine dans lequel on peut opérer par des prémisses analytiques, normatives et empiriques certaines et largement partagées. Il est également certain que la Constitution réserve au législateur la création du droit pénal, et que la protection des droits fondamentaux l'habilite à cela et lui impose le devoir d'utiliser la législation pénale pour que ces droits et

---

laquelle il crée et élimine des qualifications pénales, peut avoir plus de portée à l'égard des biens susceptibles d'une protection pénale relative. »

[1] *Cf.* sur ce concept, parmi bien d'autres, I. BERLIN, « Dos conceptos de libertad », *in* I. BERLIN, *Cuatro ensayos sobre la libertad*, Madrid, Alianza Editorial, 1996, p. 200 et s..

[2] *Cf.* Cour constitutionnelle, jugement C-221 de 1994, M. P. : Carlos GAVIRIA DÍAZ.

autres biens juridiques soient effectivement garantis. Enfin, il est également certain que l'un des objectifs légitimes de la législation pénale est de canaliser d'une certaine manière l'exercice de la liberté individuelle pour rendre possible la coexistence. Toutefois, on ne peut déduire de ces arguments que le législateur pénal est soustrait au contrôle de constitutionnalité ou que ce contrôle doit être limité à ce qui est seulement évident, c'est-à-dire à rejeter les invectives. Poussée à son maximum, la thèse stricte de l'autolimitation impliquerait que le contrôle de constitutionnalité des lois pénales soit limité aux aspects formels (que l'on respecte la procédure législative et le domaine de la loi) et aux limites matérielles que la Constitution établit explicitement pour la loi pénale. Selon ces limites, seule serait inconstitutionnelle une loi qui imposerait la peine de mort (article 11 de la Constitution[1]), la torture et d'autres traitements cruels, inhumains ou dégradants (article 12 de la Constitution), l'esclavage (article 17 de la Constitution), le bannissement[2], la prison à perpétuité ou la confiscation (article 34 de la Constitution[3]), ou qui restreindrait les droits fondamentaux de façon clairement arbitraire et irrationnelle.

L'inconvénient de cette approche est que la liberté et les autres droits de l'individu seraient le jouet d'autres interventions législatives – en pratique, de la majorité – dont les caractéristiques ne permettraient pas de les considérer comme clairement irrationnelles. Cela pourrait être le cas quand ces interventions sont disproportionnées ou manquent de justification valable mais échappent à tout type de contrôle car n'étant pas évidentes. Comme la Cour constitutionnelle l'a elle-même reconnu dans un autre jugement, la fonction de la juridiction constitutionnelle ne consiste pas à supprimer seulement les limitations arbitraires que le législateur impose aux droits fondamentaux, mais aussi celles qui seraient « non nécessaires, inutiles ou disproportionnées[4] ». De plus, face aux arguments précédemment évoqués, il faut admettre que même l'exercice de la réserve de loi pénale doit être fait dans le cadre que la Constitution fixe au Congrès. Il faut aussi reconnaître que la liberté que la Constitution consacre est principalement la liberté négative, la liberté de faire ou de ne pas faire ce que l'on veut, et non la liberté positive, un concept bien plus lié à celui d'État autoritaire, qui s'arroge le pouvoir de définir les conceptions du bien que le citoyen peut ensuite assumer comme

---

1 *Cf.*, sur l'interdiction constitutionnelle de la peine de mort, le jugement C-144 de 1997, M. P. : Alejandro MARTÍNEZ CABALLERO.

2 *Cf.*, sur l'interdiction constitutionnelle de la peine de bannissement, le jugement C-046 de 2001, M. P. : Álvaro TAFUR GALVIS.

3 *Cf.*, parmi bien d'autres, sur ces limites matérielles explicites, le jugement C -609 de 1996, M. P. : Alejandro MARTÍNEZ CABALLERO et Fabio MORÓN DÍAZ.

4 *Cf.* Cour constitutionnelle, jugement C-475 de 1997, M. P. : Eduardo CIFUENTES MUÑOZ, et C-647 de 2001, M. P. : Alfredo BELTRÁN SIERRA.

les siennes[1]. Pour autant, la loi pénale ne définit pas le contenu de la liberté individuelle garantie par les droits fondamentaux, mais un ensemble d'interventions dans l'exercice de cette liberté, qui doivent être justifiées par la protection des autres droits et biens juridiques. De même, bien que, dans le domaine pénal, on ne dispose pas toujours de certitudes qui permettent au juge de décider objectivement, il est certain, d'une part, que la liberté n'admet pas d'ingérence législative excessive, d'autre part, que les droits fondamentaux et les autres biens garantis par la législation pénale ne se contentent pas de n'importe quel type de mesures protectrices.

Ces deux dernières observations nous conduisent à envisager les deuxième et troisième thèses.

La loi pénale comme intervention dans les droits fondamentaux

La deuxième thèse sur les relations entre la législation pénale et les droits fondamentaux soutient que la spécification d'un délit et la fixation de la peine correspondante constituent des interventions dans les droits fondamentaux.

Cette thèse est fondée sur l'idée que la Constitution protège la liberté générale d'action par des normes relatives aux droits fondamentaux. Cette liberté, qui coïncide avec le concept négatif de celle-ci, et dont le nom varie dans chaque ordre juridique – par exemple, en Allemagne, on parle de liberté générale d'action (article 2.1 de la Loi fondamentale)[2] et, en Espagne, de droit général de liberté[3], de liberté générale d'action ou de liberté générale d'autodétermination individuelle[4] –, consiste en la liberté de faire ou de ne pas faire ce que l'on veut. Naturellement, cette liberté n'est pas absolue et, par conséquent, elle peut faire l'objet d'interventions et de restrictions législatives. Cependant, ces interventions et ces restrictions doivent toujours être justifiées par d'autres droits et biens constitutionnels et doivent être proportionnées. Dit en termes métaphoriques mais hautement illustratifs, on admet que la liberté soit le point de départ de la vie en société, qu'elle soit la règle générale et qu'elle ne puisse qu'exceptionnellement être restreinte par la loi, quand d'autres raisons constitutionnelles l'exigent. De plus, dans ce cas, les restrictions doivent être proportionnées.

Si l'on applique ces considérations au domaine pénal, on conviendra que la qualification pénale d'une conduite implique une intervention dans la liberté générale d'action, qui doit être justifiée, et que la peine prévue soit

---

[1] *Cf.* sur le concept de liberté négative et sur le lien entre la liberté positive et l'État autoritaire, M. BOROWSKI, *La estructura de los derechos fundamentales*, Bogotá, Universidad Externado de Colombia, 2002, seconde partie, II.

[2] *Cf.* R. ALEXY, *Teoría de los derechos fundamentales*, Madrid, Centro de Estudios Constitucionales, 1997, p. 333.

[3] *Cf.*, parmi bien d'autres, les jugements 127 de 1994, f. j. 6 et 137 de 1990, f. j. 9.

[4] *Cf.*, parmi bien d'autres, le jugement 120 de 1990, f. j. 11.

proportionnelle à la protection des droits et des biens qui justifient son éventuelle application. Dit de manière négative : les lois pénales qui manquent de fondement et les peines excessives sont prohibées par la liberté constitutionnellement garantie. Corrélativement, on attribue à la Cour constitutionnelle la compétence de contrôler effectivement la législation pénale sur ces aspects. La pratique d'un contrôle effectif implique le renoncement de la Cour à tomber dans le déraisonnable ou l'arbitraire, et l'impératif d'examiner soigneusement la proportionnalité des mesures adoptées par le législateur. La question, toutefois, est de savoir de quelle façon on peut mener à bien ce contrôle de proportionnalité et, parallèlement, comment on peut le rendre compatible avec la reconnaissance et le respect d'une marge d'action législative que le Congrès peut faire valoir, surtout dans les cas les plus confus et les plus incertains.

Nous envisagerons ces questions dans la seconde partie. Pour l'instant, il convient de constater que la Cour constitutionnelle a accepté, dans nombre de ses jugements, les points de vue de cette seconde thèse que nous pouvons appeler la thèse de l'intervention. Ainsi, d'une part, la Cour a reconnu que l'article 16 de la Constitution consacre la liberté générale d'action par le biais du concept du droit au libre développement de la personnalité. La Cour a compris ce droit comme « le pouvoir de s'autodéterminer, conformément à son libre arbitre[1] » et, dans le célèbre jugement C-221 de 1994, elle a déclaré sans détours que la disposition considérée consacre la « liberté *in nuce* » dans la Constitution. De plus, dans d'autres décisions, la Cour a souligné le caractère constitutionnel de la liberté générale d'action, comme l'un des biens que l'on doit garantir aux membres de la Nation (préambule de la Constitution), et comme l'objet de l'expression « toute personne est libre » de l'article 28 de la Constitution. Selon la Cour, la liberté que protège la Constitution comprend « la possibilité et l'exercice positif de toutes les actions destinées à développer les aptitudes et les choix individuels qui ne s'opposent pas aux droits des autres ni n'entraînent d'abus de ceux-ci [...] et la proscription de tout acte de coercition physique ou morale qui interfère avec l'autonomie de la personne ou la supprime en exerçant des pressions, en la remplaçant, en l'opprimant ou en la réduisant abusivement[2] ».

Dans le même sens, la jurisprudence constitutionnelle a reconnu que les lois pénales représentent une intervention dans la liberté générale d'action et qu'étant donné que cette liberté, comme les autres droits fondamentaux, n'a pas un caractère absolu[3], elle peut être en principe restreinte par les lois pé-

---

[1] *Cf.* Cour constitutionnelle, jugement T-493 de 1993, M. P. : Antonio BARRERA CARBONELL.

[2] *Cf.* jugement C-609 de 1996, M. P. : Alejandro MARTÍNEZ CABALLERO et Fabio MORÓN DÍAZ.

[3] *Cf. idem* : « Le constituant n'a pas conçu la liberté individuelle comme un droit absolu et, par conséquent, intangible ; au contraire, il autorise sa limitation dans certains cas, comme le serait par exemple la commission de faits délictuels. » *Cf.*, sur le postulat selon lequel aucun droit n'a un caractère absolu, le jugement C-475 de 1997, M. P. : Eduardo CIFUENTES MUÑOZ.

nales[1]. De même, tant la liberté personnelle que d'autres droits fondamentaux (les droits fondamentaux patrimoniaux ou politiques) peuvent faire l'objet d'interventions législatives consistant en la fixation des peines pour les délits. Ces interventions seront aussi légitimes si elles sont dues à la nécessité de protéger d'autres droits ou d'autres biens juridiques et si elles ne restreignent pas les droits de façon disproportionnée.

En synthèse, la jurisprudence constitutionnelle a admis que toute loi pénale est une intervention dans le droit au libre développement de la personnalité, que toute peine est une intervention dans la liberté personnelle ou dans le droit qui en est affecté – la propriété, par exemple, s'il s'agit d'une amende –, et que c'est la fonction de la Cour constitutionnelle que de mener à bien un contrôle de constitutionnalité effectif de ces interventions, pour établir leur légitimité et leur proportionnalité.

La loi pénale comme mécanisme de protection des droits fondamentaux et d'autres biens constitutionnels

La troisième thèse affirme que toute loi pénale représente une mesure que l'État adopte pour protéger les droits fondamentaux et les autres biens constitutionnels. Par conséquent, elle soutient que le législateur pénal peut aussi violer les droits fondamentaux quand la sévérité des dispositions ne parvient pas à leur offrir une protection suffisamment effective.

Comme nous l'avons déjà constaté, le principe de l'État social de droit (article 1er de la Constitution) modifie le contenu qu'avaient les droits fondamentaux dans l'État libéral. De cette façon, rattaché à la dimension traditionnelle de droits de la défense, qui impose à l'État le devoir de ne pas affecter le domaine de liberté constitutionnellement protégé, un nouveau type de lien, le lien positif, est constitué. Dans cette seconde dimension, les droits fondamentaux imposent à l'État un ensemble de « devoirs de protection[2] » qui incarnent en même temps le devoir de contribuer à l'effectivité de tels droits et des valeurs qu'ils représentent[3]. Corrélativement à l'imposition de ces devoirs de protection, les droits fondamentaux cessent d'être, dans la dimension positive, de simples normes programmatiques, des déclarations de

---

[1] *Cf.* le jugement C-609 de 1996, M. P. : Alejandro MARTÍNEZ CABALLERO et Fabio MORÓN DÍAZ : « Quand le législateur, en développant le *ius puniendi*, restreint un droit fondamental, en principe, une telle restriction ne viole pas la Constitution, parce que le législateur a pleinement la faculté de le faire, sauf que la restriction même affecte l'ordre supérieur [...] Le droit à la liberté, qui est le thème en question dans ledit processus, peut faire l'objet de restriction de la part du législateur, dans des cas exceptionnels et avec l'observance des exigences et des formalités établies dans la Constitution elle-même. »

[2] *Cf.*, sur le concept de devoirs de protection dans la doctrine allemande, J. ISENSEE. « Das Grundrecht als Abwehrrecht und als staatliche Schutzpflicht », *in* J. ISENSEE et P. KIRCHHOF (eds.), *Handbuch des Staatsrechts*, Heidelberg, C. F. Müller, 1992, vol. 5, p. 145.

[3] *Cf.*, avec une particulière clarté sur ces types de liens avec les droits fondamentaux, dans la jurisprudence constitutionnelle espagnole, le jugement 53 de 1985, f. j. 4.

principe confuses ou des normes objectives, et ils se transforment en d'authentiques droits subjectifs en obtenant de l'État une protection effective. Dans de nombreux cas, cette exigence de protection effective se transforme en une imposition au législateur du devoir d'établir des lois pénales. La création du droit pénal, en effet, abandonne partiellement le terrain du pouvoir législatif discrétionnaire et devient un mécanisme permettant de remplir les exigences en matière de protection des droits. Par le droit pénal, l'État protège les droits fondamentaux des ingérences les plus graves des pouvoirs publics et des particuliers.

Dans plusieurs de ses jugements, la Cour constitutionnelle a reconnu que la protection des droits fondamentaux a produit cet effet sur la législation pénale. Ainsi, par exemple, la Cour a affirmé que « la peine [...] a pour finalité d'assurer la coexistence pacifique de tous les résidents en Colombie, par la protection des biens juridiques dont les personnes sont titulaires[1] ». Il est évident que les biens juridiques les plus importants dont sont titulaires les personnes sont les droits fondamentaux. De même, et bien que subsistent des doutes raisonnables, elle a soutenu que l'effet dissuasif ou préventif de la peine est l'une des stratégies les plus effectives pour protéger les droits fondamentaux des attaques de tiers[2]. Par conséquent, plus les droits qui doivent être protégés sont importants, plus la peine devra être sévère[3] ; et, bien que la détermination de la sévérité des peines soit une question qui relève en principe du législateur, son exercice doit être mené à bien « dans le strict respect des dispositions de la Constitution[4] ».

Cependant, jusqu'à présent, c'est dans l'opinion dissidente au jugement C-647 de 2001, émise par les magistrats Marco G. Monroy et Rodrigo Escobar, et dans l'explication de vote présentée par les magistrats Clara I. Vargas, Jaime Araújo, Alfredo Beltrán et Manuel J. Cepeda, que l'effet des droits fondamentaux de protection sur la législation pénale a été rappelé avec la plus grande fermeté. Comme on le sait, dans ce jugement, la Cour a déclaré inconstitutionnelle une disposition, introduite par le législateur dans le nouveau Code pénal, dépénalisant l'avortement dans un certain cas. Les magistrats qui ont émis une opinion dissidente ont voulu faire valoir, contre

---

[1] *Cf.* Cour constitutionnelle, jugement C-026 de 1995, M. P. : Carlos GAVIRIA DÍAZ. Dans le même sens, le jugement T-596 de 1992, M. P. : Ciro ANGARITA BARÓN.

[2] *Cf.* Cour constitutionnelle, jugement C-647 de 2001, M. P. : Alfredo BELTRÁN SIERRA.

[3] *Cf.* Cour constitutionnelle, jugement C-595 de 1993, M. P. : Carlos GAVIRIA DÍAZ : « Dans la conception de l'État social de droit et sur la base de l'importance que notre Charte politique accorde aux droits fondamentaux, quand sont affectés les droits à la vie, à la liberté et à la dignité à travers les délits d'homicide et de séquestration, il est nécessaire de la part de l'État d'imposer une peine, et principalement d'un traitement punitif instructif et exemplaire, touchant les biens juridiques dont la protection est poursuivie ; c'est-à-dire que l'on doit appliquer à de tels faits répréhensibles les sanctions les plus sévères dans le but de produire un impact qui se trouve en consonance avec l'ampleur du délit commis et des droits affectés. »

[4] *Ibid.*.

l'opinion majoritaire, que le jugement était illégitime parce qu'il s'écartait des principes fondés sur un jugement précédent, le jugement C-134 de 1994. Dans ce premier jugement, il était affirmé que l'État avait « l'obligation d'établir, pour la défense de la vie qui commence dès la conception, un système de protection légale effectif, et [qu'] étant donné le caractère fondamental du droit à la vie, son établissement [devait] nécessairement inclure l'adoption de normes pénales[1] ». De même, la Cour a établi que la protection pénale effective était uniquement celle qui était appliquée à tous les cas d'avortement et qu'elle ne prévoyait aucun cas d'exception ou d'exclusion de la peine, même pas « dans le cas de grossesse résultant d'un délit contre la liberté sexuelle ». Toutefois, s'il était clair que le droit à la vie, comme droit de protection, exigeait dans tous les cas la répression de l'avortement, il serait inconstitutionnel, comme l'affirme l'opinion dissidente mentionnée, que le législateur dépénalise certaines hypothèses comme celle envisagée par l'article 124 du nouveau Code pénal[2]. L'opinion dissidente conclut alors que cette disposition « n'assure pas la protection pénale du droit à la vie du *nasciturus* et que, de ce fait, elle méconnaît la Charte qui ordonne de façon péremptoire à l'État de veiller à sa conservation ». Dans ce cas, « l'absence de sanction a pour conséquence immédiate [...] le manque de protection ».

Pour leur part, les magistrats qui ont émis une explication de vote avancent, contre le fondement du jugement, que si le législateur, « dans l'exercice de son pouvoir d'initiative, peut punir l'avortement comme il peut exclure la sanction dans certaines hypothèses dans lesquelles il est réalisé, dans notre société », la politique criminelle en la matière doit respecter tous les droits fondamentaux qui s'en trouvent affectés. Cela signifie qu'il est interdit au Congrès de « déprotéger totalement la vie », en permettant la libre pratique de l'avortement, ainsi que de méconnaître les droits de la femme enceinte (son autonomie personnelle, sa vie et son intégrité). Pour cette raison, les magistrats concluent :

> Si les droits de la femme n'ont pas en général la possibilité d'annuler le devoir de protection de l'être en gestation, dans certaines circonstances exceptionnelles – dont certaines sont signalées dans la norme faisant l'objet de la requête – ledit devoir n'est pas constitutionnellement exigible.

Le désaccord entre le fondement du jugement, l'opinion dissidente et l'explication de vote soulève le problème sous-jacent des conséquences des

---

[1] Le jugement C-134 de 1994, M. P. : Vladimiro NARANJO MESA continue : « La reconnaissance constitutionnelle de la primauté et de l'inviolabilité de la vie exclut, en principe, toute possibilité de permission d'actes qui sont volontairement et directement destinés à provoquer la mort d'êtres non encore nés, et autorise le législateur à pénaliser les actes destinés à provoquer leur mort. »

[2] Que « la grossesse soit le résultat d'une conduite constitutive d'une relation charnelle ou d'un acte sexuel sans consentement, abusif, d'insémination artificielle ou de transfert d'ovule fécondée non consenti », et que l'avortement soit réalisé « dans des conditions anormales de motivation extraordinaires ».

droits de protection sur la législation pénale : jusqu'où va la protection effective des droits fondamentaux par les lois pénales ? Ces droits exigent-ils un minimum de protection (comme paraît l'indiquer le jugement), ou un maximum (comme le fait valoir l'opinion dissidente), ou une mesure intermédiaire, qui prenne en compte les exigences recevables des droits et des biens qui jouent en sens contraire (comme cela est revendiqué dans l'explication de vote) ? De plus, comment ce point minimum, maximum ou intermédiaire est-il établi ? Et enfin, comment doit-on harmoniser cette dernière thèse des droits de protection avec les deux précédentes ? Comment peut-on créer un modèle de relations entre les droits fondamentaux et la législation pénale, de telle sorte que les interventions législatives soient suffisamment protectrices (thèse 3), sans être excessives (thèse 2) et, de cette façon, satisfassent aux exigences découlant des droits, sans que cela signifie en même temps la suppression de toutes les marges d'action législative et la pétrification constitutionnelle du droit pénal qui en découle (thèse 1) ?

La thèse que nous défendrons dans la seconde partie repose sur l'idée que le principe de proportionnalité, dans ses variantes d'interdiction de l'excès et de prohibition de la protection déficiente, permet de donner une réponse plausible à ces interrogations.

Le principe de proportionnalité comme critère de détermination du cadre constitutionnel de la législation pénale

Les droits fondamentaux comme cadre de la législation pénale

Les exigences apparemment opposées qui se détachent des trois thèses que nous venons d'examiner peuvent s'harmoniser, si l'on considère que les droits fondamentaux, dans leurs dimensions négative et positive, tracent un cadre qui limite le législateur pénal, mais qui, en même temps, établissent un large domaine d'action. L'idée est que les droits fondamentaux imposent au législateur certaines obligations et interdictions implicites que celui-ci ne peut transgresser, mais aussi que, bien au-delà de ces limites, il est permis au législateur de définir librement la politique criminelle qu'il considère pertinente. Pour reprendre la métaphore utilisée par Alexy[1], les droits fondamentaux établissent ce qui est constitutionnellement nécessaire (les ordres), ce qui est constitutionnellement impossible (les interdictions) et, en même temps, réserve au législateur le large domaine de ce qui est constitutionnellement possible (ce qui est permis). Ce qui est constitutionnellement impossible est ce qui découle de la facette négative des droits fondamentaux, et consiste en l'interdiction que la loi pénale intervienne excessivement dans le droit au libre développement de la personnalité, dans la liberté personnelle et dans les autres droits de l'individu. Ce qui est constitutionnellement néces-

[1] R. ALEXY, « Epílogo a la Teoría de los derechos fundamentales », C. BERNAL PULIDO (trad.), *Revista Española de Derecho Constitucional*, n° 66, 2002.

saire est ce qu'ordonnent les droits de protection, c'est-à-dire que les biens les plus précieux de l'individu soient protégés par le législateur de manière efficace et suffisante contre les interventions de l'État et des particuliers. Et ce qui est constitutionnellement possible est ce qui rentre dans le domaine d'intervention du législateur, ce qui n'est ni décidé, ni préfiguré par la Constitution, l'espace qui s'ouvre à la politique criminelle et répressive dans la démocratie.

Cependant, le problème est de savoir comment ces éléments doivent être déterminés. Sur quels critères méthodologiques doit-on préciser ce qui, du point de vue constitutionnel, est impossible, nécessaire et simplement possible ?

Sur cette question, les réponses peuvent se polariser autour de deux conceptions : la thèse du minimum des droits fondamentaux et la thèse du principe de proportionnalité. Analysons, pour l'instant, la première thèse.

Selon la première conception, qui dérive de la théorie interne des droits fondamentaux[1], le constitutionnellement impossible et le nécessaire correspondent à un strict minimum dans le contenu des droits fondamentaux. Du point de vue de la relation négative, le possible est le minimum de liberté et des autres droits qui ne pourrait jamais être affecté par la législation pénale. Parallèlement, dans l'optique de la relation positive, le nécessaire est le minimum de protection que la loi pénale doit offrir aux droits fondamentaux pour une protection effective. Enfin, le possible se définit comme l'espace restant, comme ce qui n'est pas envisagé par le minimum négatif et le minimum positif.

Si l'on suit cette voie méthodologique, se pose alors la question de savoir s'il existe un critère rationnel et plausible pour établir ces minima négatif et positif. À ce sujet, les critères les plus connus sont ceux du noyau essentiel des droits fondamentaux et du contenu préfiguré de tels droits.

La thèse du noyau essentiel, accueillie avec enthousiasme par la jurisprudence de la première Cour constitutionnelle[2], soutient que les droits fondamentaux ont un domaine susceptible d'être affecté par le législateur – le contenu accidentel – et un noyau irréductible. Ce noyau serait composé de toutes les « facultés ou possibilités d'action nécessaires pour que le droit soit reconnaissable comme tel et sans lesquelles le droit serait dénaturé », et des « intérêts juridiquement protégés en tant que noyau et substance du droit ».

Il n'est pas questions d'entreprendre une critique détaillée des objections qu'il convient d'opposer à la théorie du noyau essentiel[3]. Toutefois, il faut

---

[1] *Cf.*, sur la différence entre les théories interne et externe des droits fodnamentaux, BOROWSKI, *La estructura de los derechos fundamentales*, *op. cit.*, première partie, 1.

[2] *Cf.*, sur toutes ces questions, C-179 de 1994, M. P. : Carlos GAVIRIA DÍAZ. En matière pénale, C-609 de 1996, M. P. : Alejandro MARTÍNEZ CABALLERO et Fabio MORÓN DÍAZ.

[3] *Cf.*, sur cet aspect, J. C. GAVARA DE CARA, *Derechos fundamentales y desarrollo legislativo. La garantía del contenido esencial de los derechos fundamentales en la Ley Fundamental de Bonn*, Madrid, Centro de Estudios Constitucionales, 1994.

reconnaître qu'au moins deux arguments empêchent que l'idée du noyau essentiel puisse être un critère plausible et rationnel pour déterminer les minima des droits fondamentaux que le législateur pénal doit respecter. En premier lieu, il ne paraît pas judicieux d'affirmer que les droits fondamentaux ont un contenu accidentel dans lequel n'importe quelle intervention législative serait légitime, y compris si elle est arbitraire ou disproportionnée. Cette idée suppose qu'il existerait une partie du contenu des droits dans laquelle le principe de suprématie de la Constitution n'est pas en vigueur, et cette supposition est très clairement inadmissible. En second lieu, cette théorie ne paraît pas pouvoir offrir un critère rationnel pour déterminer, dans des cas concrets, en quoi consiste le noyau d'un droit fondamental de défense ou de prestation. Si l'on observe bien les critères allégués par la Cour constitutionnelle, on conclurait qu'en réalité ce ne sont plus que de simples requêtes de principe. En effet, selon le premier critère, l'essence est ce sans quoi un droit cesse de l'être. Ce critère peut être assez facilement traduit par le pléonasme : l'essence est ce qui est essentiel. À son tour, conformément au second critère, le noyau d'un droit est composé des intérêts juridiquement protégés en tant que noyau du droit. Face à ce critère, il n'est même pas nécessaire d'expliquer la demande de principe : le noyau est le noyau. Ces deux critères ne constituent qu'une façade rhétorique qui cache le plus pur intuitionnisme. De ce fait, il apparaît impossible de déterminer en pratique le noyau essentiel de tout droit fondamental. Cela semble évident si l'on se demande, par exemple, à partir de quel degré de gravité une peine affecte le noyau de la liberté, quelles mesures de protection pénale sont suffisantes pour protéger le noyau du droit à la vie, si la pénalisation de l'avortement dans toutes les hypothèses est suffisante et, si tel est le cas, comment expliquer que, dans d'autres pays, l'avortement soit dépénalisé quand la grossesse est la conséquence d'un viol ou quand il est pratiqué dans les douze premières semaines de gestation, si le noyau du droit à la vie varie selon les pays et les ordres juridiques, et si le contenu du noyau du droit à la vie de chaque individu dépend donc finalement de sa nationalité.

Le second critère est celui du contenu prédéfini des droits fondamentaux. D'après ce critère, exposé magistralement en Allemagne par Lübbe WOLFF[1], les droits fondamentaux ont un seul contenu, complètement et définitivement prédéfini par la Constitution, et que le législateur ne peut en aucun cas réduire. Ainsi, le minimum des droits consiste en la totalité de leur contenu, que l'on interprète strictement à partir de ce principe. Dans le cas des droits de défense, ce contenu serait absolument soustrait aux interventions législatives ; en ce qui concerne les droits de protection, il serait ordonné au législateur de garantir tout ce contenu mais, il faut ajouter, seulement ce contenu.

---

[1] *Cf.* G. Lübbe WOLFF, *Die Grundrechte als Eingriffsabwehrrechte. Struktur und Reichweite der Eingriffs-dogmatik im Bereich staatlicher Leistungen*, Baden-Baden, Nomos, 1988.

Il semble évident que ce second critère échappe à la première objection avancée contre la théorie du noyau essentiel, et qu'il porte sur l'existence d'un contenu accidentel du droit. La thèse du contenu préfiguré ne fait pas de distinction entre le noyau et la périphérie, mais elle considère que tout le contenu du droit est soustrait aux interventions du législateur. Il s'agit d'un contenu unique solide et irréductible. Toutefois, cette thèse ne parvient pas à surmonter les coups de la seconde critique contre le noyau essentiel, car elle n'offre pas non plus de critères additionnels au simple intuitionnisme par lesquels on peut déterminer quel est le contenu unique de chaque droit. À son tour, cette thèse réduit de nouveau la liberté protégée par les droits fondamentaux à la dimension positive préalablement mentionnée. Ce qui se passe, toutefois, dans ce cas, c'est que le contenu de la liberté positive n'est pas déjà fixé par le législateur et doit être identifié par la Cour constitutionnelle. Pour cette raison, la théorie du contenu prédéfini n'offre pas non plus de réponse satisfaisante aux questions de la détermination de la limite que les droits fondamentaux imposent au législateur pénal et de l'établissement de la marge de manœuvre de ce dernier. À notre avis, le principe de proportionnalité comporte une argumentation par laquelle il est possible d'effectuer cette délimitation de la façon la plus rationnelle possible.

Le principe de proportionnalité et les droits fondamentaux comme limites de la législation pénale

Le concept du principe de proportionnalité

Le concept de proportionnalité est évoqué avec une insistance croissante, dans la jurisprudence constitutionnelle, comme un critère permettant de déterminer le contenu des droits fondamentaux qui s'imposent au législateur. Dans la jurisprudence colombienne, ce principe a été surtout lié à l'application du principe d'égalité[1]. Toutefois, il a été peu à peu étendu à l'examen des interventions législatives et administratives sur les autres droits fondamentaux[2], son troisième élément, la pondération, étant devenu quasiment essentiel. Dans ce cadre, la Cour constitutionnelle répète depuis longtemps que ce principe doit être inévitablement appliqué dans le cadre du

---

[1] *Cf.* dans ce domaine, entre autres, les jugements T-230 de 1994, M. P. : Eduardo CIFUENTES MUÑOZ; T-288 de 1995, M. P. : Eduardo CIFUENTES MUÑOZ ; C-022 de 1996, M. P. : Carlos GAVIRIA DÍAZ ; C-1410 de 2000, M. P. : Alejandro MARTÍNEZ CABALLERO, et C-093 de 2001, M. P. : Alejandro MARTÍNEZ CABALLERO.

[2] *Cf.*, sur l'étendue du principe de proportionnalité à divers domaines des droits fondamentaux dans lesquels les actions des pouvoirs publics ont une incidence, les jugements T-530 de 1992, M. P. : Álvaro TAFUR GALVIS ; T-015 de 1994, M. P. : Alejandro MARTÍNEZ CABALLERO ; T-429 de 1994, M. P. : Antonio BARRERA CARBONELL, et T-311 de 1998, M. P. : Fabio MORÓN DÍAZ.

contrôle de la production législative relative aux délits et aux peines et de leur application par le juge[1].

L'application du principe de proportionnalité part de l'hypothèse selon laquelle la liberté et les autres droits fondamentaux doivent être interprétés largement, comme des principes qui imposent que leur objet soit réalisé dans la plus grande mesure possible, en fonction des possibilités factuelles et juridiques qui jouent en sens contraire[2]. Cette hypothèse apparaît comme une alternative argumentative, qui prend en compte les relations entre les droits fondamentaux[3] et les autres principes constitutionnels, et qui prétend surmonter les problèmes auxquels sont confrontées les thèses intuitionnistes et absolutistes du contenu minimal[4]. L'application du principe de proportionnalité implique d'admettre que les droits fondamentaux ont deux contenus : un contenu *prima facie* et un contenu définitif. Le contenu *prima facie* se compose de toutes les facultés qui peuvent être attribuées au droit quand celui-ci est interprété largement. Ce contenu est *prima facie* parce qu'il peut entrer en conflit avec le contenu des autres droits[5] protégés par la Constitution et

---

[1] *Cf.* sur cet aspect, le jugement C-647 de 2001, M. P. : Alfredo BELTRÁN SIERRA.

[2] *Cf.* sur cette définition des principes et sur sa relation avec le principe de proportionnalité, ALEXY, *Teoría de los derechos fundamentales*, *op. cit.*, p. 111 et s..

[3] *Cf.* Cour constitutionnelle, jugement T-425 de 1995, M. P. : Eduardo CIFUENTES MUÑOZ.

[4] Dans le jugement C-475 de 1996, M. P. : EDUARDO CIFUENTES MUÑOZ, la Cour constitutionnelle, la Cour constitutionnelle s'est prononcée expressément en faveur de cette interprétation des droits fondamentaux comme principes, en raison du caractère peu plausible de la thèse du contenu préfiguré, qui proclame l'existence de droits illimités : « Si le système constitutionnel avait été composé de droits illimités, il serait nécessaire d'admettre (1) qu'il s'agit de droits qui ne s'opposent pas les uns les autres, car autrement il serait impossible de prôner qu'ils jouissent tous d'une hiérarchie supérieure ou d'une suprématie par rapport aux autres ; (2) que tous les pouvoirs de l'État doivent garantir l'étendue complète de chacun des droits, en tel cas la seule chose que pourrait faire le législateur serait de reproduire dans une norme législative la disposition constitutionnelle qui consacre le droit fondamental, pour l'insérer de manière explicite dans le système juridique. En effet, étant des droits "absolus", le législateur ne serait pas autorisé à les restreindre ou à les réguler au nom d'autres biens, droits ou intérêts constitutionnellement protégés. Pour que cette ultime conséquence puisse se réaliser, il faudrait nécessairement que les dispositions normatives qui consacrent les "droits absolus" aient une portée et une signification claires et univoques, de telle sorte qu'ils constituent la prémisse majeure du syllogisme logique déductif que devrait formuler l'opérateur du droit. Comme la conception "absolutiste" des droits en conflit peut conduire à des résultats inacceptables sur le plan logique et conceptuel, la Charte choisit de préférer que les droits soient garantis dans la plus grande mesure, ce pour quoi ils doivent être soumis à des restrictions adéquates, nécessaires et proportionnelles qui assurent leur cohérence harmonique. »

[5] Sur la fonction du principe de proportionnalité dans les conflits entre droits, la Cour constitutionnelle a signalé dans diverses s : « Le concept de proportionnalité sert comme point d'appui de la pondération entre principes constitutionnels : quand deux principes entrent en conflit, parce que l'application de l'un implique la réduction du champ d'application de l'autre, il revient au juge de déterminer si cette réduction est proportionnée, à la lumière de l'importance du principe affecté. » Voir, entre autres, les s T-403 de 1992, M. P. : EDUARDO CIFUENTES MUÑOZ; T-422 de 1992, M. P. : EDUARDO CIFUENTES MUÑOZ, y SU-089 de 1995, M. P. : JORGE ARANGO MEJÍA.

que, dans ce cas, il peut être légitimement restreint par le législateur. Ainsi, par exemple, la liberté générale d'action, comme liberté négative[1], comprend *prima facie* le droit de faire ou non ce que l'on veut, y compris le droit de commettre un homicide. Cependant, étant donné que cette liberté n'est pas absolue et doit correspondre aux exigences des autres droits, par exemple le droit à la vie, elle peut être restreinte par le législateur pénal qui peut légitimement qualifier l'homicide de crime et lui imposer une peine restrictive de liberté. Malgré tout, ces restrictions légales ne sont pas non plus absolues. Si le législateur peut les imposer dans l'exercice d'une large marge d'action, il ne peut ignorer les exigences qui découlent des trois sous-principes de la proportionnalité : la justesse, la nécessité et la proportionnalité au sens strict, et dont l'accomplissement doit être contrôlé par la Cour constitutionnelle[2]. Quand il s'agit de droits de défense face aux interventions pénales du Congrès, ces trois sous-principes sont regroupés sous le concept d'interdiction de l'excès. En revanche, quand ce sont les droits de protection qui sont envisagés, les trois sous-principes correspondent à l'interdiction de protection déficiente.

L'interdiction de l'excès

Dans sa dimension de droits de défense, la liberté générale d'action et les autres droits fondamentaux interdisent que les mesures qu'adopte le législateur pénal – la qualification des délits et la fixation des peines – soient excessives. Le caractère excessif n'est pas seulement déterminé de façon abstraite, mais aussi de façon concrète, en tenant compte de la protection qu'exigent les biens juridiques que les législations pénales garantissent. Le principe de proportionnalité, en tant qu'interdiction de l'excès, est le critère de contrôle de la constitutionnalité de la loi dans le cadre de ces relations, toujours du point de vue de l'affectation du droit de défense concerné. Dans cette variante, le principe de proportionnalité est formé par les sous-principes de justesse, de nécessité et de proportionnalité au sens strict[3], dont le contenu s'adapte aux définitions suivantes.

---

[1] *Cf.*, sur la relation avec la liberté négative et non avec la liberté positive du principe de proportionnalité, le jugement T-417 de 2000, M. P. : CARLOS GAVIRIA DÍAZ.

[2] *Cf.*, sur l'exigence de proportionnalité des mesures pénales, disciplinaires et de sanctions en général, en plus des jugements déjà mentionnés, les jugements T-596 de 1992, M. P. : CIRO ANGARITA BARÓN, T-254 de 1994, M. P. : EDUARDO CIFUENTES MUÑOZ; C-070 de 1996, M. P. : EDUARDO CIFUENTES MUÑOZ, et T-718 de 1999, M. P. : JOSÉ GREGORIO HERNÁNDEZ GALINDO.

[3] *Cf.*, sur ces sous-principes, le jugement C-1410 de 2000, M. P. : FABIO MORÓN DÍAZ : « Le concept de proportionnalité comprend trois concepts partiels : l'adéquation des moyens choisis pour la réalisation de l'objectif visé, la nécessité de l'utilisation de ces moyens pour d'atteindre le but (c'est-à-dire qu'il n'existe pas d'autre moyen pouvant conduire à la fin et qui sacrifie le moins les principes constitutionnels affectés par l'usage de ces moyens), et la proportionnalité au sens strict entre les moyens et la fin, c'est-à-dire que le principe permet

Le sous-principe de justesse

Conformément au sous-principe de justesse, toute loi pénale, en tant qu'intervention dans la liberté générale d'action et d'autres droits fondamentaux, doit être juste pour favoriser un objectif constitutionnellement légitime.

Il s'agit, en effet, de deux exigences : la légitimité constitutionnelle de l'objectif et la justesse de la mesure envisagée. En ce qui concerne la première exigence, pour qu'une mesure pénale ne soit pas légitime, il doit être clair qu'elle ne cherche à protéger aucun droit fondamental, ni un autre bien juridique pertinent. Pour sa part, conformément à la seconde exigence, pour que ladite mesure (la qualification pénale ou la peine) soit juste, elle doit avoir un certain type de relation factuelle avec l'objectif proposé, c'est-à-dire qu'elle doit contribuer d'une certaine manière à la protection d'un autre droit et d'autres biens juridique.

Comme on peut le remarquer, dans ce sous-principe, on exige un minimum et non un maximum de justesse. La formulation négative de son concept implique un plus grand respect de la marge d'appréciation du législateur, dans la mesure où ce que l'on exige de ces mesures n'est pas un degré optimum de justesse pour atteindre la plus grande protection d'un bien juridique essentiel, mais seulement qu'elles ne soient pas ouvertement inadéquates pour contribuer à protéger un bien juridique légitime. Malgré tout, cette limite est déjà significative. La Cour constitutionnelle, par exemple, a revendiqué la légitimité de toute mesure pénale qui vise à protéger d'autres droits fondamentaux ou d'autres biens juridiques. Au contraire, elle a déclaré que toute peine qui a seulement pour but délibéré de causer une souffrance à un délinquant est ouvertement illégitime[1].

Le sous-principe de nécessité

Conformément au sous-principe de nécessité, pour qu'une intervention pénale dans les droits fondamentaux soit nécessaire, il ne doit existe aucune autre mesure alternative qui présente au moins le même caractère juste pour atteindre l'objectif proposé et qui soit plus bénin pour le droit affecté.

Dès lors, il s'agit d'une comparaison de la mesure adoptée avec les mesures alternatives possibles, comparaison dans laquelle on analyse : 1. le caractère juste équivalent ou supérieur de la mesure alternative, et 2. le moindre degré d'intervention dans le droit fondamental. Afin de respecter la marge d'action législative, dans cette comparaison aussi, on utilise des définitions négatives. En effet, pour qu'une mesure pénale ne soit pas nécessaire, il doit exister une mesure alternative qui présente au moins la même justesse et qui restreigne moins la liberté ou d'autres droits fondamentaux affectés.

---

l'accomplissement de cette finalité ne sacrifie pas des principes constitutionnellement plus importants. »

[1] *Cf.* Cour constitutionnelle, jugement T-596 de 1992, M. P. : CIRO ANGARITA BARÓN.

Cela n'implique pas que le législateur doive toujours adopter la mesure pénale optimale, mais seulement l'interdiction de restreindre inutilement la liberté, c'est-à-dire l'interdiction d'utiliser une mesure fortement restrictive lorsqu'il existe une mesure alternative au moins aussi juste pour protéger le bien juridique important et qui soit en même temps plus bénin pour le droit restreint.

Le sous-principe de proportionnalité au sens strict

Selon le sous-principe de proportionnalité au sens strict, pour qu'une intervention pénale en matière de liberté ou d'autres droits fondamentaux soit légitime, le degré de réalisation de l'objectif de l'intervention (c'est-à-dire de protection du bien juridique) doit être au moins équivalent au degré d'affectation de la liberté ou du droit fondamental[1].

Il s'agit dès lors de comparer deux intensités ou degrés, celui de la réalisation de la finalité de la mesure examinée, et celui de l'affectation du droit fondamental. Par cette comparaison, on interdit qu'une forte atteinte à la liberté ou à un autre droit fondamental corresponde seulement à une protection minimale ou légère d'un autre droit ou bien juridique (nous pensons, par exemple, au cas où l'on punirait de trente ans de prison le vol d'autoradio : la protection légère ou, si l'on veut, moyenne du droit de propriété ne justifie pas une forte atteinte à la liberté qu'une telle condamnation impliquerait). Comme le suggère Alexy[2], pour mener à bien cette comparaison, on peut utiliser une échelle triadique, dans laquelle les deux variables à comparer, l'intervention dans la liberté ou dans le droit et la protection du bien juridique, peuvent se trouver affectées – restreintes dans le premier cas, et réalisées dans le second cas – par une mesure légère, moyenne ou forte. Ainsi, il serait illégitime que la liberté ou le droit de la défense soit restreint par une mesure forte, alors qu'une telle restriction ne serait pas justifiée avec une application légère ou modérée du droit de protection. Une restriction moyenne qui correspondrait à une protection légère ne serait pas non plus justifiée.

Jusque-là, tout est très clair. Toutefois, on s'aperçoit que le principe de proportionnalité fournit à la Cour constitutionnelle une large marge de subjectivité dans le catalogage du degré d'intervention ou de protection comme léger, moyen ou fort. Il convient d'admettre que cette marge d'interprétation est très clairement irréductible – le juge n'a jamais été, ni ne sera jamais, la bouche qui prononce les paroles de la loi ou de la Constitution – mais que, malgré tout, il existe des critères intersubjectivement valables qui le limitent. Il serait stupide d'affirmer, par exemple, qu'alors qu'une peine de trente ans de prison est une restriction légère, une amende de 10 000 $ constituerait une

---

[1] *Cf.*, sur le concept du principe de proportionnalité au sens strict, le jugement C-459 de 1995, M. P. : EDUARDO CIFUENTES MUÑOZ.

[2] ALEXY, « Epílogo a la Teoría de los derechos fundamentales », *op. cit.*

grave atteinte aux droits de l'individu[1]. De son côté, et de façon générale, la jurisprudence de la Cour constitutionnelle a établi à cette fin au moins deux critères plausibles, qui sont appliqués en matière pénale.

Le premier de ces critères est la gravité du délit. C'est un critère lié à l'intensité de la protection du bien juridique. Plus un délit est grave, plus il affecte le bien protégé et, pour autant, plus la protection législative et la peine à imposer doivent être grandes[2]. En d'autres termes, cela veut dire que plus un délit est grave, plus il sera justifié que le législateur tende à favoriser le bien juridique par une protection moyenne, voire grande[3], et par conséquent plus il sera justifié que la liberté soit restreinte avec une plus grande intensité[4]. En sens contraire, moins un délit sera grave, moins une forte restriction de la liberté et l'imposition d'une peine sévère seront justifiées[5]. En

---

[1] Dans le jugement C-591 de 1993, M. P. : EDUARDO CIFUENTES MUÑOZ, la Cour fait quelques réflexion intéressantes sur la plus ou moins grande gravité des peines en matière disciplinaire.

[2] *Cf.* C-285 de 1996, M. P. : CARLOS GAVIRIA DÍAZ. D'après ce critère, par exemple, dans ce cas, la Cour constitutionnelle a soutenu que le rapport charnel violent est plus préjudiciable au bien juridique qu'elle protège quand la victime est liée à l'agresseur par un lien matrimonial ou marital : « Il faut considérer que la violence sexuelle est un des faits les plus graves contre la personne, en ce qu'elle affecte sa dignité, sa liberté et qu'en outre elle peut occasionner des séquelles négatives permanentes ; mais le plus grave est que ce dommage peut non seulement affecter la personne elle-même qui a subi l'affront, mais aussi conduire à la rupture de l'unité familiale ou, au moins, produire de graves troubles dans celle-ci, ce qui affectera les autres membres qui en font partie, et en particulier les mineurs. » Cet argument fut l'un des piliers sur lesquels s'est fondée la Cour constitutionnelle pour déclarer l'inconstitutionnalité du principe selon lequel le lien matrimonial est une cause d'atténuation pénale de ce délit. »

[3] *Cf.* C-345 de 1995, M. P. : EDUARDO CIFUENTES MUÑOZ, dans lequel on justifie la plus grande durée du terme de prescription de certains délits, s'ils sont commis par des employés publics. La Cour argumente que la différence dans le *quantum* de la peine est justifiée dans ce cas parce que le délit est plus grave s'il est commis par un employé public : « Le délit perpétré par un employé public dans l'exercice de ses fonctions ou de sa charge ou à l'occasion de celles-ci [...] en plus d'affecter certains biens juridiques protégés, porte atteinte aux valeurs de crédibilité et de confiance publiques, ce qui justifie que la peine à prononcer soit supérieure. Le caractère plus répréhensible des délits commis par les employés publics – qui apparaît dans les causes génériques ou spécifiques d'aggravation, – correspond à la nécessité de protéger plus efficacement la société de l'effet destructeur et déstabilisant qu'a la délinquance officielle sur la légitimité des institutions publiques. »

[4] Également, comme corrélat, si le délit n'est pas plus grave, comparativement, la peine ne peut l'être non plus. *Cf.* C-070 de 1996, M. P. : HERNANDO HERRERA VERGARA, un cas dans lequel la Cour déclare inconstitutionnelle une peine agravée qui s'applique aux délits contre les patrimoines économiques supérieurs à 100 000 $ et qui, à cause de la dévaluation de la monnaie, finit par être appliquée à tous les délits, indépendamment de leur plus ou moins grande gravité.

[5] La jurisprudence constitutionnelle a exposé ce critère, établissant une relation entre le principe de proportionnalité et le principe d'illégalité matérielle. Ainsi, par exemple, dans le jugement C-070 de 1996, la Cour soutient : « Le principe de préjudiciabilité ou d'illégalité matérielle a été forgé par la doctrine juridique pénale et introduit dans la législation comme un des éléments nécessaires du délit (article 4 de la Constitution politique). Ce principe d'importance fondamentale en droit pénal n'a pas été expressément consacré dans la Consti-

application de ce critère, et en relation avec le principe d'égalité, il est inconstitutionnel que la loi attribue à un fait punissable moins grave une peine plus lourde qu'à un fait plus préjudiciable[1].

Le second critère est le degré de culpabilité. Le plus ou moins grand degré de culpabilité est un critère lié au degré de l'intervention législative dans la liberté générale d'action. Plus la culpabilité est grande, plus il y a de raisons que la conduite soit interdite et sanctionnée par une peine plus sévère[2]. En sens contraire, moins la culpabilité est grande, en raison de la symétrie que l'on doit garder avec le châtiment imposé, moins la peine devra être lourde[3].

La prohibition de la protection déficiente

La seconde variante du principe de proportionnalité, qui s'applique aussi dans le cadre du contrôle de constitutionnalité de la législation pénale, mais du point de vue de la satisfaction des exigences imposées par les droits de protection, est la prohibition de la protection déficiente.

Dans cette variante, le principe de proportionnalité suppose aussi d'interpréter les droits fondamentaux de protection comme des principes et d'accepter que de ceux-ci découle la prétention *prima facie* que le législateur les garantisse dans la plus grande mesure possible, étant donné les possibilités juridiques et factuelles. Cela veut dire que ces droits imposent *prima facie* au législateur le développement de toutes les actions (non redondantes) qui favorisent la protection de leur objet normatif, et qu'ils n'impliquent pas l'affaiblissement[4] des autres droits et principes qui jouent en sens contraire[5]. Le caractère *prima facie* de ces droits implique que les interventions du légi-

---

tution politique, ce qui ne veut pas dire qu'il manque de pertinence constitutionnelle ou qu'il ne peut pas être déduit des normes constitutionnelles. En effet, on pourrait affirmer que les autorités sont instituées pour protéger la vie, l'honneur, les biens et autres droits et libertés des personnes résidant en Colombie (article 2 de la Constitution politique), mais qu'en matière d'exercice du *ius puniendi* de l'État, cette protection ne peut pas impliquer une restriction injustifiée des droits fondamentaux, comme cela pourrait se passer, par exemple, quand, malgré la faible importance d'un bien, on limite de façon déraisonnable la liberté personnel d'un contrevenant […]. Sans qu'il soit nécessaire de soulever le principe d'illégalité (article 4 de la Constitution politique) au rang de principe supralégal, on peut affirmer que celui-ci trouve son corollaire constitutionnel dans le principe de proportionnalité ou de "prohibition de l'excès". »

[1] *Cf.*, sur cette hypothèse, le jugement C-364 de 1996, M. P. : CARLOS GAVIRIA DÍAZ, qui traite du prononcé d'une peine plus lourde pour une contravention que pour un délit.

[2] *Cf.* le jugement C-285 de 1996, M. P. : CARLOS GAVIRIA DÍAZ.

[3] *Cf.* le jugement C-591 de 1993, M. P. : EDUARDO CIFUENTES MUÑOZ.

[4] Cette violation se produit quand les mesures de protection représentent des interventions disproportionnées sur les principes qui jouent en sens contraire.

[5] *Cf.*, sur le caractère de principes des droits de protection, R. ALEXY, *Teoría de los derechos fundamentales*, *op. cit.*, p. 419 et s. ; BOROWSKI, *La estructura de los derechos fundamentales*, *op. cit.*, seconde partie, II, 2.

slateur qui en font l'objet ne peuvent être constitutionnellement admissibles et valides de façon définitive que si elles observent les exigences du principe de proportionnalité.

La version du principe de proportionnalité qui s'applique face aux droits de protection s'appelle la prohibition de la protection déficiente (l'*Untermaßverbot* de la doctrine allemande)[1]. Ce principe s'applique pour déterminer si les omissions législatives, qui n'offrent pas un niveau maximum de garantie des droits de protection, constituent des violations de ces droits. Quand ils sont interprétés comme des principes, les droits de protection impliquent que le législateur leur accorde *prima facie* la protection maximale. Si ce n'est pas le cas et si, au contraire, le législateur protège un droit seulement de manière partielle, ou évite de lui accorder toute protection, le défaut de protection optimale doit alors entraîner, du point de vue constitutionnel, la prohibition de la protection déficiente. Cette prohibition se compose des sous-principes suivants.

Le sous-principe de caractère juste de la prohibition de la protection déficiente

Une abstention législative ou une norme légale qui ne protège pas un droit fondamental de manière optimale affaiblit les exigences du principe de caractère juste quand elle ne favorise pas la réalisation d'une finalité législative constitutionnelle légitime. En d'autres termes, il faut que le manque de protection optimale du droit fondamental génère une plus grande réalisation du but constitutionnellement légitime du Congrès. Dans le cas de la législation pénale, une mesure ou une abstention législative qui ne réalise pas de manière optimale un droit fondamental de protection sera juste si elle implique effectivement la non-intervention dans un droit fondamental de défense (la liberté générale d'action ou un autre droit fondamental).

Le sous-principe de nécessité de la prohibition de protection déficiente

Une abstention législative ou une norme législative qui ne protège pas un droit fondamental de manière optimale affecte les exigences du principe de nécessité quand il existe une autre abstention ou une autre mesure législative alternative qui favorise la réalisation du but du Congrès au moins au même degré, et favorise en même temps davantage la réalisation du droit fondamental de protection. Ce cas se présente en matière pénale quand une protec-

[1] Pour les travaux les plus représentatifs de la discussion allemande sur l'*Untermaßverbot* : C.-W. CANARIS, « Grundrechtswirkungen und Verhältnismäßigkeitprinzip in der richterlichen Anwendung und Fortbildung des Privatrechts », *JuS*, n° 3, 1989, p. 161 et s. ; J. DIETLEIN, « Das Untermaßverbot », *ZGesgeb*, n° 9, 1995, p. 131 et s. ; K.-E. HAIN. « Der Gesetzgeber in der Klemme zwischen Übermaß und Untermaßverbot », *DVBL*, 1993, p. 982 et s. ; K.-E. HAIN, « Das Untermaßverbot in der Kontroverse », *ZGesgeb*, n° 11, 1996, p. 75 et s..

tion supérieure du bien juridique pertinent est obtenue avec une restriction alternative de la liberté, égale ou moindre.

Le sous-principe de proportionnalité au sens strict de la prohibition de protection déficiente

Une abstention législative ou une norme législative qui ne protège pas un droit fondamental de manière optimale porte atteinte aux exigences du principe de proportionnalité au sens strict quand le degré de satisfaction de la fin législative (la non-intervention sur la liberté) est inférieur au degré de non-application du droit fondamental de protection. Si l'on adopte l'échelle triadique exposée au sujet de l'interdiction de l'excès, on conclura donc que, selon la prohibition de la protection déficiente, il est interdit que l'intensité avec laquelle un droit de protection n'est pas garanti soit forte et que l'importance de la non-intervention sur la liberté ou un autre droit de défense soit légère ou moyenne, ou que l'intensité de la non-protection soit moyenne et que la non-intervention soit légère. Pour expliciter cette idée par un exemple, il serait interdit que, pour ne pas intervenir sur la liberté de la mère à un degré moyen, on supprime la protection accordée au *nasciturus* et on dépénalise l'avortement dans toutes les hypothèses durant les cinq premiers mois de grossesse[1].

La marge d'action législative

Enfin, on doit examiner le problème de la marge d'action législative. La pratique conjointe de l'examen de l'interdiction de l'excès et de la prohibition de la protection déficiente sur la législation pénale, surtout en ce qui concerne le troisième sous-principe, paraît montrer que le principe de proportionnalité élimine toute marge d'action législative. Cette impression peut résulter d'une analyse des alternatives que les sous-principes de proportionnalité au sens strict de l'un ou l'autre examen prohibent au législateur. Cette analyse peut être synthétisée de la manière suivante.

---

[1] Une argumentation semblable apparaît dans l'opinion dissidente au jugement C-647 de 2001, M. P. : ALFREDO BELTRÁN SIERRA. Mais il convient de constater que cette opinion dissidente interprète largement la cause de l'exclusion de la peine pour l'avortement que prévoit le nouveau Code pénal qui transforme son caractère exceptionnel en règle générale. Il est tout à fait douteux que cette interprétation large soit correcte. En tout cas, pour ce qui nous intéresse ici, l'opinion dissidente soutient : « La tension qui se présente entre le droit à la vie du fœtus et les droits à la liberté, au libre développement de la personnalité et à la dignité de la mère qui se trouve "dans des conditions extraordinaires anormales de motivation" est résolue, par la disposition faisant l'objet du commentaire, avec une solution qui élimine le droit à la vie du premier. Il ne s'agit donc pas d'une restriction de droits pour l'obtention d'une fin constitutionnelle, mais d'une mesure qui tolère la disparition absolue du premier et principal droit fondamental qui est le droit à la vie, sur l'autel de la garantie de la liberté de la femme. De ce point de vue, la restriction à la protection de la vie du *nasciturus* et absolument disproportionnée. »

Dans l'interdiction de l'excès, le principe de proportionnalité au sens strict interdit qu'une intervention grave sur la liberté se justifie par un avantage léger ou moyen qu'elle représente pour le droit de protection et qu'une intervention moyenne se justifie par un avantage léger. Il s'agit alors des relations grave/légère, grave/moyenne, moyenne/légère. Corrélativement, dans la prohibition de la protection déficiente, ce sous-principe interdit qu'une grave non-protection se justifie par une non-intervention moyenne ou légère, ou qu'une non-protection moyenne se justifie par une non-intervention légère. Ce sont alors les relations légère/grave, moyenne/grave, légère/moyenne. Si l'on combine ces trois alternatives interdites, on arrivera alors à la conclusion que seul le législateur est autorisé à établir des mesures qui respectent l'équilibre entre les droits dans un conflit qui se produit dans les cas d'égalité : d'un côté, une intervention légère en échange d'une protection élevée, d'un autre côté, une non-protection grave en échange d'une non-intervention grave, etc., ou, de façon plus synthétique, les relations grave/grave, moyenne/moyenne, faible/faible. De ceci, on pourrait en conclure que les droits d'un côté et de l'autre débordent de la compétence du législateur par tous les côtés et éliminent toutes les marges d'action.

Cette conclusion n'est cependant pas pertinente. Bien que les droits fondamentaux admettent le pouvoir discrétionnaire du législateur pénal, ils lui fournissent au moins trois libertés d'action[1]. En premier lieu, apparaît la première liberté pour le choix des moyens. Il est bien certain que seul le Congrès peut prendre des mesures qui impliquent des relations d'égalité. Surtout, la catégorie des moyens qui impliquent ces relations grave/grave, moyenne/moyenne et légère/légère est assez large. Le choix du législateur entre un moyen et un autre, quand chacun remplit cette exigence, est irréfutable et ne peut être affecté par la juridiction constitutionnelle[2]. En second lieu, le législateur dispose aussi d'une marge pour la pondération. Parmi ses compétences, il y a le fait de choisir l'un des trois types d'égalité, grave/grave, moyenne/moyenne ou légère/légère, et sa décision concernant le niveau auquel il veut équilibrer les relations entre les biens en conflits est également définitive[3]. Enfin, le Congrès jouit aussi d'une marge d'action

---

[1] *Cf.*, sur les différents types de marges d'action législative, R. ALEXY, « Epílogo a la teoría de los derechos fundamentales », *op. cit.*.

[2] *Cf.*, sur la marge d'action pour le choix de moyens, l'explication de vote au jugement C-647 de 2001, M. P. : ALFREDO BELTRÁN SIERRA, émise par les magistrats CLARA INÉS VARGAS HERNÁNDEZ, JAIME ARAÚJO RENTERÍA, ALFREDO BELTRÁN SIERRA y MANUEL JOSÉ CEPEDA ESPINOSA.

[3] La Cour constitutionnelle s'est référée de façon implicite à cet argument en reconnaissant la compétence du législateur pour établir des critères différentiels dans le traitement pénal des conduites qui affectent ou mettent en danger des biens juridiquement protégés « fondés, par exemple, sur l'existence objective de différentes catégories de délits qui présentent des variations importantes en ce qui concerne la gravité que présente leur commission, la transcendance des biens juridiques qu'elle est chargée de protéger par leur incrimination et d'autres critères de politique criminelle ». *Cf.* jugement C-556 de 1992, M. P. : SIMÓN RODRÍGUEZ RODRÍGUEZ ; C-

cognitive, qui est liée à la certitude des prémisses par lesquelles s'établit l'importance de l'intervention et le degré de protection. Quand on veut qu'il n'existe pas de prémisses certaines qui s'opposent aux mesures législatives, elles doivent être déclarées exécutoires comme dans le jugement allemand sur le cannabis[1], dans lequel on a reconnu qu'il n'existait pas de « connaissance scientifiquement fondée qui [se prononce] nécessairement en faveur du caractère correct » de la pénalisation ou de la libéralisation de la consommation de cannabis, et on conclut, pour cette raison, que « le législateur [avance] la prérogative de l'appréciation et de la décision pour choisir entre diverses alternatives potentiellement adéquates pour atteindre le but législatif ».

Finalement, il convient de signaler que le respect de ces marges d'action et des exigences découlant des droits de protection impose à la Cour constitutionnelle le devoir d'exercer ses compétences avec la plus grande prudence et l'oblige à décider une restriction raisonnable. Il paraît plausible, pour cette raison, que quand on constate l'inconstitutionnalité d'une loi pénale, celle-ci est seulement déclarée exécutoire dans les cas où sa sauvegarde n'est pas possible par le moyen d'une interprétation conforme à la Constitution. Il paraît plus compatible avec le respect des compétences législatives et avec l'accomplissement des devoirs de protection que la Cour tente de chercher, toujours dans les marges sémantiques du texte de la loi, des alternatives compatibles avec les droits fondamentaux, avant de déclarer le caractère inexécutoire qu'implique logiquement l'absence de protection automatique des biens juridiques protégés[2].

Bibliographie

Références doctrinales

B. ALÁEZ CORRAL, « Defensa de la Constitución, libertades de expresión e información y principio de proporcionalidad (a propósito de la STC. 136 del 20 de julio de 1999) », *Repertorio Aranzadi del Tribunal Constitucional*, n° 15, 1999.

R. ALEXY, *Teoría de los derechos fundamentales*, Madrid, Centro de Estudios Constitucionales, 1997.

557 de 1992, M. P. : SIMÓN RODRÍGUEZ RODRÍGUEZ ; C-093 de 1993, M. P. : FABIO MORÓN DÍAZ et ALEJANDRO MARTÍNEZ CABALLERO ; C-565 de 1993, M. P. : HERNANDO HERRERA VERGARA ; C-070 de 1996, M. P. : EDUARDO CIFUENTES MUÑOZ, et C-592 de 1998, M. P. : FABIO MORÓN DÍAZ. Dans ces échelles, l'équilibre est conservé, mais le rang varie : à une plus grave atteinte au bien juridique correspond une plus grande protection et une plus grande intervention sur la liberté, et vice versa : à une moindre atteinte au bien juridique correspond une moindre protection et une moindre intervention sur la liberté.

[1] *BVerfGE* 90, 145, 182 et s..

[2] La Cour a appliqué de façon très plausible en ce sens le principe d'interprétation conforme à la Constitution, dans le jugement C-070 de 1996, M. P. : EDUARDO CIFUENTES MUÑOZ.

R. ALEXY, « Epílogo a la Teoría de los derechos fundamentales », C. BERNAL PULIDO (trad.), *Revista Española de Derecho Constitucional*, n° 66, 2002.

I. BERLIN, « Dos conceptos de libertad », *in* I. BERLIN, *Cuatro ensayos sobre la libertad*, Madrid, Alianza Editorial, 1996.

J. M. BILBAO UBILLOS, « La excarcelación tenía un precio: el Tribunal enmienda la plana del legislador (comentario de la sentencia 136 de 1999 en el caso de la Mesa Nacional de HB) », *Revista Española de Derecho Constitucional*, n° 58, 2000.

M. BOROWSKI, *La estructura de los derechos fundamentales*, Bogotá, Universidad Externado de Colombia, 2002.

C.-W. CANARIS, « Grundrechtswirkungen und Verhältnismäßigkeitprinzip in der richterlichen Anwendung und Fortbildung des Privatrechts », *JuS*, n° 3, 1989.

J. DIETLEIN, « Das Untermaßverbot », *ZGesgeb*, n° 9, 1995.

J. C. GAVARA DE CARA, *Derechos fundamentales y desarrollo legislativo. La garantía del contenido esencial de los derechos fundamentales en la Ley Fundamental de Bonn*, Madrid, Centro de Estudios Constitucionales, 1994.

K.-E. HAIN, « Der Gesetzgeber in der Klemme zwischen Übermaß und Untermaßverbot », en *DVBL*, 1993.

K.-E. HAIN, « Das Untermaßverbot in der Kontroverse », *ZGesgeb*, n° 11, 1996.

J. ISENSEE, « Das Grundrecht als Abwehrrecht und als staatliche Schutzpflicht », *in* J. ISENSEE et P. KIRCHHOF (eds.), *Handbuch des Staatsrechts*, vol. 5, Heidelberg, C. F. Müller, 1992.

A. JULIO, *La eficacia entre particulares de los derechos fundamentales*, Bogotá, Universidad Externado de Colombia, 1999.

G. LÜBBE-WOLFF, *Die Grundrechte als Eingriffsabwehrrechte. Struktur und Reichweite der Eingriffsdogmatik im Bereich staatlicher Leistungen*, Baden-Baden, Nomos, 1988.

S. MIR PUIG, *El derecho penal en el Estado social y democrático de derecho*, Barcelona, Ariel, 1994.

N. OSUNA, *Tutela y amparo. Derechos protegidos*, Bogotá, Universidad Externado de Colombia, 1997.

Références jurisprudentielles

Cour constitutionnelle, jugement C-556 de 1992, M. P. : Simón RODRÍGUEZ RODRÍGUEZ.

Cour constitutionnelle, jugement C-557 de 1992, M. P. : Simón RODRÍGUEZ RODRÍGUEZ.

Cour constitutionnelle, jugement T-403 de 1992, M. P. : Eduardo CIFUENTES MUÑOZ.

Cour constitutionnelle, jugement T-422 de 1992, M. P. : Eduardo CIFUENTES MUÑOZ.
Cour constitutionnelle, jugement T-530 de 1992 M. P. Álvaro TAFUR GALVIS.
Cour constitutionnelle, jugement T-596 de 1992, M. P. : Ciro ANGARITA BARÓN.
Cour constitutionnelle, jugement C-093 de 1993, M. P. : Fabio MORÓN DÍAZ et Alejandro MARTÍNEZ CABALLERO.
Cour constitutionnelle, jugement T-493 de 1993, M. P. : Antonio BARRERA CARBONELL.
Cour constitutionnelle, jugement C-565 de 1993, M. P. : Hernando HERRERA VERGARA.
Cour constitutionnelle, jugement C-591 de 1993, M. P. : Eduardo CIFUENTES MUÑOZ.
Cour constitutionnelle, jugement C-595 de 1993, M. P. : Carlos GAVIRIA DÍAZ.
Cour constitutionnelle, jugement T-015 de 1994, M. P. : Alejandro MARTÍNEZ CABALLERO.
Cour constitutionnelle, jugement C-134 de 1994, M. P. : Vladimiro NARANJO MESA.
Cour constitutionnelle, jugement C-146 de 1994, M. P. : José Gregorio HERNÁNDEZ GALINDO.
Cour constitutionnelle, jugement C-176 de 1994, M. P. : Alejandro MARTÍNEZ CABALLERO.
Cour constitutionnelle, jugement C-179 de 1994, M. P. : Carlos GAVIRIA DÍAZ.
Cour constitutionnelle, jugement C-221 de 1994, M. P. : Carlos GARIVIA DÍAZ.
Cour constitutionnelle, jugement T-230 de 1994, M. P. Eduardo CIFUENTES MUÑOZ.
Cour constitutionnelle, jugement T-254 de 1994, M. P. : Eduardo CIFUENTES MUÑOZ.
Cour constitutionnelle, jugement T-429 de 1994, M. P. : Antonio BARRERA CARBONELL.
Cour constitutionnelle, jugement C-026 de 1995, M. P. : Carlos GAVIRIA DÍAZ.
Cour constitutionnelle, jugement SU 089 de 1995, M. P. : Jorge ARANGO MEJÍA.
Cour constitutionnelle, jugement T-288 de 1995, M. P. : Eduardo CIFUENTES MUÑOZ.
Cour constitutionnelle, jugement C-345 de 1995, M. P. : Eduardo CIFUENTES MUÑOZ.
Cour constitutionnelle, jugement T-425 de 1995, M. P. : Eduardo CIFUENTES MUÑOZ.

Cour constitutionnelle, jugement C-459 de 1995, M. P. : Eduardo CIFUENTES MUÑOZ.
Cour constitutionnelle, jugement C-022 de 1996, M. P. : Carlos GAVIRIA DÍAZ.
Cour constitutionnelle, jugement C-070 de 1996, M. P. : Eduardo CIFUENTES MUÑOZ.
Cour constitutionnelle, jugement C-285 de 1996, M. P. : Carlos GAVIRIA DÍAZ.
Cour constitutionnelle, jugement C-364 de 1996, M. P. : Carlos GAVIRIA DÍAZ.
Cour constitutionnelle, jugement C-609 de 1996, M. P. : Alejandro MARTÍNEZ CABALLERO et Fabio MORÓN DÍAZ.
Cour constitutionnelle, jugement C-015 de 1997, M. P. : Eduardo CIFUENTES MUÑOZ.
Cour constitutionnelle, jugement T-103 de 1997. Jorge ARANGO MEJÍA.
Cour constitutionnelle, jugement C-144 de 1997, M. P. : Alejandro MARTÍNEZ CABALLERO.
Cour constitutionnelle, jugement C-239 de 1997, M. P. : Carlos GAVIRIA DÍAZ.
Cour constitutionnelle, jugement C-475 de 1997, M. P. : Eduardo CIFUENTES MUÑOZ.
Cour constitutionnelle, jugement T-311 de 1998, M. P. : Fabio MORÓN DÍAZ.
Cour constitutionnelle, jugement C-592 de 1998, M. P. : Fabio MORÓN DÍAZ.
Cour constitutionnelle, jugement C-301 de 1999, M. P. : Alfredo BERLTRÁN SIERRA.
Cour constitutionnelle, jugement T-718 de 1999 M. P. José Gregorio HERNÁNDEZ GALINDO.
Cour constitutionnelle, jugement T-417 de 2000, M. P. : Carlos GAVIRIA DÍAZ.
Cour constitutionnelle, jugement C-739 de 2000, M. P. : Fabio MORÓN DÍAZ.
Cour constitutionnelle, jugement C-1410 de 2000, M. P. : Alejandro MARTÍNEZ CABALLERO.
Cour constitutionnelle, jugement C-1490 de 2000, M. P. : Fabio MORÓN DÍAZ.
Cour constitutionnelle, jugement C-046 de 2001, M. P. : Álvaro TAFUR GALVIS.
Cour constitutionnelle, jugement C-093 de 2001, M. P. : Alejandro MARTÍNEZ CABALLERO.
Cour constitutionnelle, jugement C-581 de 2001, M. P. : Jaime ARAÚJO RENTERÍA.

Cour constitutionnelle, jugement C-647 de 2001, M. P. : Alfredo BELTRÁN SIERRA.
Cour constitutionnelle allemande, *BVerfGE* 90, 145.
Tribunal constitutionnel espagnol, jugement 53 de 1985.
Tribunal constitutionnel espagnol, jugement 137 de 1990.
Tribunal constitutionnel espagnol, jugement 120 de 1990.
Tribunal constitutionnel espagnol, jugement 127 de 1994.
Tribunal constitutionnel espagnol, jugement 136 de 1999.

CHAPITRE V

LE PRÉCÉDENT CONSTITUTIONNEL[1]

La Constitution de 1991 a marqué l'entrée de la Colombie dans le néo-constitutionnalisme[2]. Ce courant fait référence à un modèle d'organisation politique dénommé État constitutionnel. La principale loi de construction de ce type d'État est la reconnaissance de la suprématie de la Constitution et des droits fondamentaux. Cette reconnaissance est corrélative à la création d'une Cour constitutionnelle, c'est-à-dire d'un tribunal spécialisé pour l'interprétation et l'application de la Constitution. À son tour, cette création implique une modification du système de sources de droit et de l'équilibre des pouvoirs de l'État. Le système de sources de droit est modifié parce que l'on attribue une force impérative et le caractère de source du droit à la jurisprudence de la Cour constitutionnelle ; et l'équilibre entre les pouvoirs est transformé pour deux raisons.

D'une part, on accepte que la Cour constitutionnelle ne puisse être conçue uniquement comme un législateur négatif, comme le pensait Kelsen dans les années vingt[3], mais comme un organe actif qui collabore avec le législatif et l'exécutif dans le travail de production des normes[4].

D'autre part, la Cour constitutionnelle est placée au sommet du pouvoir juridictionnel, et cela implique la subordination des juges ordinaires, y compris des hautes cours, à sa jurisprudence.

Ces changements supposent une innovation dans notre système de sources de droit. Il est bien connu que le système juridique colombien est essentiellement de type continental et que, pour cette raison, la loi se présente comme la source de droit par excellence. La reconnaissance de la force impérative de la jurisprudence constitutionnelle introduit dans notre système un élément qui était, traditionnellement, propre à la *common law*, mais qui, après la Seconde Guerre mondiale, s'est généralisé dans les systèmes juri-

---

[1] L'auteur remercie María José VIANA pour son aide à la sélection, à l'organisation et à l'analyse de l'information sur laquelle s'appuie ce texte.

[2] *Cf.*, sur ce concept, Miguel CARBONELL (ed.), *Neoconstitucionalismo(s)*, Madrid, Trotta, 2003.

[3] *Cf.* Hans KELSEN, « La garantía jurisdiccional de la Constitución (la justicia constitucional) », *in* Hans KELSEN, *Escritos sobre la democracia y el socialismo*, Madrid, Debate, 1988, p. 109 et s..

[4] *Cf.* Markus GONZÁLEZ BEILFUSS, *Tribunal Constitucional y reparación de la discriminación normativa*, Madrid, Centro de Estudios Políticos y Constitucionales, 2000.

diques de l'Europe continentale. Le principe du *stare dicisis* n'a pas été transplanté de façon identique dans les systèmes continentaux, mais il s'est créé une forme particulière de force obligatoire de la jurisprudence. Il faut dire qu'en Colombie, ladite forme particulière de force obligatoire comptait avec un antécédent législatif, à l'article 2 de la loi 19 de 1896 qui remplaçait l'article 10 de la loi 153 de 1887. Ces articles établissaient que trois jugements identiques de la Cour suprême de justice, comme tribunal de cassation, sur un même point de droit, constituaient une « doctrine juridique probable ». Toutefois, cette doctrine juridique n'avait pas le caractère de précédent obligatoire, mais seulement celui d'une source de droit que le juge « pouvait » utiliser comme critère d'orientation pour la résolution d'un nouveau cas. Cependant, comme nous le verrons ci-après, cet antécédent a évolué et l'on considère maintenant qu'un seul jugement de la Cour constitutionnelle constitue un précédent, c'est-à-dire qu'il est considéré comme une « jurisprudence » qui lie la Cour constitutionnelle elle-même pour la résolution d'affaires ultérieures – il s'agit du précédent horizontal –, les autres juridictions et les juges inférieurs – précédent horizontal – et les autres professionnels du droit.

De plus, il faut dire *ab initio* que la jurisprudence n'est pas toute la motivation d'un jugement de constitutionnalité. Nous verrons plus loin que ce qui constitue la jurisprudence est seulement le *ratio decidendi* contenu dans ladite motivation. Seul ledit *ratio decidendi* – et non les *obiter dicta* – lie les juges, comme précédent horizontal et vertical, et l'administration.

Il est également nécessaire d'expliquer que cette force obligatoire de la jurisprudence constitutionnelle est un phénomène différent de la chose jugée constitutionnelle et des effets du jugement de constitutionnalité. La force obligatoire se réfère au caractère obligatoire dans un sens horizontal et vertical de la partie motivée d'un jugement de la Cour constitutionnelle. Au contraire, la chose jugée constitutionnelle se réfère à l'incompétence de la Cour constitutionnelle pour connaître de nouveau un recours en inconstitutionnalité contre une norme alors qu'elle s'est déjà prononcée favorablement ou défavorablement à son sujet. Enfin, les effets des jugements de constitutionnalité se réfèrent à la modification du monde juridique et des situations des destinataires des jugements de constitutionnalité.

Cette analyse se référera seulement à la force obligatoire de la jurisprudence constitutionnelle. Par conséquent, il sera nécessaire de laisser de côté les deux autres phénomènes, qui ne seront que mentionnés, la Cour constitutionnelle ayant fait allusion aux effets de ses jugements et à la chose jugée constitutionnelle pour fonder la force obligatoire de sa jurisprudence.

L'objectif principal de cette analyse est d'établir jusqu'à quel point et de quelle manière une doctrine du précédent constitutionnel peut exister en Colombie. Autrement dit, la question de fond est de savoir si, en Colombie, la jurisprudence de la Cour constitutionnelle peut avoir la portée d'un précédent et dans quelles conditions elle peut l'avoir. Cette question se réfère essentiellement à deux problèmes qui feront l'objet des deux parties de ce texte. Le premier est celui relatif au fondement du caractère de précédent de la jurisprudence de la Cour constitutionnelle (I), et le second concerne les caractéristiques dudit précédent constitutionnel, c'est-à-dire ses particularités, son concept et ses destinataires (II). Enfin, la principale interrogation porte sur la détermination de la place que l'on accorde aux précédents constitutionnels dans le raisonnement juridique, et le rôle que l'on attribue, dans le raisonnement juridique, aux arguments qui découlent de la jurisprudence de la Cour constitutionnelle.

Le fondement du précédent constitutionnel dans l'ordre juridique colombien

L'inexistence d'une reconnaissance constitutionnelle ou légale

Le précédent constitutionnel est un cas spécial de jurisprudence. Un précédent constitutionnel est tout *ratio decidendi* qui a servi à la Cour constitutionnelle pour fonder une décision.

En ce sens, le précédent constitutionnel est un argument contenu dans le motif de tout jugement de la Cour constitutionnelle, qui, comme nous le verrons, se distingue du jugement et des *obiter dicta* ou des affirmations générales, qui ne représentent pas un pilier du jugement au sens strict, mais seulement une argumentation de second rang.

Le précédent constitutionnel est alors une partie de tout jugement de la Cour constitutionnelle, dans laquelle est concrétisée la portée d'une disposition constitutionnelle, c'est-à-dire dans laquelle est explicité ce que la Constitution interdit, permet, ordonne ou autorise pour un type concret d'hypothèse de fait, à partir d'une de ses clauses indéterminées.

Si la portée de la disposition constitutionnelle est certaine, le précédent constitutionnel fait, par conséquent, partie de la jurisprudence, et il s'ensuit que son caractère obligatoire dépend de celui que l'on attribue à la jurisprudence dans le système juridique en question. Or, à ce sujet, il est nécessaire d'apporter diverses précisions. Il est certain qu'en droit comparé, la jurisprudence n'a pas toujours le même caractère. Dans la *common law*, c'est une source prioritaire du droit. En revanche, les pays dont le système juridique a été traditionnellement romano-germanique n'ont pas catégoriquement attribué ce caractère à la jurisprudence. Depuis la période de l'Illustration, la majorité de ces pays a traité la jurisprudence avec dédain, l'a prise en théorie comme un ensemble de principes déontologiques accessoires à l'interprétation juridique ou, dans le meilleur des cas, comme un moyen de combler certaines lacunes du droit. Mais, ce qui se passe, c'est que cette catégorisation théorique contraste avec l'influence croissante de la jurisprudence dans la pratique. Ce phénomène en est arrivé à un point tel que, même dans un système juridique apparemment aussi rationaliste et légaliste que le système français, la jurisprudence a été le rempart pour la rénovation du droit civil et le substrat pour la construction du droit administratif.

Toutefois, en droit comparé, la jurisprudence constitutionnelle a toujours bénéficié d'un *status* particulier. À la suite des discussions qui ont eu lieu en Europe, quand le modèle concentré de contrôle de constitutionnalité venait juste de s'établir, la figure du Tribunal constitutionnel a surgi avec des caractéristiques particulières qui le distinguaient du pouvoir judiciaire ordinaire et qui, malgré son indubitable filtre juridictionnel, lui donnaient le caractère d'un législateur, en tant que créateur – ou du moins en tant que collaborateur dans la création – de droit.

C'est peut-être pour cette raison que, comme nous l'avons constaté par ailleurs[1], les lois organiques sur la juridiction constitutionnelle de pays comme l'Allemagne et l'Espagne n'ont pas hésité à conférer une force obligatoire à la jurisprudence de cet organe et ont établi, dès les premières années de fonctionnement de la juridiction constitutionnelle, un système de précédents constitutionnels qui devaient être obligatoirement respectés par le pouvoir judiciaire, l'administration, le Parlement et les particuliers.

En Colombie, toutefois, l'attribution de la force obligatoire à la jurisprudence constitutionnelle, c'est-à-dire la reconnaissance du précédent constitutionnel et l'assujettissement de tous les pouvoirs de l'État et des particuliers à cette source de droit, n'a pas profité d'une reconnaissance claire et explicite par un texte constitutionnel ou législatif. Si on observe le texte de la Constitution, il semblerait plutôt qu'il existe une tension entre, d'une part, l'acceptation de la suprématie de la Constitution (article 4[2]) et la création d'une Cour constitutionnelle comme gardien de celle-ci (article 241[3]) et, d'autre part, le caractère de « critère auxiliaire » que l'article 230 attribue en général à la jurisprudence – dont ferait aussi partie la jurisprudence constitutionnelle – et qui serait corrélatif au devoir du juge de s'attacher exclusivement, dans ses décisions, au « règne de la loi[4] ».

En d'autres termes, la Constitution, d'un côté, paraît soutenir la force obligatoire de la jurisprudence constitutionnelle mais, d'un autre côté, paraît la nier, en accordant à toute la jurisprudence, non pas un caractère obligatoire, mais seulement un caractère de « critère auxiliaire », et en omettant

---

[1] « La force obligatoire de la jurisprudence dans l'ordre juridique colombien », dans ce volume.

[2] Article 4 : « La Constitution et la norme des normes. Dans tous les cas d'incompatibilité entre la Constitution et la loi ou une autre norme juridique, les dispositions constitutionnelles seront appliquées. »

[3] Article 241 : « La protection de l'intégrité et de la suprématie de la Constitution est confiée à la Cour constitutionnelle dans les termes stricts et précis de cet article. »

[4] Article 230 : « Les juges, dans leur décision, sont soumis seulement au règne de la loi. L'équité, la jurisprudence, les principes généraux du droit et la doctrine sont des critères auxiliaires de l'activité juridictionnelle. »

d'établir le devoir du juge de s'en tenir au précédent constitutionnel et de le limiter uniquement à l'« autorité de la loi ».

Cette tension s'accentue si l'on tient compte des prescriptions d'autres textes constitutionnels et législatifs. L'article 243 de la Constitution se prononce en faveur de la force obligatoire des jugements de la Cour constitutionnelle, celui-ci attribuant l'autorité de la chose jugée aux jugements prononcés par ladite Cour dans l'exercice du contrôle juridictionnel[1]. L'alinéa 1er de l'article 21 du décret 2067 de 1991[2] va dans le même sens en établissant sans ambages que les jugements de la Cour constitutionnelle sont obligatoires pour les autorités publiques et les particuliers[3]. Toutefois, on a considéré, en règle générale, que ces articles font référence bien plus au caractère obligatoire et à l'autorité de la chose jugée des dispositifs des jugements de la Cour constitutionnelle.

En revanche, l'article 23 du décret 2067 de 1991 présente une importance capitale pour fonder la force obligatoire, non seulement des dispositifs, mais aussi du motif de tels jugements, c'est-à-dire de la jurisprudence ou de la « doctrine constitutionnelle ». Cet article attribue à la « doctrine constitutionnelle » le caractère de « critère auxiliaire obligatoire pour les autorités[4] ». Toutefois, la Cour constitutionnelle a elle-même déclaré, dans son jugement C-131 de 1993, l'inconstitutionnalité de l'expression « obligatoire », qualificatif que l'on attribuait au « critère auxiliaire de la jurisprudence » dans l'article 23, et de cette façon la balance a penché vers ce que prescrit l'article 230 de la Constitution[5].

---

[1] Article 243 : « Les jugements rendus par la Cour dans l'exercice du contrôle juridictionnel font passer à la chose jugée constitutionnelle. Aucune autorité ne pourra appliquer le contenu matériel de l'acte juridique déclaré inconstitutionnel pour des raisons de fond, tant que subsisteront dans la Charte les dispositions qui ont servi à confronter la norme ordinaire avec la Constitution. »

[2] L'article 23 transitoire de la Constitution de 1991 a conféré au président de la République des compétences extraordinaires pour que, durant les deux mois qui suivent la promulgation de la Constitution, il établisse, par décret, le régime procédural des jugements et des actions qui doivent être soumis à la Cour constitutionnelle.

[3] Article 21 du décret 2067 de 1991 : « Les jugements que prononce la Cour constitutionnelle ont l'autorité de la chose jugée constitutionnelle et sont obligatoirement appliqués pour toutes les autorités et les particuliers. »

[4] Article 23 du décret 2067 de 1991 : « La doctrine constitutionnelle énoncée dans les jugements de la Cour constitutionnelle, tant qu'elle n'est pas modifiée par elle, est un critère auxiliaire obligatoire pour les autorités et corrige la jurisprudence. Les modifications à la doctrine existante devront être explicites dans les jugements. »

[5] Il s'avère toutefois paradoxal que, dans le même jugement C-131 de 1993, on commence à ouvrir la voie, dans la jurisprudence, à la thèse selon laquelle l'expression « empire de la loi », contenue dans l'article 230 de la Constitution, se réfère à tout l'ordre juridique : « Il s'ensuit que le mot "loi" qu'emploie le premier alinéa de l'article 230 de la Constitution désigne nécessairement l'"ordre juridique". » (*cf.*, en outre, parmi beaucoup d'autres, les jugements T-486 de 1998 et C-836 de 2001). La Cour a raison quand elle considère qu'il est absurde de comprendre le mot loi seulement dans l'acception de loi formelle, c'est-à-dire, celle retenue par le Congrès : « la tâche des juges est relative à l'application de l'ordre juri-

Ainsi, l'article 23 du décret 2067 de 1991 est à présent une source normative importante pour l'attribution de la force obligatoire à la jurisprudence constitutionnelle. Et l'article 48 de la loi 270 de 1996 sur le statut de l'administration de la justice va dans le même sens en déclarant :

> Portée des jugements dans l'exercice du contrôle de constitutionnalité. Les jugements prononcés dans l'exercice du contrôle de constitutionnalité ont l'effet suivant : 1. Ceux de la Cour constitutionnelle rendus dans l'examen des normes législatives, que ce soit par voie d'action, de révision préalable ou dans le cadre du contrôle automatique de constitutionnalité, seront seulement d'application obligatoire et avec des effets *erga omnes* dans leurs dispositions. L'exposé des motifs constituera le critère accessoire pour l'activité judiciaire et pour l'application des normes de droit en général. [Seule] l'interprétation que fait [le Congrès de la République] a un caractère obligatoire général. 2. Les décisions juridictionnelles adoptées dans l'exercice de l'action en protection ont un caractère obligatoire seulement pour les parties. Leur motivation constitue seulement un critère auxiliaire pour l'activité des juges.

Cependant, dans son jugement C-037 de 1996[1], la Cour constitutionnelle a déclaré inconstitutionnels les paragraphes entre parenthèses, et a ainsi conditionné l'application de l'article à la reconnaissance de la force obligatoire des jugements de constitutionnalité et des jugements de protection, dans leurs dispositifs et dans le *ratio decidendi* de l'exposé des motifs.

Malgré tout, cette déclaration de constitutionnalité ne lève pas tous les doutes sur le problème du fondement du précédent constitutionnel en Colombie. Le texte juridique paraît indiquer que l'interprétation par voie d'autorité que la Cour constitutionnelle fait de la Constitution a un caractère obligatoire général. Cependant, cet énoncé laisse pendantes de multiples interrogations sur le fondement dudit caractère obligatoire, sur sa portée, sur le lien que la jurisprudence constitutionnelle établit avec d'autres pouvoirs publics et sur le concept de chose jugée constitutionnelle. Pour combler le vide juridique, la jurisprudence s'est référée à ces thèmes. Nous verrons, par la suite, l'évolution jurisprudentielle sur ces questions.

La reconnaissance jurisprudentielle du précédent constitutionnel

Il est très important de signaler que la reconnaissance du précédent constitutionnel en Colombie a été une œuvre de la jurisprudence constitutionnelle elle-même[2]. Ce fait peut être évalué dans deux sens. D'une part, on peut affirmer qu'indubitablement la Cour constitutionnelle devait reconnaître à ses jugements le caractère de précédent, pour combler un vide, devant le

dique, lequel n'est pas composé d'une norme isolée – la "loi" prise dans son acception formelle – mais est intégré par des pouvoirs organisés qui exercent un type spécifique de contrôle social à travers un ensemble intégré et harmonieux de normes juridiques. »

[1] Cour constitutionnelle, jugement C-037 de 1996, M. P. : Vladimiro Naranjo Mesa.

[2] *Cf.* Diego López Medin, *El derecho de los jueces*, Bogotá, Legis, 1999.

silence du constituant et du législateur. Il s'agissait d'un vide car le précédent jurisprudentiel est une technique indispensable au maintien de la cohérence des systèmes juridiques. Ladite cohérence est encore plus nécessaire quand il s'agit de l'interprétation de la Constitution. Étant donné le caractère vague et la souplesse sémantique et structurelle de ses énoncés, et leur lien avec la politique et l'idéologie, la Constitution ne peut être opératoire que si l'on s'en tient à un ensemble stable de précédents qui déterminent, pour un ensemble de cas spécifiques, ce qui est constitutionnellement prescrit. Cet ensemble de précédents doit suppléer l'abstraction de la Constitution. C'est un mécanisme sans lequel le texte de la Constitution pourrait difficilement avoir l'autorité d'une norme juridique.

Mais, d'autre part, la reconnaissance jurisprudentielle du précédent constitutionnel peut être interprétée comme un signe objectif d'activisme de la Cour constitutionnelle. En ce sens, ce phénomène peut se concevoir comme un exercice d'activisme particulièrement important, comme une stratégie de la Cour elle-même pour conférer au produit de l'exercice de ses fonctions le plus haut rang juridique possible dans le système de sources de droit. Dans cette perspective, on peut difficilement imaginer une plus grande auto-attribution du pouvoir que celle qu'un organe juridictionnel se donne quand il soutient que ses actes sont une source du droit qui est intégrée à la Constitution, c'est-à-dire à la source hiérarchiquement la plus élevée dans l'ordre juridique et que, de ce fait, ils s'imposent à tous les pouvoirs publics et à toutes les personnes privées et qu'ils ne peuvent être révisés que par la juridiction constitutionnelle elle-même. Dans cette optique, le législateur, en reconnaissant la nécessité de cette figure de rhétorique dans le droit colombien, aurait payé cher l'absence de régulation spécifique du précédent constitutionnel. Le prix aurait été, pour la loi, d'être privée par la jurisprudence constitutionnelle de sa position de source prioritaire du droit.

Malgré tout, la reconnaissance par la jurisprudence du précédent constitutionnel ne s'est pas produite dès le début de l'exercice des fonctions de la Cour constitutionnelle. Comme tout nouveau tribunal présentant les mêmes caractéristiques, bien différent de l'ancienne chambre constitutionnelle de la Cour suprême de justice, la Cour constitutionnelle a marqué une hésitation au moment de définir la valeur de ses propres jugements.

De plus, à la première occasion qui s'est présentée à elle de se prononcer sur ce thème, le jugement précité C-131 de 1993, la Cour s'est assenée à elle-même un dur coup, en déclarant que le caractère de « critère accessoire obligatoire pour les autorités » que l'article 23 du décret 2067 de 1991 reconnaissait à la « doctrine constitutionnelle » contenue dans ses jugements était incompatible avec le système colombien de sources juridiques. Dès lors, l'évolution jurisprudentielle sur ce thème a été une lutte de la Cour contre elle-même, contre ce premier précédent qui éliminait la possible existence d'un système de précédents. Il s'est agi d'une évolution sinueuse et zigzagante qui, comme l'a bien résumé le jugement C-252 de 2001, s'est déplacée entre deux pôles, deux positions sur la reconnaissance de la force obligatoire de la jurisprudence constitutionnelle, à savoir la position « traditionnelle » et la position « réformatrice ».

Selon la Cour, avant la Constitution de 1991, est apparue une position « traditionnelle » consistant en la reconnaissance de la force obligatoire de la jurisprudence, mais uniquement avec une « valeur accessoire ». Cette tendance s'est caractérisée par la reconnaissance que la loi est la source principale du droit, et que la jurisprudence est une source accessoire, dont l'efficacité est conditionnée par l'existence des problèmes herméneutiques suivants : le caractère obscur de la disposition légale[1], le manque de cohérence entre « les dispositions d'égale hiérarchie[2] » et le manque de « complétude de l'ordre normatif[3] ». La seconde « position », en revanche, est le « courant réformateur » que la Cour considère, depuis 2001, comme étant celui de la Constitution de 1991, qui « voit dans la jurisprudence une source principale du droit et [qui] plaide par son application obligatoire à travers la création de lignes de précédents ».

Ainsi, il apparaît évident que, depuis 2001, la Cour considère que le courant réformateur est celui qui est correct, c'est-à-dire que la jurisprudence est, en Colombie, une source principale du droit et que, de ce fait, dans ce pays, il existe le précédent constitutionnel. La question est alors de savoir comment la Cour a acquis une telle conviction. Quelle évolution sépare la thèse du jugement C-252 de 2001 de celle du jugement C-131 de 1993 ?

Nous tenterons de répondre à cette question dans les développements suivants. Pour cela, nous devons décider que la reconnaissance du précédent constitutionnel dans la jurisprudence de la Cour constitutionnelle est passée au moins par deux phases : une première phase d'identification des fondements du précédent constitutionnel, et une seconde phase de consolidation de celui-ci.

L'identification jurisprudentielle des fondements du précédent constitutionnel

Il est pour le moins curieux que l'identification jurisprudentielle des fondements du précédent constitutionnel commence par le jugement C-131 de 1991 (c'est-à-dire le précédent qui déclare inconstitutionnel le précédent constitutionnel) et par le jugement antérieur et connexe C-113 de la même année.

---

[1] Dans ce cas, la jurisprudence est nécessaire pour clarifier le but d'une disposition légale.

[2] Dans ce cas, la contradiction entre le contenu de dispositions légales oblige la jurisprudence à déterminer laquelle correspond au système normatif et à l'interprétation la plus convenable de celles-ci.

[3] Dans ce cas, la jurisprudence est reconnue comme source de droit seulement pour combler les vides normatifs existant dans l'ordre juridique.

L'autorégulation des compétences

Dans le jugement C-113 de 1993[1], la Cour constitutionnelle se réfère à l'étendue de sa compétence pour décider de ses propres compétences et, en ce sens, elle précise que la faculté de déterminer les effets de ses jugements est exclusivement la sienne et qu'elle ne peut être limitée par aucune autre autorité. Dans ce cas particulier, la Cour déclare inconstitutionnels les alinéas 2 et 4 de l'article 21 du décret 2067 de 1991 – pris par le président de la République dans l'exercice des compétences transitoires conférées par l'article 23 de la Constitution – par lequel il a prétendu délimiter la marge d'action de la Cour constitutionnelle pour déterminer les effets juridiques de ses jugements dans le temps.

Ainsi, la Cour constitutionnelle ouvre la voie pour agir sur le fondement du précédent constitutionnel. Si la Cour est compétente pour déterminer les effets temporels de ses jugements, elle le sera aussi pour déterminer le caractère obligatoire de la jurisprudence.

Cette position a été répétée dans le jugement C-131 de 1993[2], dans lequel la Cour reconnaît que sa jurisprudence est une source de droit (quoique sans caractère obligatoire [?]), et qu'elle est compétente pour déterminer les effets et la portée de ses jugements. Selon la Cour, il s'agit d'une compétence propre établie de manière implicite par l'article 241 de la Constitution.

La chose jugée constitutionnelle

Toutefois, le point le plus important du jugement C-131 de 1993 qui, en cela, complète et prolonge le jugement C-11 de 1993, est le fondement du précédent constitutionnel dans le concept de la chose jugée constitutionnelle. En ce sens, la Cour constitutionnelle interprète le contenu de l'article 243 de la Constitution, par lequel la notion de « chose jugée constitutionnelle » est consacrée, et elle définit comme caractéristiques de ses jugements l'effet *erga omnes* et non simplement *inter partes*, le passage à la chose jugée (on ne pourra pas juger deux fois sur les mêmes arguments allégués, afin de garantir la sécurité juridique), et l'application obligatoire de l'effet matériel de ces jugements de la part des autorités et des particuliers. D'après la Cour, tant ce dernier élément que l'effet *erga omnes* fondent la force obligatoire de sa jurisprudence. Il faut obligatoirement appliquer la jurisprudence constitutionnelle dans des affaires postérieures qui présentent les mêmes conditions juridiques et de faits.

Dans les jugements C-113 et C-131 de 1993, la Cour laisse entrevoir que l'autorité de sa jurisprudence à l'égard de tous les juges fait partie de l'effet de la chose jugée. Selon les mots de la Cour[3], « la *ratio iuris* se trouve dans

---

[1] Cour constitutionnelle, jugement C-113 de 1993, M. P. : Jorge ARANGO MEJÍA.

[2] Cour constitutionnelle, jugement C-131 de 1993, M. P. : Alejandro MARTÍNEZ CABALLERO.

[3] *Idem*.

la force de la chose jugée implicite des motifs des jugements de la Cour constitutionnelle ».

Dans ces jugements, la Cour développe en ce sens deux types de chose jugée constitutionnelle, qui s'appliqueraient à ses jugements :

- la « chose jugée explicite », des « dispositifs des jugements, par la disposition expresse de l'article 243 de la Constitution » ;
- la « chose jugée implicite », des « motifs qui conservent une unité de sens avec le dispositif du jugement, de telle sorte que l'on ne peut pas comprendre celui-ci sans allusion à ceux-là [...] qui ont une relation directe avec les dispositions, ainsi que ceux qu'indique la juridiction elle-même, dans la mesure où de tels arguments ont un lien causal avec la disposition, sont aussi obligatoires et [...] doivent être observés par les autorités et corrigent la jurisprudence. »

Cette double dimension du concept de chose jugée dans notre jurisprudence constitutionnelle est aussi devenue explicite, dans la phase de consolidation du précédent constitutionnel, dans le jugement C-310 de 2002[1]. Dans celui-ci, la Cour constitutionnelle reconnaît que la finalité de cette institution est complexe : non seulement éviter le *non ibis in idem*, mais aussi « assurer l'intégrité et la suprématie de la Constitution », ainsi que garantir l'application effective des principes d'égalité, de sécurité juridique et de confiance légitime des administrés car, par leur intermédiaire, l'organisme de contrôle constitutionnel est obligé d'être cohérent avec les décisions qu'il adopte préalablement, empêchant que les affaires identiques ou semblables soient étudiées et résolues différemment par les mêmes juges dans des occasions différentes.

La portée de la chose jugée consiste alors en ce que l'on ne pourra pas étudier de nouveau une affaire déjà étudiée et résolue au fond par la Cour constitutionnelle, dans l'exercice de sa fonction de contrôle de constitutionnalité, parce que ses jugements ont une force obligatoire à l'égard de « toutes les autorités – y compris la Cour constitutionnelle elle-même ».

L'application « *sub silentio* » du précédent constitutionnel

Dans le prolongement de ce que nous venons de voir, il convient de dire que la stratégie la plus dévastatrice que la Cour constitutionnelle a appliquée depuis la première époque pour vaincre la position traditionaliste et protéger la reconnaissance du précédent constitutionnel est l'application *sub silentio* de ses propres précédents. Comme nous l'avons déjà mentionné, en plus d'être une stratégie visant ce but, cette application est une exigence du principe de cohérence. La jurisprudence d'un tribunal qui serait excessivement et irrationnellement fluctuante, et qui varierait d'une affaire à l'autre sans une justification solide des évolutions, serait incohérente. De même, et dans une

[1] Cour constitutionnelle, jugement C-310 de 2002, M. P. : Rodrigo ESCOBAR GIL.

perspective de science politique, l'application de ses propres précédents est une forme de légitimation de la Cour constitutionnelle elle-même. La rationalité – et la cohérence en fait partie[1] – est une façon d'acquérir une légitimité. Un pouvoir qui s'exerce de façon irrationnelle est clairement illégitime. Au contraire, l'exercice rationnel d'un pouvoir est un argument puissant pour la reconnaissance de sa légitimité.

Cette application *sub silentio* des précédents constitutionnels s'est manifestée peut-être pour la première fois dans les jugements C-511 de 1994[2] et T-363 de 1995, par lesquels on a suivi l'interprétation constitutionnelle faite préalablement par la Cour dans les jugements T-409 de 1992[3] et T-547 de 1993[4], sur le droit fondamental à la liberté de conscience. De même, dans le jugement T-363 de 1995, on a considéré que l'on ne peut pas sous-estimer l'interprétation faite par la Cour constitutionnelle qui doit « actualiser le sens normatif de la Constitution comme un tout ».

Cette soumission tacite de la Cour constitutionnelle à ses précédents s'est vue englobée dans l'exigence de soumission à sa jurisprudence que la Cour fait à d'autres juges, surtout ceux de protection. Cette exigence a été manifeste dans ce que l'on appelle les « jugements de réitération », dont le nombre s'est accru. Par les jugements de réitération, la Cour constitutionnelle réitère une de ses jurisprudences antérieures, qui a été méconnue par un juge inférieur.

Le fondement du précédent constitutionnel dans le respect des principes d'égalité, de confiance légitime et de procès équitable

D'autre part, la Cour constitutionnelle a aussi commencé à consolider un argument qui renforcerait, à court terme, le précédent constitutionnel et qui marquerait clairement le début de la phase de consolidation de cette doctrine. Cet argument est celui du respect du droit fondamental à l'égalité. Selon cet argument, si la jurisprudence constitutionnelle n'est pas observée dans une affaire postérieure, le principe d'égalité est affecté dans la mesure où l'on autorise de façon injustifiée un traitement différent de deux individus ou de deux situations juridiques identiques ou analogues.

---

[1] *Cf.* dans le présent ouvrage, « Rationalité, proportionnalité et caractère raisonnable dans le contrôle de constitutionnalité des lois ».

[2] Cour constitutionnelle, jugement C-511 de 1994, M. P. : Fabio Morón Díaz.

[3] Cour constitutionnelle, jugement T-409 de 1992, M. P. : José Gregorio Hernández Galindo.

[4] L'interprétation constitutionnelle contenue dans le jugement T-547 de 1993, qui est invoqué dans le jugement C-511 de 1994 comme jurisprudence constitutionnelle obligatoire, est la suivante : « il n'existe pas, dans notre législation sur le service militaire, de cas de figure de l'"objection de conscience", dans la mesure où il ne revient pas à la coutume propre aux exigences du service militaire d'autoriser les citoyens à ne pas remplir ce devoir essentiel, dont les fondements se trouvent, non seulement dans les dispositions de la loi, mais aussi justement dans la conscience du compromis social lui-même. »

En ce sens, la Cour, dans le jugement T-547 de 1993[1], a considéré que le respect du droit à l'égalité comme droit subjectif présente une dimension négative du concept et reconnaît « une obligation constitutionnellement imposée aux institutions publiques, consistant à traiter de façon égale ceux qui se trouvent dans des situations de faits égales » et à « offrir un traitement similaire à tous ceux qui se trouvent dans des conditions similaires ».

Ce jugement ouvre la voie au respect du précédent judiciaire dans la mesure où il renforce comme fondement du respect du précédent judiciaire la nécessité de garantir la protection du droit fondamental à l'égalité. De cette manière, si nous nous trouvons face à des affaires avec des hypothèses de faits et des conditions similaires, il faut appliquer le précédent jurisprudentiel afin de garantir ce droit fondamental. Pour cela, la Cour signale quel est le *ratio iuris* du jugement, dans un souci d'éclairer lequel aura une force obligatoire pour les décisions judiciaires rendues postérieurement sur cette matière[2].

L'absence d'application d'un précédent constitutionnel antérieur à un cas postérieur porterait surtout atteinte à l'interdiction de discrimination, contenue à l'article 13 alinéa 1er de la Constitution[3]. La discrimination se produirait en présentant une application différente du droit constitutionnel qui ne serait ni rationnelle ni proportionnée. Si la Cour constitutionnelle n'appliquait pas son propre précédent, ou si un juge ordinaire n'appliquait pas le précédent constitutionnel, on traiterait différemment les titulaires du même droit dans deux affaires différentes. Cette application distincte ne serait justifiée par aucune raison légitime et, pour cette raison, serait déraisonnable.

Cette argumentation a trouvé un développement ultérieur intéressant dans le jugement T-123 de 1995[4]. Dans ce jugement, la Cour a formulé une nouvelle argumentation, selon laquelle le refus de se soumettre à la force obligatoire de la jurisprudence constitutionnelle peut constituer une voie de fait par la violation du droit fondamental à l'égalité. La Cour développe dans ce jugement deux aspects fondamentaux. Le premier d'entre eux est une claire revendication que la « doctrine constitutionnelle de la Cour a le caractère de

---

[1] Cour constitutionnelle, jugement T-547 de 1993, M. P. : Alejandro MARTÍNEZ CABALLERO.

[2] Dans ce jugement, la Cour énonce l'une de ses conceptions, peut-être l'une des plus larges, du « précédent judiciaire ». Par précédent, elle comprend : « La *ratio iuris* de la liberté de conscience est l'immunité de toute force externe qui oblige à agir contre ses propres convictions et qui empêche la réalisation de ces actions que la conscience ordonne sans entrave ou empêchement. Le droit à la liberté de conscience a un double destinataire : d'un côté, la personne qui prétend agir conformément à son for intérieur, et de l'autre, le devoir des autres de le respecter. Il n'existerait pas de protection intégrale si l'on n'obligeait pas les autres personnes à respecter les opinions différentes. »

[3] Sur le concept de discrimination, voir, dans le présent ouvrage, « Le principe d'égalité dans la jurisprudence de la Cour constitutionnelle ».

[4] Cour constitutionnelle, jugement T-123 de 1995, M. P. : EDUARDO CIFUENTES MUÑOZ.

source obligatoire[1] » pour tous les juges. Le second est la thèse selon laquelle les jugements des hautes cours – non seulement ceux de la Cour constitutionnelle, mais aussi ceux de la Cour suprême de justice et du Conseil d'État – doivent être respectés, non parce qu'ils sont des précédents judiciaires – car il ne s'agit que d'un critère auxiliaire – mais parce que le respect du droit fondamental à l'égalité et à la garantie de cohérence dans l'ordre juridique et dans le système judiciaire en dépend.

Malgré tout, dans ce jugement, la Cour préserve le principe d'autonomie judiciaire et reconnaît qu'exceptionnellement les juges pourront, dans l'exercice de leur autonomie et de leur pouvoir discrétionnaire, s'écarter du précédent[2]. Toutefois, si un juge décide de ne pas observer le précédent judiciaire, il doit motiver « suffisamment et de façon adéquate » la raison pour laquelle il décide de juger dans un sens différent. Cette justification doit être « objective et raisonnable ». Selon les mots de la Cour,

> il est raisonnable d'exiger, dans un souci de respect du principe d'égalité dans l'application de la loi, que les juges et les fonctionnaires qui considèrent de façon autonome qu'ils doivent s'écarter de la ligne jurisprudentielle tracée par les hautes cours, qu'ils le font, mais qu'ils justifient de façon suffisante et adéquate leur décision, car autrement ils violeraient le principe d'égalité (article 13 de la Constitution).

Ce jugement, comme le mentionne ultérieurement le jugement C-252 de 2001, crée une nouvelle obligation dans l'exercice de la fonction judiciaire, dans la mesure où il exige des juges une plus grande discipline, en établissant, non seulement qu'ils doivent adapter tous leurs jugements aux normes contenues dans la Constitution et la loi, mais aussi qu'ils doivent appliquer rigoureusement la jurisprudence précédente qui contient une interprétation constitutionnelle applicable en l'espèce.

Dans le même sens, dans le jugement C-447 de 1997[3], la Cour souligne que le respect du précédent judiciaire trouve son fondement, non seulement dans le respect du principe d'égalité, mais aussi dans celui de sécurité juridique et des idéaux les plus élémentaires de justice et d'éthique[4].

---

[1] Cour constitutionnelle, jugement C-083 de 1995, M. P. : Carlos GAVIRIA DÍAZ.

[2] Dans ce jugement T-123 de 1995, la Cour déclare que « la Constitution reconnaît aux juges une marge appréciable d'autonomie fonctionnelle, pourvu qu'ils se soumettent à l'empire de la loi (articles 230 et 228 de la Constitution) […] La Cour considère qu'il existe un moyen pour concilier chaque principe. Si le juge, dans son jugement, justifie de façon suffisante et raisonnable le changement de critère de la ligne jurisprudentielle qu'il a lui-même établie dans des cas substantiellement identiques, les exigences d'égalité et d'indépendance judiciaires sont remplies. On ne pourra reprocher au jugement un caractère arbitraire ou déraisonnable et, pour cette raison, le juge n'aura effectué entre les justiciables aucune sorte de discrimination. D'un autre côté, le juge continuera à jouir d'une large marge de liberté interprétative et la jurisprudence ne restera pas liée de façon rigide au précédent. »

[3] Cour constitutionnelle, jugement C-447 de 1997, M. P. : Alejandro MARTÍNEZ CABALLERO.

[4] Selon la Cour : « Tout tribunal, et spécialement la Cour constitutionnelle, a l'obligation d'être cohérent avec ses décisions antérieures. Cela découle, non seulement de considérations élémentaires de sécurité juridique – donc les décisions des juges doivent être raisonnablement

La possibilité de s'écarter du précédent sur la base d'une justification plausible garantit l'indépendance du juge et la concilie avec le principe d'égalité. Cette justification plausible est la raison pour laquelle le traitement différencié des deux cas, qui se présente quand le précédent n'est pas appliqué, est raisonnable et proportionné. Par conséquent, dans cette hypothèse, l'inapplication du précédent constitutionnel antérieur ne représenterait pas une discrimination, mais seulement une différenciation légitime, raisonnable et proportionnée et, par conséquent, en aucune façon contraire à l'article 13 de la Constitution.

La consolidation du précédent constitutionnel

Il n'est nullement absurde d'affirmer que le jugement T-123 de 1995 pose clairement les fondements de la consolidation de la doctrine du précédent constitutionnel. Dès lors, et avec quelques exceptions[1], la Cour constitu-

---

prévisibles – mais aussi du respect au principe d'égalité, puisqu'il n'est pas juste que des cas identiques soient résolus de manière différente par un même juge. C'est pourquoi certains secteurs de la doctrine considèrent que le respect du précédent est au droit ce que le principe d'universalisation et l'impératif catégorique sont à l'éthique, puisqu'un bon juge est celui qui prend une décision qu'il serait disposé à adopter dans une autre hypothèse différente qui présenterait des caractères analogues, et qui le fait effectivement. Pour cela, la Cour doit être très cohérente et prudente dans le respect des critères jurisprudentiels qui ont servi de fondement (*ratio decidendi*) à de précédentes décisions. »

[1] Durant l'année 1998, la Cour constitutionnelle a rendu un jugement qui constitue un recul dans la reconnaissance de la force obligatoire du précédent : ce jugement est le jugement T-321, M.P. : Alfredo BELTRÁN SIERRA. Dans ce jugement, la Cour a déclaré : « Exiger du juge qu'il maintienne invariable son critère, et lui imposer l'obligation sans restriction de juger de la même manière tous les cas qui seront portés à sa connaissance, quand ceux-ci partagent en essence les mêmes éléments, en vue de ne pas méconnaître le principe d'égalité, impliquerait une interférence et une restriction à son autonomie et à son indépendance. Ces principes sont également protégés par la Constitution (article 228) et constituent un obstacle à l'évolution et à la modernisation des décisions judiciaires, en faveur des administrés eux-mêmes. » Par cette affirmation, la Cour défend qu'on doive garantir, préférentiellement, l'autonomie et l'indépendance du juge par rapport au respect du précédent judiciaire. Ainsi, elle n'est pas obligée de respecter la jurisprudence constitutionnelle précédente dans ses jugements. De plus, dans le même jugement, la Cour affirme que ce n'est que quand le droit fondamental à l'égalité et le principe de sécurité juridique pourront être affectés que le juge sera dans l'obligation d'« exposer les raisons et les fondements qui l'ont conduit » à changer de jurisprudence. Il ajoute, en outre, que l'« on ne pourra alors pas faire valoir la violation du droit à l'égalité dans les cas où le juge exposera les raisons de ne pas donner la même solution à des cas substantiellement égaux » ; et que la motivation ne sera pas non plus nécessaire quand « la différence de traitement aura été le produit d'un changement de critère du fonctionnaire, ou de l'influence d'éléments externes, comme, par exemple, l'existence d'une jurisprudence dictée par des organes hiérarchiquement supérieurs ». En synthèse, ce jugement déclare que : 1. l'autonomie et l'indépendance du juge prévalent sur le respect du précédent judiciaire ; 2. si le juge s'en écarte, la motivation ne sera pas la règle générale mais sera exceptionnelle pour ces cas où sont affectées l'égalité et la sécurité juridique ; 3. le juge n'est pas non plus obligé de motiver son jugement quand il s'écarte du précédent, dans les cas où le traitement différent est dû « à un changement de critère du juge » ou à l'existence de jugements rendus par les hautes cours dans le même sens. Ce précédent que soutient la thèse traditionnelle, contenu

tionnelle a développé un processus d'affirmation et de consolidation du précédent constitutionnel, dont les avancées les plus importantes peuvent être synthétisées de la façon suivante.

La jurisprudence constitutionnelle intégratrice

Une stratégie d'argumentation particulière que la jurisprudence constitutionnelle utilisa pour consolider le précédent constitutionnel, au moins dans certains minimums que l'on tient aujourd'hui pour indiscutables, est celle qui classe la jurisprudence constitutionnelle ou la « doctrine constitutionnelle » en doctrine intégratrice et doctrine interprétative. En ce sens, la Cour constitutionnelle a établi que la doctrine constitutionnelle peut être intégratrice ou interprétative. Devant cette différence, la Cour a précisé, dans de multiples jugements, que ce qui est indiscutable est que la doctrine constitutionnelle intégratrice de lacunes normatives a le caractère de précédent constitutionnel.

En ce sens, par exemple, dans le jugement C-083 de 1995 qui a interprété l'alinéa 2 de l'article 230 de la Constitution, la Cour a développé le concept de « doctrine constitutionnelle[1] » contenu dans l'article 8 de la loi 153 de 1887 et ses différentes typologies : intégratrice et interprétative. Cette jurisprudence conduit à reconnaître la force obligatoire de la doctrine constitutionnelle intégratrice. Selon la juridiction, la doctrine de la Cour constitutionnelle qui vise l'intégration de lacunes de l'ordre juridique est d'application obligatoire. En ce sens, la Cour a précisé que la doctrine constitutionnelle intégratrice devrait avoir une force obligatoire comme source de droit, d'application obligatoire par les juges, à chaque fois que, dans un cas concret, il convient de combler les lacunes normatives de l'ordre constitutionnel. Le caractère obligatoire de son application serait imposé dans le but de garantir la sécurité juridique. La jurisprudence intégratrice, a soutenu la Cour, doit être considérée comme « la Constitution elle-même », parce que c'est l'intégration que fait le gardien suprême de la Constitution pour remplir une lacune normative et, ce faisant, seul le respect de ce principe de la doctrine constitutionnelle peut imposer le respect du précédent judiciaire ou, autrement dit, l'assujettissement. Ce type de doctrine constitutionnelle ne fixe pas le sens de la Constitution quand il n'y a pas de lacune. La Cour

---

dans le jugement de la Cour constitutionnelle T-321 de 1998, a été appliqué postérieurement dans le jugement T-267 de 2000, M.P. : Alejandro MARTÍNEZ CABALLERO. Dans ce jugement, on reconnaît que le fonctionnaire judiciaire n'est pas obligé d'appliquer le précédent judiciaire, ni d'expliquer les raisons pour lesquelles il décide de s'en écarter. Il considère, en outre, comme une justification suffisante l'existence d'aspects comme le changement de critère du juge ou d'un autre jugement d'« organes hiérarchiquement supérieurs » – par exemple la Cour suprême de justice, la Cour constitutionnelle, le Conseil d'État, le Conseil supérieur de la magistrature, *etc.* – qui confirme son jugement.

[1] Cour constitutionnelle, jugement C-083 de 1995, M. P. : Carlos GAVIRIA DÍAZ.

constitutionnelle l'indique ainsi, lorsqu'elle considère que la doctrine constitutionnelle intégratrice doit être comprise

> comme une modalité du droit légiféré, pour qu'il serve de fondement immédiat au jugement, quand le cas *sub judice* n'est pas prévu par la loi. La qualification additionnelle de ce que les normes doivent être appliquées selon l'interprétation qu'en a donnée la Cour constitutionnelle, constitue, on le répète, une *exigence* raisonnable pour la conservation de la sécurité juridique (nous soulignons).

Au contraire, selon le jugement cité, la doctrine constitutionnelle interprétative n'aurait alors pas de force obligatoire. Cette doctrine serait constituée par la jurisprudence de la Cour constitutionnelle dont la fonction serait d'interpréter les dispositions constitutionnelles. Pour la Cour, cette doctrine est une source auxiliaire, d'application facultative par les juges. Dans cette position de la doctrine, on ne peut pas parler de précédent constitutionnel, car le caractère optionnel exclut la force obligatoire. Selon cette doctrine, dit la Cour, « il n'est guère logique que, si le juge a des doutes sur la constitutionnalité de la loi, le critère de l'interprète suprême de la Constitution doive guider sa décision. Il est clair que les interprétations de la Cour constituent, pour le juge, une *règle auxiliaire*, mais d'une certaine façon, un critère obligatoire, conformément à ce qu'établit l'article 230 » (nous soulignons).

Il est évident que ce concept de doctrine constitutionnelle interprétative découle de l'analyse de l'article 230 de la Constitution, et plus particulièrement du concept de « critère auxiliaire ». Selon cette interprétation, la jurisprudence contient de simples principes directeurs que les juges peuvent appliquer ou non de façon discrétionnaire. Ainsi, la Cour souligne que les jugements qui interprètent la Constitution (doctrine constitutionnelle interprétative) sont « des règles plausibles d'orientation pour les tribunaux et les juges de niveaux subalternes », lesquelles n'auront pas de force obligatoire, mais seront d'application facultative de la part des juges postérieurs.

Il convient de signaler que, face à cette dichotomie entre les doctrines constitutionnelles intégratrice et interprétatrice, les précisions qu'a formulées le magistrat Eduardo Cifuentes Muñoz, dans son opinion dissidente au jugement C-083 de 1995, sont capitales. Ce magistrat a précisé que l'on doit comprendre, non seulement que la doctrine constitutionnelle intégratrice a force obligatoire, mais aussi que cette appréciation étroite « méconnaît la valeur normative de la Constitution », et il a signalé que « la Constitution doit, à tout moment, avec la loi ou sans elle, inspirer l'activité judiciaire. De plus, s'il existe une loi qui réglemente spécifiquement la matière, elle doit être interprétée conformément à la Constitution et dans le sens le plus favorable à sa mise en œuvre concrète ».

Il faut dire sans ambages que la position du magistrat Cifuentes, exprimée dans cette opinion dissidente, est tout à fait claire. D'une part, il convient de souligner que la différence entre la doctrine constitutionnelle intégratrice et la doctrine constitutionnelle interprétatrice est artificielle et fictive. Ce caractère découle de la détermination des dispositions constitutionnelles. Le concept de lacune a, en droit constitutionnel, un sens et une portée très différents de ceux qu'il a en droit ordinaire, régis avant tout par la loi. La loi ordinaire est spécifique et concrète. Par conséquent, ce qui n'est pas réglementé dans ses hypothèses de fait spécifiques doit être considéré comme une lacune, qui est appelée à être comblée par diverses procédures d'auto et hétéro-intégration du droit[1].

En droit constitutionnel, en revanche, il n'y a pas de frontière claire entre l'intégration et l'interprétation. Il en va ainsi parce que, par toute interprétation, on fait une intégration, et toute intégration est le produit d'une interprétation. Le texte lapidaire des dispositions constitutionnelles réglemente très peu ou presque rien, il n'établit presque aucune hypothèse de fait. Pour cette raison, toute application des dispositions constitutionnelles implique une interprétation, et donc une intégration. Les hypothèses de droit constitutionnel doivent être intégrées continuellement, parce que la Constitution en général n'établit pas assez de prescriptions spécifiques à leur sujet. D'autre part, il est évident que toute intégration découle d'une interprétation. L'intégration se fait par des normes, et les normes sont l'interprétation des dispositions constitutionnelles[2]. La disposition en tant que telle ne peut rien intégrer, parce qu'en elle-même elle ne prescrit rien, n'ordonne rien, n'interdit rien et ne permet rien.

Malgré cela, dans son jugement T-068 de 2000, la Cour a, par la suite, rappelé le concept et le sens de la doctrine constitutionnelle intégratrice, indiquant que, dans l'exercice de sa fonction d'interprétation de la Constitution, elle unifie les critères judiciaires et établit la doctrine constitutionnelle qui, « selon l'article 8 de la loi 153 de 1887, déclaré constitutionnel par le jugement C-083 du 1er mars 1995, est obligatoire pour les juges dans tous les cas où il n'y a pas de normes légales précisément applicables en l'espèce ». Bien que la Cour, dans ce cas, ne se réfère pas à la doctrine constitutionnelle interprétative, elle ne la mentionne pas non plus comme une source de précédents constitutionnels. Dans le futur, une prise de position de la Cour en ce sens serait souhaitable.

La force obligatoire des jugements de révision des requêtes en protection

À partir de 1995, on a connu un véritable élargissement de la portée de la force obligatoire de la jurisprudence constitutionnelle. À partir de cette année, on a commencé à invoquer la force obligatoire, tant des jugements de constitutionnalité que de ceux de réexamen de jugements en protection, rendus par la Cour constitutionnelle.

---

[1] *Cf.* sur ce thème N. BOBBIO, *Teoría general del derecho*, Bogotá, Temis, 1994, p. 208 et s..

[2] *Cf.* C. BERNAL PULIDO, *El principio de proporcionalidad y los derechos fundamentales*, Madrid, Centro de Estudios Constitucionales, 2003, chap. I.

Sur cet aspect, il convient d'indiquer que, dans le jugement T-260 de 1995[1], la Cour constitutionnelle a retenu la thèse selon laquelle les jugements de réexamen de requêtes en protection donnent aussi naissance à des précédents constitutionnels. Dans son argumentation, la Cour a établi que le but de la reconnaissance du précédent dans des jugements de réexamen de requête en protection est l'unification nationale des

> … critères judiciaires dans l'interprétation et l'application des normes constitutionnelles, précisant la portée des droits fondamentaux, fixant des lignes directrices sur l'origine et le développement de l'*amparo* comme mécanisme de protection, et établissant la doctrine constitutionnelle qui, selon l'article 8 de la loi 153 de 1887, déclarée constitutionnelle par le jugement C-083 du 1er mars 1995, s'impose aux juges dans tous les cas où il n'existe pas de normes juridiques précises applicables à l'affaire en question.

Jusqu'à cette déclaration, n'était clairement reconnu que le caractère obligatoire de la jurisprudence constitutionnelle dans les jugements de constitutionnalité – hormis le jugement T-123 de 1995 précité – mais, à partir de ce jugement, ces effets ont été étendus aux jugements de réexamen de requêtes en protection. Avec ce jugement, on a déclaré obligatoire l'application par des juges du précédent contenu dans un jugement de protection, afin de créer un système cohérent d'interprétation de la Constitution, en particulier des droits fondamentaux. En ce sens, la reconnaissance de la force obligatoire des jugements de protection est un véritable mécanisme de protection des droits fondamentaux.

Cependant, dans le jugement T-175 de 1997, la Cour constitutionnelle confirme le critère établi dans le jugement T-260 de 1995, et signale que la force obligatoire de la loi est fondé à la fois sur les jugements de constitutionnalité et sur des jugements de réexamen de requêtes en protection. La Cour reconnaît que les jugements de réexamen de requêtes en protection contiennent également une « doctrine constitutionnelle » qui s'impose aux juges à condition qu'ils se trouvent dans des situations où aucune disposition légale n'est applicable en l'espèce. Ainsi, la Cour reproduit la thèse contenue dans le jugement C-083 de 1995 sur la « doctrine constitutionnelle inclusive », ce qui limite la force obligatoire de sa jurisprudence aux situations de vides normatifs.

Cependant, cette thèse limitée semble subir une évolution dans le jugement T-566 de 1998, dans lequel la Cour a indiqué que, bien que le dispositif des jugements de protection ait une portée *inter partes*, le *ratio decidendi* doit être considéré comme une norme constitutionnelle qui « acquiert une portée générale », et que « son application est obligatoire dans tous les cas qui correspondent à l'hypothèse prévue par la règle de droit ». Cette affirmation est confortée par le jugement C-252 de 2001, dans lequel la Cour a déclaré :

[1] M. P. : José Gregorio HERNÁNDEZ GALINDO.

Bien que les effets juridiques des dispositions d'un jugement de révision ne s'imposent qu'aux parties, la valeur doctrinale des fondements juridiques ou des considérants de ces jugements vont au-delà de l'affaire. L'interprétation constitutionnelle fixée par la Cour détermine le contenu et la portée des dispositions de la Charte et fait partie, à son tour, de l'« empire de la loi » auquel sont soumis les juges selon les dispositions de l'article 230 de la Constitution.

Dans ce même jugement, et dans le but d'expliquer la force obligatoire des jugements de réexamen de requêtes en protection, le tribunal a séparé le contenu de ces deux « aspects », l'un subjectif et l'autre objectif. L'aspect subjectif est « encadré et limité à l'affaire » ; et l'aspect objectif, qui constitue la force obligatoire, se développe lorsque, dans le jugement, « l'interprétation des normes constitutionnelles est concrétisée, définissant la portée et le sens dans lequel elles doivent être comprises et appliquées ». Selon la Cour, cet aspect *objectif* est obligatoire pour les magistrats qui sont face à un cas dont les circonstances de fait sont identiques à celles du cas faisant l'objet du réexamen. L'exigence de respect des précédents découle de la nécessité de protéger le principe d'égalité consacré par l'article 13 de la Constitution, car « l'exercice de la justice, en rendant ses jugements, ne peut pas donner lieu à un traitement différent des personnes qui sont dans la même hypothèse ».

Il s'avère indispensable de souligner que les jugements de protection doivent avoir le caractère de précédent constitutionnel. Dans les jugements de constitutionnalité, la Cour constitutionnelle se livre à une interprétation générale de la Constitution, dans sa comparaison abstraite avec la loi. Par sa nature, le caractère de précédent de ces jugements est comparable à la force obligatoire de la loi, car ils se réfèrent à des cas généraux et abstraits. Par contre, dans les jugements de protection, la Cour s'en tient au contenu normatif de la Constitution face à des situations de fait spécifiques, nuancées et précisées par les circonstances du pétitionnaire. Pour cette raison, dans les jugements de protection, on démontre plus le caractère de précédent de la jurisprudence constitutionnelle, cette fois comme un type spécifique de jurisprudence, c'est-à-dire, dans le sens du principe du *stare decisis* de la *common law*. Les précédents de recours en protection sont des normes rattachées aux dispositions constitutionnelles qui valent pour des cas très spécifiques et qui, une fois décidés par la Cour constitutionnelle, doivent être appliquées par celle-ci – précédent horizontal – et par les autres juges de protection – précédent vertical – pour avoir été décidées – *stare decisis* – par le tribunal suprême. De cette manière, ces précédents sont approuvés par l'autorité de la Cour constitutionnelle en tant qu'instance suprême de la juridiction de protection, dont la principale fonction est d'unifier la jurisprudence sur les droits fondamentaux, jurisprudence qui, par conséquent, doit être appliquée par les autres juges et tribunaux du pays. En ce sens, dans son jugement SU-640 de 1998[1], la Cour a rappelé que sa fonction est de garantir l'unité interprétative de la Constitution, ce pourquoi on exige le respect des interprétations faites par elle en matière de droits fondamentaux[2]. De la même manière, dans le jugement T-068 de 2000, la Cour constitutionnelle a souligné la prévalence de ses décisions sur celles prononcées par les autres juridictions en ce qui concerne l'interprétation constitutionnelle. Dans ce jugement, la Cour déclare de façon tranchée que sa fonction d'interprétation de la Constitution – non de la loi – prévaut sur toute autre interprétation contenue dans des jugements d'autres cours.

Finalement, dans le jugement T-678 de 2003, la Cour constitutionnelle paraît suggérer qu'il existerait une différence entre la force obligatoire des jugements de protection et celle des jugements de constitutionnalité. La différence serait une différence de degré, dans le sens où les jugements de constitutionnalité auraient une force obligatoire plus forte, étant donné que la Constitution a donné un effet *erga omnes* à ces jugements.

En ce sens, la Cour soutient :

> Le point de départ du recours en protection contre des jugements judiciaires, quand ils constituent une voie de fait, a été rappelé à plusieurs occasions [...], ce qui renforce le caractère obligatoire de cette doctrine, particulièrement pour les juges de la République, plus précisément les juges de protection.

Pour cette même raison, la Cour a précisé, dans le jugement T-678 de 2003, qu'un juge peut aussi prendre en considération la jurisprudence fondée sur un jugement de constitutionnalité avec des effets *erga omnes* quand il doit appliquer une loi qui n'a pas été encore contrôlée par la Cour constitutionnelle, si cette loi se trouve entachée d'inconstitutionnalité si on lui appliquait une jurisprudence antérieure qui a déclaré inconstitutionnelle une norme analogue à celle qui doit être appliquée.

> Dans cette circonstance – soutient la Cour –, le juge ne peut pas cesser de se référer au jugement dans lequel il a évoqué ledit *ratio decidendi* pour fonder la décision, ni ne peut écarter la conclusion qu'une disposition normative déterminée est inconstitutionnelle. Toutefois, comme la disposition légale applicable en l'espèce n'a pas été exclue de l'ordre juridique, le juge doit analyser s'il est nécessaire d'aller jusqu'à l'exception d'inconstitutionnalité et, par conséquent, ne pas appliquer la norme légale et appliquer de préférence la Constitution (article 4 de la Constitution). Le juge peut toutefois, pour de bonnes raisons, avancer que la norme légale, apparemment contraire à la Constitution, ne l'est pas en réalité et, par là même, l'appliquer pour résoudre le cas concret.

---

[1] Cour constitutionnelle, jugement SU-640 de 1998, M. P. : Eduardo CIFUENTES MUÑOZ.

[2] En ce sens, la Cour a considéré que « la révocation des jugements ou des actes des juges violant les droits fondamentaux, comme cela peut arriver dans l'application de la doctrine sur les voies de fait, constitue un instrument efficace et nécessaire pour préserver l'unité interprétative de la Constitution » (jugement SU-640 de 1998).

L'inconstitutionnalité d'une loi pour violation d'un précédent

Un autre tournant jurisprudentiel dans la consolidation du précédent constitutionnel a été le jugement C-586 de 1995[1]. Dans celui-ci, la Cour constitutionnelle a déclaré l'inconstitutionnalité d'une disposition législative (l'article 112 de la loi 104 de 1993[2]), la considérant, non pas contraire à la Constitution, mais contraire à un précédent judiciaire, c'est-à-dire un jugement antérieur. Selon les mots de la Cour, on prononce l'inconstitutionnalité « chaque fois que, dans le jugement C-011 de 1994, on a précisé qu'en cas de vacance absolue de la fonction de gouverneur ou de maire, on devra toujours convoquer de nouvelles élections ».

Cet événement jurisprudentiel est très significatif, car il corrobore l'idée, exposée en d'autres lieux[3], que les précédents constitutionnels, c'est-à-dire les normes dérivées que la Cour précise, sont unis à la disposition constitutionnelle dans une symbiose et, par conséquent, qu'elle leur transmet sa force obligatoire. Autrement dit, une fois qu'il a été prononcé, et tant qu'il n'a pas été modifié par la Cour constitutionnelle, le précédent constitutionnel est la Constitution elle-même. Le précédent spécifie ce que la Constitution établit, et la Constitution n'établit rien d'autre que ce que l'on peut lire explicitement dans celle-ci et que le précédent spécifie. De ce fait, il ne paraît pas insensé de donner raison à ceux qui, pour paraphraser Holmes, soutiennent que la Constitution n'est rien d'autre que ce que la Cour constitutionnelle dit qu'elle est.

Sur le fondement de ces suppositions, la conséquence évidente est qu'une loi peut être déclarée inconstitutionnelle, non seulement quand elle viole expressément le texte de la Constitution, mais aussi quand elle va à l'encontre d'un précédent constitutionnel. La norme législative ne peut être comparée qu'avec une norme constitutionnelle[4]. Et seule cette norme constitutionnelle peut être directement établie, c'est-à-dire une norme qui se déduit clairement de la lettre du texte de la Constitution, ou une norme dérivée dont l'application apparaît pour la première fois dans le système juridique par un précédent constitutionnel.

Cette idée selon laquelle une loi peut être inconstitutionnelle lorsqu'elle viole un précédent va dans le sens du jugement C-239 de 1997[5]. Dans celui-

[1] Cour constitutionnelle, jugement C-586 de 1995, M. P. : Eduardo CIFUENTES MUÑOZ et José GREGORIO HERNÁNDEZ.

[2] Les articles incriminés étaient les articles 76, 77, 78, 79, 80, 81, 105 (partiel), 106, 108 (partiel), 110 (partiel), 112 (partiel) et 114 (partiel) de la loi 104 de 1993 « qui consacraient certains instruments pour la recherche de la coexistence, l'efficacité de la justice, et établissaient d'autres dispositions ».

[3] *Cf.* Carlos BERNAL PULIDO, « La force obligatoire de la jurisprudence dans l'ordre juridique colombien », *op. cit.*

[4] *Cf.*, sur les concepts de norme constitutionnelle et de norme légale, Carlos BERNAL PULIDO, *El principio de proporcionalidad*, *op. cit.*, p. 84 et s..

[5] Cour constitutionnelle, jugement C-239 de 1997, M. P. : Carlos GAVIRIA DÍAZ.

ci, la Cour fait un grand pas en matière de force obligatoire de sa jurisprudence. En ce sens, notre jurisprudence constitutionnelle s'attribue à elle-même la propriété de force de loi (*Gesetzkraft*), à défaut d'une disposition, comme celle de l'article 31.2 précité de la loi organique relative à la Cour constitutionnelle allemande qui la lui accorde explicitement.

Dans ledit jugement, la Cour a déclaré constitutionnel l'article 326 du décret 100 de 1980 (Code pénal), qui traite du crime de meurtre par compassion. La Cour ne s'est pas limitée à l'analyse de la constitutionnalité du texte de la disposition, mais a en outre décidé d'étendre le champ d'application de la justification incluse dans la loi. Ainsi, à partir de ce jugement de la Cour, l'homicide par compassion doit être compris comme une conduite non illégale, chaque fois qu'il a tenu compte du consentement exprès du « sujet passif de l'acte », avec les nuances que signale le jugement lui-même. La portée de la jurisprudence constitutionnelle va au-delà de ce jugement qui, en plus d'attribuer force de loi à ses considérations[1], « exhorte le Congrès à légiférer, dans les plus brefs délais, et conformément aux principes constitutionnels et aux principes fondamentaux de l'humanité, sur la question de la mort dans la dignité ».

La soumission des pouvoirs publics au précédent constitutionnel

Une autre étape essentielle pour la consolidation de la jurisprudence constitutionnelle par la jurisprudence fut l'affirmation, par la Cour constitutionnelle, de l'idée selon laquelle la fixation de ce précédent lie les pouvoirs publics.

Il convient de noter que le jugement C-037 de 1996, cité au début de ce texte, est en ce sens décisif parce qu'il soumet le Congrès de la République au respect de la jurisprudence constitutionnelle. Jusqu'à présent, comme nous le mentionnions, la Cour avait souligné l'obligation pour les autorités judiciaires mais elle n'avait pas étendu cette exigence au législateur lui-même, sauf si elle découle de la déclaration d'inconstitutionnalité contenue dans le jugement C-586 de 1995.

À son tour, cette situation se traduit par des jugements ultérieurs, la même année, comme le jugement C-386 de 1996. Dans ce jugement[2], la Cour constitutionnelle a mis en évidence la prévalence de l'interprétation constitutionnelle contenue dans ses décisions sur celle du Congrès. Elle a ajouté que la Cour constitutionnelle « est le gardien de la Charte, et donc sa politique d'interprétation constitutionnelle est considérée comme authentique dans l'ordre juridique colombien ».

---

[1] La Cour décide de « déclarer *exécutoire* l'article 326 du décret 100 de 1980, avec la remarque que, dans le cas des malades en phase terminale où s'exprime la libre volonté du sujet passif de l'acte, il ne pourra en résulter la mise en cause de la responsabilité du médecin auteur, car la conduite est justifiée ».

[2] Cour constitutionnelle, jugement C-386 de 1996, M. P. : Alejandro MARTÍNEZ CABALLERO.

Pour sa part, dans le jugement SU-047 de 1999, la Cour constitutionnelle rappelle que « tout tribunal, et en particulier le juge constitutionnel », est soumis au devoir d'appliquer le précédent constitutionnel. De plus, la Cour réaffirme, pour fonder la force obligatoire de la jurisprudence en général, et en particulier de la jurisprudence constitutionnelle, les raisons suivantes :

1. La sécurité juridique et la cohérence du système juridique, « car les normes, si l'on veut qu'elles gouvernent la conduite des êtres humains, doivent avoir un sens stable, par lequel les décisions des juges doivent être raisonnablement prévisibles ».

2. La protection de la liberté des citoyens et du développement économique, « dans la mesure où une variation capricieuse des critères d'interprétation met en danger la liberté individuelle, ainsi que la stabilité des contrats et des transactions économiques, dans la mesure où les personnes demeurent soumises aux critères changeants des juges et ne peuvent que difficilement organiser leurs activités de façon autonome ».

3. Le droit fondamental à l'égalité, « car il n'est pas juste que des cas équivalents soient tranchés de manière différente par un même juge ».

4. Comme mécanisme de contrôle judiciaire, « le respect du précédent impose donc aux juges une rationalité et une universalité minimum, dans la mesure où il les oblige à résoudre le problème qui leur est posé d'une manière qu'ils seraient disposés à accepter dans un autre cas différent mais présentant des caractères analogues ».

Dans le même sens, dans le jugement C-252 de 2001[1], la Cour constitutionnelle a signalé que le fondement du caractère obligatoire de l'application du précédent réside dans le « principe d'unité de l'ordre juridique », dans lequel on cherche à « doter l'ordre juridique d'une cohérence interne qui permette de créer des voies de recours claires, matérialisées par la garantie effective des droits consacrés par la Constitution et la loi ». À la question de savoir comment s'obtient l'unification de l'ordre juridique, la Cour a répondu qu'il fallait assurer l'unification de la jurisprudence, par laquelle on obtient la sécurité juridique et la cohérence de l'ordre normatif. De même, le jugement a signalé comme objectifs de l'unification de la jurisprudence :

1. Assurer l'effectivité des droits et collaborer ainsi à la réalisation de la justice matérielle – article 2 de la Constitution.
2. Chercher l'exactitude.
3. Susciter la confiance de la société civile dans l'État, en partant du principe de la bonne foi des juges – article 83 de la Constitution.
4. Unifier l'interprétation raisonnable et réduire l'arbitraire.
5. Permettre la stabilité.
6. Autoriser la sécurité juridique matériellement juste.
7. Combler le vide généré par l'absence de mécanisme de protection contre des jugements.

---

[1] Cour constitutionnelle, jugement C-252 de 2001, M. P. : Carlos GAVIRIA DÍAZ.

De même, la Cour a soutenu que le respect du précédent trouvait son fondement dans la nécessité de garantir des principes directeurs de l'ordre juridique, comme « la sécurité juridique, l'égalité, la motivation adéquate des jugements et l'unification de la jurisprudence », ce qui a pour conséquence l'apparition d'une administration plus efficace de la justice.

Cette même doctrine a été rappelée par la Cour constitutionnelle dans le jugement T-569 de 2001[1] qui, de plus, s'est fait l'écho du jugement T-566 de 1998.

Malgré tout, c'est dans le jugement de constitutionnalité C-1439 de 2000 que l'idée de soumission des juges au précédent trouve l'un de ses fondements les plus forts[2]. Dans ce jugement, la Cour a souligné que le caractère obligatoire de la jurisprudence constitutionnelle vient de sa fonction de recherche de « l'unité interprétative de la Constitution », et que la force obligatoire découle du *ratio decidendi.* Ainsi, pour la Cour, l'inapplication du précédent, sauf si elle est dûment justifiée, constitue une voie de fait.

De même, cette position a été rappelée dans le jugement T-009 de 2000, dans lequel la Cour a signalé que quand les juges, « dans l'usage de leur autonomie fonctionnelle, trouvent pertinent de s'écarter de la doctrine fixée, ils doivent argumenter et justifier dûment leur position ». Toutefois, la Cour ne mentionne pas, dans cette hypothèse, la Constitution d'une voie de fait, mais l'atteinte au droit fondamental à l'égalité et la création d'une insécurité juridique « qui conduirait seulement à la délégitimation de la fonction judiciaire et à une plus grande et plus forte violence sociale ». C'est la raison pour laquelle, dans ce jugement, la Cour décide d'invoquer l'application de la doctrine constitutionnelle contenue dans le jugement SU-036 de 1999[3], sur des faits « identiques » à ceux en l'espèce.

Il convient de signaler qu'en 2002, la Cour a rappelé, dans le jugement T-082 de 2002[4], ce que mentionne la jurisprudence antérieure, en ce qui concerne le caractère suprême de l'interprétation constitutionnelle faite par la Cour, et elle rappelle le concept de doctrine constitutionnelle et son étendue (application obligatoire).

Dans ce cas particulier, elle rappelle que tout jugement qui contredit ce que dispose « l'interprète autorisé de la Charte » « constitue une voie de fait qui peut être soulevée par la voie d'un recours en protection, quand il n'existe pas d'autre moyen de défense judiciaire qui garantisse le rétablisse-

---

[1] Cour constitutionnelle, jugement T-569 de 2001, M. P. : Eduardo MONTEALEGRE LYNETT.

[2] Cour constitutionnelle, jugement C-1439 de 2000, M. P. : Eduardo MONTEALEGRE LYNETT.

[3] Par le jugement SU-036 de 1999, la Cour a accordé la protection du droit au procès équitable aux employés de l'hôpital militaire central de Bogota et de l'hôpital naval de Cartagène qui avaient été licenciés sur la base de la déclaration d'illégalité de la cessation d'activité. Dans ledit jugement, le juge reconnu que l'atteinte au droit au procès équitable devait conduire à la réintégration du travailleur et que l'unique action permettant d'atteindre ce but était le recours en protection.

[4] Cour constitutionnelle, jugement T-082 de 2002, M. P. : Rodrigo ESCOBAR GIL.

ment effectif des droits fondamentaux affectés. Cela, étant donné la méconnaissance du précédent constitutionnel, se traduit finalement par une méconnaissance directe de la Charte politique ». Elle conclut dans ce jugement que toute décision judiciaire prise sur la matière résolue par la doctrine constitutionnelle exposée doit s'imposer à elle[1].

Dans le même sens, dans le jugement SU-1553 de 2000[2], la Cour fait ressortir que le juge est soumis à la Constitution pour l'élaboration de ses jugements, et que toute interprétation constitutionnelle à laquelle il se livre doit être conforme à l'interprétation faite par « l'applicateur et interprète suprême de la Constitution : le Tribunal constitutionnel, qui se transforme ainsi, de manière inexorable, en tribunal suprême de l'État, au-dessus du Tribunal de cassation ». De même, la Cour signale que dans le cas où se présente une incompatibilité entre l'interprétation constitutionnelle élaborée par un juge ordinaire et celle de la Cour constitutionnelle, celle de cette dernière prévaudra[3].

En relation avec l'inobservation du précédent, la Cour constitutionnelle a souligné que, si le juge refuse de l'appliquer sans donner une justification suffisante, il viole la Constitution. Pour cette raison, la Cour constitutionnelle a déclaré la nullité d'un jugement de la Cour suprême de justice qui ne respectait pas un précédent. Concrètement, la Cour a prononcé la nullité d'un jugement de la chambre de cassation pénale de la Cour suprême de justice pour s'être écartée d'un précédent judiciaire, en vertu duquel la Cour reconnaît des effets constitutionnels au principe de la *no reformatio in pejus*[4].

Dans le même sens, on peut aussi évoquer le jugement T-399 de 2001[5], par lequel la Cour constitutionnelle a annulé un jugement pris par la première section du Conseil d'État, la considérant contraire à ce qu'a établi la

---

[1] En l'espèce, elle considéra que, « par conséquent, toute décision judiciaire qui s'écarte des effets constitutionnels reconnus au principe de la *non reformatio in pejus*, dans le sens où en aucun cas n'est admissible l'aggravation de la condamnation de celui qui introduit seul un recours en appel ; avant de constituer une action légitime, se situant dans le champ de l'interprétation et présumée fondée sur le principe d'autonome judiciaire, il s'agit par essence d'un procédé arbitraire, résultat de l'inobservance délibérée de dispositions constitutionnelles interprétées avec autorité par la Cour constitutionnelle et constitutif d'un voie de fait ».

[2] Cour constitutionnelle, jugement SU-1553 de 2000, M. P. : Jairo CHARRY RIVAS.

[3] Cette affirmation est fondée sur le jugement C-083 de 1995, déjà mentionné, qui définit le concept et les portées de la « doctrine constitutionnelle ».

[4] Le précédent méconnu par la Cour suprême consacrait qu'« en aucun cas n'est admissible l'aggravation de la condamnation de celui qui introduit seul un recours en appel ; avant de constituer une procédure légitime, se situant dans le champ de l'interprétation et présumée fondée sur le principe d'autonome judiciaire, il s'agit par essence d'un procédé arbitraire, résultat de l'inobservance délibérée de dispositions constitutionnelles interprétées avec autorité par la Cour constitutionnelle et constitutif d'un voie de fait ».

[5] Cour constitutionnelle, jugement T-399 de 2001, M. P. : Alfredo BELTRÁN SIERRA.

Cour dans le jugement T-1035 de 2000 et les jugements d'unification SU-090 et SU-995 de 2000[1].

Enfin, dans le jugement C-569 de 2001, la Cour constitutionnelle a signalé que les autorités administratives, comme les juges, doivent se soumettre strictement aux « lignes doctrinales de la Cour constitutionnelle », et ne peuvent s'écarter de celles-ci que dans les cas où elles se trouvent en présence de « dispositions clairement et ouvertement constitutionnelles ».

La Cour s'était prononcée dans le même sens dans le jugement de réexamen de requête en protection T-566 de 1998, dans les termes suivants : « Ce qui est signalé au sujet des juges s'applique avec plus de sévérité quand il s'agit de l'administration, car elle ne jouit pas de l'autonomie fonctionnelle de ceux-ci. » Ainsi, en tenant compte du fait que les juges et l'administration seront régis de façon identique par le respect du précédent judiciaire, il est également obligatoire pour l'administration de justifier suffisamment les raisons pour lesquelles elle décide de ne pas se conformer au précédent.

Les caractéristiques du précédent constitutionnel

Comme particularités du précédent constitutionnel, il convient de mentionner que l'objet de la force obligatoire n'est pas l'ensemble des motifs des jugements de la Cour constitutionnelle, mais seulement le *ratio decidendi*, et que le précédent constitutionnel peut varier.

Le **ratio decidendi** *comme élément obligatoire des jugements de la Cour constitutionnelle*

La Cour constitutionnelle a souligné que toutes les considérations incluses dans les motifs de ses jugements ont une force obligatoire à l'égard des pouvoirs publics et des particuliers. En ce sens, dans le jugement d'unification SU-1300 de 2001[2], la Cour a indiqué que dans tout jugement, il est nécessaire de faire une distinction entre le *decisum*, le *ratio decidendi* et l'*obiter dictum*. La signification de ces concepts est la suivante :

1. *Decisum* : la Cour le définit comme « la résolution concrète du cas, par la détermination de la nécessité pour la norme de sortir ou non de l'ordre juridique en matière constitutionnelle ». Cette partie du jugement de constitutionnalité a une portée générale. Il s'agit du jugement ou de la solution pour le cas concret.

2. *Ratio decidendi :* la Cour le définit comme « la formulation générale du principe, de la règle ou de la raison générale qui constituent le fondement

---

[1] Voir notamment Cour constitutionnelle, jugements T-144 de 1999, M. P. : José Gregorio HERNÁNDEZ GALINDO ; T-210 de 1998, M. P. : Fabio MORÓN DÍAZ ; T-01 de 1997, M. P. : José Gregorio HERNÁNDEZ GALINDO ; T-527 de 1997, M. P. : Hernando HERRERA VERGARA ; T-063 de 1995, M. P. : José Gregorio HERNÁNDEZ GALINDO, et SU-995 de 1999, M. P. : Carlos GAVIRIA DÍAZ.

[2] Cour constitutionnelle, jugement SU-1300 de 2001, M. P. : Marco Gerardo MONROY CABRA.

nécessaire de la décision judiciaire spécifique ». Cette partie du jugement a force obligatoire et constitue le précédent judiciaire. Le *ratio decidendi*, a soutenu la Cour dans son jugement C-569 de 2001, contient les raisons juridiques qui orientent la décision judiciaire et l'interprétation constitutionnelle adéquate pour le cas concret et les autres qui se trouvent dans les mêmes circonstances. Le *ratio decidendi* est la norme dérivée ou, comme l'appelle la Cour, la sous-règle, qui concrétise les clauses constitutionnelles indéterminées en prescriptions concrètes applicables à des types de cas.

3. *Obiter dictum* ou « soit dit en passant » : la Cour le définit comme une partie du jugement qui « n'a pas une force obligatoire, mais une "force persuasive" qui dépend du prestige et de la hiérarchie du tribunal, et constitue un critère auxiliaire d'interprétation ». Les *obiter dicta* sont des affirmations presque toujours théoriques, de caractère très général et abstrait, qui jouent seulement un rôle secondaire dans le fondement de la solution du cas.

Ainsi, c'est le *ratio decidendi*, et non les *obiter dicta*, qui constitue la partie des motifs du jugement qui produit des effets obligatoires. Il en est ainsi parce que seule cette partie a le caractère de norme dérivée, et a donc une nature normative.

Cette idée a été répétée par la Cour dans plusieurs avis. Son énoncé général apparaît déjà clairement dans le jugement C-131 de 1993, où la Cour ne se réfère pas au *ratio decidendi* mais au *ratio iuris* de ses jugements, pour le qualifier de seul objet qui constitue une source de droit, d'application obligatoire, pour les autres juges. Mais l'un et l'autre concept signifient la même chose. En ce sens, la Cour a soutenu qu'ont force obligatoire, en tant que *ratio iuris*, « les concepts des motifs qui conservent une unité de sens avec le dispositif du jugement [...] qui entretiennent une relation directe avec la décision, ainsi que ceux que la Cour elle-même indique, donc en tant qu'arguments, dans la mesure où ils ont un lien de causalité avec la décision, sont aussi obligatoires et, dans ces conditions, doivent être observés par les autorités et corrigent la jurisprudence ».

Postérieurement, dans le jugement T-960 de 2001, la Cour a rappelé que la force obligatoire est seulement déduite du *ratio decidendi* et que « les considérations générales que fait la Cour, dans des jugements d'unification, ont la qualité d'*obiter dicta* qui, bien qu'ils doivent être pris en considération, ne lient pas directement le juge[1] ». De plus, dans le jugement T-1317 de 2001[2], la haute cour a déclaré que le précédent judiciaire, concrétisé dans le *ratio decidendi*, constitue une authentique norme, comme une conjonction d'une « hypothèse de fait et [d']une conséquence juridique », tout comme les autres règles juridiques. La Cour explique cette composition structurelle dans les termes suivants :

---

[1] Cour constitutionnelle, jugement T-960 de 2001, M. P. : Eduardo MONTEALEGRE LYNETT.

[2] Cour constitutionnelle, jugement T-1317 de 2001, M. P. : Rodrigo UPRIMNY YEPES.

L'hypothèse de fait définit le cadre normatif auquel est applicable la sous-règle identifiée par le juge. Il s'ensuit que, quand, dans une situation semblable, on observera que les faits déterminants ne concordent pas avec l'hypothèse de fait, le juge peut légitimement ne pas considérer le précédent comme étant obligatoire. Cela repose sur le principe d'égalité, qui oblige à appliquer la même règle à des situations de fait similaires.

En outre, la Cour spécifie la portée du lien qui émane du *ratio decidendi*, dans le sens où l'application du précédent est conditionnée par l'identité d'hypothèses de fait et de conséquences juridiques. Dans le même sens, dans le jugement T-1022 de 2002[1], la Cour a rappelé cette exigence d'application du précédent judiciaire et a soutenu que sa raison d'être réside dans la nécessité de respecter le principe d'égalité. Ce principe impose de devoir reconnaître les mêmes conséquences juridiques aux mêmes hypothèses de fait[2]. Ainsi, comme il est explicitement énoncé dans le jugement T-1086 de 2003[3], s'il n'y a pas des conditions de fait égales, il n'y aura pas non plus pour le juge d'obligation d'observer le précédent judiciaire. Par contre, s'il existe une identité dans les conditions de fait et que le juge n'applique pas le *ratio decidendi* d'un ou de plusieurs jugements antérieurs qui constituent une même ligne jurisprudentielle, le principe d'égalité est affecté. Cette considération a été exposée avec une grande clarté dans le jugement T-1091 de 2002[4].

En outre, la Cour constitutionnelle s'est aussi prononcée, bien que de manière plus brève, sur le problème de l'identification du *ratio decidendi*

---

[1] Cour constitutionnelle, jugement T-1022 de 2002, M. P. : Jaime CÓRDOBA TRIVIÑO.

[2] *Cf.* Cour constitutionnelle, jugement T-1317 de 2001, M. P. : Rodrigo UPRIMNY YEPES, f. j. 6.

[3] Cour constitutionnelle, jugement T-1086 de 2003, M. P. : Eduardo MONTEALEGRE LYNETT.

[4] Cour constitutionnelle, jugement T-1091 de 2002, M. P. : Jaime CÓRDOBA TRIVIÑO. L'affaire concerne une nomination. Le requérant réclame l'application du précédent contenu dans le jugement T-4561 de 2001. La Cour déclare que le précédent sera obligatoire si l'on se trouve dans les conditions similaires et qu'il s'agit du *ratio decidendi*. Mais elle conclut que, dans le cas présent, il n'y a ni la similitude requise pour exiger du juge l'application du précédent, dans la mesure où, pour la Cour, la « similitude n'est qu'apparente », ni l'expression que mentionne le requérant comme précédent et qui constitue le *ratio decidendi* du jugement invoqué. En l'espèce, la Cour n'accepte pas la similitude car elle considère que les deux circonstances sont différentes : « dans le jugement T-451 de 2001, la protection est instaurée pour invoquer la protection des droits d'un candidat qui occupe le second rang parmi les personnes qui peuvent être nommées, quand ceux qui occupaient le premier et le troisième rang ont été nommés, c'est-à-dire que le requérant n'a pas été nommé ; dans le cas présent, la similitude est apparente, car le requérant a été nommé à la fonction pour laquelle il occupait le second rang ; en étant désigné, on pouvait effectuer valablement la nomination de celui qui occupait le poste suivant le sien dans les listes pour les autres emplois […] Le requérant confond deux situations qui sont différentes : l'une où le troisième de la liste est nommé sans que le deuxième l'ait été pour aucun poste, et l'autre où le troisième de la liste a été nommé parce que le deuxième avait été déjà nommé à une autre fonction. La première est la situation qui a été étudiée dans le jugement T-451 de 2001, la seconde est celle qui est réglée dans le jugement T-1091 de 2002. »

d'un jugement. Sur cette question, qui a retenu tout particulièrement l'attention de la doctrine[1], la Cour a indiqué, dans le jugement SU-047 de 1999, que ce n'est pas le juge ou le tribunal qui a prononcé le jugement qui est appelé à déterminer quel est le *ratio decidendi* d'un jugement. Le *ratio decidendi* sera plutôt celui que les juges ultérieurs reconnaissent dans un jugement antérieur et appliquent à un cas présent. Il s'agit d'une considération fondamentale qui découle de la structure du droit en tant que pratique juridique complexe. Seul le juge postérieur peut évaluer quelles sont les raisons qui ont fondé le sens des jugements antérieurs. Pour une telle fin, et comme cela est exposé dans le jugement C-039 de 2003, le juge postérieur doit s'intéresser à trois éléments : « i. La norme faisant l'objet de la décision de la Cour ; ii. La référence constitutionnelle qui a servi de fondement à la décision ; iii. Le critère déterminant de la décision ». De cette manière, c'est seulement sur la base d'une analyse ultérieure des faits, des prétentions, des dispositions constitutionnelles significatives et des critères déterminants de la décision, que le juge postérieur peut déterminer quel a été le *ratio decidendi* d'un cas précédent, et ainsi comment l'appliquer à un cas actuel.

Pour cette raison, la proposition incluse dans le projet de réforme de la justice qui est débattue au Congrès, selon laquelle la Cour constitutionnelle devrait être obligée de déterminer explicitement quel est le *ratio decidendi* de chacun de ses jugements, n'a pas grand sens. Pour la Cour, il n'est pas impossible d'accomplir cette fonction. Si on le souhaite, on peut même dire qu'habituellement, dans ses jugements, d'une manière ou d'une autre, la haute cour met l'accent sur le *ratio decidendi*, comme fondement pour la solution du problème juridique principal dans chaque cas, et par conséquent du jugement. Cependant, par la nature même du droit jurisprudentiel, ce mandat n'est pas appelé à avoir une plus grande efficacité. Bien que, dans un certain jugement, la Cour distingue un *ratio decidendi*, dans un cas postérieur, la même Cour pourrait identifier un *ratio decidendi* différent, pour commencer une nouvelle jurisprudentielle.

Pour tout ceci, on doit dire que la détermination du *ratio decidendi* est une tâche qui revient seulement au juge du cas postérieur. C'est uniquement ce juge qui est autorisé à interpréter les jugements précédents, à identifier les précédents dans ces derniers et, par la suite, à les appliquer ou à les modifier.

La modification du précédent constitutionnel

Une caractéristique particulière de tout précédent constitutionnel est qu'il peut être modifié par la Cour constitutionnelle quand elle a des arguments suffisants pour considérer qu'il est erroné. Cette propriété de la portée obligatoire qu'elle déduit, non seulement de la jurisprudence constitutionnelle,

---

[1] *Cf.* LÓPEZ MEDINA, *El derecho de los jueces*, *op. cit.*, chap. III.

mais aussi de la jurisprudence ordinaire, a été développée, avec un luxe de détails, par la Cour constitutionnelle dans le jugement C-836 de 2001[1].

Dans ce jugement[2], la Cour constitutionnelle a défendu la thèse selon laquelle la jurisprudence de la Cour suprême de justice a force obligatoire pour les autres juges ordinaires et même pour elle-même. Donc, si un juge veut s'écarter de la doctrine probable dictée par la haute cour, « il est obligé d'exposer clairement et de façon raisonnée les fondements juridiques qui justifient sa décision ». En ce sens, le juge destinataire de la jurisprudence (qui peut être un juge inférieur ou la haute cour elle-même) peut s'écarter d'elle, pourvu qu'il fonde cette conduite sur des arguments considérés comme plausibles. Autrement dit, le juge postérieur a le devoir d'accomplir ce qui est prévu dans la jurisprudence, ou doit nécessairement exposer une argumentation pour pouvoir s'écarter du précédent.

Or, la charge qui pèse sur le juge postérieur qui veut s'écarter de la jurisprudence des hautes cours, comme la Cour l'a précisé aux paragraphes 14 à 24 du jugement C-836 de 2001, est de fonder sa décision de s'écarter de la jurisprudence parce qu'elle se trouve dans l'une des hypothèses suivantes qui constituent la doctrine de l'inapplication du précédent (*distinguish*) et du changement de précédent (*overruling*), valable en droit colombien :

1. Bien qu'il existe des similitudes entre le cas qu'elle doit résoudre et un cas précédemment résolu par une haute cour, « il existe des différences significatives qui ne sont pas prises en considération dans le premier cas et qui empêchent de les égaler[3] ». Comme le soutient la Cour constitutionnelle, dans un passage qui mérite d'être cité malgré sa longueur :

> *Contrario sensu*, il peut y avoir deux cas qui, en principe, paraissent différents mais qui, observés en détail, présentent des éléments de comparaison – *tertium comparationis* – qui permettent de les assimiler sur certains aspects. Dans cette mesure, il s'avère adéquat que le juge emploie des critères d'égalisation entre les deux, pourvu que la comparaison soit limitée à ces aspects dans lesquels ils sont comparables et seulement dans la mesure où ils le sont. Dans ce cas, le juge doit rendre explicites les raisons pour lesquelles, malgré les similitudes apparentes, les cas ne méritent pas un traitement égal ou, à l'inverse, il doit faire valoir pourquoi, malgré les différences apparentes, les cas doivent recevoir un traitement identique ou semblable. Dans une hypothèse comme dans l'autre, les critères d'égalisation ou de différenciation doivent être juridiquement significatifs, et le traitement doit être proportionnel à la différence dans la situation de fait[4].

De cette manière, la Cour constitutionnelle envisage la possibilité qu'en Colombie on applique l'idée du *distinguish*, c'est-à-dire que le juge puisse

---

[1] Jugement C-836 de 2001, M. P. : Rodrigo ESCOBAR GIL.

[2] Sur cette question, voir C. BERNAL PULIDO, « La force obligatoire de la jurisprudence dans l'ordre juridique colombien », dans le présent ouvrage.

[3] Jugement C-836 de 2001, M. P. : Rodrigo ESCOBAR GIL.

[4] *Ibid.*.

ne pas appliquer la jurisprudence à un certain cas postérieur quand il considère que les différences significatives entre le premier cas sur lequel a été fondée la jurisprudence et le second cas exigent d'accorder au second une solution différente.

Comme il ressort de la lecture de ce passage, la Cour détermine le moment où les différences sont « réelles » ou simplement « apparentes ». Autrement dit, la Cour énonce les critères que l'interprète peut utiliser pour distinguer ou traiter de façon semblable deux cas similaires. Comme cela est bien connu, c'est l'un des problèmes théoriques les plus intéressants qui se posent, non seulement face au doute du traitement égal ou différent des cas, mais, de façon générale, face à l'application du principe d'égalité. Nous ne pouvons pas approfondir ici cette question[1]. Autant dire que la Cour a raison d'indiquer que la similitude ou la différence doivent être juridiquement pertinentes, à savoir qu'elles doivent se référer au *ratio decidendi* du premier cas. Le traitement doit être égal, si le *ratio decidendi* du premier cas peut être appliqué au second, car il peut subsumer sous l'hypothèse de fait de cette *ratio* ou norme. Si cette subsomption n'est pas possible ou si le *ratio decidendi* du second cas est différent, le juge doit s'écarter du *ratio decidendi* du premier cas et en fonder un nouveau pour le second, ou d'introduire une exception au *ratio decidendi* du premier.

2. La seconde hypothèse dans laquelle, selon la Cour constitutionnelle, il est possible de s'écarter de la jurisprudence, se présente quand celle-ci, « ayant été appropriée dans une situation sociale déterminée, ne répondra pas de façon adéquate au changement social ultérieur ». La haute cour soutient que, dans cette hypothèse, le juge postérieur doit considérer que la jurisprudence est « erronée ». Si l'on veut conserver cette terminologie, on devra parler d'une erreur d'adéquation. Ce type d'erreur se présente lorsque les effets (E) que le *ratio decidendi* (RD) a produits en réglant la situation (S) au moment historique (1) ne se produiraient pas au moment historique (2) ; donc, par le change des circonstances, l'application de (RD) à (S) ne conduit pas à (E), mais à d'autres effets (E'). Dans ce cas, la charge d'argumentation du juge est une charge d'argumentation de fait qui doit démontrer que, vu les circonstances (S), dans le temps (2), l'application de (N) ne conduit pas à (E) mais à (E'). Si le juge peut démontrer cette affirmation, il sera légitimé pour mener à bien un *overruling* de la jurisprudence antérieure.

3. La troisième hypothèse est analogue à la précédente. Dans ce cas, le juge « peut considérer que la jurisprudence est erronée, étant contraire aux valeurs, aux objectifs, aux principes et aux droits sur lesquels est fondé l'ordre juridique ». Comme le soutient la Cour constitutionnelle, « dans ces

[1] *Cf.* C. BERNAL PULIDO, « El juicio de igualdad en la jurisprudencia de la Cour constitutionnelle colombiana », *Actas del VII Congreso Iberoamericano de Derecho Constitucional*, Ciudad de México, Instituto de Investigaciones Jurídicas de la Universidad Nacional Autónoma de México, 2002.

cas, il est aussi justifié que la Cour suprême change sa jurisprudence pour éviter de prolonger dans le temps les injustices du passé, en rendant explicite une telle décision ». Ce serait un second type de jurisprudence « erronée ». L'erreur, dans ce cas, serait de type « axiologique ». Observée depuis l'ensemble cohérent dans lequel réside l'ordre juridique, la décision jurisprudentielle est considérée comme « incorrecte » ou « injuste » du point de vue matériel parce qu'elle répond à des valeurs prédominantes à un moment historique antérieur.

4. Enfin, le juge postérieur peut aussi s'écarter de la jurisprudence, « en raison de changements dans l'ordre juridique positif, c'est-à-dire, en raison d'un changement constitutionnel ou législatif significatif ». Il est à peine évident que si la disposition change, les *ratione decidendi* doivent changer. Dans cette quatrième hypothèse, l'argumentation du juge postérieur doit démontrer que le *ratio decidendi* (RD1) qui se détache déjà de la disposition (D1) ne peut pas se rattacher à la disposition (D2), parce que, dans le domaine sémantique de cette dernière, on ne peut inclure le *ratio decidendi* (RD1), mais le *ratio decidendi* (RD2). De cette manière, il sera justifié que le juge postérieur s'écarte de (RD1) et applique (RD2).

Ces quatre hypothèses peuvent être appliquées, tant par les hautes cours que par les juges inférieurs pour fonder l'inapplication ou le changement de la jurisprudence précédente. Évidemment, si le changement se produit dans une haute cour, et est consolidé comme doctrine probable (trois décisions uniformes sur un même point de droit), son application sera alors obligatoire pour les juges inférieurs. Si, au contraire, c'est un juge inférieur qui s'écarte de la jurisprudence de la haute cour, celle-ci pourra garantir ou réfuter ce que le juge inférieur fait valoir, au moyen des pourvois en cassation et en appel. Si, contrairement à ce qui précède, il s'agit de l'inapplication de la jurisprudence constitutionnelle par la juridiction ordinaire ou la juridiction contentieuse administrative, ce sera à la Cour constitutionnelle de garantir ce que le juge ordinaire ou le juge administratif font valoir, par la protection contre les jugements. Pour qu'il puisse en être ainsi, il est nécessaire que tôt ou tard on reconnaisse que la protection contre les jugements puisse être une voie de communication efficace entre juge ordinaire et Cour constitutionnelle, et que grâce à elle le juge ordinaire puisse proposer des changements dans la jurisprudence constitutionnelle et que la haute cour puisse disposer d'un mécanisme pour garantir ou rejeter ces changements, pour que la Constitution et le droit soient stables ou qu'ils évoluent et soient régulièrement mis à jour.

Or, est intéressant d'observer comment ont opéré le *distinguish* et l'*overruling* dans la jurisprudence constitutionnelle dans certains cas. D'abord, un cas de *distinguish* est celui du jugement T-960 de 2001, dans lequel la Cour s'écarte du précédent judiciaire invoqué par le demandeur (SU-819 de 1999), selon lequel la Cour, dans des occasions précédentes, « a établi des critères pour ordonner la prise en charge de personnes qui souffrent de maladies qui nécessitent des traitements très coûteux et la possibilité de les envoyer à l'étranger pour les recevoir ». Malgré son prononcé précédent, la Cour considère que les conditions de fait et normatives du cas concret ne sont pas identiques à celles du précédent judiciaire, parce que le contenu du Plan national de développement permettait alors la mise en œuvre de ce que disposaient les jugements ; toutefois, puisque pour le cas qui est résolu dans ce jugement, les conditions normatives ont été modifiées (on a déclaré l'inconstitutionnalité du plan), on ne peut pas appliquer le précédent judiciaire invoqué.

Un second exemple, qu'il convient de citer, d'*overruling* est celui du jugement T-012 de 2003, dans lequel la Cour décide de s'écarter d'un précédent d'interprétation constitutionnelle. À cette occasion, la Cour fait valoir que reconnaître que les jugements de constitutionnalité ont force obligatoire dans le système juridique colombien (en se référant expressément au jugement C-543 de 1992[1]), dans le cas concret, elle décide de s'écarter du précédent dans la mesure où « elle ne retient pas le critère selon lequel, dans ce jugement, on a décidé qu'il était contraire à la Constitution de 1991 de procéder à un recours en protection contre un acte judiciaire, y compris quand il constitue une voie de fait ou la menace d'un préjudice irrémédiable ».

Dans ce jugement, la Cour démontre que son interprétation précédente, selon laquelle le recours en protection ne peut pas être formé contre des activités judiciaires, était erronée :

> Cette chambre de révision souligne que l'article 86 de la Constitution dit que la protection convient quand les droits fondamentaux « sont affectés ou menacés par l'action ou l'omission de toute autorité publique ». Les juges sont des autorités publiques et leurs décisions judiciaires constituent leur principale forme d'action.

En outre, il peut s'avérer intéressant de montrer comment fonctionne le changement de jurisprudence dans un exemple paradigmatique. Pour cela, nous retiendrons le jugement C-228 de 2002. Ce jugement résout la demande d'inconstitutionnalité contre l'article 137 de la loi 600 de 2000 relative au Code de procédure pénale ».

Le texte de la disposition incriminée dispose :

> Loi 600 de 2000, relative au Code de procédure pénale :
>
> Article 137. Définition. Afin d'obtenir le rétablissement du droit et l'indemnisation des dommages provoqués par la conduite répréhensible, la victime ou ses successeurs, par l'intermédiaire d'un avocat, pourront se constituer partie civile dans l'action pénale.
>
> Dans tout procès pour délit contre l'administration publique, la constitution de partie civile de la personne morale de droit public lésée sera obligatoire. Si le représentant légal de cette dernière est le même syndicat, l'inspection générale des finances de la République ou les inspections des finances territoriales, selon le cas, devront se constituer partie civile ; dans tous les cas,

[1] Cour constitutionnelle, jugement C-543 de 1992, M. P. : José Gregorio HERNÁNDEZ GALINDO.

quand les organismes de contrôle fiscal l'estimeront nécessaire pour la transparence de la demande, ils pourront intervenir comme partie civile de manière prioritaire et remplacer celle constituée par les organismes mentionnés. Quand la partie lésée est le ministère public général de la nation, elle relèvera du directeur exécutif de l'administration judiciaire ou du représentant spécial désigné.

Dans le cas présent, le demandeur affirme que la disposition doit être déclarée inconstitutionnelle parce qu'elle restreint le droit d'accéder au dossier pendant l'enquête et la possibilité pour la victime de se constituer partie civile.

La Cour étudie la demande et note que la disposition incriminée ne développe pas les questions relatives à l'« accès au dossier », exposées à l'article 30 de la loi 600 de 2000, ni la « possibilité de se constituer partie civile », invoquée à l'article 47 de la loi 600 de 2000, ces points constituant le fondement de la demande. La Cour décide alors d'étudier, en vertu de l'unité normative, la constitutionnalité des dispositions ayant trait à cette question mais non invoquée par la requête, parce qu'elle considère que ces aspects sont liés directement à l'expression « activité pénale ».

La Cour indique comme hypothèses de l'origine de l'unité normative[1] les trois événements suivants :

1. Quand un citoyen introduit un recours contre une disposition qui, prise isolément, n'a pas un contenu déontique clair ou univoque, de sorte que, pour la comprendre et l'appliquer, il s'avère absolument indispensable d'intégrer son contenu normatif avec celui d'une autre disposition qui ne fait pas l'objet du recours.
2. Quand « la disposition mise en cause est répétée dans d'autres normes de l'ordre juridique qui n'ont pas fait l'objet de la requête ».
3. Quand « la norme exigée est intrinsèquement en rapport avec une autre disposition qui, à première vue, présente un sérieux doute quant à sa constitutionnalité[2] ».

Or, face à la demande, la Cour étudie le cas et estime qu'est recevable l'unité normative dans la première hypothèse énoncée, mais que la disposition contenue à l'article 47 de la loi 600 de 2000 a été également déclarée constitutionnelle dans le jugement C-293 de 1995, ce pourquoi il constitue une chose jugée matérielle au sens strict.

Cependant, après que la disposition faisant l'objet de la requête a été déclarée exécutoire par un jugement antérieur, la Cour décide, non seulement d'envisager à nouveau la question, mais aussi de s'écarter du précédent pour considérer qu'il existe « de fortes raisons qui justifient ce changement » de jurisprudence en matière de « partie civile ».

---

[1] Ces hypothèses sont consacrées dans le jugement C-320 de 1997. La Cour cite ce jugement et analyse la recevabilité et l'existence des hypothèses en l'espèce.

[2] Jugement C-320 de 1997, M. P. : Alejandro MARTÍNEZ CABALLERO.

Le jugement C-293 de 1995 établit un concept de partie civile intéressée exclusivement par la recherche d'une réparation économique dans le procès pénal, concept qui a été rappelé, entre autres, dans les jugements C-475 de 1997[1], SU-717 de 1998[2], C-163 de 2000[3] et C-1711 de 2000[4].

La Cour indique que la justification qu'a invoquée le précédent (jugement C-293 de 1995) pour restreindre le cadre de la participation de la partie civile dans le procès pénal découle de la compréhension que l'intérêt de cette partie civile est exclusivement économique et que limiter sa participation au procès est nécessaire pour empêcher que la victime parvienne à interférer dans la recherche et dans la définition de l'origine de l'action pénale, ce qui serait contraire à la tradition libérale dans laquelle l'État a le monopole de l'exercice de l'action pénale.

La Cour décide de s'écarter du précédent et défend la nécessité d'un nouveau jugement sur la matière déjà déclarée exécutoire par la Cour, pour les raisons suivantes :

1. Le fondement normatif du jugement précédent est très restreint, parce qu'il analyse seulement l'intérêt économique de la partie civile. Le nouveau contrôle de constitutionnalité prend en considération une référence normative plus large, qui comporte des aspects comme celui de « victime », l'obligation du trésorier général de les protéger et d'adopter les mesures nécessaires au rétablissement de leurs droits, et la garantie de leurs droits comme devoir constitutionnel de tout juge judiciaire.
2. On a modifié la conception de la référence normative parce qu'au cours de l'année où le jugement précédent a été rendu (1995), on n'avait pas confirmé en droit international le concept de large protection des droits des victimes de violation des droits de l'homme. Ce n'est qu'en 2001 que l'on a rappelé la position de la Cour interaméricaine des droits de l'homme selon laquelle toute activité qui empêche aux victimes de violations de droits de l'homme d'avoir connaissance de la réalité des faits survenus viole la Convention américaine des droits de l'homme. Ainsi, on doit interpréter à nouveau la constitutionnalité de l'article en question, mais sous l'optique de la position consolidée jusqu'en 2001.
3. Il est nécessaire d'unifier les précédents, parce que la partie civile reçoit un traitement différent dans le procès pénal militaire et le procès pénal ordinaire.

[1] Cour constitutionnelle, jugement C-475 de 1997, M. P. : Eduardo CIFUENTES MUÑOZ. Dans ce jugement, la Cour a examiné si les restrictions qu'imposaient différentes dispositions du Code de procédure pénale, pour que les personnes poursuivies puissent accéder aux travaux préliminaires et exercent pleinement le droit de la défense, étaient disproportionnées, dans la mesure où une telle exigence n'était pas imposée aux victimes et aux personnées lésées qui ont dénoncé le fait illicite. Bien que la question ne portait pas ici sur les droits de la partie civile, mais sur l'enquête, la Cour a rappelé la constitutionnalité du traitement différencié entre la partie civile et la personne faisant l'objet de l'enquête et l'intérêt purement patrimonial qui justifiait l'action de la partie civile.

[2] Cour constitutionnelle, jugement SU-717 de 1998, M. P. : Carlos GAVIRIA DÍAZ.

[3] Cour constitutionnelle, jugement C-163 de 2000, M. P. : Fabio MORÓN DÍAZ.

[4] Cour constitutionnelle, jugement C-1711 de 2000, M. P. : Carlos GAVIRIA DÍAZ.

Dans le procès pénal ordinaire, on a reconnu que la victime a seulement le droit d'obtenir une réparation économique, tandis que dans le procès pénal militaire, elle peut aussi exiger la recherche « de la vérité et [de] la justice ».
4. Il est nécessaire d'unifier la doctrine, parce que le jugement C-293 de 1995 a suscité des conflits doctrinaux[1], ce qui contrarie le principe de la confiance légitime. La nouvelle doctrine à formuler doit reconnaître l'évolution normative existante, parce qu'après le prononcé précédent, on a promulgué de nouvelles lois qui ne peuvent pas ne pas être connues au moment de la détermination d'une doctrine (nouveaux codes pénal [loi 599 de 2000], de procédure pénale [loi 600 2000] et pénal militaire [loi 522 de 1999]).
N'ayant pas trouvé d'empêchement pour se prononcer de nouveau sur la constitutionnalité de l'article faisant l'objet de la requête, la Cour analyse la disposition concernée plus celles qui constituent l'unité normative. La Cour déclare constitutionnel l'alinéa 1er de l'article 137 de la loi 600 de 2000, pourvu que l'on procède à une interprétation du fait que « la partie civile a droit à l'indemnisation, à la vérité et à la justice », et que l'on déclare constitutionnel l'article 30 de la loi 600 de 2000, et que l'on prenne en compte le fait que « les victimes ou les personnes lésées, une fois qu'elles se sont constituées en partie civile, peuvent directement accéder au dossier ».
La Cour établit un nouveau concept d'interprétation constitutionnelle qui ne comprend pas la partie civile comme étant exclusivement intéressée par l'indemnisation patrimoniale, mais aussi comme un sujet qui a le droit de prendre part au procès pénal afin d'établir « la vérité et la justice ».

Le contrôle du respect du précédent constitutionnel

La question suivante qui se pose est de savoir comment on peut contrôler le respect du précédent constitutionnel dans le système juridique colombien. Sur cette question, il est nécessaire de mentionner que la Cour constitutionnelle a principalement utilisé trois stratégies pour contrôler le respect de la force obligatoire de sa jurisprudence. Ces stratégies sont : la réitération de la jurisprudence, le recours en protection contre des décisions judiciaires, et l'annulation de jugements de protection rendus par des chambres de la Cour constitutionnelle elle-même, quand ils n'observent pas la jurisprudence établie par des jugements de constitutionnalité ou d'unification antérieurs.

Il convient d'indiquer que, par le rappel de la jurisprudence et le recours en protection contre des jugements, on contrôle le respect de ce que l'on appelle le précédent vertical, c'est-à-dire le respect de la jurisprudence par des juges inférieurs (en matière de recours en protection) et d'autres juridictions. Le recours en protection contre des jugements, que nous ne pouvons pas analyser ici en détail, est un mécanisme qui permet le contrôle du respect de la jurisprudence constitutionnelle par les juges dans les procédures ordinaires. Toutefois, ce n'est pas un mécanisme parfait, applicable pour toute décision judiciaire qui s'écarte de la jurisprudence de la Cour constitution-

---

[1] R. Alexy, « Precedent in the Federal Republic of Germany », *in* D. N. MacCormick et R. S. Summers (eds.), *Interpreting Precedents*, Dartmouth, 1997, p. 52 à 59.

nelle, mais seulement pour les décisions judiciaires qui constituent une voie de fait. Cependant, ce mécanisme a une assez grande efficacité potentielle, en raison de la thèse précitée de la haute cour, observée depuis 1995, selon laquelle l'inobservance du précédent constitutionnel dans une décision judiciaire fait que celle-ci se transforme en voie de fait.

Pour sa part, dans les jugements de réitération, qui incluent explicitement l'expression « réitération de jurisprudence », la Cour constitutionnelle réitère une jurisprudence déjà consolidée ou met l'accent sur celle-ci. Ceci s'est déjà produit dans un nombre important de jugements (plus de mille). Par exemple, dans le jugement T-203 de 2002, la Cour constitutionnelle a essentiellement rappelé sa jurisprudence selon laquelle « le retard de paiement indéfini et prolongé des pensions mensuelles fait présumer la violation du minimum vital du pensionné et de sa famille et, dans un tel cas, fait du recours en protection un mécanisme exceptionnel pour le paiement de ces créances[1] ». Elle a ainsi annulé dix-neuf jugements de protection, pris par des juges ordinaires, dans lesquels on n'avait pas observé sa jurisprudence.

La réitération de jurisprudence a été, en droit comparé, l'un des mécanismes les plus importants au moyen desquels la juridiction constitutionnelle opère une mise à jour de tout le système juridique. Dans le cadre de la Constitution espagnole de 1978, par exemple, la réitération de la jurisprudence fut l'unique mécanisme qui conduisit, avec le temps, à ce que les doctrines protectrices des droits fondamentaux, défendues par le Tribunal constitutionnel, s'imposent aux coutumes des juges franquistes, qui ne replissaient pas les exigences constitutionnelles essentielles, comme celles dérivant de la présomption d'innocence, du droit au procès équitable ou du respect du principe de légalité pénale.

Le dernier des mécanismes de contrôle est l'annulation de jugements prononcés par des chambres de protection de la Cour constitutionnelle elle-même, quand la jurisprudence établie par des jugements de constitutionnalité ou d'unification est méconnue. Cette annulation est assurée par des jugements, rendus en assemblée plénière, qui supposent un mécanisme d'autocontrôle ou de contrôle du respect du précédent horizontal.

Un exemple de ce type de jugement d'annulation est fourni par le jugement 080 de 2000. Dans ce jugement, la Cour constitutionnelle a annulé le jugement de protection T-441 de 2000 qui méconnaissait les positions de la Cour constitutionnelle dans les jugements C-011 de 1994, SU-640 de 1998, C-069 de 1995 et C-037 de 2000. Par ces décisions, la Cour a précisé la distinction entre les périodes institutionnelles et personnelles pour exercer des fonctions électives, et elle a prononcé l'irrecevabilité de l'exception d'inconstitutionnalité contre des actes administratifs de caractère particulier et a déclaré que l'article 33 transitoire de la Constitution n'était plus en vigueur. Dans le jugement 080 de 2000, la Cour a considéré :

[1] Jugement T-203 de 2002, M. P. MANUEL JOSÉ CEPEDA ESPINOSA.

> … le jugement T-441 de 2000 s'écarte en effet des critères jurisprudentiels, puisque le jugement attaqué a appliqué l'article 33 transitoire de la Constitution, une norme qui, suivant la même interprétation que celle qu'a faite la Cour constitutionnelle dans les jugements cités, a dû être considérée comme n'étant plus en vigueur, l'hypothèse qu'elle prévoyait étant éteinte dans le temps. À la lumière de ladite jurisprudence de la Cour, ce précepte supérieur a déjà produit des effets et sa force normative a été épuisée, et c'est la raison pour laquelle la chambre de révision ne pouvait pas le ranimer, une norme à caractère permanent existant.

De même, la Cour constitutionnelle a soutenu :

> Par conséquent, par le biais de l'application d'une norme transitoire dont la validité était éteinte dans le cas concret, la chambre de révision, sans qu'il lui revienne de le faire, a établi un critère nettement différent des critères antérieurs provenant de la Cour en ce qui concerne la période et en ce qui concerne son caractère, qu'elle estima objectif, en introduisant ainsi une exception à la ligne jurisprudentielle déjà tracée. Évidemment – il faut le constater –, la Cour peut changer le sens de sa jurisprudence à ce sujet. Ce n'est pas cela qui est ici censuré mais le fait que la modification n'a pas été introduite par l'assemblée plénière de la Cour, seule instance compétente pour cela.

Enfin, il faut rappeler qu'un autre mécanisme approprié pour contrôler le respect du précédent constitutionnel est l'exception d'inconstitutionnalité, consacrée à l'article 4 de la Constitution. D'après cet article, dès lors qu'il existe une incompatibilité entre la Constitution et la loi ou une autre norme de hiérarchie inférieure, tout acteur juridique – et non seulement le juge – doit appliquer la Constitution et, corrélativement, ne pas appliquer la loi ou la norme de rang inférieur qui la contredit. Donc, étant donné que, comme nous l'avons vu, le précédent constitutionnel est la Constitution elle-même ou, dit d'une manière plus subtile, la concrétion de ce que prescrit la Constitution, on doit aussi dire qu'en cas d'incompatibilité entre le précédent constitutionnel et la loi ou une autre norme de rang inférieur, on ne devra pas appliquer cette norme mais appliquer, corrélativement, le précédent constitutionnel.

Bibliographie

Références doctrinales

M. CARBONELL (ed.), *Neoconstitucionalismo(s)*, Madrid, Trotta, 2003.

R. ALEXY, « Precedent in the Federal Republic of Germany », *in* D. N. MACCORMICK et R. S. SUMMERS (eds.), *Interpreting Precedents*, Dartmouth, 1997.

C. BERNAL PULIDO, « El juicio de igualdad en la jurisprudencia de la Cour constitutionnelle colombiana », *Actas del VII Congreso Iberoamericano de Derecho Constitucional*, Ciudad de México, Instituto de Investigaciones Jurídicas de la Universidad Nacional Autónoma de México, 2002.

C. BERNAL PULIDO, *El principio de proporcionalidad y los derechos fundamentales*, Madrid, Centro de Estudios Políticos y Constitucionales, 2003.
M. GONZÁLEZ BEILFUSS, *Tribunal Constitucional y reparación de la discriminación normativa*, Madrid, Centro de Estudios Políticos y Constitucionales, 2000.
H. KELSEN, « La garantía jurisdiccional de la Constitución (la justicia constitucional) », *in* H. KELSEN, *Escritos sobre la democracia y el socialismo*, Madrid, Debate, 1988.
D. LÓPEZ MEDINA, *El derecho de los jueces*, Bogotá, Legis, 1999.
A. MARTÍN DE LA VEGA, *Estudios sobre la eficacia del juicio constitucional*, Bogotá, Universidad Externado de Colombia, 2002.
L. MORAL SORIANO, *El precedente judicial*, Madrid, Marcial Pons, 2002.

Références jurisprudentielles

Cour constitutionnelle, jugement C-543 de 1992, M. P. : José Gregorio HERNÁNDEZ GALINDO.
Cour constitutionnelle, jugement T-409 de 1992, M. P. : José Gregorio HERNÁNDEZ GALINDO.
Cour constitutionnelle, jugement C-113 de 1993, M. P. : Dr Jorge ARANGO MEJÍA.
Cour constitutionnelle, jugement C-131 de 1993, M. P. : Alejandro MARTÍNEZ CABALLERO.
Cour constitutionnelle, jugement T-547 de 1993, M. P. : Alejandro MARTÍNEZ CABALLERO.
Cour constitutionnelle, jugement C-511 de 1994, M. P. : Fabio MORÓN DÍAZ.
Cour constitutionnelle, jugement C-083 de 1995, M. P. : Dr Carlos GAVIRIA DÍAZ.
Cour constitutionnelle, jugement C-586 de 1995, M. P. : Eduardo CIFUENTES MUÑOZ et José GREGORIO HERNÁNDEZ.
Cour constitutionnelle, jugement T-063 de 1995, M. P. : José GREGORIO HERNÁNDEZ GALINDO.
Cour constitutionnelle, jugement T-123 de 1995, M. P. : Eduardo CIFUENTES MUÑOZ.
Cour constitutionnelle, jugement T-260 de 1995, M. P. : José GREGORIO HERNÁNDEZ.
Cour constitutionnelle, jugement C-037de 1996, M. P. : Vladimiro NARANJO MESA.
Cour constitutionnelle, jugement C-386 de 1996, M. P. : Alejandro MARTÍNEZ CABALLERO.
Cour constitutionnelle, jugement C-239 de 1997, M. P. : Carlos GAVIRIA DÍAZ.

Cour constitutionnelle, jugement C-320 de 1997, M. P. : Alejandro MARTÍNEZ CABALLERO.
Cour constitutionnelle, jugement C-447 de 1997, M. P. : Alejandro MARTÍNEZ CABALLERO.
Cour constitutionnelle, jugement C-475 de 1997, M. P. : Eduardo CIFUENTES MUÑOZ.
Cour constitutionnelle, jugement T-01 de 1997, M. P. : José Gregorio HERNÁNDEZ GALINDO.
Cour constitutionnelle, jugement T-527 de 1997, M. P. : Hernando HERRERA VERGARA.
Cour constitutionnelle, jugement T-486 de 1998, M. P. : Alfredo BELTRÁN SIERRA.
Cour constitutionnelle, jugement T-210 de 1998, M. P. : Fabio MORÓN DÍAZ.
Cour constitutionnelle, jugement T-321 de 1998, M. P. : Alfredo BELTRÁN SIERRA.
Cour constitutionnelle, jugement SU-640 de 1998, M. P. : Eduardo CIFUENTES MUÑOZ.
Cour constitutionnelle, jugement SU-717 de 1998, M. P. : Carlos GAVIRIA DÍAZ.
Cour constitutionnelle, jugement T-144 de 1999, M. P. : JOSÉ Gregorio HERNÁNDEZ GALINDO.
Cour constitutionnelle, jugement SU-036 de 1999, M. P. : Alfredo BELTRÁN SIERRA.
Cour constitutionnelle, jugement SU-995 de 1999, M. P. : Carlos GAVIRIA DÍAZ.
Cour constitutionnelle, jugement C-163 de 2000, M. P. : Fabio MORÓN DÍAZ.
Cour constitutionnelle, jugement C-1439 de 2000, M.P. : Eduardo MONTEALEGRE LYNETT.
Cour constitutionnelle, jugement C-1711 de 2000, M. P. : Carlos GAVIRIA DÍAZ.
Cour constitutionnelle, jugement T-267 de 2000, M. P. : Alejandro MARTÍNEZ CABALLERO.
Cour constitutionnelle, jugement SU-1553 de 2000, M. P. : Jairo CHARRY RIVAS.
Cour constitutionnelle, jugement C-252 de 2001, M. P. : Carlos GAVIRIA DÍAZ.
Cour constitutionnelle, jugement T-569 de 2001, M. P. : Eduardo MONTEALEGRE LYNETT.
Cour constitutionnelle, jugement C-836 de 2001. M. P. Rodrigo ESCOBAR GIL.
Cour constitutionnelle, jugement T-399 de 2001, M. P. : Alfredo BELTRÁN SIERRA.

Cour constitutionnelle, jugement T-451 de 2001, M. P. : Manuel JOSÉ CEPEDA ESPINOZA.
Cour constitutionnelle, jugement T-960 de 2001, M. P. : Eduardo MONTEALEGRE LYNETT.
Cour constitutionnelle, jugement T-203 de 2002, M. P. : Manuel José CEPEDA ESPINOSA.
Cour constitutionnelle, jugement T-1317 de 2001, M. P. : Rodrigo UPRIMNY YEPES.
Cour constitutionnelle, jugement SU-1300 de 2001, M. P. : Marco Gerardo MONROY CABRA.
Cour constitutionnelle, jugement C-310 de 2002, M. P. : Rodrigo ESCOBAR GIL.
Cour constitutionnelle, jugement T-082 de 2002, M. P. : Rodrigo ESCOBAR GIL.
Cour constitutionnelle, jugement T-1022 de 2002, M. P. : Jaime CÓRDOBA TRIVIÑO.
Cour constitutionnelle, jugement T-1091 de 2002, M. P. : Jaime CÓRDOBA TRIVIÑO.
Cour constitutionnelle, jugement T-1086 de 2003, M. P. : Eduardo MONTEALEGRE LYNETT.

CHAPITRE VI

LA FORCE OBLIGATOIRE DE LA JURISPRUDENCE[1]

Le droit, comme la culture et, plus généralement, tout ce qui concerne l'homme, ne cesse d'être touché par l'apparition, le changement et le déclin des modes et des tendances. L'étude de l'histoire du droit dans tous ses domaines, y compris de la théorie du droit, révèle clairement la manière dont ce que l'on appelle l'« esprit des temps », le *Zeitgeist*, pénètre les conceptions juridiques en vigueur, mine celles qui lui sont incompatibles, les stigmatise comme archaïques ou désuètes, et les remplace par de nouvelles visions qu'il convient de présenter comme d'avant-garde, à la mode. Il ne serait pas du tout excessif d'aller même jusqu'à risquer une définition de l'histoire du droit comme la lutte, le triomphe et la capitulation de tendances juridiques imposées par l'esprit des temps ou, pour appeler les choses par leur nom, par les intérêts politiques et économiques dominants à chaque époque. Dans cette histoire, et bien que cela soit paradoxal, les éléments du droit se transforment et restent, s'effacent et réapparaissent ; tout change pour que tout demeure, à l'image de la une du *Gatopardo*[2], et tout est écarté pour ensuite revivre.

Aux yeux d'un juriste de la célèbre Cour suprême de justice de 1935, le titre de cet article apparaîtrait peut-être comme une affaire résolue, comme un thème digne d'un manuel consacré à la tradition juridique, étranger aux défis ou des innovations. De la même manière, il serait difficile pour ce juriste de comprendre la raison exacte des controverses apparues entre les hautes cours au sujet de la force obligatoire des précédents, c'est-à-dire des jugements judiciaires, à partir de la Constitution de 1991 et tout au long des premières années d'activité de la Cour constitutionnelle. Ce juriste ne comprendrait pas non plus qu'il participerait à l'importation et à l'assimilation par la jurisprudence des courants alors avant-gardistes du droit civil français, par laquelle on proclame un changement de paradigme dans notre droit et on prédit l'hégémonie de ce que l'on appelle le « droit des juges », corrélatif au

---

[1] Une version préliminaire de ce chapitre a été présentée sous la forme de conférence au forum *Precedente* organisé à l'Université Icesi de Cali en novembre 2003, et a été publiée dans les actes dudit forum. L'auteur remercie María JOSÉ VIANA et Édgar SOLANO pour leurs précieux commentaires de ce texte, qui ont permis de corriger plusieurs erreurs, clarifier quelques idées et compléter les références bibliographiques, et le professeur Lelio FERNÁNDEZ pour ses suggestions corrections du style.

[2] http://www.gatopardo.com.

fait que le droit, de façon explicite ou souterraine, s'échappe du domaine de la loi, des codes et de l'activité parlementaire. Ce juriste de la Cour constitutionnelle considérerait assurément quelque peu incongru que, dans le cadre de la globalisation de la démocratie dont l'implantation, au moins formelle, s'est faite en Amérique latine par le fusil et le sang, on critique avec une telle légèreté la délibération parlementaire et son produit, et il jugerait la stigmatisation caricaturale de l'obéissance à la loi comme opportuniste et relevant du simple « formalisme » pour porter aux nues l'« antiformalisme » du juge qui peut tout, du « justicier » en toge.

Nous voulons dire par là que l'attribution théorique et pratique de la force obligatoire aux précédents judiciaires ne constitue pas une nouveauté dans notre ordre juridique. Elle ne représente pas non plus l'abandon d'un modèle de formalisme qui, soit dit en passant, n'a existé nulle part sur le globe, ni même dans la France postrévolutionnaire : le formalisme du juge qui, comme l'insinuait Montesquieu, se limiterait à prononcer les mots de la loi, celui d'un juge sans créativité, facilement remplaçable de nos jours par un banal programme informatique. Au contraire, il convient de reconnaître que, tout comme la loi, le précédent judiciaire ou, dit d'une manière plus conforme à notre tradition juridique, la jurisprudence a, de nos jours, dans l'ordre juridique colombien, le caractère de source formelle et matérielle du droit. De même, on doit accepter que ce caractère de source du droit ne soit pas une innovation de la jurisprudence constitutionnelle ni de la Constitution de 1991 – qui, du reste, dans son article 230, évoque le sujet dans une formulation plutôt traditionaliste. Par conséquent, et puisqu'il n'y a pas de source du droit qui n'ait pas force obligatoire, puisque les deux concepts sont les deux faces d'une même pièce, il convient d'accepter *ab initio* que la jurisprudence a force obligatoire dans l'ordre juridique colombien et que, d'une manière ou d'une autre, elle l'a toujours eue.

Ce qui n'est pas évident et, plus encore, rend particulièrement perplexe, est la raison pour laquelle la jurisprudence doit présenter une force obligatoire dans notre ordre juridique et, par conséquent, quelles caractéristiques doit présenter cette propriété. Sur quoi pouvons-nous nous fonder pour affirmer que la jurisprudence a une force obligatoire en Colombie ? Cette force obligatoire est-elle identique à celle qui caractérise la Constitution et les lois, ou a-t-elle des caractéristiques *sui generis* ? Peut-être s'agit-il d'une force obligatoire moins forte ou moins contraignante, pour ainsi dire une force obligatoire *soft* ou *light ?* Et s'il en est ainsi, quelles circonstances déterminent ces atténuations ou ces nuances ?

Pour répondre à ces questions, il convient d'indiquer que l'idée d'attribuer une force obligatoire à la jurisprudence dans l'ordre juridique colombien peut donner lieu deux thèses contraires : une thèse sceptique, qui fera l'objet de la première partie de nos développements, et une thèse optimiste, à laquelle sera consacrée la seconde partie.

La thèse sceptique

Le point de vue

La thèse sceptique ne croit pas à la possibilité de fonder, sur les dispositions de notre droit, l'idée que la jurisprudence puisse avoir une force obligatoire. Elle repose essentiellement sur une interprétation traditionaliste de l'article 230 de la Constitution, qui établit la soumission des juges « seulement » à l'empire de la loi, et attribue à la jurisprudence le caractère de « critère auxiliaire » de l'activité judiciaire. Selon l'interprétation traditionaliste de cet article, la seule source formelle du droit qui lierait les juges serait la loi – qui vient s'ajouter à la Constitution (en vertu de l'article 4 de la Constitution) et aux autres sources dont la force obligatoire serait expressément reconnue par la loi (les actes administratifs, les contrats, les conventions collectives et les dispositifs des arrêts). Pour le reste, la jurisprudence, comprise comme les motifs des jugements des juges, et spécialement des hautes cours, serait uniquement un « critère auxiliaire », c'est-à-dire un guide non contraignant pour le juge, dont il pourrait s'inspirer en cas de doute sur le sens de la loi, mais qui ne le lierait nullement.

La thèse sceptique souligne, par exemple, qu'en ce qui concerne les jugements de la Cour constitutionnelle, il n'existe pas en Colombie de disposition comme l'article 5.1 de la loi organique espagnole relative au pouvoir judiciaire[1] qui, conformément à l'article 164.1 de la Constitution espagnole[2] et l'article 40.2 de la loi organique relative au Tribunal constitutionnel[3], impose aux juges ordinaires le devoir de respecter la jurisprudence de ce Tribunal[4]. Elle dénonce aussi l'absence, dans notre ordre juridique, de textes comme les articles 31.i et 31.ii de la loi relative à la Cour constitutionnelle fédérale allemande[5], qui attribuent à ses jugements une force obligatoire à

---

[1] L'article 5.1 dispose : « La Constitution est la norme suprême de l'ordre juridique et lie tous les juges et tous les tribunaux, qui interpréteront et appliqueront les lois et les règlements selon les règles et les principes constitutionnels, conformément à l'interprétation de ceux-ci qui résulte des dispositifs pris par le Tribunal constitutionnel dans tout type de procédure. »

[2] Dans cet article, la Constitution espagnole établit : « Les jugements du Tribunal constitutionnel seront publiés au *Boletín Oficial del Estado* avec les opinion dissidentes s'il y en a. Ils ont l'autorité de la chose jugée à partir du jour suivant leur publication et aucun recours contre eux n'est recevable. Ceux qui déclarent l'inconstitutionnalité d'une loi ou d'une norme ayant force de loi et tous ceux qui ne se limitent pas à l'estimation subjective d'un droit ont un plein effet *erga omnes*. »

[3] Cette disposition prescrit : « Dans tous les cas, la jurisprudence des tribunaux fondée sur des lois, des dispositions ou des actes jugés par le Tribunal constitutionnel devra être comprise comme corrigée par la doctrine dérivée des jugements et des avis rendus sur des recours ou des jugements d'inconstitutionnalité. »

[4] *Cf.* A. MARTÍN DE LA VEGA, *Estudios sobre la eficacia de la sentencia constitucional*, Bogotá, Universidad Externado de Colombia, 2002, p. 58 et s.. *Cf.* également L. MORAL SORIANO, *El precedente judicial*, Madrid, Marcial Pons, 2002, p. 162 et s..

[5] Article 31.1 : « Les jugements de la Cour constitutionnelle fédérale lieront les organes constitutionnels de la fédération et des États régionaux, ainsi que tous les tribunaux et autorités.

l'égard de tous les pouvoirs publics, et une force de loi aux décisions d'inconstitutionnalité qu'elle adopte dans le contrôle abstrait des normes. Finalement, cette position fait valoir l'incongruité de prôner l'incorporation, dans notre ordre juridique, du principe du *stare decisis*, dans ses modalités verticale et horizontale, qui est plutôt propre à un modèle comme celui de la *case law* de la jurisprudence nord-américaine[1].

Comme cela est bien connu, notamment grâce à la synthèse de Diego López Medina[2], la thèse sceptique a trouvé des partisans chez plusieurs magistrats de la première Cour constitutionnelle, et elle a été présentée comme la doctrine dominante, notamment dans les jugements C-113 de 1993[3], C-131 de 1993[4], et C-083 de 1995[5]. De même, son esprit transparaît dans la rédaction initiale de l'article 48 de la loi relative au statut de l'administration de la justice, qui a rappelé que les motivations des jugements prononcés par la Cour constitutionnelle « constituent un critère auxiliaire pour l'activité judiciaire et pour l'application des normes juridiques en général ». La Cour constitutionnelle a nuancé la rédaction initiale de cette disposition pour attribuer un caractère obligatoire général aux interprétations qu'elle fait elle-même « par voie d'autorité[6] ».

Récemment, la thèse sceptique a été vigoureusement défendue par Alexei Julio Estrada[7]. Le fond de la pensée de cet auteur réside dans l'idée que les expressions « force obligatoire » et « critère auxiliaire » sont incompatibles. Pour cette raison, « la jurisprudence est, soit une source principale du droit avec une force obligatoire, soit un simple critère auxiliaire ». Il s'agirait alors d'un dilemme irréductible et, dans tout ordre juridique, il conviendrait seulement d'opter pour l'une des possibilités. Dans l'esprit de Julio Estrada, « le constituant colombien de 1991 paraît décidément préférer la seconde

---

Dans les cas des alinéas 6, 11, 12 et 14 de l'article 13, le jugement de la Cour constitutionnelle fédérale aura force de loi. Il sera de même dans les cas de l'article 13 alinéa 8a, quand la Cour constitutionnelle fédédale déclare une loi compatible ou incompatible avec la loi fondamentale ou bien la déclare nulle. »

[1] *Cf.* sur ce principe, A. L. MAGALONI KERPEL, *El precedente constitucional en el sistema judicial norteamericano*, Madrid, McGraw Hill, 2001, p. 38 et s..

[2] D. LÓPEZ MEDINA, *El derecho de los jueces*, Bogotá, Legis, 2000, chap. I.

[3] *Cf.* Cour constitutionnelle, jugement C-113 de 1993, M. P. : Jorge ARANGO MEJÍA.

[4] *Cf.* Cour constitutionnelle, jugement C-131 de 1993, M. P. : Alejandro MARTÍNEZ CABALLERO.

[5] *Cf.* Cour constitutionnelle, jugement C-083 de 1995, M. P. : Carlos GAVIRIA DÍAZ.

[6] *Cf.* Cour constitutionnelle, jugement C-037 de 1996, M. P. : Vladimiro NARANJO MESA. *Cf.* un commentaire de ce jugement sur cet aspect : G. LOZANO VILLEGAS, *El valor normativo de las sentencias de la Corte Constitucional con ocasión del control abstracto de normas y su incidencia en el sistema de fuentes del derecho: el caso colombiano*, Bogotá, Universidad Externado de Colombia, 2000, p. 38 et s..

[7] *Cf.* A. JULIO ESTRADA, « El precedente jurisprudencial. Un breve estudio del estado de la cuestión en la jurisprudencia constitucional durante el año 2001 », *in* E. MONTEALEGRE LYNETT (coord.), *Anuario de derecho constitucional. Análisis de jurisprudencia de la Corte Constitucional*, Bogotá, Universidad Externado de Colombia, 2003, spéc. p. 50 note 13.

option », c'est-à-dire qualifier la jurisprudence de critère auxiliaire et rejeter parallèlement toute hypothèse lui accordant une force obligatoire. De ceci, il en découlerait, selon cet auteur, que la Cour constitutionnelle commet une ineptie quand, comme elle l'a fait dans certains anciens jugements et d'autres relativement récents, elle inclut la jurisprudence dans l'« empire de la loi » auquel est soumis le juge. Deux raisons expliqueraient l'erreur de la Cour :

> d'une part, le principe en question (c'est-à-dire l'article 230 de la Constitution) qu'elle poursuit en réalité, est la garantie de l'autonomie fonctionnelle des juges, c'est-à-dire l'indépendance externe et interne des fonctionnaires judiciaires face aux autres pouvoirs publics et au sein du pouvoir judiciaire, autonomie qui est clairement menacée par une théorie du précédent ; d'autre part, elle prétend fuir le problème posé par la seconde partie de la norme constitutionnelle qui confère expressément à la jurisprudence le caractère de critère auxiliaire.

La critique de la thèse sceptique

À la thèse sceptique, il convient d'opposer au moins quatre arguments.

D'après le premier argument, cette thèse est contraire à la conjecture, y compris dans un système de droit continental structuré à la manière de l'évolution juridique proposée par Adolf JULIUS MERKL dans son célèbre « *Prolegomena einer Theorie des rechtlichen Stufenbaues*[1] », et incorporé avec empressement par KELSEN dans sa *Théorie pure du droit*. Dans tout système de droit continental, les sources formelles qui sont revêtues de la force obligatoire sont celles qui sont créées au moyen de procédures explicitement prévues pour la création de normes – comme la loi et les actes administratifs – et par des autorités ayant des compétences spécifiques pour cela, et non pour l'application de normes – comme la jurisprudence. Toutefois, comme Kelsen lui-même l'a reconnu sans ambages dans sa critique virulente adressée à Schmitt au sujet du juge constitutionnel, de même qu'il est impossible de séparer la justice de la politique, il est tout aussi impossible de tracer une frontière, un abîme infranchissable entre la création et l'application du droit[2]. Ainsi, cela n'aurait pas de sens d'aliéner toute virtualité créatrice aux procédures d'application de normes et aux autorités qui les mettent en œuvre, et de nier la portée obligatoire du produit de telles procédures : la jurisprudence.

Le second doute qui peut être formulé contre la thèse sceptique est qu'elle éliminerait toute projection possible, dans notre ordre juridique, des

---

[1] A. J. MERKL, « Prolegomena einer Theorie des rechtlichen Stufenbaues », *in* A. J. MERKL, *Gesammelte Schriften*, t. I: « Grundlagen des Rechts », Berlin, Duncker & Humblot, 1995, p. 437 et s..

[2] H. KELSEN, *¿Quién debe ser el defensor de la Constitución?*, R. J. BRIE (trad. y notas), G. GASIÓ (estudio preliminar) et E. BULYGIN (supervisión técnica), Madrid, Tecnos, 1995, p. 18 et s..

arguments en faveur de la reconnaissance de la force obligatoire de la jurisprudence. Voici quelques arguments en ce sens[1] :

- La recherche de la cohérence. Si, dans le passé, on s'est prononcé d'une certaine façon conformément au droit, il est cohérent qu'aujourd'hui il soit obligatoire de décider dans le même sens dans un cas identique ou semblable.

- Le respect du principe et du droit à l'égalité. Le droit doit traiter de la même manière, avec les mêmes solutions, les sujets impliqués dans des cas identiques ou semblables, antérieurs, actuels et futurs. Il s'agit également d'une exigence du principe d'universalité.

- La garantie de la stabilité du système juridique. La stabilité de tout système juridique exige la permanence dans le temps des règles juridiques relatives à l'application du droit aux cas concrets, et cela exige l'uniformité de cette application. La stabilité est à son tour un présupposé de la sécurité juridique et du respect du principe de la confiance légitime[2].

- Le souci de réduire le domaine du pouvoir discrétionnaire des juges subalternes dans le système judiciaire. Il est paradoxal que, pour s'opposer à la reconnaissance de la force obligatoire à la jurisprudence, on affirme que l'on renforce ainsi le caractère discrétionnaire de la fonction judiciaire. En réalité, c'est tout le contraire : plus le juge subalterne est lié par les règles de la jurisprudence établies par les juges au sommet de la hiérarchie, plus le cadre de la compétence discrétionnaire dont il peut jouir est étroit. Évidemment, cette stratégie sacrifie la liberté créatrice du juge subalterne, mais elle favorise la cohérence du système.

Or, la troisième objection à la thèse sceptique allègue que l'on peut trouver dans la jurisprudence les éléments qui constituent le concept de force obligatoire de la loi (l'existence d'une norme et d'un titulaire d'un droit face à un destinataire qui a le devoir de se soumettre aux prescriptions de la norme, sous peine d'encourir une sanction), si l'on fait reposer l'analyse sur

---

[1] *Cf.*, sur ces arguments, R. ALEXY et R. DREIER, « Statutory Interpretation in the Federal Republic of Germany », *in* N. MACCORMICK et R. SUMMERS (eds.), *Interpreting Statutes. A Comparative Study*, Hong Kong, Singapore, Sydney, Dartmouth, Aldershot, Brookfield, 1993, p. 82 et s. ; N. MACCORMICK et R. SUMMERS, « Interpretation and Justification », *ibid.*, p. 518 et s. ; T. M. BENDITT, « The Rule of Precedent », *in* L. GOLDSTEIN (ed.). *Precedent in Law*, Clarendon Press, Oxford, 1987, p. 89 et s. ; L. MORAL SORIANO, « A Progressive Foundation of Precedents », *ARSP*, n° 3, 2000, p. 327 et s..

[2] *Cf.* Cour constitutionnelle, jugement C-836 de 2001, M. P. : Rodrigo ESCOBAR GIL : « La prévisibilité des décisions judiciaires donne une certitude sur le contenu matériel des droits et des obligations des personnes, et l'unique forme dans laquelle on a cette certitude est quand on sait que, en principe, les juges ont interprété et vont continuer à interpréter leur ordre juridique de manière stable et consistante [...] Dans son aspect subjectif, la sécurité juridique est liée à la bonne foi, consacrée à l'article 18 de la Constitution à partir du principe de confiance légitime. Ce principe constitutionnel garantit aux personnes que ni l'État ni les particuliers ne vont les surprendre par des actions qui, analysées isolément, sont juridiquement fondées mais qui, si on les compare, apparaissent contradictoires. »

les modèles les plus communs de ce dernier. Comme nous l'avons déjà dit, on comprend ici par jurisprudence les motifs des jugements judiciaires et on fait valoir qu'on trouve en elle les éléments qui constituent le concept de force obligatoire. Toutefois, cette affirmation n'est pas évidente, mais la thèse optimiste doit se fonder sur elle pour pouvoir s'imposer comme la thèse correcte.

Finalement, il est encore possible d'affaiblir l'argument principal sur lequel se fonde la thèse sceptique et qui part d'interprétation restreinte, déjà exposée, de l'article 230 de la Constitution. Pour cela, il est nécessaire de se référer à trois aspects : l'argument de l'indépendance judiciaire, le concept de règne de la loi et le concept de critère auxiliaire.

En ce qui concerne l'argument de l'indépendance judiciaire, à l'encontre de l'avis de Julio Estrada, on doit dire qu'il ne paraît pas du tout clair que cet argument ait grand-chose à voir avec la force obligatoire de la jurisprudence ; plus encore, on ne comprend pas comment le fait de reconnaître que les juges sont liés par la jurisprudence puisse faire échec à l'indépendance de la justice. Il est évident que le principe d'indépendance de la justice n'est pas incompatible avec le lien du juge avec le système de sources du droit, mais il est complémentaire. Selon ce principe, le juge ne doit juger les affaires qui lui sont soumises qu'en trouvant le fondement dans le système de sources du droit, et non dans le sens déterminé sous l'influence des autres pouvoirs exercés : l'Exécutif, le Législatif, ou les autres fonctionnaires du pouvoir judiciaire. Quant à ces derniers, il y a bien évidemment une différence entre leurs avis et leurs intérêts privés et la jurisprudence. L'attribution de la force obligatoire à la jurisprudence implique évidemment que le futur juge soit soumis aux décisions existantes dans le système juridique, au moyen desquelles on a résolu des affaires passées, et non les avis ou les intérêts des autres juges, surtout des magistrats des hautes cours. Cette différence est également comparable à la distinction entre la loi et les avis et intérêts des parlementaires. En aucune façon, on ne pourrait penser que le devoir du juge d'appliquer la loi nuit au principe d'indépendance du juge, parce que la loi ne se confond pas avec les intérêts et les avis personnels des parlementaires. L'indépendance de la justice n'est pas l'autonomie du juge face au système de sources du droit[1], mais face à l'influence des pouvoirs, des avis et des

[1] L'idée selon laquelle l'indépendance de la justice ne peut être avancée comme un argument pour que le juge écarte l'application de l'ordre juridique a été rappelée par la Cour constitutionnelle dans des cas répétés. *Cf.* par exemple jugement T-231 de 1994, M. P. : Eduardo CIFUENTES MUÑOZ ; T-123 de 1995, M. P. : Eduardo CIFUENTES MUÑOZ, et T-345 de 1996, M. P. : Eduardo CIFUENTES MUÑOZ. Voir également, plus récemment, T-054 de 2003, M. P. : Álvaro TAFUR GALVIS : « Il faut signaler que le principe d'indépendance de la justice se fonde sur la nécessaire relation d'obéissance et de soumission à l'ordre juridique que le juge doit observer à tout moment. »

intérêts qui se situent en dehors dudit système[1]. Une interprétation différente du principe d'indépendance de la justice ne serait pas conforme à la Constitution[2].

Le second aspect qui doit être pris en considération est le concept d'autorité de la loi. À propos de ce concept, on doit dire que, depuis très longtemps, la jurisprudence constitutionnelle a reconnu que l'expression « autorité de la loi », contenue dans l'article 230 de la Constitution, se réfère à l'ensemble de l'ordre juridique : « Il s'ensuit que le mot "loi" qu'emploie l'alinéa 1er de l'article 230 de la Constitution désigne nécessairement l'"ordre juridique"[3]. » La Cour a raison quand elle estime absurde de comprendre le mot loi seulement dans l'acception de loi formelle, c'est-à-dire votée par le Congrès :

> … la tâche propre des juges se rapporte à l'application de l'ordre juridique, lequel n'est pas composé d'une norme isolée – la « loi » retenue dans son acception formelle – mais est constitué par des pouvoirs organisés qui exercent un type spécifique de contrôle social à travers un ensemble intégré et harmonieux de normes juridiques[4].

Par conséquent, le juge est soumis à l'ensemble de l'ordre juridique et, au sein de celui-ci, on trouve évidemment la jurisprudence, avec d'autres sources du droit, comme la coutume, les conventions collectives, les traités internationaux, etc., dont personne ne remettrait en question la force obligatoire. La soumission du juge exclusivement à la loi au sens formel ne pourrait en aucune façon s'accorder avec les postulats de l'État constitutionnel.

Jusqu'ici, tout est très bien. Ce qui ne semble toutefois pas très clair, comme Julio Estrada le signale pertinemment, est le sens dans lequel on doit comprendre l'expression « critère auxiliaire » que l'on trouve à l'article 230 de la Constitution et, plus encore, la possibilité de comprendre cette expression dans une certaine acception compatible avec la reconnaissance de la

---

1 « L'autonomie fonctionnelle du juge cherche à éviter que les décisions judiciaires soient le résultat d'ordres adressés au fonctionnaire qui les adopte » : Cour constitutionnelle, jugement T-249 de 1995, M. P. : Hernando HERRERA VERGARA.

2 « Il est évident que si le principe de l'indépendance de la justice est interprété de manière absolue, il finira par priver le principe d'égalité de toute son efficacité. Dans l'application de la loi, les juges pourront résoudre les conflits faisant l'objet des procès en rusant. Dans cette hypothèse, on ne pourra objecter le fait que le juge, confronté simultanément à deux obligations substantiellement identiques, juge de façon différente » : Cour constitutionnelle, jugement T-123 de 1995, M. P. : Eduardo CIFUENTES MUÑOZ.

3 *Cf.*, par exemple, jugement C-131 de 1993, M. P. : Alejandro MARTÍNEZ CABALLERO, et C-486 de 1993, M. P. : Eduardo CIFUENTES MUÑOZ. Cette doctrine a été consolidée et rappelée dans d'importants jugements plus récents, comme le jugement C-836 de 2001, M. P. : Rodrigo ESCOBAR GIL, dans lequel on peut lire : « La soumission de l'activité judiciaire à l'autorité de la loi, comme cela a été dit précédemment, ne peut se réduire à l'observation minutieuse et littérale d'un texte législatif spécifique, mais se réfère à l'ordre juridique comme à un ensemble intégré et harmonieux de normes, structuré pour la réalisation des valeurs et des objectifs consacrés par la Constitution. »

4 *Ibid.*.

force obligatoire à la jurisprudence. On doit reconnaître que le sens la plus familier et le plus commun donné à l'expression « critère auxiliaire » est incompatible avec cette attribution de la force obligatoire. Selon López Médina, conformément à cette signification la plus commune, qui a été utilisée par la Cour constitutionnelle dans son jugement C-083 de 1995[1],

> ... les précédents judiciaires sont seulement des guides illustratifs et optatifs de l'activité judiciaire et [...] il n'est pas possible de faire valoir un affaiblissement du système juridique si un juge donné, dans un cas concret analogue, refuse de suivre une autre décision semblable prise par lui-même, par un supérieur hiérarchique ou même par la Cour constitutionnelle elle-même[2].

Si l'on comprenait ainsi le concept de « critère auxiliaire », la jurisprudence aurait alors seulement une valeur indicative, celle d'un bon conseil, mais pas celle d'une obligation juridique. Dans ces circonstances, se pose la question de savoir si cette définition plus familière et plus commune du « critère auxiliaire » est une définition constitutionnellement adéquate. Si elle l'était, la thèse sceptique triompherait sans aucun doute sur la thèse optimiste, parce que l'on ne pourrait en aucune manière attribuer la force obligatoire à la jurisprudence contre le texte de la Constitution elle-même. Pour cette raison, l'un des principaux défis auxquels fait face la thèse optimiste est la construction d'un concept de « critère auxiliaire » qui soit constitutionnellement recevable, c'est-à-dire cohérent avec l'interprétation de l'expression « autorité de la loi » que nous venons d'expliquer et à l'image du système de sources de droit établi par la Constitution, et qui soit en outre compatible avec la possibilité que la jurisprudence ait une force obligatoire. Celui-ci est l'une des questions les plus importantes que nous allons aborder dans notre seconde partie.

La thèse optimiste

Contrairement à la thèse pessimiste, la thèse optimiste considère comme plausible, voire même nécessaire, de reconnaître la force obligatoire à la jurisprudence dans le système juridique colombien. Il est possible de formuler quelques doutes à l'encontre de cette thèse, auxquels il est toutefois possible de répondre avec sérieux et de proposer une approche plus conforme à notre Constitution que la thèse pessimiste. Cette approche permet d'envisager un fondement plausible de la thèse optimiste.

Les problèmes de la thèse optimiste

La thèse optimiste fait face à deux types de problèmes : théoriques et pratiques.

---

[1] *Cf.* Cour constitutionnelle, jugement C-083 de 1995, M. P. : Carlos GAVIRIA DÍAZ.

[2] E. LÓPEZ MEDINA, *El derecho de los jueces*, *op. cit.*, p. 23.

Les problèmes théoriques

Il est possible d'objecter que la thèse optimiste ne prend pas en compte les arguments qui s'opposent à la reconnaissance de la force obligatoire à la jurisprudence. Les arguments les plus parlants contre la thèse optimiste et qui soutiennent la thèse pessimiste sont les suivants[1] (il existe un lien conceptuel entre ces arguments).

Il est évident que l'octroi de force obligatoire à la jurisprudence renforce la cohérence de l'ordre juridique. Toutefois, cela n'est obtenu qu'au prix fort d'un empêchement de l'évolution et du changement de la jurisprudence, que ce soit pour s'adapter aux vicissitudes de la réalité sociale ou pour corriger les erreurs d'interprétation du passé.

À cette critique, on peut répondre que, plus qu'une objection, il s'agit d'un défi à la thèse optimiste. Une thèse qui empêcherait toute possibilité d'évolution et de changement de la jurisprudence est appelée sans hésitation à connaître le plus fracassant des échecs. C'est pour cela que les tenants des thèses les plus radicales relatives à la force obligatoire admettent la possibilité de ne pas appliquer un précédent dans une nouvelle affaire quand les caractéristiques sont différentes (*distinguish*), et ils admettent même la possibilité de changer les précédents (*overruling*). Par conséquent, le défi consiste plutôt à proposer une doctrine de l'inapplication du précédent et du changement de précédent qui soit acceptable sur le plan constitutionnel. Le succès de la thèse optimiste dépend, dans une grande mesure, de cela.

La deuxième critique concernant la thèse optimiste a aussi un rapport avec le précédent. L'objection reconnaît que la force obligatoire de la jurisprudence est une stratégie visant à rendre effectifs les principes d'égalité et d'universalité. Cependant, elle souligne qu'il découle du principe d'égalité qu'il s'avère parfois indispensable de traiter de manière différente deux cas identiques pour corriger une erreur d'interprétation. De même, elle avance qu'il est parfois nécessaire de traiter différemment deux cas semblables parce que, bien qu'ils partagent certaines caractéristiques, le *ratio decidendi* concerne une propriété qui se présente seulement – ou différemment – dans l'un des deux cas.

Il est indiscutable que cette deuxième objection renvoie au même défi que le premier doute sur la thèse optimiste : la construction d'une doctrine convenable sur la non-application et le changement de précédent.

La troisième critique, selon laquelle la recherche de la stabilité du système juridique ne peut être le seul objectif de l'articulation de la jurisprudence comme source de droit, soulève la même difficulté. Avec la stabilité, il est aussi nécessaire de garantir la flexibilité du système, ainsi que la valeur de la justice matérielle qui, sur ce point – comme presque toujours –, contraste avec la sécurité juridique.

[1] Sur ces arguments, voir par exemple BENDITT, « The Rule of Precedent », *op. cit.*

Enfin, on essaye de discréditer le souci de réduire le domaine du pouvoir discrétionnaire du juge subalterne, que préconise la thèse optimiste, en avançant l'argument selon lequel ce cadre doit être maintenu si l'on veut que tous les juges puissent contribuer à l'actualisation du droit. Si le juge inférieur et ultérieur doit être soumis aux décisions précédentes du juge supérieur, alors le droit court le risque d'être figé.

Évidemment, cette dernière critique renvoie aussi au défi de la construction d'une doctrine du *distinguish* et de l'*overruling*, qui conserve au juge subalterne et postérieur la possibilité de proposer de nouvelles interprétations jurisprudentielles.

Les problèmes pratiques

Les problèmes pratiques que soulève la thèse optimiste ont trait à certaines caractéristiques de la réalité et de notre système institutionnel, qui rendraient non viables l'acceptation et le caractère opérationnel de la thèse optimiste. Les principaux problèmes pratiques sont les suivants.

Le premier problème est celui de la non-existence d'une juridiction unique à laquelle on reconnaît la supériorité hiérarchique. En Colombie, au contraire, et d'après les dispositions de la Constitution, il existerait une pluralité de juridictions (la juridiction ordinaire – articles 234 et 235 de la Constitution –, la juridiction contentieuse administrative – articles 236 à 238 de la Constitution –, la juridiction constitutionnelle – articles 239 à 245 de la Constitution –, les juridictions spéciales – articles 246 à 248 de la Constitution –, le ministère public général de la nation – articles 249 à 253 de la Constitution – et le Conseil supérieur de la magistrature – articles 254 à 256 de la Constitution), sans que l'on puisse établir une hiérarchie entre elles. Si l'on s'en tient seulement à la signification des dispositions constitutionnelles, on peut penser, à première vue, que la Constitution les établit comme des juridictions indépendantes qui se situent à un même niveau hiérarchique. Sans aucun doute, le Conseil supérieur de la magistrature aurait une priorité, mais uniquement sur le plan administratif, comme un « administrateur de la carrière judiciaire » et une instance qui règle « les conflits de compétence entre les différentes juridictions » (article 256 de la Constitution). Mais, apparemment, la Constitution semble garder le silence sur la hiérarchie juridictionnelle, c'est-à-dire sur l'interprétation de l'ordre juridique. Ainsi, en Colombie, il n'y a pas une seule Cour suprême. La Cour suprême de justice n'est la juridiction suprême que pour les affaires relevant de la juridiction ordinaire, et les autres cours dans leurs domaines de compétences. Malgré cela, on ne peut nier qu'il existe des recoupements entre ces domaines, surtout entre la compétence de la Cour constitutionnelle – notamment par la voie de l'action en protection – et les compétences de la Cour suprême de justice et du Conseil d'État, et la Constitution ne prévoit pas quelle jurisprudence est appelée à prévaloir sur les autres et à acquérir le caractère et la force obligatoire de précédent.

Le second problème pratique est l'absence d'un système exhaustif de compilations jurisprudentielles, au moyen duquel seraient diffusés, non seulement la jurisprudence de la Cour constitutionnelle et des autres hautes cours, mais aussi les jugements de tous les juges. On ne peut espérer que l'État se charge de la tâche onéreuse de publier et de diffuser tous les jugements. Dans les pays anglo-saxons, le fonctionnement de la *common law* est tributaire des efforts des compilateurs et des commentateurs – Blackstone est l'un des plus connus – qui s'occupent de systématiser en permanence le corpus de normes qui constituent la jurisprudence. En Colombie, les éditeurs commencent à peine à s'intéresser à la publication systématique de quelques *leading cases* de la Cour constitutionnelle, de la Cour suprême de justice et du Conseil d'État.

Le troisième problème pratique est l'insuffisance du recours en cassation et du recours en appel devant la juridiction contentieuse administrative, en tant que mécanismes de contrôle de la non-soumission des juges à la jurisprudence, et l'inexistence d'un mécanisme alternatif qui garantisse le respect de la jurisprudence constitutionnelle. Il est certain que l'interposition d'une action en protection contre des décisions judiciaires qui ne se soumettent pas à la jurisprudence constitutionnelle constitue un moyen de contrôle, mais pour l'instant trop restreint.

Proposition

De tout ce qui précède, il s'ensuit que les fondements d'une thèse optimiste sur la force obligatoire de la jurisprudence dans l'ordre juridique colombien doivent présenter au moins deux aspects.

D'abord, il faut expliquer pourquoi il est possible d'identifier dans la jurisprudence les éléments qui composent le concept de force obligatoire. De cette explication découle aussi l'interprétation du concept de « critère auxiliaire » de l'article 230 de la Constitution, que l'on doit proposer comme concept constitutionnellement recevable, et une proposition de solution pour les problèmes pratiques précédemment mentionnés.

En second lieu, les fondements doivent expliquer quelles sont les caractéristiques spéciales qu'acquiert ce concept quand on invoque la jurisprudence, en particulier celles qui découlent de la nécessité de toujours sauvegarder la possibilité du *distinguish* et l'*overruling*.

Les éléments de la force obligatoire de la jurisprudence

Le concept de force obligatoire est peut-être l'un de ceux que nous, juristes, évoquons le plus fréquemment, mais aussi l'un des plus évanescents, des plus difficiles à définir. La difficulté réside dans ses implications philosophiques et dans ses relations avec d'autres concepts fondamentaux pour le droit, comme ceux d'obligation juridique, de devoir juridique ou de validité juridique. Évidemment, on ne peut pas ici entreprendre une recherche complète sur ce concept. Nous nous contenterons de proposer une définition opérationnelle sur laquelle nous pourrons fonder nos propositions concrètes.

Nous définirons la force obligatoire comme une propriété des normes juridiques qui consiste à imposer à leurs destinataires le devoir d'obéir ou de suivre leurs prescriptions, sous peine de sanction. Ce devoir d'obéissance auquel est soumis le destinataire correspond à un droit subjectif d'un autre individu (le titulaire) qui, à son tour, est compétent pour exiger judiciairement du destinataire l'accomplissement de son devoir[1] et demander qu'une sanction soit prononcée dans le cas où le devoir n'est pas rempli. Cette définition, très clairement kelsénienne[2], est composée alors des éléments suivants :

a. l'existence d'une norme juridique qui prescrit d'adopter ou de bannir un comportement,

b. l'existence d'un destinataire qui a le devoir juridique d'adopter ou de bannir ce comportement,

c. l'existence d'un titulaire qui a le droit subjectif d'exiger judiciairement l'adoption ou le rejet du comportement prescrit par la norme juridique,

d. l'existence d'une sanction qui doit être prononcée contre le destinataire de la norme juridique lorsque celui-ci n'adopte pas le comportement imposé[3].

Si l'on part de cette définition, il est clair que ces quatre éléments apparaissent dans la jurisprudence de la manière suivante.

---

[1] Sur la corrélation entre le droit subjectif et le devoir juridique, voir W. N. HOHFELD, *Conceptos jurídicos fundamentales*, México, Fontamara, 1997, p. 47 et s..

[2] *Cf.* H. KELSEN, *Teoría pura del derecho*, trad. de la 1e éd., Buenos Aires, Eudeba, 1999, p. 60 et s., et p. 65 et s..

[3] Dès lors, ce concept de force obligatoire est applicable seulement aux normes juridiques et non aux normes morales. De même, il est évident qu'il se passe d'éléments qui se réfèrent clairement à la psychologie du sujet, comme ceux qui font allusion au rôle que les normes juridiques jouent pour justifier l'action. Il est bien certain que les concepts de force obligatoire qui prennent en compte cette dimension des normes juridiques, notamment celui de JOSEPH Raz, parviennent à décrire dans un horizon bien large et profond la forme dans laquelle fonctionne la force obligatoire, non seulement comme un élément propre du devoir être, mais aussi comme un élément factuel, qui pénètre la psychologie de l'individu et le motive dans la prise de décisions. Malgré tout, il n'est pas essentiel ici de discuter ni de prendre en compte cette dimension, parce que les considérations qui se dégagent d'elle sont applicables à tout type de raisons juridiques, sans que leur origine importe. Le problème consiste bien plus ici à établir si les raisons qui proviennent de la jurisprudence méritent le qualificatif de juridiques et, s'il en est ainsi, dans quelle mesure elle le sont. *Cf.* J. RAZ, *Razón práctica y normas*, Madrid, Centro de Estudios Constitucionales, 1991.

L'existence d'une norme juridique qui prescrit la réalisation ou l'omission d'une conduite

Sur ce point, il paraît clairement que le dispositif de tout jugement contient toujours au moins une norme juridique. Kelsen appelle ces normes juridiques les normes juridiques individuelles[1]. G. H. Von Wright fait de même[2]. Ces normes sont le produit de l'application, par le juge, des normes générales de la loi ou des actes administratifs aux cas concrets.

Toutefois, il s'avère très clair que ce ne sont pas ces normes qui acquièrent de l'importance quand on parle de la force obligatoire de la jurisprudence. Celui qui invoque cette force obligatoire vise généralement l'existence de certaines normes dans les motifs des jugements. Ces normes auraient été fondées et concrétisées par le juge pour résoudre un cas précédent et seraient applicables à des cas futurs. Ces normes auraient par conséquent un caractère général et ne seraient alors pas des normes individuelles. Pour cette raison, la question est plutôt de savoir s'il existe des normes juridiques générales dans les motifs des jugements et, dans un tel cas, il convient de définir de quelle catégorie de normes juridiques il s'agirait.

Il est possible que l'idée qu'il existe des normes juridiques générales dans l'exposé des motifs des jugements suscite d'emblée une certaine opposition dans un système comme le nôtre, d'ascendance continentale indiscutable. Comme nous l'avons déjà mentionné, l'image traditionnelle du système de sources du droit, structuré à la manière de la construction échelonnée de Merkl, situe la création des normes juridiques dans les décisions qui sont prises dans cette finalité explicite au Congrès et dans l'administration. Dans cette perspective, la norme juridique naît d'une procédure qui a pour but explicite sa création et sa mise en œuvre par une autorité spécifiquement habilitée pour cela. En principe, cette conception est donc étrangère, voire opposée, à l'hypothèse selon laquelle les normes juridiques peuvent découler de l'activité juridictionnelle, c'est-à-dire de procédures non encore décisoires mais dont la création de normes générales n'est pas le but mais la conséquence de leur application, et qui sont prises par une autorité, le juge, qui, en principe, n'est pas non plus compétent pour créer des normes générales, mais uniquement pour les appliquer à des hypothèses de fait bien déterminées. De ce point de vue, les considérations figurant dans les motifs d'un jugement seraient des arguments servant à justifier le dispositif, des explications du sens du jugement, mais en aucune manière des normes. La seule norme juridique qui pourrait apparaître dans la motivation d'un jugement serait la norme générale de la loi ou de l'acte administratif qui doit être appliqué au cas concret. La littéralité de cette norme, simplement rappelée

[1] H. Kelsen, *Teoría general del derecho y del Estado*, México, Universidad Nacional Autónoma de México, 1995, p. 159 et s. ; H. Kelsen, *Teoría general de las normas*, México, Trillas, 1994, p. 25 et s., et p. 272 et s..

[2] G. H. von Wright, *Norm and Action*, London, Routledge and Kegan Paul, 1963, p. 77 et s..

dans le jugement, serait la prémisse la plus grande du raisonnement judiciaire. La prémisse la plus petite serait la description du cas – la déclaration subsomptive, comme l'appelle Hart[1] –, et la conséquence du raisonnement serait la décision contenue dans le dispositif.

Malgré cela, il convient d'observer que plusieurs développements de la théorie du droit des dernières décennies du XXe siècle, qui ont été eux-mêmes fondés sur certaines approches intéressantes de la philosophie du langage, ont fourni des arguments incontournables qui indiquent que, pour des raisons linguistiques, le juge est appelé à concrétiser et à fonder d'authentiques normes générales dans la motivation de ses jugements ou, en d'autres termes, que la tâche de l'application judiciaire du droit prépare nécessairement la création, également judiciaire, de normes juridiques.

Le principal de ces développements a été sans doute l'explicitation de la distinction entre disposition et norme, que Vezio Crisafulli a exposée avec une admirable clairvoyance dans une de ses plus célèbres contributions à l'*Enciclopedia del diritto*[2]. Si les composantes du droit sont prises en considération dans l'optique de cette distinction, tous les échelons de la construction de l'ordre juridique, à savoir, la Constitution, la loi, les actes administratifs, les contrats et les jugements – dans leur dispositif –, apparaissent comme un ensemble de dispositions et non de normes juridiques. Les sources du droit sont des dispositions, au sens de textes ou de déclarations, dont il ne découle rien si on les considère de manière isolée. Il s'agit uniquement d'un catalogue de signes qui, par eux-mêmes, n'ont aucune signification. La signification ne leur sera attribuée que quand ils seront interprétés. Cette signification que l'interprétation leur accorde est un ensemble de normes. En d'autres termes, les textes juridiques sont seulement des dispositions, des signes qui établissent certaines normes. Ces normes ont la signification qu'on leur attribue, qui ne se confond pas avec le texte comme tel, et qui apparaît par l'interprétation de la disposition. La norme est alors la disposition interprétée. Ainsi, les commandements, les interdictions, les autorisations et les compétences qui constituent le contenu des normes ne découlent pas des dispositions comme telles du texte de la source du droit, mais de leur interprétation[3].

---

[1] *Cf.*, sur le concept d'énoncé subtantif, H. L. HART, *El concepto de derecho*, Buenos Aires, Abeledo-Perrot, 1963, p. 106 et 107. Pour une critique et un développement ultérieur du concept d'énoncé substantif de HART, *cf.* R. HERNÁNDEZ MARÍN, *Interpretación, subsunción y aplicación del derecho*, Madrid, Marcial Pons, 1999, p. 126 et 137.

[2] *Cf.* CRISAFULLI, « Disposizione (e norma) », *Enciclopedia del diritto*, t. XIII, Milano, Giuffrè, 1964, p. 165 et s..

[3] La différence entre disposition et norme a été reconnue dans les termes suivants par les magistrats Eduardo CIFUENTES MUÑOZ et Alejandro MARTÍNEZ CABALLERO dans leur explication de vote au jugement C-543 de 1996, M. P. : CARLOS GAVIRIA DÍAZ : « En général, les expressions normes légales, énoncés normatifs, propositions normatives, articles, dispositions légales et similaires sont considérés comme synonymes. Toutefois, il est certain que la théorie juridique, et en particulier la théorie constitutionnelle, fait clairement la distinction entre,

Ainsi, si l'on pense à l'article 11 de la Constitution, qui affirme que « le droit à la vie est inviolable », on devra conclure que cet article n'est nullement en lui-même une norme. On peut plutôt rattacher à cette disposition diverses normes par l'interprétation, pour affirmer ainsi, entre autres, que cet article interdit à l'État d'attenter à la vie, et qu'il lui ordonne de protéger la vie humaine contre les atteintes qui peuvent provenir de personnes privées. Cette interdiction et ce commandement seraient deux normes rattachées à la disposition de l'article 11 de la Constitution, quand celui-ci est interprété dans les perspectives de l'État libéral et de l'État social de droit. L'interprétation libérale fonderait l'interdiction faite à l'État d'attenter à la vie, interdiction qui lui prescrirait un devoir d'abstention. Pour sa part, l'interprétation en termes d'État social fonderait le commandement de protection de la vie, adressé à l'État, et donnerait lieu à un devoir de protection.

Cette distinction entre disposition et norme a plusieurs effets. Le plus important pour nous est qu'en réalité les normes juridiques ne se trouvent pas dans les sources du droit mais dans ses interprétations, et que les interprétations qui fondent et concrétisent les normes sont celles qui se trouvent dans la jurisprudence, c'est-à-dire celles qu'appliquent les juges dans les motifs de leurs jugements.

Il est bien certain que, dans les cas simples, c'est-à-dire quand la disposition a un sens univoque et est clairement applicable à l'hypothèse *sub judice*, ce sens univoque et largement connu dans la communauté détermine presque complètement l'interprétation. Il en va tellement ainsi qu'une interprétation qui s'écarte du sens univoque ou le rend inapplicable en l'espèce est incorrecte et ne pourrait pas engendrer des normes valables. Pensons, par exemple, à la seconde phrase de l'article 11 de la Constitution, c'est-à-dire, à la disposition selon laquelle « il n'y aura pas peine de mort ». Imaginons que la Cour constitutionnelle soit amenée à appliquer cette disposition dans le contrôle de constitutionnalité d'une loi hypothétique, qui impose la peine de mort en cas de kidnapping. Il s'agirait d'un cas facile, parce qu'il y aurait un

---

d'une part, les énoncés normatifs, c'est-à-dire les textes législatifs, et d'autre part, les normes, les propositions normatives et règles de droit qui sont dégagées par l'interprétation de ces textes. Tandis que l'énoncé ou le texte est l'objet sur lequel porte l'activité interprétative, les normes ou propositions normatives sont le résultat de celle-ci. Conformément à ce que nous avons dit, pour la doctrine, il est parfaitement clair qu'un texte ou un énoncé juridique peut contenir diverses normes, tandis qu'une même norme peut être contenue dans divers textes ou énoncés législatifs, parce que la relation entre norme et énoncé normatif n'est pas toujours univoque. Deux exemples de la jurisprudence de la Cour illustrent clairement ce phénomène. Ainsi, dans le jugement C-473 de 1994, cette juridiction a considéré que l'énoncé normatif selon lequel la grève est prohibée dans les services publics essentiels contient en réalité deux normes ou propositions juridiques différentes, à savoir que la grève est prohibée dans les services publics essentiels, et que la grève est aussi prohibée dans les services non essentiels. Cette même juridiction a également considéré, dans un récent jugement, que la norme qui exclut l'audience publique dans la justice régionale se retrouvait dans deux énoncés normatifs ou textes législatifs différents. »

consensus, voire l'unanimité, pour approuver l'affirmation, d'une part, qu'à cette disposition on doit assigner une norme qui interdit la peine de mort, d'autre part, que l'exécution est une hypothèse très claire de peine de mort. De cette manière, la seule interprétation correcte de cette disposition, considérée isolément, serait à l'origine de la norme selon laquelle la Constitution interdit la peine de mort. Sous l'effet de l'application de cette norme, la Cour constitutionnelle devrait déclarer inconstitutionnelle la loi *sub examine*.

Dans des cas aussi clairs que celui-ci, la disposition détermine entièrement, ou presque, l'interprétation, c'est-à-dire la norme. Pour cette raison, ne peuvent être considérées comme correctes que l'interprétation ou les interprétations qui correspondent à ce qui est déterminé par la disposition et par le sens univoque qu'on leur attribue dans la communauté. Parallèlement, seules les normes provenant de ces interprétations correctes pourraient être considérées comme des normes valables. De ceci, on déduirait aussi qu'étant donné que la disposition et son interprétation indubitable avec les règles connues par la communauté ont déterminé entièrement l'interprétation, la validité des normes résultantes se fonde surtout sur l'existence de la disposition conforme à l'ordre juridique, c'est-à-dire, si l'on fait valoir les approches de Kelsen, sur le fait que la disposition a été prononcée par l'autorité compétente et selon la procédure prévue par la norme supérieure. Aussi, comme corollaire, on peut souligner que, dans les cas faciles, l'activité créatrice du juge est réduite au minimum. Son rôle consiste uniquement à déclarer la signification univoque de la disposition et son applicabilité indiscutable au cas concret. Pour cette raison, la force obligatoire de la jurisprudence s'efface devant la force obligatoire reconnue aux normes clairement rattachées aux dispositions de la Constitution ou de la loi. Le lien entre les dispositions et les normes est tellement étroit dans les cas clairs que la tâche de médiation qu'accomplit la jurisprudence transparaît et que la force obligatoire tend à être directement accordée à la disposition, bien que, comme cela est à peine évident, cela doit relever de la norme.

Cependant, ce panorama change radicalement dans les cas difficiles. Par cas difficiles, nous entendons ici ceux dans lesquels la disposition est indéterminée[1] et, pour cette raison, sa signification n'est pas univoque et son applicabilité au cas concret n'est pas jugée acceptable par consensus ou à l'unanimité. Dans les cas difficiles, il y a un grand écart entre les circonstances du cas et la disposition, qui ne peut être réduit que par une norme en relation avec le cas et que l'on peut fonder sur la disposition qui se trouve dans les sources formelles du droit. La jurisprudence se charge de fonder et de concrétiser ces normes, qui reçoivent la dénomination de normes dérivées parce qu'elles sont dérivées des dispositions existantes dans les sources juri-

---

[1] C. BERNAL PULIDO, *El principio de proporcionalidad y los derechos fundamentales*, Madrid, Centro de Estudios Políticos y Constitucionales, 2003, p. 132 et s..

diques[1]. Ces normes lient les destinataires du droit et ce sont celles qui confèrent, par conséquent, la force obligatoire à la jurisprudence. En apparaissant dans les jugements des juges, des tribunaux et des cours, elles explicitent les interdictions spécifiques, les commandements, les autorisations ou les compétences qui sont assignés aux sources formelles du droit et qui n'existaient avant que comme des hypothèses interprétatives. Ainsi, par exemple, l'idée que, dans l'ordre juridique colombien, il est imposé de reconnaître aux enfants âgés de quatre ans le droit à la détermination de leur propre image, comme partie du droit au libre développement de la personnalité, était seulement une hypothèse interprétative jusqu'au jugement SU-642 de 1998[2]. L'article 16 de la Constitution n'établit par lui-même rien en faveur ni contre cette hypothèse, il ouvre uniquement la possibilité. Pour cette raison, il a été nécessaire que la Cour constitutionnelle, dans ledit jugement, fonde une norme dérivée de cette disposition, qui précise que son contenu concerne les enfants âgés de quatre ans et comprend aussi le droit de décider de leur propre image.

L'existence des normes dérivées et leur force obligatoire ont été largement reconnues en droit colombien. Toutefois, tant la meilleure doctrine que la jurisprudence[3] se réfèrent à elles en utilisant la dénomination de sous-règles[4]. Cependant, cette dénomination ne paraît pas vraiment satisfaisante. D'une part, il est bien certain que les normes dérivées ont généralement le caractère de règles – dans le sens où ce concept est compris dans la théorie juridique actuelle[5]. Toutefois, une norme dérivée peut parfois fonctionner aussi à la manière d'un principe. En outre, la dénomination de « sous-règle » peut faire penser à tort que les normes dérivées sont des règles de catégorie inférieure ou des règles implicites. Cette interprétation est excessive, parce que les normes dérivées, étant des précisions des dispositions constitutionnelles ou législatives, ont aussi rang constitutionnel ou législatif, selon le

---

[1] *Cf.*, sur le concept de normes dérivées et sur leurs caractéristiques comme normes, *ibid.*, p. 108 et s..

[2] *Cf.* Cour constitucional, jugement SU-642 de 1998, M. P. : Eduardo CIFUENTES MUÑOZ.

[3] *Cf.* Cour constitutionnelle, jugement T-137 de 2003, M. P. : Jaime CÓRDOBA TRIVIÑO ; T-250 de 2002, M. P. : Jaime CÓRDOBA TRIVIÑO ; T-1091 de 2002, M. P. : Jaime CÓRDOBA TRIVIÑO ; T-1022 de 2002, M. P. : Jaime CÓRDOBA TRIVIÑO ; C-580 de 2002, M. P. : Rodrigo ESCOBAR GIL ; T-340 de 2002, M. P. : Jaime CÓRDOBA TRIVIÑO; T-1343 de 2001, M. P. : Manuel JOSÉ CEPEDA ESPINOSA ; T-450 de 2001, M. P. : Manuel José CEPEDA ESPINOSA ; T-606 de 1997, M. P. Alejandro MARTÍNEZ CABALLERO ; T-438 de 1996, M. P. : Alejandro MARTÍNEZ CABALLERO.

[4] *Cf.* D. EDUARDO LÓPEZ MEDINA, *El derecho de los jueces*, *op. cit.*, p. 1 et s., et p. 89 et s.. Voir de même D. LÓPEZ MEDINA et R. GORDILLO, « Consideraciones ulteriores sobre el análisis estático de jurisprudencia », *Revista de Derecho Público*, n° 15, Bogotá, Universidad de los Andes, 2002, p. 9.

[5] *Cf.*, sur le caractère de règles que les normes dérivées ont en général, C. BERNAL PULIDO, *El principio de proporcionalidad*, *op. cit.*, chap. VI, II, 3.2.3.

cas. Ce ne sont en aucune manière des règles hiérarchiquement inférieures à la source du droit dans laquelle se trouve la disposition dont elles dérivent.

En tout cas, malgré la dénomination de sous-règles, ce qui s'avère en effet très clair, c'est la reconnaissance que méritent les normes dérivées comme normes de la jurisprudence, dont l'appartenance au système juridique ne repose pas uniquement sur l'autorité du juge qui les fonde et les concrétise, mais aussi et surtout sur le lien sémantique interprétatif qui les unit à la disposition.

Or, sur le fondement de ce qui précède, on doit dire que l'existence des normes dérivées permet aussi d'accorder à l'expression « critère auxiliaire » un sens constitutionnellement adéquat, qui est en outre compatible avec la force obligatoire de la jurisprudence et avec l'idée que celle-ci est une source du droit qui est incluse dans l'« empire de la loi » auquel est soumis le juge, conformément à l'article 230 de la Constitution. La jurisprudence est un « critère auxiliaire » dans le sens où, quand les dispositions de la Constitution et des autres sources formelles du droit n'ont pas un sens univoque, capable d'éliminer toute indétermination, la jurisprudence aide à la parfaite compréhension du sens de ces sources formelles, parce qu'on trouve en elle les normes dérivées qui expriment sa signification au sens prescriptif. L'aide ou la contribution de la jurisprudence au processus interprétatif est alors claire et irréfutable : elle contribue à la pleine compréhension du sens juridique, du contenu et de la portée des dispositions qui façonnent l'univers des sources du droit[1].

L'existence d'un destinataire qui a le devoir juridique d'adopter ou de bannir ledit comportement

Il est nécessaire, en second lieu, d'indiquer que les normes dérivées lient leurs destinataires. D'une part, elles lient tous les sujets de droit – tout particulièrement les juges inférieurs (lien vertical du précédent) –, quand il s'agit de normes dérivées appliquées par les hautes cours – parce qu'ils sont l'« interprétation », approuvée avec l'autorité du juge, des dispositions qui se trouvent dans les sources du droit. En ce sens, ces normes jouissent de la même force obligatoire des dispositions, et elles se projettent dans tout leur cadre normatif matériel, personnel, temporel et spécial.

Toutefois, les normes dérivées appliquées par les hautes cours s'avèrent aussi impératives par elles-mêmes dans un certain sens. D'une part, ces normes constituent la prémisse la plus grande des fondements internes de tout jugement. Pour cette raison, les hautes cours doivent décider sur des cas concrets conformément aux normes dérivées qu'elles fondent et appliquent

[1] *Cf.* en ce sens le jugement C-836 de 2001, M. P. : Rodrigo ESCOBAR GIL : « L'interprétation constitutionnelle fixée par la Cour détermine le contenu et la portée des préceptes de la Chate et fait partie, à son tour, de l'"empire de la loi" auquel les juges sont soumis en vertu des dispositions de l'article 230 de la Constitution. »

dans ce but. Il s'agit d'une condition de cohérence que prône tout jugement. Un jugement serait incohérent si la décision qu'il contient ne découlait pas de la norme dérivée que la Cour a préalablement dégagée dans ses considérations. L'incohérence viendrait du fait que les fondements invoqués dans le jugement ne constitueraient pas le fondement du jugement, et parce que celui-ci ne découlerait pas des prémisses qui sont invoquées pour le soutenir.

Il convient également de mentionner que les normes dérivées s'avèrent aussi obligatoires pour les hautes cours dans l'avenir, bien qu'avec un caractère *sui generis*. Le caractère *sui generis* est dû au fait que les cours sont toujours compétentes pour modifier leur propre jurisprudence et, comme nous le savons, aucun sujet ne peut se considérer comme lié par une norme, au sens strict de l'expression, quand il a la possibilité de la modifier. Cependant, il est nécessaire de tenir compte du fait que, comme nous le verrons plus loin, la modification des normes dérivées est soumise à l'accomplissement de quelques exigences strictes. La nécessité d'accomplir ces exigences est ce qui lie les hautes cours à leurs décisions passées.

L'existence d'un titulaire qui a le droit subjectif d'exiger judiciairement l'adoption ou le bannissement de la conduite prescrite par la norme juridique

La troisième exigence de la force obligatoire de la jurisprudence est qu'il existe un titulaire qui a le droit subjectif d'exiger judiciairement la réalisation de la conduite prescrite par les normes dérivées qui se limitent aux décisions antérieures des juges. Comme on peut le voir, dans la définition de cette exigence apparaissent cinq éléments : le titulaire du droit subjectif, le droit subjectif lui-même, la possibilité d'une exigence judiciaire, la conduite prescrite et la norme dérivée.

Nous avons déjà expliqué les deux derniers éléments quand nous nous sommes référés au concept de norme dérivée. Or, le premier élément, à savoir le titulaire, est tout individu qui invoque l'application du système de sources formelles du droit. Comme on l'a déjà mentionné, ce système est composé, non seulement des dispositions, mais aussi de tout l'ensemble des normes dérivées de ces dispositions, dont beaucoup – si ce ne sont les plus importantes – se limitent à la jurisprudence et se fondent sur elle.

En ce qui concerne le deuxième élément, l'existence d'un droit subjectif, on doit dire que ce droit a la structure d'une relation triadique entre le titulaire (t), c'est-à-dire, tout individu qui invoque l'application du système de sources formelles du droit, l'objet (o), c'est-à-dire la conduite exigée par la norme dérivée, et un destinataire (d) qui, dans le cas de la force obligatoire de la jurisprudence, est le juge postérieur qui doit appliquer la norme dérivée fondée dans les jugements antérieurs.

Si l'on observe précisément la portée des éléments du concept de force obligatoire, on conclura que seul celui que n'avons pas encore analysé, à savoir le troisième, présente quelques difficultés qu'il n'est pas impossible de dépasser – ceci dit en passant – dans l'ordre juridique colombien. Cet élément est la possibilité d'exiger judiciairement le respect de la jurisprudence. Sur cette question, il convient d'apporter quelques précisions.

La première chose qu'il convient d'indiquer est que l'on accepte sans doute dans certains domaines la possibilité de contrôler judiciairement le respect de la jurisprudence. De fait, ce contrôle constitue l'un des buts du recours extraordinaire en cassation, par lequel la Cour suprême de justice examine le respect de la loi par les tribunaux et les juges ordinaires, et la manière dont elle est interprétée dans ses jugements. D'une manière analogue, dans le cadre de la juridiction contentieuse administrative, le recours en appel constitue un instrument approprié pour que le Conseil d'État puisse vérifier que les tribunaux administratifs respectent leur jurisprudence.

C'est pourquoi, dans notre ordre juridique, le problème se centre sur le contrôle du respect de la jurisprudence constitutionnelle par les juges ordinaires. L'articulation procédurale et matérielle de ce contrôle est peut-être le nœud gordien des relations entre la juridiction constitutionnelle et la juridiction ordinaire, qui ont suscité tant de polémiques dans l'Europe de l'après-Seconde Guerre mondiale – nous évoquions, par exemple, la célèbre guerre des deux cours en Italie – et qui ont motivé la doctrine à concevoir différents systèmes pour articuler les marges d'action de ces juridictions[1]. La Colombie n'échappe pas à cette nécessité, à laquelle on n'a pas encore donné une solution théorique ni jurisprudentielle satisfaisante.

Il est certain que, comme le contrôle de constitutionnalité est organisé dans notre ordre juridique, le contrôle du respect de la jurisprudence constitutionnelle par la juridiction ordinaire et la juridiction contentieuse administrative ne peut être assuré que par la voie de la protection contre des jugements judiciaires. Notre système n'envisage pas un recours comme l'*amparo* espagnol[2] ou la *Verfassungsbechwerde* allemande[3], par lequel, à la façon d'un super-recours en cassation, le juge constitutionnel peut évaluer si les juges ordinaires, et surtout la Cour suprême, ont appliqué sa jurisprudence dans une affaire au sujet de laquelle est évoquée la violation des droits fondamentaux par la juridiction ordinaire. Dans le cas espagnol, ce mécanisme de protection des droits fondamentaux s'est transformé en une authen-

---

[1] *Cf.*, par exemple, sur le cas espagnol, P. PÉREZ TREMPS, *Tribunal Constitucional y poder judicial*, Madrid, Centro de Estudios Constitucionales, 1985 ; sur le cas allemand, CH. STARCK, « Jurisdicción constitucional y tribunales ordinarios », *REDC*, n° 53, 1998, p. 11 et s.. *Cf.*, pour une reconstruction théorique de ces marges d'action, R. ALEXY, « Derecho constitucional y derecho ordinario. Jurisdicción constitucional y jurisdicción ordinaria », *in* R. ALEXY, *Tres escritos sobre los derechos fundamentales y la teoría de los principios*, C. BERNAL PULIDO (trad.), Bogotá, Universidad Externado de Colombia, 2003, p. 41 à 92.

[2] *Cf.*, sur la nature de ce recours et ses différences avec l'action en protection, N. OSUNA, *Tutela y amparo. Derechos protegidos*, Bogotá, Universidad Externado de Colombia, 1997.

[3] *Cf.*, sur la nature de ce recours, H. BOGS (ed.), *Urteilsverfassungsbeschwerde zum Bundesverfassungsgericht*, Baden-Baden, Nomos, 1999.

tique voie de contrôle de toute la jurisprudence constitutionnelle, tout particulièrement par les possibilités sémantiques de l'article 24.1 de la Constitution, qui prévoit le droit fondamental « d'obtenir la protection effective des juges et des tribunaux dans l'exercice de ses droits et de ses intérêts légitimes ». La jurisprudence a considéré que la « protection effective », comparable au droit au procès équitable de l'article 29 de notre Constitution, implique l'application correcte de l'ordre juridique, dont l'un des piliers est la jurisprudence constitutionnelle.

D'autre part, dans notre système constitutionnel, il n'existe pas non plus de mécanisme comme la question d'inconstitutionnalité qui, en Italie et dans l'Union européenne (la question préjudicielle, soulevée devant la Cour de justice de l'Union européenne) permet le contrôle du respect de la jurisprudence constitutionnelle par la juridiction ordinaire[1]. L'article 24 du décret 2067 de 2001 prévoyait un tel mécanisme, mais la Cour constitutionnelle, dans son jugement du 25 mars 1993, l'a déclaré inconstitutionnel car n'étant pas prévu par les dispositions de notre Constitution.

Dans ces circonstances, et étant donné que la Cour constitutionnelle n'est pas non plus la Cour suprême de la juridiction ordinaire – comme aux États-Unis et en Argentine – et que le contrôle abstrait des normes par la voie du recours en inconstitutionnalité ne paraît pas être le mécanisme approprié pour contrôler la soumission des juges ordinaires à la jurisprudence constitutionnelle, le seul chemin restant est la protection contre des jugements judiciaires. Cependant, il est bien connu que cette voie n'est pas complètement adaptée à cette fin. Personne ne méconnaît les réticences de la Cour suprême de justice et du Conseil d'État pour contrôler les jugements de protection de la Cour constitutionnelle, par lesquels cette dernière a annulé des jugements de cassation ou des jugements en deuxième instance de la juridiction contentieuse administrative. Outre les invocations d'arguments théoriques auxquels on peut s'attendre (le prétendu amoindrissement de la sécurité juridique, la dénaturation de la correction fonctionnelle, la violation de la chose jugée), les réticences sont motivées par la difficulté de reconnaître que, d'une manière ou d'une autre, et avec les réserves qu'impose à la Cour constitutionnelle l'exercice strict d'une attitude d'autorestriction, dans tout système où il existe une juridiction constitutionnelle, la Cour suprême de justice cesse d'être la juridiction suprême, et la Cour constitutionnelle se met à occuper cette place. La supériorité de la Constitution sur la loi dans la hiérarchie des normes entraîne aussi la supériorité de l'interprète de la Constitution sur l'interprète de la loi. Par conséquent, la Cour suprême est encore la juridiction suprême sur des questions de simple légalité, comme le Conseil d'État continue lui aussi de l'être sur les questions de simple légalité relevant de ses

---

[1] *Cf.* par exemple A. PIZZORUSSO, « I sistemi di giustizia costituzionale: dai modelli alla prassi », *Quaderni costituzionali*, n° 3, décembre 1982 ; G. ZAGREBELSKY, *La giustizia costituzionale*, Bologna, Il Mulino, 1988.

compétences. Toutefois, pourvu qu'il s'agisse d'adapter l'interprétation de la loi à la Constitution ou à la jurisprudence constitutionnelle, la Cour suprême de justice et le Conseil d'État cessent d'être des organes au sommet, des organes ultimes. Sur ces questions, la Cour constitutionnelle se transforme en un organe ultime : la Cour ayant la plus grande suprématie, la Cour suprême.

Ceci ne veut pas dire, bien évidemment, qu'il est légitime que la Cour constitutionnelle supplante la Cour suprême de justice et le Conseil d'État et qu'elle exerce leurs fonctions d'interprétation de la loi et d'évaluation des preuves. Face à ces questions, la Cour constitutionnelle doit toujours se conformer à ce que décident ces derniers. Sa tâche consiste plutôt à vérifier si la loi interprétée comme l'ont fait ces hauts tribunaux est compatible ou non avec la Constitution, et si l'évaluation des preuves respecte les règles de base du droit fondamental au procès équitable.

Or, la mesure par laquelle ce contrôle de constitutionnalité est effectué n'est pas composée uniquement des dispositions lapidaires de la Constitution, en particulier de celles qui définissent le procès équitable à l'article 29. Les normes dérivées de ces dispositions par la jurisprudence constitutionnelle intègrent aussi ces normes. Pour cette raison, le contrôle de constitutionnalité de l'interprétation de la loi et, en général, du droit ordinaire, et de l'appréciation des preuves, implique également le contrôle de la soumission des juges, des tribunaux et des cours ordinaires à la jurisprudence constitutionnelle.

Cependant, les réticences de la Cour suprême et du Conseil d'État sont parvenues à faire effet, y compris dans la Cour constitutionnelle elle-même, qui – comme l'analyse Catalina Botero dans un article publié dans *Precedente*[1] –, après avoir fait, dans un premier temps, des affirmations grandiloquentes sur la potentialité de la protection contre des jugements[2], est revenue en arrière dans le jugement C-543 de 1992[3] à partir duquel on a éliminé la virtualité générale de ce mécanisme et on l'a réduit aux cas de « voies de fait judiciaires ». Comme l'illustre l'analyse jurisprudentielle de Botero, et malgré les demandes respectables de la Cour pour revenir en arrière, cette protection réduite contre les jugements n'est pas un mécanisme ouvert et suffisant pour le contrôle de la soumission des juges ordinaires à la jurisprudence constitutionnelle. Ses hypothèses et ses exigences de procédure[4] la limitent en grande partie à cette fin qui s'avère nécessaire dans tout État constitutionnel. Malgré tout, ces hypothèses et ces exigences facilitent

---

[1] C. BOTERO MARINO, « Acción de tutela contra providencias judiciales en el ordenamiento jurídico colombiano », *Precedente*, anuario jurídico 2002, spéc. p. 28 et s..

[2] Jugement T-006 de 1992, M. P. : Eduardo CIFUENTES MUÑOZ.

[3] Cour constitutionnelle, jugement C-543 de 1992, M. P. : José Gregorio HERNÁNDEZ GALINDO.

[4] C. BOTERO MARINO, *op. cit.*, p. 33 et s..

le contrôle de la jurisprudence dans les cas les plus flagrants de violation, et ils encouragent à essayer des stratégies interprétatives pour que ce contrôle soit exercé dans les cas de violation non évidente, mais relevant d'une certaine manière des hypothèses admises.

La situation idéale est cependant celle d'un contrôle ouvert et vaste de la soumission des juges ordinaires à la jurisprudence constitutionnelle, accompagné par des règles claires d'autolimitation de la Cour constitutionnelle et une procédure spécifique qui permette de sauvegarder la sécurité juridique et le principe de la chose jugée. Dans cette procédure, on doit aussi clarifier le dernier des aspects du concept de force obligatoire, c'est-à-dire la sanction qui serait prononcée contre le jugement ordinaire qui n'observerait pas la jurisprudence constitutionnelle. Évidemment, la nullité apparaît comme la première possibilité. Toutefois, cette nullité constitutionnelle doit être prévue de telle sorte qu'elle empêche l'ingérence de la juridiction constitutionnelle dans le domaine de la juridiction ordinaire. Il n'y a pas de doute que la Cour constitutionnelle doit être compétente pour annuler un jugement de cassation ou du Conseil d'État qui violerait la jurisprudence constitutionnelle. Mais cette compétence ne peut donner lieu à ce que la Haute cour évalue en outre les preuves et interprète la loi pour résoudre le cas concret.

La conception d'une procédure semblable devra attendre une autre occasion. Pour l'instant, nous devons envisager le dernier aspect : les particularités de la force obligatoire de la jurisprudence, non sans mentionner que le respect de la jurisprudence constitutionnelle par les juges ordinaires suppose aussi l'effort de l'État et de la communauté juridique en général pour diffuser et systématiser le corpus des jugements de la Cour constitutionnelle. La connaissance systématique de la jurisprudence est une exigence *sine qua non* pour son application, parce que l'on ne peut pas appliquer une chose qui n'est pas connue, une chose sur laquelle on n'a pas de certitude.

Les particularités de la force obligatoire de la jurisprudence

La Cour constitutionnelle a eu l'occasion de se pencher sur les particularités de la force obligatoire de la jurisprudence dans son jugement C-836 de 2001[1]. Dans ce jugement, qui a suscité des réactions intéressantes en faveur ou contre ses arguments[2], il s'agissait de contrôler la constitutionnalité de l'article 4 de la loi 169 de 1896, selon lequel :

> Trois décisions uniformes rendues par la Cour suprême, en tant que tribunal de cassation, sur un même point de droit, constituent une doctrine probable, et les juges pourront l'appliquer dans des cas analogues, ce qui n'empêche pas la Cour de changer de doctrine quand elle juge erronées les décisions antérieures.

---

[1] *Cf.* Cour constitutionnelle, jugement C-836 de 2001, M. P. : Rodrigo ESCOBAR GIL.

[2] *Cf.*, par exemple, F. VALLEJO GARCÍA, « La seriedad de los jueces », *Revista de la Academia Colombiana de Jurisprudencia*, n° 320, Bogotá, mayo de 2002, p. VII et s..

Dans le dispositif, la Cour constitutionnelle a déclaré cette disposition constitutionnelle, mais à la condition suivante :

> ... que l'on comprenne que la Cour suprême de justice, comme juge de cassation, et les autres juges qui constituent la juridiction ordinaire, en s'écartant de la doctrine probable dictée par celle-là, sont obligés d'exposer clairement et de façon raisonnée les fondements juridiques qui justifiaient leur décision, dans les termes des numéros 14 à 24 du présent jugement.

Ainsi, la Cour constitutionnelle a confirmé la thèse selon laquelle la jurisprudence de la Cour suprême de justice a force obligatoire pour les autres juges ordinaires. Ainsi, si ceux-ci veulent s'écarter de la doctrine probable dictée par la Haute cour, « ils sont obligés d'exposer clairement et de façon raisonnée les fondements juridiques qui justifient leur décision ». Cette thèse, qui est appliquée par analogie aux autres juridictions – y compris à la juridiction constitutionnelle en matière de protection et, de façon générale, d'interprétation de la Constitution – explicite la première particularité de la force obligatoire de la jurisprudence. Cette particularité est que le juge destinataire de la norme dérivée (qui, rappelons-le, peut être le juge inférieur ou la Haute cour elle-même) peut s'en écarter, pourvu qu'il se fonde sur des arguments recevables. Autrement dit, le juge postérieur a le devoir d'accomplir ce qui est prévu par les normes dérivées ou a une fonction d'argumentation qu'il doit nécessairement assumer pour pouvoir s'écarter du précédent.

Il faut reconnaître que cette particularité de la force obligatoire de la jurisprudence est analogue à la caractéristique selon laquelle l'exception de constitutionnalité revêt la force obligatoire de la loi. Généralement, il est ordonné aux particuliers d'obéir à la loi, et aux « opérateurs juridiques » de l'appliquer. Cependant, l'opérateur juridique doit cesser d'appliquer la loi et appliquer la Constitution « dans tous les cas d'incompatibilité entre la Constitution et la loi ». Dans une telle hypothèse, l'opérateur juridique devra exposer une argumentation plausible qui démontre l'incompatibilité entre la loi et la Constitution ou, en d'autres termes plus simple, l'inconstitutionnalité de la loi.

Or, la charge qui pèse sur le juge postérieur qui voudrait s'écarter de la jurisprudence des hautes cours n'est pas de fonder l'inconstitutionnalité de la loi, mais, comme la Cour l'a précisé dans les numéros 14 à 24 du jugement C-836 de 2001, celle de fonder un jugement qui doit s'écarter de la jurisprudence parce que se produit l'une des hypothèses suivantes, qui constituent la doctrine de l'inapplication du précédent antérieur et du changement de précédent, valable en droit colombien :

1. Bien qu'il existe des similitudes entre le cas qu'il doit résoudre et un cas précédemment résolu par une haute cour, « il existe des différences significatives qui n'ont pas été prises en considération dans le premier et qui

empêchent de les mettre sur le même plan[1] ». Comme le soutient la Cour constitutionnelle, dans un passage qui mérite d'être cité malgré sa longueur :

> *Contrario sensu*, il peut y avoir deux cas qui en principe paraissent différents, mais qui, observés en détail, ont un point de comparaison – *tertium comparationis* – qui permet de les mettre sur le même plan sur certains aspects. Dans cette mesure, il s'avère fondé que le juge emploie des critères d'égalisation entre les deux, pourvu que la comparaison se limite à ces aspects sur lesquels ils sont comparables et seulement dans la mesure où ils le sont. Dans ce cas, le juge doit expliciter les raisons pour lesquelles, malgré les similitudes apparentes, les cas ne méritent pas un traitement égal ou, à l'inverse, doit faire valoir pourquoi, malgré les différences apparentes, les cas doivent recevoir un traitement identique ou semblable. Dans chacune des hypothèses, les critères d'égalisation ou de différenciation doivent être juridiquement significatifs, et le traitement doit être proportionné à la différence entre les situations de fait[2].

Ainsi, la Cour constitutionnelle prend en considération la possibilité qu'en Colombie on applique l'idée du *distinguish*, c'est-à-dire que le juge puisse ne pas appliquer la jurisprudence à un certain cas postérieur, quand il considère que les différences significatives qui existent entre ce second cas et le premier cas sur lequel a été établie la jurisprudence exigent d'apporter au second une solution différente. Comme cela semble évident à la lecture du passage, la Cour ne détermine pas quand les différences sont « réelles » ou seulement « apparentes ». Autrement dit, la Cour ne précise pas les critères dont l'interprète peut se prévaloir pour distinguer ou approuver deux cas semblables. Comme nous le savons bien, c'est l'un des problèmes théoriques les plus intéressants qui se posent, non seulement face au doute sur le traitement égal ou différent de cas, mais aussi, plus généralement, face à l'application du principe d'égalité. Nous ne pouvons pas ici approfondir cet aspect[3]. Il suffit d'indiquer que la Cour en vient à indiquer que la similitude ou la différence doit être *juridiquement significative*, c'est-à-dire, qu'elle doit se référer au *ratio decidendi* ou à la norme dérivée du premier cas. Le traitement doit être égal, si le *ratio decidendi* ou la norme dérivée du premier cas peut s'appliquer au second cas, parce que celui-ci ne peut être subsumé dans l'hypothèse de fait de cette *ratio* ou de cette norme. Si cette subsomption n'est pas possible, ou si le *ratio decidendi* du second cas est différent, le juge devra écarter la norme dérivée du premier cas et en fonder une nouvelle pour le second cas, ou introduire une exception à la norme dérivée du premier.

2. La deuxième hypothèse dans laquelle, selon la Cour constitutionnelle, il est possible de s'écarter de la jurisprudence, se présente quand cette dernière, « ayant été estimée appropriée dans une situation sociale déterminée,

---

[1] Cour constitutionnelle, jugement C-836 de 2001, *op. cit.*

[2] *Ibid.*.

[3] *Cf.* C. Bernal Pulido, « Le jugement d'égalité dans la jurisprudence de la Cour constitutionnelle colombienne », dans le présent volume.

ne répond pas de façon adéquate au changement social ultérieur ». La Cour soutient que, dans cette hypothèse, le juge postérieur doit considérer que la jurisprudence est « erronée ». Si l'on veut conserver cette terminologie, on devra parler d'une erreur d'aptitude. Ce type d'erreur se présente parce que les effets factuels (e) que la norme dérivée (n) a produits en réglant la situation (s) au moment historique (1) ne se produiraient pas au moment historique (2), donc, par un changement des circonstances, l'application de (n) à (s) ne conduit pas à (e) mais à d'autres effets (e'). Dans ce cas, la charge d'argumentation du juge est une charge d'argumentation de fait qui doit démontrer que vu les circonstances (s), dans le temps (2), l'application de (n) ne conduit pas à (e) mais à (e'). Si le juge peut démontrer cette affirmation, il sera légitime pour mener à bien un *overruling* de la jurisprudence précédente.

3. La troisième hypothèse est analogue à la précédente. Dans ce cas, le juge « peut considérer que la jurisprudence se révèle erronée, étant contraire aux valeurs, aux objectifs, aux principes et aux droits sur lesquels est fondé l'ordre juridique ». Comme le soutient la Cour constitutionnelle, « dans ces cas, il est aussi justifié que la Cour suprême change sa jurisprudence pour éviter de prolonger dans le temps les injustices du passé, en rendant explicite une telle décision ». Celle-ci constituerait un second type de jurisprudence « erronée ». L'erreur, dans ce cas, serait de type « axiologique ». Vue à partir du réseau cohérent que constitue l'ordre juridique, la décision jurisprudentielle est considérée comme « incorrecte » ou « injuste » du point de vue matériel, parce qu'elle répond à des valeurs prédominantes à un moment historique.

Nous savons bien qu'il s'agit du moteur principal de l'évolution de la jurisprudence et, en général, du droit. Pour citer un exemple, on peut évoquer des jugements comme celui rendu dans la célèbre affaire *Brownvs vs. Board Education*, ou comme ceux qui ont imprégné le droit privé américain de la doctrine de l'égalité entre noirs et blancs[1], comme paradigmes de changements jurisprudentiels motivés dans la variation des valeurs prédominantes dans la société. Quand le juge invoquera cette cause, il devra démontrer l'incompatibilité axiologique entre la norme dérivée significative et le contenu les droits fondamentaux et les principes de base qui régissent l'ordre juridique au moment historique du nouveau cas.

4. Enfin, le juge postérieur peut aussi s'écarter de la jurisprudence « par des changements dans l'ordre juridique positif, c'est-à-dire, par une évolution constitutionnelle ou législative significative ». Il est justement évident

---

[1] *Cf.*, par exemple, J. M. Bilbao Ubillos, *Los derechos fundamentales en la frontera entre lo público y lo privado*, Madrid, McGraw Hill, 1997 ; *cf.* également notre recension sur ce livre : « J. M. Bilbao Ubillos, "Los derechos fundamentales en la frontera entre lo público y lo privado" », *Revista de Derecho del Estado*, nº 4, Bogotá, Universidad Externado de Colombia, abril de 1997.

que si la disposition évolue, les normes dérivées doivent évoluer. Dans cette quatrième hypothèse, l'argumentation du juge postérieur doit conduire à démontrer que la norme (N1) dérivée de la disposition (D1) ne peut pas dériver de la disposition (D2) parce que, dans le domaine sémantique de cette dernière, on ne peut pas inclure la norme (N1) mais la norme (N2). De cette manière, on justifiera que le juge postérieur écarte (N1) et applique (N2).

Ces quatre hypothèses peuvent être appliquées tant par les hautes cours que par les juges subalternes pour fonder l'inapplication ou l'évolution de la jurisprudence antérieure. Évidemment, si le changement se produit dans une haute cour, et constitue alors une doctrine vraisemblable (trois décisions identiques sur un même point de droit), il devra alors être obligatoirement appliqué par les juges subalternes. Si, au contraire, c'est un juge subalterne qui s'écarte de la jurisprudence de la haute cour, celle-ci pourra confirmer ou réfuter ce qui est avancé par le juge subalterne, dans le cadre des recours en cassation et en appel. Si, bien au contraire, il s'agit de la non-application de la jurisprudence constitutionnelle par la juridiction ordinaire ou contentieuse administrative, la Cour constitutionnelle doit confirmer ce que fait valoir le juge ordinaire ou administratif, par le recours en protection contre des jugements. Pour qu'il puisse en être ainsi, il est nécessaire que l'on reconnaisse tôt ou tard que le recours en protection contre des jugements peut être un moyen de communication efficace entre le juge ordinaire et la Cour constitutionnelle, et que, grâce à elle, le juge ordinaire peut proposer des changements dans la jurisprudence constitutionnelle et que la Cour peut disposer d'un mécanisme pour confirmer ou rejeter ces changements, pour que la Constitution et le droit demeurent stables ou évoluent et s'adaptent chaque jour à leur époque.

Bibliographie

Références doctrinales

H. BOGS (ed.), *Urteilsverfassungsbeschwerde zum Bundesverfassungsgericht*, Baden-Baden, Nomos, 1999.

R. ALEXY, « Derecho constitucional y derecho ordinario-jurisdicción constitucional y jurisdicción ordinaria », *in* R. ALEXY, *Tres escritos sobre los derechos fundamentales y la teoría de los principios*, C. BERNAL PULIDO (trad.), Bogotá, Universidad Externado de Colombia, 2003.

R. ALEXY, R. DREIER, « Statutory Interpretation in the Federal Republic of Germany », *in* N. MACCORMICK et R. SUMMERS (eds.), *Interpreting Statutes. A Comparative Study*, Hong Kong, Singapore, Sydney, Dartmotuh, Aldershot, Brookfield, 1993.

T. M. BENDITT, « The Rule of Precedent », *in* L. GOLDSTEIN (ed.). *Precedent in Law*, Oxford, Clarendon Press, 1987.

C. BERNAL PULIDO, *El principio de proporcionalidad y los derechos fundamentales*, Madrid, Centro de Estudios Políticos y Constitucionales, 2003.

C. BERNAL PULIDO, « J. M. Bilbao Ubillos, "Los derechos fundamentales en la frontera entre lo público y lo privado" », *Revista de Derecho del Estado*, n ° 4, Bogotá, Universidad Externado de Colombia, abril de 1997.

C. BERNAL PULIDO, « El juicio de igualdad en la jurisprudencia de la Corte Constitucional colombiana », *ibid.*

J. M. BILBAO UBILLOS, *Los derechos fundamentales en la frontera entre lo público y lo privado*, Madrid, Mc Graw Hill, 1997.

C. BOTERO MARINO, « Acción de tutela contra providencias judiciales en el ordenamiento jurídico colombiano », *Precedente*, anuario jurídico 2002.

V. CRISAFULLI, « Disposizione (e norma) », *Enciclopedia del diritto*, t. XIII, Milano, Giuffrè, 1964.

H. L. HART, *El concepto de derecho*, Buenos Aires, Abeledo-Perrot, 1963.

R. HERNÁNDEZ MARÍN, *Interpretación, subsunción y aplicación del derecho*, Madrid, Marcial Pons, 1999.

W. N. HOHFELD, *Conceptos jurídicos fundamentales*, México, Fontamara, 1997.

A. JULIO ESTRADA, « El precedente jurisprudencial. Un breve estudio del estado de la cuestión en la jurisprudencia constitucional durante el año 2001 », *in* E. MONTEALEGRE LYNETT (coord.), *Anuario de derecho constitucional. Análisis de jurisprudencia de la Corte Constitucional*, Bogotá, Universidad Externado de Colombia, 2003.

H. KELSEN, *Teoría general de las normas*, México, Trillas, 1994.

H. KELSEN, *Teoría general del derecho y del Estado*, México D. F., Universidad Nacional Autónoma de México, 1995.

H. KELSEN, *¿Quién debe ser el defensor de la Constitución?*, R. J. BRIE (trad. y notas), G. GASIÓ (estudio preliminar) y E. BULYGIN (supervisión técnica), Madrid, Tecnos, 1995.

H. KELSEN, *Teoría pura del derecho*, trad. 1.ª ed., Buenos Aires, Eudeba, 1999.

D. LÓPEZ MEDINA, *El derecho de los jueces*, Bogotá, Legis, 2000.

D. LÓPEZ MEDINA et R. GORDILLO, « Consideraciones ulteriores sobre el análisis estático de jurisprudencia », *Revista de Derecho Público*, n° 15, Bogotá, Universidad de los Andes, 2002.

G. LOZANO VILLEGAS, *El valor normativo de las sentencias de la Corte Constitucional con ocasión del control abstracto de normas y su incidencia en el sistema de fuentes del derecho: el caso colombiano*, Bogotá, Universidad Externado de Colombia, 2000.

N. MACCORMICK et R. SUMMERS, « Interpretation and Justification, *in* N. MACCORMICK et R. SUMMERS (eds.), *Interpreting Statutes. A Comparative Study*, Hong Kong, Singapore, Sydney, Dartmouth, Aldershot, Brookfield, 1993.

A. L. MAGALONI KERPEL, *El precedente constitucional en el sistema judicial norteamericano*, Madrid, McGraw Hill, 2001.

A. MARTÍN DE LA VEGA, *Estudios sobre la eficacia de la sentencia constitucional*, Bogotá, Universidad Externado de Colombia, colección Temas de derecho público, 2002.
A. J. MERKL, « Prolegomena einer Theorie des rechtlichen Stufenbaues », *in* A. J. MERKL, *Gesammelte Schriften*, t. I, « Grundlagen des Rechts », Berlin, Duncker & Humblot, 1995.
L. MORAL SORIANO, « A Progressive Foundation of Precedents », *ARSP*, n° 3, 2000.
L. MORAL SORIANO, *El precedente judicial*, Madrid, Marcial Pons, 2002.
N. OSUNA, *Tutela y amparo. Derechos protegidos*, Bogotá, Universidad Externado de Colombia, 1997.
P. PÉREZ TREMPS, *Tribunal Constitucional y poder judicial*, Madrid, Centro de Estudios Constitucionales, 1985.
A. PIZZORUSSO, « I sistemi di giustizia costituzionale: dai modelli alla prassi », *Quaderni costituzionali*, n° 3, 1982.
J. RAZ, *Razón práctica y normas*, Madrid, Centro de Estudios Constitucionales, 1991.
Ch. STARCK, « Jurisdicción constitucional y tribunales ordinarios », *REDC*, n° 53, 1998.
F. VALLEJO GARCÍA, « La seriedad de los jueces », *Revista de la Academia Colombiana de Jurisprudencia*, n° 320, Bogotá, 2002.
G. H. VON WRIGHT, *Norm and Action*, London, Routledge and Kegan Paul, 1963.
G. ZAGREBELSKY, *La giustizia costituzionale*, Bologna, Il Mulino, 1988.

Références jurisprudentielles

Cour constitutionnelle, jugement T-006 de 1992, M. P. : Eduardo CIFUENTES MUÑOZ.
Cour constitutionnelle, jugement C-543 de 1992, M. P. : José GREGORIO HERNÁNDEZ GALINDO.
Cour constitutionnelle, jugement C-113 de 1993, M. P. : Jorge ARANGO MEJÍA.
Cour constitutionnelle, jugement C-131 de 1993, M. P. : Alejandro MARTÍNEZ CABALLERO.
Cour constitutionnelle, jugement C-486 de 1993, M. P. : Eduardo CIFUENTES MUÑOZ.
Cour constitutionnelle, jugement T-231 de 1994, M. P. : Eduardo CIFUENTES MUÑOZ.
Cour constitutionnelle, jugement C-083 de 1995, M. P. : Carlos GAVIRIA DÍAZ.
Cour constitutionnelle, jugement T-123 de 1995, M. P. : Eduardo CIFUENTES MUÑOZ.

Cour constitutionnelle, jugement T-249 de 1995, M. P. : Hernando HERRERA VERGARA.
Cour constitutionnelle, jugement C-037 de 1996, M. P. : Vladimiro NARANJO MESA.
Cour constitutionnelle, jugement T-345 de 1996, M. P. : Eduardo CIFUENTES MUÑOZ.
Cour constitutionnelle, jugement T-438 de 1996, M. P. : Alejandro MARTÍNEZ CABALLERO.
Cour constitutionnelle, jugement C-543 de 1996, M. P. : Carlos GAVIRIA DÍAZ.
Cour constitutionnelle, stc, T-606 de 1997, M. P. : Alejandro MARTÍNEZ CABALLERO.
Cour constitutionnelle, jugement SU-642 de 1998, M. P. : Eduardo CIFUENTES MUÑOZ.
Cour constitutionnelle, jugement C-836 de 2001, M. P. : Rodrigo ESCOBAR GIL.
Cour constitutionnelle, jugement T-450 de 2001, M. P. : Manuel José CEPEDA ESPINOSA.
Cour constitutionnelle, jugement T-1343 de 2001, M. P. : Manuel José CEPEDA ESPINOSA.
Cour constitutionnelle, jugement T-250 de 2002, M. P. : Jaime CÓRDOBA TRIVIÑO.
Cour constitutionnelle, jugement T-340 de 2002, M. P. : Jaime CÓRDOBA TRIVIÑO.
Cour constitutionnelle, jugement C-580 de 2002, M. P. : Rodrigo ESCOBAR GIL.
Cour constitutionnelle, jugement T-1022 de 2002, M. P. : Jaime CÓRDOBA TRIVIÑO.
Cour constitutionnelle, jugement T-1091 de 2002, M. P. : JAIME CÓRDOBA TRIVIÑO.
Cour constitutionnelle, jugement T-054 de 2003, M. P. : Álvaro TAFUR GALVIS.
Cour constitutionnelle, jugement T-137 de 2003, M. P. : Jaime CÓRDOBA TRIVIÑO.

CHAPITRE VII

LA CONSTITUTION CONSERVE-T-ELLE SA VALEUR DANS UN ÉTAT SOCIAL IMMERGÉ DANS LA GLOBALISATION[1] ?

Pour tous les étudiants en droit constitutionnel ou en philosophie politique, l'article de Dieter Grimm sur l'avenir de la Constitution est fascinant[2]. Bien sûr, il ne s'agit pas d'une dissertation de futurologie. Son but n'est pas de prédire l'avenir d'un texte constitutionnel, ni de s'aventurer à prévoir la transformation du contenu de certaines dispositions ou des mécanismes qui garantissent leur efficacité. Son objectif est beaucoup plus profond et risqué. Il s'agit de conduire une recherche sur l'idée de Constitution, à partir du rôle qu'elle joue au milieu des vicissitudes du monde actuel. Quelles sont les chances pour la Constitution de continuer à remplir sa mission dans les circonstances dans lesquelles se débattent les sociétés qu'elle régit ? Afin d'entreprendre une réflexion en ce sens, le brillant juriste allemand adopte une position nettement sceptique qui remet en question l'utilité même de la Constitution comme moyen de réguler les ensembles humains actuels et futurs. La question fondamentale est de savoir si la Constitution a encore la capacité de réguler la politique, si elle dispose encore d'assez de force pour répondre aux changements sociaux qui marquent l'aube du troisième millénaire, dans les pays où elle a joué la tâche principale de réglementer l'exercice du pouvoir politique. Plus précisément, il est intéressant de savoir dans quelle mesure la Constitution demeure efficace dans l'environnement forgé par l'activité étatique moderne de promotion du bien-être, qui n'était pas encore prévisible à l'époque où elle est apparue[3].

Ce problème a de très profondes conséquences. Son approche est dénuée de toute analyse sous-jacente de probabilités sur l'affaiblissement d'une ou de toutes les constitutions. À travers elle est en jeu un phénomène aux effets beaucoup plus insoupçonnés. Il s'agit d'être conscient que, sans avoir changé la moindre virgule aux constitutions en vigueur, comme par magie,

---

[1] Une première version de ce texte a été publiée dans la *Revista de Derecho del Estado*, n° 6, Bogota, Universidad Externado de Colombia, juin 1999, p. 81-90.

[2] D. GRIMM, « Die Zukunft der Verfassung », *Staatswissenschaften und Staatspraxis*, I, 1990, p. 5-22 ; D. GRIMM, *Die Zukunft der Verfassung*, Frankfurt am Main, 1991, p. 397-473 ; et la version italienne *in* G. ZAGRABELSKY, P. P. PORTINARO et J. LUTHER (eds.), *Il futuro della costituzione*, Torino, Einaudi, 1996, p. 129-163. Nous avons retenu les références de cette version italienne.

[3] *Ibid.*, p. 131.

celles-ci ont subi une « perte de force[1] ». En d'autres termes, il s'agit de découvrir une perte de valeur descriptive de la Constitution, une diminution progressive et sourde de sa capacité de soumettre le pouvoir politique à sa volonté, qui trouverait sa cause dans les plus récents avatars subis par l'État, et qui aliénerait le rôle essentiel caractéristique de la Constitution. L'affaire n'est absolument pas anodine. Il s'agit d'une question importante, soulevée pour des raisons valables, dont les plus importantes sont le processus de transformation des conditions politiques, économiques et culturelles des sociétés soumises à la Constitution, les changements que les peuples et les États constitués ont été confrontés durant les deux derniers siècles, les différences séparant la réalité que la Constitution régit de celle qu'elle est appelée aujourd'hui à régir.

La Constitution a marqué le passage de la féodalité à l'ordre libéral bourgeois. La vision du monde qui, à l'époque, commençait à prévaloir, attribuait à l'homme l'autonomie morale que Kant avait évoquée. Elle le rendait libre de se comporter selon son propre jugement, d'agir selon les préceptes de la raison. Par conséquent, il était responsable de ses choix. L'échec était entièrement imputable à celui qui le subissait. L'indigence n'était pas perçue comme la conséquence d'une injustice sociale, mais comme l'anathème du destin. Le sujet devait payer le prix de l'exercice de la liberté, finalité ultime, en encourant des risques inexorables. L'homme se voyait reconnaître, pour la première fois, la possibilité de poursuivre son propre succès, sans autre obstacle que ceux qui sont nécessaires pour rendre compatibles ses possibilités d'actions avec celles de ses congénères. La Constitution, autoreprésentation culturelle des peuples, comme le soutient Häberle, était le corrélatif de cette façon de penser. Sa fonction exclusive était de créer et de légitimer une organisation capable de maintenir un environnement propice à l'épanouissement des libertés individuelles. Sa seule mission était de fonder l'État et de le contrôler pour qu'il remplisse le rôle qui justifiait son existence, c'est-à-dire préserver la liberté contre toute atteinte. À cet égard, la Constitution de l'État était à la fois son moteur et son frein. Elle organisait l'intervention de l'État, mais elle freinait la démesure. Elle légitimait l'exercice des pouvoirs publics, pourvu qu'ils s'en tiennent à leurs missions. L'État, à son tour, remplissait sa mission de manière efficace au moyen du droit. Les ordres investis de l'autorité, dont la non-exécution était menacée d'une sanction, étaient suffisants pour empêcher l'usage arbitraire ou excessif de la liberté. Toutes les violations prévisibles des conduites particulières pouvaient être évitées par des dispositions normatives prévoyant des interdictions, des obligations ou des autorisations. L'État répertoriait les comportements privés légaux, illégaux ou sans importance. Pour chacune de ces catégories de comportement, il prévoyait une attitude supposée pertinente

[1] *Ibid.*, p. 163.

d'approbation, de rejet ou d'indifférence. Ainsi, il définissait ses relations avec la société, et il pouvait accomplir efficacement sa tâche.

La prise de conscience de l'inaptitude du marché à tenir ses promesses de bien-être général a conduit à une remise en cause de cette conception de la société, de l'État et de la Constitution. L'égalité réelle pour la liberté était la devise correspondant à la vision du monde qui avait été érigée contre le modèle bourgeois. L'idée de solidarité s'était alors retrouvée au centre de la définition renouvelée du bien commun[1], qui ne pouvait pas continuer à être conçu comme le corollaire indéfectible de l'exercice de la liberté individuelle. À partir de ce moment, le bien-être devait désormais être produit par l'État. La paupérisation croissante avait démontré que la prospérité générale n'était pas préexistante, qu'elle n'était pas un attribut du cosmos, dont la reconnaissance suffirait pour qu'elle s'inscrive clairement dans la réalité. Par conséquent, on a conféré à l'État la tâche primordiale d'intégrer toute la population dans les différents sous-systèmes sociaux[2]. On lui a demandé d'agir concrètement pour produire les conditions matérielles adéquates pour que tous les habitants sur son territoire puissent exercer leur liberté. On lui a demandé une attitude de prévention pour faire face aux risques qui menaçaient tout particulièrement les classes les plus fragiles, et une aide diligente devant les situations d'urgence les plus graves[3]. Mais avant tout, on a rendu l'État responsable de la subsistance et du développement de la société dans les domaines culturels, économiques et sociaux. On lui a attribué la responsabilité de procurer à l'être humain les conditions de son existence[4], et on lui a imposé d'obtenir la croissance et le développement, l'augmentation et la distribution équitable de la richesse, même si ceci conduisait à l'autoriser à intervenir sur le marché et à limiter l'autonomie privée[5].

Dans cette nouvelle *Weltanschauung*, l'État est voué à changer ses moyens d'action. La coercition organisée par le droit s'avère insuffisante pour promouvoir le progrès, construire une société plus équitable, et prévenir et affronter les crises. Pour parvenir à ces fins, il faut utiliser d'autres moyens de contrôles, liés aux transactions financières et à l'évolution de la technologie, de la science et des télécommunications. À la différence de la force légitime, ils ne font pas l'objet d'un monopole de l'État. Leur orientation ne dépend pas entièrement de la volonté des pouvoirs publics. Aucun gouvernement ne peut décréter la richesse ou la prospérité pour son pays. Les coffres publics et privés ne se remplissent pas seulement en vertu d'une

---

[1] M. BORGETTO. *La notion de fraternité en droit public français*, Paris, LGDJ, 1993, p. 349.

[2] N. LUHMANN, *Teoria politica nello stato del benessere*, Milano, Franco Angeli, 1987.

[3] F. EWALD, *L'État providence*, Paris, Grasset, 1985.

[4] E. FORSTHOFF, « Concepto y esencia del Estado social de derecho », *in* W. ABENDROTH, E. FORSTHOFF et K. DOEHRING, *El Estado social*, Madrid, Centro de Estudios Constitucionales, 1986.

[5] M. GARCÍA PELAYO, *Las transformaciones del Estado contemporáneo*, Madrid, Alianza Editorial, 1987.

loi qui en dispose ainsi ; de même que ne se réalisent pas ainsi les avancées scientifiques ou technologiques. L'État peut seulement influencer indirectement l'orientation que prend le fonctionnement de ces instruments qui donnent le cap aux sociétés contemporaines. Sa position sur ce point ressemble beaucoup à celle des particuliers. Les actes de souveraineté s'effacent quand les attentes et les comportements du pouvoir politique s'inscrivent dans le même sens que le flux de communication des systèmes économiques et scientifiques. Face à eux, le pouvoir étatique ne peut s'exercer de la même manière que quand il se donne pour but la sauvegarde de la liberté intellectuelle. À ce niveau, l'État ne peut évaluer toutes les conduites particulières en termes de soutien, de rejet et d'indifférence, et imposer les correctifs qu'il estime pertinents. Il y a trop de comportements privés que, du fait de leur rapidité ou de leur inconstance, l'État ne parvient même pas à prévoir. Sur bien d'autres, il n'a pas la légitimité pour agir, dans la mesure où ses acteurs ont un caractère transnational ou supraétatique. En ce qui concerne un nombre considérable d'autres actes, l'autorité publique inhibe son action à cause de la pression que les représentants des intérêts privés exercent en son sein propre. Pour cette raison, sur les aspects relatifs à l'obtention des objectifs de bien-être que l'État se donne, la concertation apparaît comme le succédané de la coercition. Le langage impératif caractéristique du souverain s'efface devant le langage exhortatif du partenaire. L'exercice du pouvoir public invite à l'exercice du pouvoir privé. La volonté de l'État vise à séduire la volonté privée, à obtenir son acceptation, son soutien. Les commandements et les interdictions sont remplacés par des stimuli, des incitations et des subsides, qui constituent une sorte de normativité faible.

Quelle position la Constitution affiche-t-elle dans ce nouveau panorama ? Est-elle un instrument adapté pour continuer à régir la société depuis le sommet de l'ordre juridique ? Grimm avance une thèse nettement sceptique : « L'extension des fonctions du *Welfare State* moderne porte avec elle un déficit de réglementation constitutionnelle[1]. » Cette affirmation repose sur deux arguments principaux. Selon le premier, on peut constater l'harmonie de l'identification kelsénienne entre l'État et le droit. Dans la mesure où la Constitution est amenée à réguler l'intervention étatique, là où celle-ci ne se produit pas, la Constitution ne peut opérer. « Sans intervention, il n'y a pas de réserve de loi ; sans réserve de loi, il n'y a pas de légalité de l'administration publique ; et sans légalité de l'administration publique, il n'y a pas de contrôle de légitimité de la part des juges. » En d'autres termes, l'existence d'un acte étatique est un présupposé apodictique du déploiement de la fonction prescriptive de la Constitution. La soumission de la loi à la Constitution, et des actes administratifs à la loi ne peut se vérifier sans loi ou sans acte administratif. La juridiction ne peut contrôler l'inconstitutionnalité ou la constitutionnalité d'une chose qui n'existe pas.

[1] D. GRIMM, *op. cit.*, p. 160.

Le second raisonnement, en revanche, dénonce un déficit de capacité prescriptive de la Constitution dans le domaine de l'intervention étatique. Dans ce cadre, la protection des droits fondamentaux par la reconnaissance de sa *prefered position* face à la loi devient trompeuse quand elle prétend « transformer les relations et les structures des grands groupes sociaux, dont les positions relatives aux droits fondamentaux entrent en conflit[1] ». Dans ces cas, dont le nombre et l'importance sont à chaque fois plus grands, il est presque toujours improbable de pouvoir déduire une solution correcte unique de vagues dispositions constitutionnelles. Elles n'indiquent pas au juge constitutionnel la manière de rendre un jugement. Leurs termes ne sont pas suffisamment explicites pour que le juge sache si la loi dont il est saisi est ou n'est pas inconstitutionnelle. Le juge ne peut parvenir à connaître le sens du jugement ; il doit décider de celui-ci.

Selon Grimm, l'unique sortie que le droit constitutionnel a trouvée pour échapper de ce dédale est l'application continue du principe de proportionnalité. Par son utilisation, la juridiction cherche à préserver les droits fondamentaux d'interventions législatives et administratives inadmissibles. De même, il vérifie le caractère correct du développement législatif des droits fondamentaux en conflit. Quelle que soit la façon dont ces droits ont un *status* constitutionnel de principes objectifs et de valeurs, qui s'ajoutent à leur condition originelle de droits de défense, les actions alternatives capables de les réaliser sont multiples et dissemblables. Les finalités constitutionnelles ne déterminent pas en général un moyen adéquat unique de les atteindre. Le choix de l'un parmi ceux possibles est une tâche politique par antonomase. Pour cette raison, la juridiction limite son intervention au contrôle que le moyen choisi par le législateur ou l'administration pour atteindre un objectif constitutionnel légitime n'est pas disproportionné, qu'il ne restreint pas plus qu'il ne le doit un autre droit fondamental. Le juge devient donc un champion de la concordance pratique qui doit commander entre les divers principes constitutionnels[2]. Mais sa tâche n'est pas d'imaginer la solution la plus harmonieuse. Sa mission consiste à détecter et à supprimer les dysharmonies législatives ou administratives. Il revient au juge de découvrir quelles décisions des autres pouvoirs publics débordent du cadre constitutionnel, quelles décisions rompent l'équilibre entre les finalités sociales les plus valables. Une fois celles-ci localisées, il doit les laisser sans validité, afin de corriger les incohérences de l'ordre juridique.

Cependant, l'application du principe de proportionnalité pour la protection des droits fondamentaux achoppe sur trois écueils non négligeables. D'une part, du fait qu'on l'utilise dans une grande variété de cas, le contenu de ce principe tend à devenir hétéroclite et à se soustraire à toute généralisa-

---

[1] *Ibid.*.

[2] K. HESSE, « Interpretación constitucional », *in* K. HESSE, *Escritos de derecho constitucional*, P. CRUZ VILLALÓN (trad.), Madrid, Centro de Estudios Constitucionales, 1992, p. 45.

tion. De cette manière, l'activité juridictionnelle devient obscure et peu contrôlable. Par ailleurs, selon Grimm, les tribunaux ne paraissent pas disposer de la légitimation suffisante pour appliquer ce critère d'interprétation. Le contrôle de proportionnalité des décisions législatives et exécutives implique le déplacement de la conformation de la société au niveau judiciaire. Le juge ne paraît pas être doté des instruments techniques suffisants, des données extra-juridiques suffisantes, ni de la compétence démocratique suffisante pour que soit rendu un jugement adéquat sur la hiérarchie entre les multiples valeurs dont la protection est demandée au pouvoir politique. De même, les considérations relatives à la pertinence des moyens choisis pour viser les objectifs étatiques ont plus à voir avec des critères d'opportunité, propres au débat politique, qu'avec des critères de légalité ou de constitutionnalité, caractéristiques de l'argumentation judiciaire. Enfin, l'effet de garantie attribué au principe de proportionnalité paraît s'évanouir quand les limitations des droits fondamentaux se justifient par la nécessité de prévenir un risque social important. Dans ces événements, tant la nécessité de conjurer le danger futur que le droit fondamental qui se trouve restreint sont des biens méritant une protection publique. Ils sont chacun des valeurs dont la réalisation est impérieuse pour l'État. Dans la mesure où le seuil d'affectation de l'un s'élève corrélativement avec celui de protection de l'autre, le concept de garantie, synonyme de limite infranchissable, finit par devenir évanescent[1].

Sur le fondement de ces arguments qui cherchent à mettre en évidence le déficit de régulation dont souffre la Constitution dans l'État-providence, Grimm énonce son jugement. À son avis, la prospection de la Constitution est assez problématique : « Savoir si un changement dans la conception de la Constitution pourra compenser cette perte de validité ou si elle s'atrophie dans un ordre partiel est une question qui reste ouverte. »

Tous ces développements appellent quelques précisions et quelques nuances que nous allons tenter de présenter. Toutefois, ils ont le mérite appréciable de soulever dans les détails et avec perspicacité l'un des problèmes les plus impérieux pour le droit constitutionnel et pour la théorie politique, qui se trouve fréquemment contourné. En outre, il va dans le même sens que la préoccupation de Castiglione, pour qui l'insertion de certains éléments caractéristiques de l'État social dans la Constitution, par exemple les « nouvelles générations de droits », représente l'une des « questions pour lesquelles une nouvelle pensée politique est une nécessité pressante[2] ».

Cette révision du concept et de la fonction de la Constitution, compte tenu des enjeux que propose la société contemporaine complexe, ne constitue certainement pas une attaque contre nombre de ses principes traditionnels essentiels. La doctrine soutient de façon unanime que l'État social

[1] D. GRIMM, *op. cit.*, p. 163.

[2] D. CASTIGLIONE, « The Political Theory of the Constitution », *Political Studies*, 1996, p. 435.

n'implique pas une rupture avec l'État libéral de droit, mais une tentative de perfectionnement de celui-ci[1]. La souveraineté populaire, l'exigence de légitimation juridique et de limites du pouvoir étatique, la division des fonctions publiques, la garantie de la liberté individuelle et de l'égalité, et les principes de légalité et de constitutionnalité, forment un ensemble constitutionnel auquel on ne peut renoncer. Ils sont des éléments de l'État constitutionnel, comme le soutient Häberle[2], qui ont été façonnés petit à petit, dans un processus qui trouve dans la Révolution française l'un de ses tournants originaires. En ce sens, la Constitution doit être appréciée comme une « acquisition évolutive[3] » irréversible. Dans son raisonnement, elle s'est adjugé diverses conquêtes forgées par le rationalisme, et qui présentent maintenant quelques signes d'identité de ce qu'Habermas appelle la société postmétaphysique. La Constitution a cherché à fonder une manière de légitimer l'exercice du pouvoir politique qui s'est substituée à la magie, au mythe et à la foi religieuse, et qui repose surtout sur la relation de tension et de complémentarité entre les droits fondamentaux et le principe de souveraineté populaire[4]. Pour cette raison, ces deux éléments se sont transformés en piliers indestructibles de l'organisation politique de toute société.

Malgré cela, l'attention attirée par Grimm sur le déficit constitutionnel causé par les attentes sociales liées aux processus de formation et de crise de l'État-providence ne doit pas être négligée. La Constitution ne peut pas méconnaître ces attentes, si elle désire conserver sa nature de norme fondamentale sur laquelle repose tout l'ordre juridique. Toutefois, elle ne fait pas preuve de l'efficacité nécessaire pour les satisfaire. Il est certain que la consécration constitutionnelle des droits sociaux et des buts sociaux visant à rendre effectifs les principes d'égalité réelle et de justice sociale n'est pas un fait négligeable. Grâce à l'inclusion de ces contenus dans les constitutions, les pouvoirs publics sont devenus conscients que l'exercice fructueux de la liberté présuppose des conditions matérielles minimales[5] et qu'elles ont acquis une légitimité pour tenter de les atteindre, même si cela implique une limitation de la liberté elle-même.

Dans cette perspective, les droits et les objectifs sociaux donnent une justification particulière à l'intervention étatique dans les droits libéraux classiques, surtout dans les droits de propriété et de libre entreprise. En échouant

---

[1] M. GARCÍA PELAYO, *Las transformaciones del Estado contemporáneo*, *op. cit.*, 1987.

[2] P. HÄBERLE, *Libertad, igualdad, fraternidad. 1789 como historia, actualidad y futuro del Estado constitucional*, Madrid, Trotta, 1998, p. 67.

[3] N. LUHMANN, « La costituzione come acquisizione evolutiva », *in* G. ZAGREBELSKY, P. P. PORTINARO, J. LUTHER (a cura di), *Il futuro della costituzione*, *op. cit.*, p. 83.

[4] J. HABERMAS, *Facticidad y validez*, M. JIMÉNEZ REDONDO (trad.), Madrid, Trotta, 1998, p. 147 et ss. ; voir aussi CASTIGLIONE, *op. cit.*, p. 426.

[5] E.-W. BÖCKENFÖRDE, « Teoría e interpretación de los derechos fundamentales », *in* E.-W. BÖCKENFÖRDE, *Escritos sobre derechos fundamentales*, Baden-Baden, Nomos, 1993, p. 63 et s..

dans son rôle de médiation, l'imposition de restrictions à ces droits économiques serait clairement illégitime. Cependant, la consécration constitutionnelle des droits sociaux et des buts de justice sociale ne détermine pas totalement l'effectivité de ceux-là et l'obtention de celle-ci. La réussite réelle des objectifs de bien-être social, et la fourniture aux individus des moyens matériels indispensables pour mener une existence digne et pour profiter de la liberté, ne dépendent pas essentiellement de son inscription dans le texte de la Constitution[1]. L'atteinte de ces buts louables dépend d'abord des décisions de politique économique. Certaines d'entre elles sont étrangères à l'État. Ce sont des mesures venant de l'étranger, provenant d'organismes régulateurs internationaux ou supranationaux, auxquels l'État a transféré une partie de ses compétences dans le cadre de sa participation à des processus d'intégration ou de globalisation. Au contraire, d'autres décisions de ce type sont encore du ressort étatique. Cependant, face à celles-ci, la Constitution n'a pas grand-chose, voire rien, à dire. Leur nature technique, et leur condition immanente à certaines circonstances économiques et sociales déterminées qu'elles essaient d'adapter et de corriger, les situe à un niveau différent de celui où se trouvent les principes constitutionnels abstraits. La Constitution ne spécifie pas les méthodes pour obtenir le progrès et le bien-être ; elle institue seulement l'un et l'autre comme des objectifs étatiques à préparer. La Constitution, affirme à juste titre Cascajo Castro, « ne donne pas une image fixe de l'ordre économique social à atteindre, mais se limite à définir un large cadre de principes à la manière d'un programme à développer progressivement par les pouvoirs publics[2] ». Par conséquent, la juridiction constitutionnelle ne peut pas exercer, en face des politiques économiques législatives ou gouvernementales, un contrôle comparable à celui qu'elle déploie pour protéger la liberté individuelle. Les droits sociaux et les objets de justice sociale donnent par conséquent aux pouvoirs constitués le *status* social des commandements, dont l'accomplissement n'est pas pleinement contrôlables sur le plan juridictionnel[3]. L'harmonie entre la nature juridique des droits sociaux et les principes de la démocratie représentative et de la séparation de pouvoirs est peut-être la plus grande aporie des droits sociaux[4]. Conformément à une conception classique de la Constitution, comme fondement dans ces droits, le juge constitutionnel peut seulement invalider *ex abrupto* les décisions disproportionnées, excessives ou arbitraires. S'il va

---

[1] En ce sens, nous sommes d'accord avec Cascajo Castro quand il soutient que les constitutions n'ont pas réussi à établir les procédures adéquates pour la réalisation de la dynamique des droits sociaux. *Cf.* J. L. CASCAJO CASTRO, *La tutela constitucional de los derechos sociales*, Madrid, Centro de Estudios Constitucionales, 1988, p. 29.

[2] *Ibid.*, p. 31.

[3] E.-W. BÖCKENFÖRDE, « Los derechos fundamentales sociales en la estructura de la Constitución », *in* E.-W. BÖCKENFÖRDE, *Escritos sobre derechos fundamentales*, *op. cit.*, p. 80.

[4] J. L. CASCAJO CASTRO, *op. cit.*, p. 33.

plus loin, toujours avec les buts nobles d'un défenseur de la justice matérielle, il usurpe la liberté reconnue au législateur par la Constitution[1].

La conséquence de ce phénomène est que le débat constitutionnel sur les fins et les principes de l'action publique a cédé sa première place au débat sur les différentes politiques économiques que les pouvoirs étatiques peuvent adopter dans le cadre établi par la Constitution. La discussion complexe sur la légitimité des objectifs sociaux a été apaisée par leur consécration par les constitutions. La controverse centrale tourne maintenant autour du choix politique des moyens idéaux pour obtenir le bien-être général recherché parmi tous les moyens constitutionnellement envisageables. Une adhésion à la globalisation illimitée ou au protectionnisme, et le démantèlement corrélatif ou le raffermissement de l'État-providence, sont les pôles de la délibération. La pensée unique rampante préconise la libération de l'État de ses charges sociales écrasantes, comme la voie exclusive de la prospérité universelle. Ses partisans arguent que la privatisation des services publics et la réduction du champ d'intervention bureaucratique de l'État conduisent au renforcement de la croissance économique, et que celle-ci entraîne à son tour la réduction du chômage. En se fondant sur ce raisonnement, ils entrevoient avec obstination l'amélioration tant attendue du niveau de vie. De la même manière, ils prédisent le cataclysme financier pour toute organisation politique qui décide de redevenir maîtresse de son destin (même furtivement dans les couloirs des organisations financières multilatérales) jusque-là placé dans la main invisible du marché. Ils vont jusqu'à présager le rationnement des miettes pour les nécessiteux en raison de la défaillance inévitable de l'État-providence : du pain pour aujourd'hui et la faim pour demain, dit l'anathème fatal.

Quelles certitudes avons-nous de l'accomplissement de ces prophéties ? Sont-elles suffisamment vraisemblables pour que nous ayons à adopter la pensée unique pour unique pensée ? Faute d'une certitude dans ce monde contingent, au moins les doutes que des intellectuels de la trempe de Ralf Dahrendorf n'ont pas hésité à affirmer tombent-ils. Dans son très intéressant opuscule *La cuadratura del círculo*, il a dénoncé la manière détestable dont la richesse a été transférée, par la globalisation, vers quelques secteurs sociaux exclusifs des pays développés. Son jugement est irréfutable :

> Tant que quelques pays seront pauvres et, ce qui est pire, seront condamnés à le rester – au point de vivre totalement en marge du marché mondial –, la prospérité continuera à être un privilège injuste. Tant qu'il existera des individus qui manquent des droits de participation sociale et politique, les droits de ceux qui en jouissent ne pourront être considérés comme légitimes[2].

---

[1] E. BENDA, « El Estado social y democrático de derecho », *in* E. BENDA, W. MAIHOFER, H. J. VOGEL et *alii*, *Manual de derecho constitucional*, Madrid, Marcial Pons, 1996, p. 495.
[2] R. DAHRENDORF, *La cuadratura del círculo*, México, Fondo de Cultura Económica, 1996.

L'existence de millions d'êtres humains exclus des systèmes économiques (et aussi plusieurs autres millions, parfois les mêmes, exclus des systèmes politiques) est un indice qui contredit l'affirmation des bienfaits de la globalisation. La misère qui s'aggrave est un démenti de ses effets bénéfiques. Ne serait-elle pas plutôt un sophisme qui continue de masquer la manière dont les riches investissent les marchés, en mettant en avant l'objectif candide d'assurer l'universalité du bien-être économique, de la cohésion sociale et de la liberté politique, en libérant le capital de ses limites ?

Dieter Grimm nous a rendus conscients de la faible capacité de la Constitution à faire face aux conséquences de la mise en œuvre de cette idéologie dominante. Bien que son application puisse avoir pour conséquence une aggravation de la paupérisation et pourrait ainsi miner à la racine les droits fondamentaux des individus, la Constitution ne semble pas pouvoir réagir. Castoriadis avait prévenu que faire de l'économie le facteur central de la vie sociale était incompatible avec la liberté. Alors que cette affirmation inquiétante se confirme, la Constitution, le premier défenseur de la liberté durant les deux derniers siècles, semble engourdie. Comment alors combler son vide ? Quelle stratégie complémentaire doit être ébauchée pour sauver la liberté ? Une stratégie de plus en plus acceptée dans des pays latino-américains est d'admettre l'activisme du juge constitutionnel qui, sans se soucier des conséquences, rend les droits sociaux directement effectifs. Cependant, cette alternative, portée à l'extrême, semble conduire à déstructurer l'État, à nier les possibilités de planification économique à moyen et à long terme, et à limiter exagérément la démocratie représentative. L'unique chemin qui semble rester est d'évoquer Rousseau pour réclamer la participation citoyenne dans les instances de décision économique et politique, à l'intérieur et hors de l'État. Seule la démocratie peut sauvegarder la liberté, là où la Constitution défaille. Les volontés individuelles et collectives doivent prendre une part active aux processus de décision à tous les niveaux : régional, étatique, supranational et international. Les voix des pays les plus pauvres de la planète, des exclus sociaux, des chômeurs, des défenseurs de l'environnement menacé par le travail dévastateur de la production de richesses, des consommateurs de produits et d'informations, et celle de tant d'autres méprisés et écartés des processus de globalisation, ne peuvent pas continuer d'être ignorées. Faire qu'elles soient entendues, imaginer des stratégies pour qu'elles soient prises pour davantage qu'une clameur gênante et incompréhensible, est peut-être l'un des principaux défis de la théorie politique et constitutionnelle de ce nouveau siècle.

Références bibliographiques

Références doctrinales

E. BENDA, « El Estado social y democrático de derecho », *in* E. BENDA, W. MAIHOFER, H. J. VOGEL et *alii*, *Manual de derecho constitucional*, Madrid, Marcial Pons, 1996.

E.-W. BÖCKENFÖRDE, « Teoría e interpretación de los derechos fundamentales », *in* E.-W. BÖCKENFÖRDE, *Escritos sobre derechos fundamentales*, Baden-Baden, Nomos, 1993.

E.-W. BÖCKENFÖRDE, « Los derechos fundamentales sociales en la estructura de la Constitución », *in* E.-W. BÖCKENFÖRDE, *Escritos sobre derechos fundamentales*, Baden-Baden, Nomos, 1993.

M. BORGETTO, *La notion de fraternité en droit public français*, Paris, LGDJ, 1993.

J. L. CASCAJO CASTRO, *La tutela constitucional de los derechos sociales*, Madrid, Centro de Estudios Constitucionales, 1988.

D. CASTIGLIONE, « The Political Theory of the Constitution », *Political Studies*, XLIV, 1996.

R. DAHRENDORF, *La cuadratura del círculo*, México, Fondo de Cultura Económica, 1996.

F. EWALD, *L'État Providence*, Paris, Grasset, 1985.

E. FORSTHOFF, « Concepto y esencia del Estado social de derecho », *in* W. ABENDROTH, E. FORSTHOFF et K. DOEHRING, *El Estado social*, Madrid, Centro de Estudios Constitucionales, 1986.

M. GARCÍA PELAYO, *Las transformaciones del Estado contemporáneo*, Madrid, Alianza Editorial, 1987.

D. GRIMM, « Die Zukunft der Verfassung », *Staatswissenschaften und Staatspraxis*, I, 1990 ; également, D. GRIMM, *Die Zukunft der Verfassung*, Frankfurt a. M., 1991 ; et en version italienne, *in* G. ZAGRABELSKY, P. P. PORTINARO et J. LUTHER (eds.), *Il futuro della costituzione*, Torino, Einaudi, 1996.

P. HÄBERLE, *Libertad, igualdad, fraternidad. 1789 como historia, actualidad y futuro del Estado constitucional*, Madrid, Trotta, 1998.

J. HABERMAS, *Facticidad y validez*, M. JIMÉNEZ REDONDO (trad.), Madrid, Trotta, 1998.

K. HESSE, « Interpretación constitucional », *in Escritos de derecho constitucional*, P. CRUZ VILLALÓN (trad.), Madrid, Centro de Estudios Constitucionales, 1992.

N. LUHMANN, *Teoria politica nello stato del benessere*, Milano, Franco Angeli, 1987.

N. LUHMANN, « La costituzione come acquisizione evolutiva », *in* G. ZAGRABELSKY, P. P. PORTINARO y J. LUTHER (eds.), *Il futuro della costituzione*, Torino, Einaudi, 1996.

SECONDE PARTIE

DROITS FONDAMENTAUX GÉNÉRAUX

Chapitre VIII

Le droit au libre développement de la personnalité[1]

La liberté est un principe fondamental de toute société bien organisée. Il en est ainsi, déjà, dans l'Ancien testament où, dans le Deutéronome, Dieu déclare avoir mis l'homme devant « la vie et le bien, la mort et le mal » et, de cette façon, lui avoir donné la liberté de choisir à tout moment son propre cap[2].

De même, l'un des piliers de l'État constitutionnel et démocratique de droit est la reconnaissance à chaque individu, pour sa dignité, d'un domaine de liberté inhérent à son appartenance au genre humain, et qui est protégé des interventions de l'État et des autres personnes. C'est en ce sens que la Constitution politique met l'accent, dans son préambule, sur la liberté comme fin en vue de laquelle l'État est établi. De même, la Constitution attribue aux individus un domaine de liberté à auquel il reconnaît la nature de droit fondamental dans diverses dispositions qui spécifient les libertés d'association, d'expression, de cultes, etc., et à l'article 16 selon lequel « toutes les personnes ont droit au libre développement de la personnalité sans autre limitation que celles qu'imposent les droits d'autrui et l'ordre juridique ».

Si l'on prend en compte la finalité et le contenu de ces dispositions, il est possible d'affirmer que les libertés et le droit au libre développement de la personnalité sont l'institutionnalisation de la liberté sous forme de droit fondamental. Cependant, ni cette idée ni le texte lapidaire de l'article 16 précité ne réussissent à déterminer quel est le contenu de la liberté protégée par le droit au libre développement de la personnalité, ni le sens et la portée de la protection que la Constitution lui accorde. En d'autres termes, le texte de l'article 16 ne réussit pas à clarifier quelle est la réponse appropriée aux questions suivantes. La liberté protégée par cet article est-elle la liberté au sens positif ou la liberté au sens négatif ? Son contenu coïncide-t-il avec l'addition des contenus protégés par les libertés constitutionnelles spéci-

---

[1] Une première version de ce texte a été présentée sous forme de conférence et publiée *in IV Jornadas de Derecho Constitucional y Administrativo*, libro homenaje al Rector de la Universidad Externado de Colombia, Dr. Fernando Hinestrosa, en conmemoración de sus 40 años de Rectoría, Bogotá, Universidad Externado de Colombia, 2003, p. 301 et s..

[2] *Cf.* Deutéronome, 30, 15.

fiques ou, au contraire, protège-t-il un *plus* de liberté ? Cette liberté constitue-t-elle un domaine d'*agere licere* – entendu comme un domaine composé de la liberté naturelle qui n'a rien à voir avec le droit – qui peut être affecté à tout moment par les régulations étatiques, sans tenir compte de sa nature, ou, au contraire, représente-t-elle un authentique droit fondamental, qui admet seulement des restrictions raisonnables et proportionnées, y compris quand elles proviennent du législateur ? Et s'agit-il d'une liberté absolue ou d'une liberté qui peut être limitée ?

Étant donné que, malgré leur importance théorique, ces questions ont été écartées des débats qui ont eu lieu au sein de la Cour constitutionnelle, quand celle-ci a dû interpréter le droit au libre développement de la personnalité, et ont donné lieu à de nombreuses opinions dissidentes, tenter d'y répondre de manière systématique est l'occasion, avant tout, de rendre hommage au professeur Fernando Hinestrosa pour qui la liberté a été l'une des plus grandes préoccupations scientifiques et personnelles.

Liberté positive ou liberté négative

Ce n'est pas un détail sans importance que l'opinion dissidente au jugement C-221 de 1994[1] sur la consommation de drogue soit liée à la phrase célèbre de Mazzini : « La véritable liberté ne réside pas dans le droit de choisir le mal, mais dans le droit de choisir seulement parmi les chemins qui conduisent au bien. » Il est possible de considérer cette phrase comme une définition standard du concept de liberté positive. Selon ce concept, si justement repris par Isaiah Berlin, il est attribué au sujet la liberté de n'adopter que des conduites qui soient raisonnables et nécessaires[2]. Comme on le sait, ce concept de liberté est celui qui apparaît dans les doctrines religieuses, morales et éthiques qui cherchent le salut et la perfection de l'homme. C'est ainsi que, par exemple, dans l'Évangile selon saint Jean, Jésus proclame que l'esclavage provient du péché et que la liberté émerge de la connaissance et de la parole. La vérité nous rend libres, cette vérité dans laquelle n'apparaît que ce qui est raisonnable et opportun[3].

Toutefois, la question est également de savoir si cette idée de liberté, la liberté positive, est celle qui adapte le contenu juridique du droit au libre développement de la personnalité. Si nous nous remémorons notre histoire constitutionnelle, nous observerons que cette interrogation est tout à fait pertinente. Durant les périodes malheureuses de notre vie politique, le concept de liberté positive a été imposé *de facto* comme un concept constitutionnel de liberté. Cela a eu lieu, surtout, quand le fondamentalisme catholique s'est allié au pouvoir politique et a confondu l'État avec l'Église

---

[1] *Cf.* Cour constitutionnelle, jugement C-221 de 1994, M. P. : Carlos GAVIRIA DÍAZ.

[2] I. BERLIN, « Dos conceptos de libertad », *in* I. BERLIN, *Cuatro ensayos sobre la libertad*, Madrid, Alianza Editorial, 1996, p. 200 et s..

[3] Jean, 8, 31 et s..

et le citoyen avec le fidèle, sans doute pour s'attribuer le monopole de la détermination du contenu de la liberté observée du point de vue religieux, et pour fixer aussi le contenu de la liberté politique et juridique.

Il faut ici souligner que le concept constitutionnel de liberté n'est pas celui de liberté positive mais celui de liberté négative. Conformément à ce dernier concept, l'individu est, non seulement libre de faire ce qui est raisonnable et nécessaire, mais aussi libre de faire ou de renoncer à faire ce qu'il veut, sans intervention externe provenant de l'État ou d'autres individus[1]. Il s'agit du libre arbitre proclamé par Kant et compris comme « l'indépendance de la détermination » de chacun par ses impulsions sensibles[2]. Comme Kant lui-même le précise, cette conception de la liberté juridique comme liberté négative n'élimine pas la liberté positive, mais elle la réserve au for intérieur de l'individu, en tant que croyant, laïque ou sujet éthique.

Il s'ensuit que le droit au libre développement de la personnalité ne doit pas être interprété dans un sens perfectionniste[3], mais comme la garantie d'un domaine réservé à l'individu, d'un espace pour la prise de ses décisions vitale – au sens de Locke –, corrélatif à un domaine dans lequel le pouvoir est absent – au sens d'Hobbes[4]. Il s'agit d'une liberté négative, parce que, dans son domaine, on nie le pouvoir externe, l'hétéronomie. Ainsi l'a reconnu la Cour constitutionnelle dans sa jurisprudence. « Il ne revient ni à l'État, ni à la société, mais aux personnes elles-mêmes, soutient la Cour, de choisir la manière dont elles développent leurs droits et construisent leurs projets et leurs modèles de réalisation personnelle[5]. »

Le droit au libre développement de la personnalité et les libertés constitutionnelles spécifiques

La deuxième interrogation est de savoir si le contenu du droit au libre développement de la personnalité est seulement la somme des libertés constitutionnelles spécifiques ou s'il s'agit d'un contenu distinct.

Sur cet aspect, comme nous l'avons déjà signalé, les libertés constitutionnelles spécifiques représentent aussi une institutionnalisation de la liberté sous la forme de droit fondamental. Ce qui est institutionnalisé par les dispositions constitutionnelles qui les établissent est exactement la liberté qui peut figurer dans le cadre de leurs champs sémantiques respectifs, liberté qui peut aussi être interprétée dans un sens négatif. Ainsi, par exemple, l'article 20 de

[1] I. BERLIN, *op. cit.*, p. 191.

[2] E. KANT, *Introducción a la teoría del derecho*, Madrid, Marcial Pons, 1997, p. 29 et s..

[3] Voir, sur l'incompatibilité entre le perfectionnisme et l'idée de liberté constitutionnele, C. S. NINO, *La constitución de la democracia deliberativa*, Barcelone, Gedisa, 1997, p. 76 et s..

[4] H. HOFMANN *Filosofía del derecho y del Estado*, Bogota, Universidad Externado de Colombia, 2002, p. 197 et s..

[5] Sur ces différentes questions, *cf.* jugement T-516 de 1998, M. P. : Antonio BARRERA CARBONELL.

la Constitution institutionnalise la liberté d'expression au sens négatif, comme le droit de défense de l'individu face aux interventions externes, l'article 19 faisant de même avec la liberté de culte.

Cependant, il est clair que, même dans le cas d'une Constitution comme la Constitution colombienne, si généreuse dans la reconnaissance des droits fondamentaux, la liberté négative peut arriver à être complètement contenue dans le champ sémantique des libertés constitutionnelles spécifiques. La liberté négative a un contenu universel, qui comprend toutes les alternatives humaines qui peuvent être entreprises, c'est-à-dire toutes les conduites possibles. Par là même, le nombre de ces conduites est infini et va de questions aussi triviales que boire un verre d'eau jusqu'à des questions aussi complexes que créer un réseau de serveurs Internet. De même, l'objet de la liberté évolue dans le temps, se crée, change et, pour cette raison, échappe aux prévisions de tout pouvoir constituant, quel que puisse être son caractère visionnaire et protecteur.

De tout cela, il s'ensuit que, en plus du domaine des libertés constitutionnelles spécifiques, la liberté négative a un *plus* ou un contenu additionnel. Ce *plus* ou ce contenu additionnel constitue le domaine du droit au libre développement de la personnalité. Dans celui-ci apparaît un amalgame de conduites humaines, dont certaines, jusqu'à la Constitution politique de 1991, étaient sans importance pour le droit.

Dans ce domaine figurent des affaires aussi hétérogènes que la possibilité de se marier, de vivre en union libre ou de rester célibataire, de choisir son nom de famille, son orientation sexuelle, de définir l'apparence ou le type d'éducation que l'on doit recevoir ou le traitement médical que l'on est disposé à accepter quand on est malade[1]. Toutes ces possibilités qui composent cette partie de la liberté non comprise dans les libertés constitutionnelles spécifiques sont alors incluses dans le contenu du droit au libre développement de la personnalité qui, en ce sens, est érigé comme clause générale résiduelle de la liberté.

Le contenu de l'article 16 de la Constitution est, pour cette raison, général, parce qu'il englobe universellement l'objet de toute la liberté négative, c'est-à-dire le spectre de toutes les conduites humaines possibles hier, aujourd'hui et demain. Et il est résiduel parce qu'il comprend toutes les positions juridiques de libertés qui ne peuvent pas figurer dans les marges sémantiques des libertés constitutionnelles spécifiques. À son tour, et comme une concrétisation du principe de l'État de droit, cette clause générale résiduelle de liberté remplit aussi la fonction de clause d'exclusion de l'ordre juridique. Par l'effet de cette clause, tout ce qui n'est pas interdit par

[1] Pour une analyse détaillée des principaux jugements concernant le droit au libre développement de la personnalité, voir N. OSUNA, A. JULIO et al., *El derecho al libre desarrollo de la personalidad en la jurisprudencia constitucional*, manuscrit.

la Constitution ou par les normes juridiques de rang inférieur est permis, autrement dit représente une position juridique de liberté.

« *Agere licere* », ou droit fondamental général de liberté

La question suivante est de savoir quel *status* juridique doit avoir cette clause générale résiduelle de liberté.

Dans le modèle de l'État libéral, le contenu de cette clause était le domaine de l'*agere licere*. Par *agere licere*, on entend l'espace composé de toutes les actions qui n'ont rien à voir avec le droit ou, en d'autres termes, les actions qui n'ont pas encore fait l'objet d'une régulation juridique. Le célèbre mythe libéral du fondement de la société civile à partir de l'état de nature offrait un appui approprié pour considérer les actions sans importance ou non réglementées comme des actions libres. La liberté naturelle, inhérente à l'homme, devait être encore, dans la société civile, la règle générale et, pour cela, jointes aux actions interdites, réglementées ou permises par le droit, les actions naturelles ou réglementées apparaissaient comme des actions libres.

Cependant, il s'agissait d'une liberté naturelle, non protégée juridiquement. Le domaine de l'*agere licere* était exposé par les interventions imminentes des pouvoirs publics. Ni le législateur, ni l'administration ne connaissaient de limites pour lui imposer des restrictions. Le résultat incontestable de toute restriction était le changement automatique dans le *status* de la conduite. Ainsi, par exemple, si une loi prohibait ou ordonnait une conduite jusqu'alors sans importance, cette régulation était incontestable. Aucun argument ne valait contre elle. Les autres pouvoirs publics et les particuliers étaient sujets à ses prescriptions. La liberté avait disparu, avait été niée, était devenue une non-liberté.

L'unique façon dont l'*agere licere* résistait aux interventions des pouvoirs publics était sa transformation en une autorisation législative. Quand le législateur permettait une conduite naturellement libre, la liberté était renforcée et devenait une liberté juridiquement protégée. Dans ce cas, ni l'administration, ni les particuliers ne pouvaient interdire ou ordonner ce qui était désormais permis par le législateur, ils ne pouvaient pas faire obstacle à l'exercice de la liberté renforcée par le droit. Toutefois, le contenu de l'*agere licere* ne pouvait jamais opposer de résistance aux projets législatifs. Montesquieu avait raison lorsqu'il définissait la liberté par sa formule célèbre : « La liberté est le droit de faire tout ce que les lois permettent[1]. »

Ce panorama est substantiellement modifié dans l'État constitutionnel avec l'introduction du droit au libre développement de la personnalité. Cette introduction implique la constitutionnalisation du domaine de l'*agere licere*, et cela a d'importantes conséquences. En premier lieu, on constitutionnalise

---

[1] MONTESQUIEU. *El espíritu de las leyes*, Madrid, Tecnos, 1995, p. 106.

tout le domaine de la liberté négative qui ne fait pas partie de la liberté spécifique. En conséquence de cela, et en second lieu, la régulation de tout ce domaine cesse de se faire aux dépens des interventions des pouvoirs publics et, spécialement, aux dépens du législateur. Il ne s'agit pas de la liberté dans les limites de la loi, mais de la loi dans la mesure de la liberté. La loi cesse de définir le domaine de la liberté résistant aux interventions des pouvoirs publics. Bien au contraire, le respect de la liberté constitutionnalisée commence à être la mesure de la validité de la loi, des actes administratifs et judiciaires et de la conduite des particuliers. Seules méritent d'être valides au sens matériel les normes juridiques respectueuses de la liberté constitutionnelle.

Le domaine d'*agere licere* disparaît ainsi comme tel et le contenu de la clause générale de liberté se transforme en contenu du droit au libre développement de la personnalité. Ce droit commence alors à être conçu comme un vrai droit fondamental général de liberté. Finalement, le spectre de la conduite juridiquement insignifiante disparaît de l'horizon du droit. Toute liberté non encore réglementée par l'État fait partie, du moins *prima facie*, du contenu du droit au libre développement de la personnalité. Les libertés non encore réglementées s'ajoutent à la liberté expressément protégée par la Constitution et forment ensemble ce qui est constitutionnellement permis *prima facie*. Tandis que, dans l'État libéral, tout ce qui n'est pas défendu est permis car faisant partie de la liberté naturelle, sans aucune protection juridique, dans l'État constitutionnel, tout ce qui n'est pas défendu ou ordonné par la Constitution est permis *prima facie* par la liberté constitutionnelle spécifique ou, d'une manière résiduelle, par le droit au libre développement de la personnalité. Toute liberté naturelle est maintenant éminente pour la Constitution, c'est une liberté constitutionnellement protégée.

Le droit au libre développement de la personnalité comme droit pouvant être restreint

Malgré tout, il est pertinent de remarquer que le droit au libre développement de la personnalité peut être restreint. Il ne s'agit pas d'un triomphe définitif de la liberté au sens où l'entend Dworkin, capable de repousser n'importe quelle intervention des pouvoirs publics, ni d'un domaine inaccessible, soustrait à la compétence de l'État, comme Carl Schmitt le conçoit. Les permissions qui façonnent le domaine de ce droit fondamental général de liberté ne sont pas absolues, mais seulement *prima facie*. Cela veut dire qu'elles peuvent être restreintes par les pouvoirs publics ou les particuliers, à chaque fois que les restrictions seront raisonnables et proportionnées, c'est-à-dire à chaque fois qu'elles sont justifiées par le respect d'autres droits fondamentaux ou d'autres biens collectifs ou, comme l'établit l'article 16 de la Constitution, pour protéger « les droits d'autrui et l'ordre juridique ». Ainsi, la liberté comprise dans le droit au libre développement de la personnalité ne peut être restreinte arbitrairement, d'une manière déraisonnable, pour des motifs futiles ou de façon disproportionnée. Le droit au libre développement de la personnalité n'est pas absolu, bien qu'il soit certain que les positions juridiques de liberté qui le composent opposent toujours une résistance aux interventions de l'État ou des particuliers. Elles exigent que toute intervention vise à atteindre une fin constitutionnellement légitime et fasse respecter ce qu'établissent les sous-principes d'aptitude, de pertinence et de proportionnalité au sens strict[1].

Ainsi, la liberté juridique comprise comme le droit au libre développement de la personnalité ne peut pas être comprise, en reprenant la formule précitée de Montesquieu, comme le droit de faire tout ce que les lois permettent. En guise de synthèse des précédents développements, on peut affirmer que la formule de Montesquieu doit être modifiée pour concevoir le droit au libre développement de la personnalité comme un droit fondamental qui comprend toute position juridique de liberté, non incluse dans les marges sémantiques de la liberté constitutionnelle spécifique, de faire ou de ne pas faire tout ce que l'on veut et qui n'est pas défendu ou imposé par la Constitution ou par d'autres normes juridiques de rang inférieur qui soient à la fois raisonnables et proportionnées.

Bibliographie

Références doctrinales

I. BERLIN, « Dos conceptos de libertad », *in* I. BERLIN, *Cuatro ensayos sobre la libertad*, Madrid, Alianza Editorial, 1996.

C. BERNAL PULIDO, *El principio de proporcionalidad y los derechos fundamentales*, Madrid, Centro de Estudios Políticos y Constitucionales, 2003.

H. HOFMANN, *Filosofía del derecho y del Estado*, Bogotá, Universidad Externado de Colombia, 2002.

E. KANT, *Introducción a la teoría del derecho*, Madrid, Marcial Pons, 1997.

MONTESQUIEU, *El espíritu de las leyes*, Madrid, Tecnos, 1995.

C. S. NINO, *La constitución de la democracia deliberativa*, Barcelona, Gedisa, 1997.

N. OSUNA, A. JULIO et al., « El derecho al libre desarrollo de la personalidad en la jurisprudencia constitucional », manuscrit.

Références jurisprudentielles

Cour constitutionnelle, jugement C-221 de 1994, M. P. : Carlos GAVIRIA DÍAZ.

---

[1] Sur les exigences imposées par le principe de proportionnalité, *cf.* C. BERNAL PULIDO, *El principio de proporcionalidad y los derechos fundamentales*, Madrid, Centro de Estudios Políticos y Constitucionales, 2003, chap. VI.

Cour constitutionnelle, jugement T-516 de 1998, M. P. : Antonio BARRERA CARBONELL.

CHAPITRE IX

LE JUGEMENT D'ÉGALITÉ DANS LA JURISPRUDENCE DE LA COUR CONSTITUTIONNELLE COLOMBIENNE[1]

Le principe d'égalité

Les commandements dérivés du principe d'égalité

Le principe d'égalité représente l'un des piliers de toute société bien organisée[2] et de tout État constitutionnel[3]. Ce principe impose à l'État le devoir de traiter les individus de telle sorte que les charges et les avantages sociaux soient équitablement répartis entre eux[4]. À son tour, ce devoir se concrétise par quatre commandements : 1. un commandement de traitement identique des sujets qui se trouvent dans des circonstances identiques ; 2. un commandement de traitement entièrement différencié des sujets dont les situations ne partagent aucun élément commun ; 3. un commandement de traitement équivalent pour les sujets dont les situations présentent des similitudes et des différences, mais avec des similitudes qui sont plus importantes que les différences (traitement égal malgré la différence) ; et 4. un commandement de traitement différencié pour des sujets qui se trouvent aussi dans une position en partie similaire et en partie différentes, mais dont les différences sont plus importantes que les similitudes (traitement différent malgré la similitude)[5].

---

[1] Une version préliminaire de ce texte a été publiée *in Letras Juridicas*, vol. 8, n° 1, Medellín, Empresas Públicas de Medellín, 2003, p. 205 et s..

[2] Voir par exemple la formule de l'égalité qui se trouve dans la lettre de saint Paul aux Galates, 3, 28 : « Il n'y a plus ni juif ni grec, ni exclave ni homme libre ; il n'y a ni homme ni femme, parce que vous tous êtes un en Jésus Christ. »

[3] Voir par exemple J. RAWLS, *Teoría de la justicia*, M. D. GONZÁLEZ (trad.), Madrid, Fondo de Cultura Económica, 1995, p. 80 et s., et p. 187 et s. ; J. RAWLS, *El liberalismo político*, A. DOMÉNECH (trad.), Barcelona, Grijalbo-Mondadori, 1996, p. 35 et s. ; R. DWORKIN, *Virtud soberana*, Barcelona, Paidós, 2003.

[4] Sur la relation entre l'égalité et la distribution des charges et des avantages des individus, voir P. WESTEN, *Speaking of Equality. An Analisis of the Rhetorical Force of "Equality" in Moral and Legal Discourse*, Princeton, Princeton University Press, 1990, chap. V.

[5] Nous pensons que la différenciation entre ces quatre commandements qui dérivent du principe d'égalité ont une plus grande portée analytique et explicative que la fameuse formule retenue par la Cour constitutionnelle pour définir ce principe : « Il faut traiter d'égal à égal, et d'inégal à inégal. » Voir le jugement C-022 de 1996, M. P. : Carlos GAVIRIA DÍAZ. Cette formule ne constitue pas une avancée significative pour l'interprétation du principe d'égalité,

Ces quatre commandements ont une dimension objective, à partir de laquelle on définit le principe d'égalité, et une dimension subjective[1] : le droit à l'égalité. Comme droit, l'égalité attribue à l'individu (le sujet actif) le droit d'exiger de l'État et des particuliers (le sujet passif) l'accomplissement des commandements qui découlent du principe d'égalité[2]. En tout cas, le principe et le droit à l'égalité ont une double portée, à deux niveaux différents : l'égalité devant la loi, et l'égalité par la loi. Le premier niveau se réfère à la portée obligatoire des commandements de l'égalité dans l'application de la loi, par l'administration et le juge, dans les relations entre particuliers. Le second niveau, en revanche, fait allusion au caractère qui définit l'égalité comme un droit fondamental, c'est-à-dire à sa portée obligatoire face au législateur[3].

Cependant, parmi les quatre commandements du principe d'égalité, le premier et le deuxième ne sont généralement pas à l'origine de problèmes d'interprétation[4]. Ils s'appliquent dans des cas faciles. Au contraire, les troisième et quatrième commandements se situent dans l'œil du cyclone[5] ; ils forment l'univers des cas difficiles. Quand ils s'appliquent, lesdits commandements exigent de définir si les similitudes des situations des individus concernés doivent prévaloir sur les différences, et si elles justifient un traitement paritaire, ou si c'est le contraire, c'est-à-dire si les différences doivent primer les similitudes et exigent un traitement différencié.

De même, ces deux commandements constituent le cœur de la définition du principe d'égalité dans la Constitution colombienne. L'article 13 établit le

---

dans la mesure où elle ne répond pas à la question suivante : quand deux situations doivent-elles être considérées comme égales ou comme inégales ? »

[1] Sur la dimension subjective des droits fondamentaux, voir N. OSUNA, *Tutela y amparo. Derechos protegidos*, Bogotá, Universidad Externado de Colombia, 1997, p. 231 et s..

[2] Sur la structure du droit à l'égalité et sur ses différentes applications, voir R. ALEXY, *Teoría de los derechos fundamentales*, E. GARZÓN VALDEZ (trad.), Madrid, Centro de Estudios Constitucionales, 1997, p. 415 et s. ; M. BOROWSKI, *Grundrechte als Prinzipien*, Baden-Baden, Nomos, 1998, p. 364 et s. ; M. BOROWSKI, *La estructura de los derechos fundamentales*, C. BERNAL PULIDO (trad.), Bogotá, Universidad Externado de Colombia, 2002.

[3] Sur la force obligatoire à l'égard du législateur, comme caractéristiques définissant les droits fondamentaux contenus dans une Constitution, voir P. CRUZ VILLALÓN, « Formación y evolución de los derechos fundamentales », *Revista Española de Derecho Constitucional*, n° 25, 1989, p. 35 et s. ; F. RUBIO LLORENTE, « Los derechos fundamentales. Evolución, fuentes y titulares en España », *Claves de la Razón Práctica*, n° 75, 1997, p. 2 et s..

[4] Sur cet aspect, voir K. HESSE, « Der allgemeine Gleichheitssatz in der neueren Rechtsprechung des Bundesverfassungsgerichts zur Rechtsetzungsgleichheit », *in* P. BADURA et R. SCHOLZ (eds.), *Wege und Verfahren des Verfassungslebens. Festschrift für Peter Lerche zum 65. Geburstag*, München, C. H. Beck, 1993, p. 121.

[5] Sur ces deux commandements, voir F. RUBIO LLORENTE, « Voz "Igualdad" », *in* M. ARAGÓN REYES (coord.), *Temas básicos de derecho constitucional*, t. III, Madrid, Civitas, 2001, p. 136 et s..

commandement de traitement paritaire à l'alinéa 1er[1], et le traitement différencié aux alinéas 2 et 3[2]. Dans le vocabulaire constitutionnel, tandis que le commandement de traitement paritaire se nomme interdiction de « discrimination » – corrélative à l'interdiction du traitement privilégié de certains destinataires du droit –, le commandement de traitement différencié reçoit le nom de devoir de « promotion » et de « protection » des défavorisés, qui pèse sur l'État[3]. Nous centrerons notre analyse du principe d'égalité sur cette interdiction et ce devoir.

L'indétermination du principe d'égalité

L'interdiction des discriminations et le devoir de promotion et de protection sont indéterminés sur le plan normatif[4]. L'indétermination réside dans le fait qu'à la lecture de la disposition constitutionnelle qui les établit, il n'apparaît pas clairement *a priori* quand un traitement est discriminatoire et viole par conséquent l'article 13 alinéa 1er, et quand une omission ou une action de l'État porte atteinte au droit de promotion et de protection, spécifié par les alinéas 2 et 3 de l'article 13. En ce sens, il faut reconnaître que les formulations contenues dans ces alinéas sont vagues[5] quand on en observe l'ensemble, car elles ne définissent pas d'*a priori* pour tous les cas : 1. quand un traitement différencié est discriminatoire et, par conséquent, viole la Constitution ; 2. quand un traitement différencié est constitutionnel, en ne violant pas l'interdiction de discrimination ; et 3. quand un traitement différencié remplit les devoirs de promotion et de protection. En résumé, le caractère vague tient au fait qu'il n'est pas clair quand un traitement différencié

---

[1] Article 13 alinéa 1er : « Toutes les personnes naissent libres égales devant la loi, elles recevront les mêmes protection et traitement des autorités et jouiront des mêmes droits, libertés et opportunités sans aucune discrimination pour raisons de sexe, de race, d'origine nationale ou familiale, de langue, d'opinion politique ou philosophique. »

[2] Article 13 alinéa 2 : « L'État promouvra les conditions pour que l'égalité soit réelle et effective et adoptera des mesures en faveur des groupes discriminés ou marginalisés ». Alinéa 3 : « L'État protégera spécialement les personnes qui, par leur condition économique, physique ou mentale, se trouvent en situation de faiblesse manifeste, et sanctionnera les abus et mauvais traitements commis contre elles. »

[3] E. CIFUENTES MUÑOZ a fait allusion à ces commandements avec les concepts de « droit à la non-discrimination », d'« égalité promotionnelle », et de « protection spéciale des faibles » ; *cf.* « La igualdad en la jurisprudencia de la Corte Constitucional », *Pensamiento Jurídico*, n° 7, 1996, p. 64 et s..

[4] Sur le concept et les types d'indétermination normative, *cf.* C. BERNAL PULIDO, *El principio de proporcionalidad y los derechos fundamentales*, Madrid, Centro de Estudios Políticos y Constitucionales, 2003, cap. I, III, 1.

[5] Sur le caractère vague comme cause d'indétermination normative, *cf.* C. BERNAL PULIDO, *op. cit.*. Sur le concept de caractère vague, *cf.* B. RUSSELL, « Vagueness », *in* R. KEEFE et P. SMITH (coords.), *Vagueness: a Reader*, Cambridge et London, MIT Press, 1997, p. 61 et s. ; G. CARRIÓ, *Algunas palabras sobre las palabras de la ley*, Buenos Aires, Abeledo-Perrot, 1971, p. 18 et s..

de différents destinataires est interdit, possible ou obligatoire du point de vue constitutionnel.

De même, les alinéas 2 et 3 de l'article 13 présentent une indétermination structurelle[1]. La cause de cette indétermination réside dans le fait que ces énoncés ne spécifient pas quelles mesures sont interdites par la Constitution, ni quelles sont celles qui sont obligatoires ou simplement possibles, pour que l'État promeuve l'égalité réelle entre les groupes sociaux et protège les défavorisés. L'État peut accomplir ces commandements par diverses stratégies, sans que la Constitution explicite lesquelles doivent être adoptées, lesquelles ne peuvent pas l'être, et lesquelles sont simplement permises[2].

Or, l'indétermination normative du principe d'égalité est à l'origine de la nécessité pour la Cour constitutionnelle de déterminer le contenu de l'article 13, pourvu que, à la lumière de ce principe, elle doive juger la constitutionnalité des lois (par l'action publique d'inconstitutionnalité) et la constitutionnalité des actes administratifs et des actes de droit privé (par la voie de l'action en protection). Cette détermination du contenu s'effectue par la précision et le fondement d'une norme dérivée[3]. Les normes dérivées prescrivent le *devoir être* qui se dégage des dispositions constitutionnelles pour chaque cas concret, en fonction des circonstances spécifiques. En ce qui concerne le principe d'égalité, les normes dérivées que la Cour constitutionnelle précise établissent si un traitement différencié déterminé est interdit, ordonné ou permis par l'article 13 de la Constitution[4].

---

[1] Sur l'indétermination structurelle comme cause d'indétermination normative, *cf.* C. BERNAL PULIDO, *op. cit.*, chap. I, III, 1.3. Sur le concept d'indétermination structurelle, *cf.* R. ALEXY, *Teoría de los derechos*, *op. cit.*, p. 449 et s. ; R. ALEXY, « Epílogo a la Teoría de los derechos fundamentales », C. BERNAL PULIDO (trad.), *Revista Española de Derecho Constitucional*, n° 66, 2002.

[2] Finalement, l'indétermination des énoncés de l'article 13 a un effet, non seulement sur le catalogage des traitements différenciés comme prohibés, possibles ou obligatoires, mais aussi sur les mesures qui doivent être adoptées dans le cas où un traitement différencié est inconstitutionnel. L'article 13 ne spécifie pas comment doivent être réparées les violations du principe d'égalité. Sur ce thème, que nous ne pouvons aborder ici, *cf.* M. GONZÁLEZ BEILFUSS, *Tribunal Constitucional y reparación de la discriminación normativa*, Madrid, Centro de Estudios Políticos y Constitucionales, 2000.

[3] Sur la concrétisation des normes désignées comme basiques pour la détermination du contenu des droits fondamentaux, *cf.* C. BERNAL PULIDO, *El principio de proporcionalidad*, *op. cit.*, chap. I, III, 2.2.

[4] La fonction des normes dérivées a déjà été reconnue par la doctrine colombienne sur le principe d'égalité. Toutefois, la dénomination qui a été utilisée pour se référer à ces normes est celle de « sous-règles » (*cf.* R. UPRIMNY et al, *La igualdad en la jurisprudencia de la Corte Constitucional*, manuscrit, p. 6). Cette dénomination ne paraît pas très conseillée, si l'on tient compte du fait que les normes dérivées ont en général le caractère de règles – comme l'on comprend ce concept dans la théorie juridique actuelle – ; sur le caractère de règles que les normes dérivées ont en général, voir C. BERNAL PULIDO, *op. cit.*, chap. VI, II, 3.2.3). La dénomination de « sous-règle » peut conduire à penser à tort que les normes dérivées sont des règles de catégorie inférieure ou des règles implicites dans d'autres règles. Chacune de ces deux interprétations est excessive, parce que les normes dérivées peuvent

C'est une exigence de rationalité et de vérité, non seulement que les normes dérivées soient précisées par la Cour constitutionnelle, mais aussi que leur fondement soit correct. Dans un État constitutionnel, la précision d'une norme dérivée ne peut pas être considérée seulement comme une décision d'autorité de la Haute cour, dont le caractère obligatoire découle uniquement du rôle institutionnel de celle-ci et de l'impossibilité que la précision soit contestée devant une instance supérieure. La Cour constitutionnelle n'est pas légitime pour attribuer à ces normes n'importe quel contenu, mais uniquement celui qui résulte d'un fondement correct, sur la Constitution et, en général, sur l'ordre juridique.

Toutefois, il faut déterminer de quelle manière les normes dérivées doivent être précisées et fondées, normes par lesquelles le contenu normatif du principe d'égalité est déterminé, et comment il est possible d'établir correctement si un critère de différenciation, utilisé par le législateur ou l'administration, est admissible au regard de la Constitution.

C'est l'un des problèmes clés de l'interprétation du principe d'égalité. La nécessité de le résoudre a conduit la jurisprudence et la doctrine des pays dont les constitutions invoquent ce principe à développer divers critères d'interprétation et d'application. En Allemagne, par exemple, la Cour constitutionnelle fédérale a admis, pendant de nombreuses années, la solution proposée par Liebholz et Triepel à l'époque de Weimar, selon laquelle « le principe d'égalité est violé [...] quand la disposition [contestée devant le juge] doit être cataloguée comme arbitraire[1] ». Selon cette « vieille formule », l'interdiction de l'arbitraire devait être considérée comme le critère de détermination du contenu du principe d'égalité dans les cas concrets. Toutefois, à partir du jugement de la première chambre de la Cour constitutionnelle fédérale du 7 octobre 1980, cette ancienne formule a été remplacée par une nouvelle[2] selon laquelle le principe et le droit à l'égalité sont violés « quand un groupe de destinataires d'une norme est traité de manière distincte, par rapport à d'autres destinataires, bien qu'il n'existe pas, entre les deux groupes, de différences d'un type et d'un poids tels qu'elles peuvent justifier le traitement différent[3] ». Dans cette nouvelle formule, le principe de proportionnalité est le critère de détermination du principe d'égalité. Par ce principe, on détermine si le type et le poids des différences qui existent entre

constituer des principes permettant de résoudre des affaires futures et parce que précisant des dispositions constitutionnelles, elles ont aussi un rang constitutionnel.

[1] *BVerfGE* 1, 14 (52).

[2] Sur l'histoire des deux formules d'égalité en Allemagne et des relations entre elles, *cf.* C. STARCK, « Die Anwendung des Gleichheitssatzes », *in* Ch. LINK (ed.), *Der Gleichheitssatz im modernen Verfassungsstaat*, Baden-Baden, Nomos, 1982, p. 51 et s..

[3] *BVerfGE* 55, 72 (88).

les groupes de destinataires impliqués en l'espèce justifient le traitement différent des uns par rapport aux autres[1].

Le jugement d'égalité pratiqué par la Cour constitutionnelle

Au cours de sa dizaine d'années d'activité, la Cour constitutionnelle colombienne a dégagé et appliqué divers critères pour déterminer le principe d'égalité. Ces critères ont été exposés dans trois versions différentes de ce que l'on appelle le *test* ou jugement d'égalité : un jugement d'égalité d'influence européenne, qui suit le modèle du principe de proportionnalité ; un deuxième jugement, d'influence américaine, fondé sur la distinction entre trois types de scrutins d'égalité ; et « un jugement intégré d'égalité » original, qui prétend être une symbiose entre les deux premiers schémas. Nous analyserons ensuite l'application des deux premiers modèles par la Cour constitutionnelle[2], puis le troisième modèle qui fera l'objet de notre troisième partie.

Le jugement d'égalité comme jugement de proportionnalité dans la jurisprudence de la Cour constitutionnelle

Une première version du jugement d'égalité, développée par la Cour constitutionnelle dans plusieurs jugements, adopte les éléments de base du jugement d'égalité appliqué par la Cour européenne des droits de l'homme[3], le Tribunal constitutionnel espagnol[4] et la Cour constitutionnelle allemande – pour cette dernière, à partir de la « nouvelle formule » –, et qui est conçu sur la base du principe de proportionnalité. La Cour constitutionnelle s'est référée à cette procédure avec les concepts de jugement de « proportionnali-

---

[1] Sur le principe de proportionnalité comme élément essentiel de la nouvelle formule du principe d'égalité, exposée par la Cour constitutionnelle allemande, et ses relations avec la vieille formuule, *cf.* L. MICHAEL, « Die drei Argumentationsstrukturen des Grundsatzes der Verhältnismäßigkeit - Zur Dogmatik des Über - und Untermaßverbotes und der Gleichheitssätze », *JuS*, 2001, p. 148 et s. ; L. MICHAEL, « Grundfälle zur Verhältnismäßigkeit », *JuS*, 2001, p. 866 et s. ; Ch. BRÜNING, « Gleichheitsrechtliche Verhältnismäßigkeit », *Juristen Zeitung*, 6 juillet 2001, p. 669 et s.. Sur ce thème, voir également, bien qu'avec une référence spéciale au contexte autrichien, M. PÖSCHL, « Über Gleichheit und Verhältnismäßigkeit », *Juristische Blätter*, 7 juillet 1997, p. 413 et s..

[2] L'existence de ces trois lignes jurisprudentielles sur le jugement d'égalité a été reconnue explicitement par la jurisprudence « voir surtout le jugement C-093 de 2001, M. P. : ALEJANDRO MARTÍNEZ Caballero) et par la doctrine (*cf.* UPRIMNY et al., *La igualdad en la jurisprudencia de la Corte Constitucional*, *op. cit.*, p. 9 et s., et C. RODRÍGUEZ, « El test de razonabilidad y el derecho a la igualdad », *Observatorio de Justicia Constitucional*, Bogotá, Universidad de los Andes y Siglo del Hombre Editores, 1998, p. 274 et s.).

[3] *Cf.* l'affaire *Marckx c/ Belgicque* du 13 juin 1979, expressément citée et suivie par la Cour constitutionnelle.

[4] *Cf.* les jugements 209 de 1988, 150 de 1993 et 234 de 1997.

té » ou de « caractère raisonnable », bien que, comme nous l'avons déjà spécifié par ailleurs[1], ils ne puissent être considérés comme synonymes.

Le jugement C-022 de 1996 est peut-être celui où cette première version du jugement d'égalité est évoquée le plus clairement[2]. La Cour constitutionnelle devait se prononcer sur un recours en inconstitutionnalité contre l'alinéa b de l'article 40 de la loi n° 48 de 1993 qui accordait à tous ceux qui ont effectué leur service militaire une hausse de 10 % des notes aux épreuves des examens d'État que les bacheliers doivent présenter pour accéder à l'université. Afin de résoudre ce problème juridique, la Cour a soutenu que le privilège accordé à ces bacheliers n'était constitutionnellement admissible que s'il y avait une « raison suffisante » qui le justifiait.

Or, d'après la Cour, l'analyse de cette justification devait être effectuée par un « test du caractère raisonnable », composé de trois « étapes » : « a. l'existence d'un objectif poursuivi par l'établissement du traitement inégal ; b. la validité de cet objectif à la lumière de la Constitution, et c. le caractère raisonnable du traitement inégal, c'est-à-dire le rapport de proportionnalité entre ce traitement et la fin poursuivie. » À son tour, selon la Cour, cette dernière étape comporte trois sous-principes de proportionnalité qui doivent être appliqués : le caractère idoine ou l'adéquation, la nécessité et la proportionnalité au sens strict[3].

L'insuffisante clarté conceptuelle de cette définition du « test du caractère raisonnable » est évidente. D'une part, la Cour appréhende le « caractère raisonnable » lui-même comme l'une des étapes du « test » – la troisième – (de sorte que l'objet à définir est partiellement inclus dans la définition elle-même) ; d'autre part, la Cour paraît comparer cette étape avec le principe de proportionnalité. Cependant, cette comparaison ne paraît pas tellement convaincante parce que, dans le jugement, la Cour indique que « le concept de caractère raisonnable ne peut être appliqué de manière satisfaisante que si un autre caractère plus spécifique est précisé, celui de proportionnalité ». Ici, la proportionnalité n'est pas assimilée au caractère raisonnable, mais c'est le concept qui le « précise ». Finalement, la Cour en arrive à une redondance,

---

[1] *Cf.* C. Bernal Pulido, « Razionalità, proporzionalità e ragionevolezza nel giudizio di costituzionalità delle leggi », *in* M. La Torre et A. Spadaro (eds.), *La ragionevolezza nel diritto*, Torino, Giap-picchelli, 2002, p. 309 et s..

[2] *Cf.*, sur l'origine de ce « test » dans plusieurs jugementes antérieurs de la Cour constitutionnelle elle-même, C. Rodríguez, « El test de razonabilidad y el derecho a la igualdad », *op. cit.*, p. 273 et s..

[3] « Le concept de proportionnalité comprend trois concepts partiels : l'adéquation des moyens choisis pour l'obtention de la fin poursuivie, la nécessité de l'utilisation de ces moyens pour parvenir à la fin (c'est-à-dire qu'il n'existe pas d'autre moyen pouvant conduire à la fin et sacrifiant dans une moindre mesure les principes constitutionnels affectés par l'usage de ces moyens), et la proportionnalité au sens strict entre les moyens et la fin, c'est-à-dire que le principe satisfait en parvenant à cette fin ne sacrifie pas des principes constitutionnels plus importants. » Dans ce jugement, la Cour a déclaré inconstitutionnelle la mesure *sub examine* pour violation des sous-principes de nécessité et de proportionnalité au sens strict.

parce qu'en définissant le principe de proportionnalité, elle inclut, dans le sous-principe de caractère idoine, deux exigences du caractère raisonnable, que le traitement différent ait un objectif, et que celui-ci soit valable :

> Dans le cas concret du principe d'égalité, le concept de proportionnalité signifie, par conséquent, qu'un traitement inégal ne nuit pas à ce principe si on démontre qu'il est : 1. *approprié à la réalisation d'une fin constitutionnellement valable* ; 2. nécessaire, c'est-à-dire qu'il n'existe pas un moyen moins coûteux, en termes de sacrifice d'autres principes constitutionnels, pour atteindre la fin, et 3. proportionné, c'est-à-dire que le traitement inégal ne sacrifie pas des valeurs et des principes (dans lesquels on trouve le principe d'égalité) qui ont un plus grand poids que le principe que l'on veut satisfaire par ce traitement (nous soulignons).

De cette façon, l'existence d'un objectif et sa validité sont examinées deux fois dans la même procédure.

Au-delà de ces insuffisances, le test du caractère raisonnable énoncé par la Cour paraît en effet suivre par essence les étapes de l'application du principe de proportionnalité de « nature européenne[1] ». Comme nous le savons, ce principe a connu ses premiers développements, non pas dans le cadre du principe d'égalité, mais dans celui des libertés ou des droits fondamentaux de la défense[2]. Dans presque toutes les constructions doctrinales et les applications jurisprudentielles, ce principe apparaît comme un ensemble coordonné de trois sous-principes : le caractère idoine, la nécessité et la proportionnalité au sens strict[3]. À leur tour, certains auteurs incluent dans le

---

[1] C. RODRÍGUEZ, dans son article « El test de razonabilidad y el derecho a la igualdad », et les auteurs du rapport *La igualdad en la jurisprudencia de la Corte Constitucional* (R. UPRIMNY et al.), parlent de la nature européenne de ce test appliqué par la Cour constitutionnelle. En ce sens, tandis que le premier se réfère au « test européen » (p. 275), les autres signalent que l'application du principe de proportionnalité représente « une certaine influence européenne » dans la jurisprudence colombienne. Cette affirmation générale paraît contourner les multiples nuances avec lesquels les concepts de caractère raisonnable et de proportionnalité ont été appliqués par les dives tribunaux constitutionnels et administratifs d'Europe continentale, par les tribunaux anglais, par la Cour européenne des droits de l'homme et par la Cour de justice des Communautés européennes. Sur ces questions, *cf.* C. BERNAL PULIDO, « Introducción », *in El principio de proporcionalidad*, *op. cit.* Sur ce thème, voir également *Cuadernos de derecho público*, n° monographique 5 de 1998 ; *Der Grundsatz der Verhältnismäßigkeit in europäischen Rechtsordnungen*, Heidelberg, C. F. Müller, 1985 ; E. ELLIS (ed.), *The Principle of Proportionality in the Laws of Europe*, Oxford y Portland (Oregon), Hart Publishing, 1999 ; G. XYNOPOULOS, *Le contrôle de proportionnalité dans le contentieux de la constitutionnalité et de la legalité en France, Allemagne et Angleterre*, Paris, LGDJ, 1995, et N. EMILIOU, *The Principle of Proportionality in European Law. A Comparative Study*, London, La Haye and Boston, Kluwer, 1996.

[2] Sur l'histoire du principe de proportionnalité, *cf.* B. REMMERT, *Verfassungs und verwaltungsgeschichtliche Grundlagen des Übermaßverbotes*, Heidelberg, C. F. Müller, 1995.

[3] *Cf.* trois des études les plus complètes sur la structure du principe de proportionnalité : L. HIRSCHBERG, *Der Grundsatz der Verhältnismäßigkeit*, Göttingen, Otto Schwartz, 1981 ; Ch. JAKOBS, *Der Grundsatz der Verhältnismäßigkeit. Mit einer examplarischen Darstellung seiner Geltung im Atomrecht*, th. Univ. de Cologne, 1985, et R. DESCHLING, *Das Verhäl-*

sous-principe de caractère idoine l'exigence que la fin poursuivie par la mesure intervenant dans le domaine des droits fondamentaux soit constitutionnellement légitime[1]. Par contre, d'autres auteurs la considèrent comme une exigence indépendante[2].

La Cour constitutionnelle soutient de façon erronée que le principe de proportionnalité est toujours appliqué de la même façon en « Europe », avec la même intensité[3]. Au moins en ce qui concerne les droits fondamentaux de protection, dans le droit constitutionnel allemand[4], chacun des sous-principes de la proportionnalité doit être appliqué avec une intensité différente – un contrôle de preuves, un contrôle intermédiaire ou un contrôle matériel intensif –, selon la sécurité qu'offrent les prémisses empiriques, analytiques et normatives significatives, et selon l'ampleur de l'ingérence des pouvoirs publics dans le droit fondamental considéré[5]. De cette manière, plus

---

tnismäßigkeitsgebot: eine Bestandsaufnahme der Literatur zur Verhältnismäßigkeit staatlichen Handels, München, Franz Vahlen, 1989.

[1] *Cf.* notre reconstruction de la structure du principe de proportionnalité *in El principio de proporcionalidad, op. cit.*, chap. VI ; L. CLÉRICO, *Die Struktur der Verhältnismäßigkeit*, Baden-Baden, Nomos, 2002.

[2] J. IPSEN, *Staatsrecht*, Neuwied, Kriftel, Berlin, Luchterhand, 1997.

[3] *Cf.* l'extrait suivant de le jugement jugement C-093 de 2001, M. P. : Alejandro MARTÍNEZ CABALLERO : « Ainsi, comme l'a montré la doctrine, le jugement de proportionnalité européen a l'avantage de clarifier analytiquement quels sont les diverses étapes que doit franchir le juge. Mais il est discutable que la même analyse de proportionnalité puisse être utilisée dans tous les cas, car il ne paraît pas raisonnable d'étudier de la même façon une régulation qui établit des distinctions dans l'affectation des biens et des charges sur la base de critères rationnels, et une autre qui fonde la différence de traitement sur des critères de mérite [...] Précisément, en raison de la nécessité de compter avec des outils différenciés pour ces divers types de cas, la doctrine et la jurisprudence étasunienne ont développé l'idée qu'il doit exister des jugements d'intensités distinctes. » Dans le même sens, RODRÍGUEZ, bien que se référant seulement à l'application du principe de proportionnalité dans les affaires d'égalité de la part de la Cour européenne des droits de l'homme, déclare : « Bien que le test européen soit unique et s'applique à tout type d'affaires liées au droit à l'égalité, la Cour américaine a développé trois niveaux distincts du test, chacun impliquant un degré différent de sévérité. » (« El test de razonabilidad y el derecho a la igualdad », *op. cit.*, p. 281 »).

[4] Sur les intensités dans l'application du principe de proportionnalité, voir C. BERNAL PULIDO, *El principio de proporcionalidad, op. cit.*, chap. VI.

[5] Dans la doctrine allemande, sur les différentes intensités avec lesquelles doit être appliqué le principe de proportionnalité, voir : R. ALEXY, « Epílogo a la Teoría de los derechos fundamentales », *Revista Española de Derecho Constitucional*, n° 66, 20.2 ; K. HESSE, « Funktionelle Grenzen der Verfassungsgerichtsbarkeit », *in* K. HESSE, *Ausgewählte Schriften*, Heidelberg, C. F. Müller, 1984, p. 311 et s., et la belle monographie de M. RAABE, *Grundrechte und Erkenntnis. Der Einschätzungsspielraum des Gesetzgebers*, Baden-Baden, Nomos, 1998. Pour quelques considérations sur l'application de ces intensités des sous-principes de la proportionnalité dans le jugement d'égalité, *cf.* HESSE, « Der allgemeine Gleichheitssatz in der neueren Rechtsprechung des Bundesverfassungsgerichts zur Rechtsetzungsgleichheit », *op. cit.*, p. 130 et s. ; L. MICHAEL, « Die drei Argumentationsstrukturen des Grundsatzes der Verhältnismäßigkeit », *op. cit.*, p. 148 et s. ; et D. P. KOMMERS, « Der Gleichheitssatz: Neuere Entwicklungen und Probleme im Verfassungsrecht der usa und der Bundesrepublik

l'ingérence dans le droit fondamental est forte et les prémisses sûres, plus le contrôle de proportionnalité doit être approfondi ou strict.

Toutefois, la Cour constitutionnelle a raison dans la mesure où, à notre connaissance, ni en Allemagne, ni en Espagne, ni en droit européen n'a été rendu explicite un modèle analytique qui spécifie comment doit être appliqué le principe de proportionnalité dans le cadre du principe d'égalité, avec cette échelle d'intensités diverses de contrôle. Cette circonstance a parfois conduit la Cour constitutionnelle à recourir également à une extrapolation du modèle américain de jugement d'égalité.

Le jugement d'égalité avec trois types de contrôle

D'après la Cour constitutionnelle, la deuxième de ses lignes jurisprudentielles sur le principe d'égalité, qui trouve sa « source dans la jurisprudence de la Cour suprême des États-Unis » – et emprunte des éléments de la jurisprudence américaine la plus récente sur l'application de la clause d'*equal protection*, prévue par le quatorzième amendement –, « est fondée sur l'existence de différents niveaux d'intensité dans les "contrôles" ou les "tests" d'égalité (strict, intermédiaire ou léger)[1] ». Il s'agit d'une échelle d'intensités dans l'application du principe d'égalité, dont les éléments sont définis de la manière suivante :

– Le contrôle léger, appelé aussi *rational basis-test*, représente la formule la plus traditionnelle d'application du principe d'égalité en droit nord-américain[2]. Afin de respecter les exigences du principe démocratique, cette analyse est généralement appliquée[3], bien que les domaines dans lesquels elle est le plus souvent mise en pratique soient ceux dans lesquels le législateur dispose d'une large liberté d'appréciation, comme, par exemple, l'économie[4].

Selon le contrôle léger, pour qu'un acte juridique soit déclaré constitutionnel, il suffit que le traitement différent qui est jugé soit une mesure « potentiellement adéquate pour atteindre un but qui n'est pas interdit par l'ordre juridique[5] ». Le contrôle léger porte sur deux exigences : a. que le traitement différent ait un objectif légitime, et b. que ce traitement soit potentiellement adéquat pour l'atteindre et qu'il ne soit pas interdit par la Constitution. En ce sens, un traitement différencié est inconstitutionnel si son objectif est interdit

---

Deutschland », *in* Ch. LINK (ed.), *Der Gleichheitssatz im modernen Verfassungsstaat*, Baden-Baden, Nomos, 1982, p. 31 et s..

[1] Jugement C-093 de 2001, M. P. : Alejandro MARTÍNEZ CABALLERO.

[2] *Cf.*, sur l'évolution du contrôle de l'égalité aux États-Unis, L. H. TRIBE, *American Constitutional Law*, Mineola et New York, Fundation Press, 1978, chap. 16.

[3] *Cf.* jugement C-673 de 2001, M. P. : Manuel José CEPEDA ESPINOSA.

[4] *Cf.* jugement C-265 de 1994, M. P. : Alejandro MARTÍNEZ CABALLERO.

[5] Jugement C-093 de 2001, M. P. : Alejandro MARTÍNEZ CABALLERO.

par la Constitution ou si ce traitement est manifestement inadéquat pour l'atteindre[1].

– Le contrôle strict : c'est l'élément le plus important de ce que l'on appelle la « nouvelle » jurisprudence américaine sur le principe d'égalité, qui a commencé à se développer à partir de la fin des années soixante. L'apparition de ce deuxième contrôle a été une réponse à la constatation que le *rational basis-test* n'était pas un instrument adéquat pour juger les traitements différenciés qui touchaient des groupes ou des intérêts qui avaient été traditionnellement discriminés et qui, pour cette raison, méritaient de recevoir une protection spéciale de l'État. Pour cette raison, ce deuxième contrôle doit être effectué quand un traitement différencié est fondé sur des critères « suspects » comme la race ou – conformément à la tendance jurisprudentielle extensive aux États-Unis durant les années soixante-dix – la condition sociale, l'orientation sexuelle, l'âge ou le handicap.

Dans le contrôle strict adopté par la jurisprudence de la Cour constitutionnelle colombienne, les critères douteux de différenciation – ou critères « potentiellement discriminatoires » – sont ceux qui : 1. sont inclus dans les commandements d'égalité précisés par la Constitution – le commandement général de l'article 13 ou les commandements spécifiques des articles 19, 42, 43 et 53[2] – ; 2. restreignent des droits fondamentaux ; et 3. affectent de manière défavorable « des minorités ou des groupes sociaux qui se trouvent dans des situations de fragilité manifeste », dont la protection spéciale à charge de l'État est prescrite par les articles 7 et 13 de la Constitution[3]. Plus récemment[4], la Cour a indiqué qu'outre ces trois types de critères, sont aussi potentiellement discriminatoires les différenciations qui : 1. sont fondées sur des caractéristiques permanentes de personnes auxquelles elles ne peuvent renoncer volontairement au risque de perdre leur identité ; 2. affectent des groupes historiquement méprisés ou soumis à des pratiques discriminatoires, et 3. sont fondées sur des critères qui, par eux-mêmes, ne permettent pas d'effectuer une distribution ou un partage rationnel et équitable des biens, des droits ou des prestations sociales[5].

---

[1] *Cf.* jugement C-445 de 1995, M. P. : Alejandro MARTÍNEZ CABALLERO. Dans la doctrine, C. RODRÍGUEZ, « El test de razonabilidad y el derecho a la igualdad », *op. cit.*, p. 281 et 284.

[2] Les critères suivants sont expressément mentionnés dans la Constitution : « le sexe, la race, l'origine national ou familiale, la langue, la religion, l'opinion politique ou philosophique » (article 13) ; en plus de ceux qui établissent des distinctions entre les religions et les confessions (article 19), les enfants adoptés et les enfants légitimes et naturels (article 42), l'homme et la femme (article 43), et entre les travailleurs (article 53).

[3] Jugement C-445 de 1995, M. P. : Alejandro MARTÍNEZ CABALLERO.

[4] Jugement C-371 de 2000, M. P. : Carlos GAVIRIA DÍAZ, et C-093 de 2001, M. P. : Aleandro MARTÍNEZ CABALLERO.

[5] *Cf.* sur ces critères dans la doctrine, R. UPRIMNY et al., *La igualdad en la jurisprudencia de la Corte Constitucional*, *op. cit.*, p. 18 et s..

Dans les cas de contrôle strict, pour que le traitement différencié d'un destinataire ou d'un groupe soit justifié, « il doit constituer une mesure nécessaire pour atteindre un objectif constitutionnellement impérieux[1] ». Cela veut dire que le contrôle strict fait aussi dépendre la constitutionnalité des mesures qui établissent des traitements différenciés de l'accomplissement de deux exigences : 1. que la mesure poursuit, non seulement un objectif non interdit, mais aussi un objectif constitutionnellement impérieux ou un objectif impérieux pour la société et pour l'État[2] (un *compelling interest*), et 2. que la mesure soit nécessaire ou indispensable pour l'atteindre. En ce qui concerne cette dernière exigence, la mesure doit être, non seulement potentiellement adéquate, mais aussi nécessaire pour atteindre la fin : la seule ou la plus appropriée.

L'application de ces deux exigences strictes fait que l'analyse stricte doit être seulement une exception, applicable aux domaines mentionnés, où les pouvoirs étatiques ne disposent pas de larges marges d'appréciation ou de décision. De même, dans le contrôle strict a lieu une inversion de la charge de la preuve et de l'argumentation : tant que la mesure *sub examine* ne reçoit pas une justification, « la présomption de traitement inéquitable est maintenue[3] ».

– Le contrôle intermédiaire : c'est la dernière des analyses, développée par la Cour suprême américaine depuis le milieu des années soixante-dix. Ce dernier type de contrôle prétend être une catégorie intermédiaire entre le contrôle strict et le contrôle léger, et être appliqué aux cas où l'État applique des différences fondées sur des critères suspects, non pour discriminer des groupes ou des individus traditionnellement défavorisés, mais tout au contraire pour essayer de les favoriser et d'atteindre ainsi l'égalité réelle. Il s'agit des cas d'*affirmative action*. Dans certaines de ces hypothèses, on utilise, par exemple, le critère douteux du genre, non pour discriminer les femmes, mais pour obtenir l'égalité réelle entre les femmes et les hommes. L'application du contrôle léger dans ces cas ne s'avère pas envisageable, dans la mesure où la différence est fondée un critère douteux. Toutefois, il ne paraît pas non plus judicieux d'appliquer le contrôle strict, car la différence ne nuit pas au groupe historiquement discriminé mais le favorise. De même, la Cour constitutionnelle estime que le contrôle intermédiaire doit être appliqué : « 1. quand la mesure pourra affecter la jouissance d'un droit constitutionnel non fondamental, ou 2. quand il existera un soupçon d'arbitraire qui transparaîtra dans la grave atteinte à la libre concurrence[4]. »

---

[1] Jugement C-093 de 2001, M. P. : Aleandro MARTÍNEZ CABALLERO.
[2] Jugement C-445 de 1995, M. P. : Aleandro MARTÍNEZ CABALLERO.
[3] Jugement T-230 de 1994, M. P. : Eduardo CIFUENTES MUÑOZ ; voir également le jugement C-673 de 2001, M. P. : Manuel José CEPEDA ESPINOSA.
[4] Jugement C-673 de 2001, M. P. : Manuel José CEPEDA ESPINOSA.

Le contrôle intermédiaire fait aussi dépendre la constitutionnalité des mesures qui établissent des différences de la satisfaction de deux exigences. La Cour constitutionnelle les a exposées ainsi : « Est légitime le traitement différent qui est lié de façon substantielle à la satisfaction d'un objectif constitutionnellement important[1]. » Cela signifie : 1. que l'objectif du traitement différent est « important », et 2. qu'entre ce traitement et l'objectif, il existe une relation « substantive » de caractère idoine ou, en d'autres termes, « que le moyen, non seulement soit adéquat, mais aussi permette effectivement d'atteindre la fin visée par la norme soumise au contrôle juridictionnel[2] ».

Cette gradation des jugements d'égalité d'origine américaine présente des avantages et des inconvénients par rapport au jugement de proportionnalité européen. Sa capacité de différencier divers domaines d'application du jugement d'égalité, selon l'étendue corrélative du domaine d'appréciation qui doit être reconnu au législateur, à l'administration ou aux particuliers (l'autonomie privée), est une chose positive[3]. Ainsi, par exemple, tandis que l'on doit établir une corrélation entre la plus large marge d'appréciation politique en matière économique et un contrôle constitutionnel léger[4], la nécessité de respecter rigoureusement l'égalité des races doit conduire à un contrôle strict.

Cependant, cette classification des contrôles présente aussi quelques inconvénients, surtout comme la conçoit la Cour constitutionnelle. D'abord, la correspondance n'est pas toujours très claire entre les divers types de contrôle et les domaines dans lesquels ils sont mis en œuvre, comme le montre le débat américain sur la portée du contrôle que permettent les critères « sus-

---

[1] Jugement C-445 de 1995, M. P. : Aleandro MARTÍNEZ CABALLERO.

[2] Jugement C-673 de 2001, M. P. : Manuel José CEPEDA ESPINOSA.

[3] La Cour constitutionnelle, dans le jugement C-673 de 2001, M. P. : Manuel José CEPEDA ESPINOSA, a explicitement reconnu que l'application de cette échelle d'intensités dans le jugement de l'égalité prétend adapter « l'intervention de la juridiction constitutionnelle au cadre de compétences du législateur » et les exigences du principe démocratique et de séparation des branches des pouvoirs publics.

[4] D'après le jugement C-673 de 2001, M. P. : Manuel José CEPEDA ESPINOSA, les domaines dans lesquels on applique le test faible d'égalité sont les suivants : « Matières : 1. économiques, 2. fiscales, ou 3. de politique internationale [...] 4. quand cela concerne une compétence spécifique d'un organe constitutionnel définie par la Constitution ; 5. quand il s'agit de l'analyse d'une normativité préconstitutionnelle annulée dont les effets se poursuivent dans le présent, et 6. quand, du contexte normatif de l'article considéré, on n'apprécie pas *prima facie* une menace pour le droit en question. » Il convient de préciser que cette énumération a un caractère simplement énumératif, dans la mesure où, comme la Cour constitutionnelle le précise dans ce même jugement, « dans le contrôle de constitutionnalité, la Cour applique, en général, un test léger du caractère raisonnable dans l'examen d'une mesure législative. » De plus, l'application d'un test faible dans ces domaines dépend dans tous les cas du fait qu'il n'y a pas de critère potentiellement discriminatoire. En ce sens, par exemple, le jugement d'une mesure économique discriminatoire sur la base du critère de la race devra être mené à bien, dans tous les cas, dans le cadre d'un test strict.

pects[1] ». Il n'existe pas un critère sûr pour délimiter la place qu'occupent les critères suspects. En tout cas, la sécurité ne peut provenir en aucune façon de critères aussi imprécis et généraux que certains de ceux établis par la Cour constitutionnelle. L'idée que le contrôle d'égalité strict doit être appliqué quand les mesures législatives instaurant un traitement différent ou paritaire « restreignent des droits fondamentaux » ou « ne leur permettent pas d'effectuer une distribution ou un partage raisonnable et équitable des biens, des droits ou des prestations sociales », conduit à cataloguer presque tous les critères possibles comme des critères potentiellement discriminatoires. L'application de ces critères pour déterminer le degré du contrôle d'égalité paraît, par conséquent, complètement incompatible avec l'exigence découlant du principe démocratique selon lequel le contrôle léger doit être appliqué en règle générale et le contrôle strict ne doit être appliqué qu'exceptionnellement. La seule manière de rendre opérationnelle cette exigence consiste à délimiter et à préciser les critères suspects en établissant un catalogue très précis et faisant en outre l'objet d'une interprétation restrictive.

Cette interprétation extensive et imprécise des critères potentiellement discriminatoires par la Cour constitutionnelle a conduit à des conceptions jurisprudentielles aussi peu claires du point de vue de l'argumentation que celle qui se réfère aux « critères semi-suspects » (?) de discrimination[2], ou celle qui altère le contrôle intermédiaire, comme critère de jugement des cas d'*affirmative action*, et l'applique en guise de formule conciliatoire, quand la présence de critères suspects dans le cas concret n'est pas très claire[3].

Deuxièmement, il peut arriver que, dans une affaire soulevée dans un domaine relevant en principe de la compétence législative, il faille également prendre en compte un critère suspect, sans qu'il existe *prima facie* une mesure claire pour résoudre ce conflit entre critères dans l'application du principe d'égalité. Par exemple, quel type d'analyse doit-on appliquer pour une mesure de différenciation de nature économique (contrôle léger), mais qui affecte les droits fondamentaux des personnes concernées (contrôle strict) ?

Troisièmement, comme le reconnaît la Cour constitutionnelle elle-même, la classification des contrôles d'égalité présente une clarté analytique moindre que celle du principe de proportionnalité[4]. Dans ces contrôles, seuls sont importants la légitimité de l'objectif constitutionnel et le caractère adé-

---

[1] *Cf.*, sur cet aspect, le recensement jurisprudentiel détaillé de KOMMERS, « Der Gleichheitssatz: Neuere Entwicklungen und Probleme », *op. cit.*, p. 40 et s..

[2] Jugement C-093 de 2001, M. P. : Alejandro MARTÍNEZ CABALLERO.

[3] Jugement C-673 de 2001, M. P. : Manuel José CEPEDA ESPINOSA.

[4] Jugement C-093 de 2001, M. P. : Alejandro MARTÍNEZ CABALLERO.

quat de la mesure qui établit la différentiation[1]. Ces analyses ne tiennent pas compte du fait que cet objectif pourrait aussi être atteint par un moyen égal ou plus approprié et qui n'impliquerait pas en même temps une différenciation (principe de nécessité), et que la légitimité des différenciations doit aussi dépendre de la relation qui existe entre l'intensité avec laquelle on atteint l'objectif de la mesure et l'intensité avec laquelle sont affectés le droit à l'égalité et les autres droits fondamentaux des personnes concernées (principe de proportionnalité au sens strict).

Pour ces raisons, il paraît plausible que la Cour constitutionnelle estime que le meilleur jugement de l'égalité est celui qui permet d'appliquer une échelle d'intensités différente dans les sous-principes de la proportionnalité. Cette troisième voie, déjà suggérée dans le contexte colombien par César Rodríguez[2], a été envisagée et développée par la Cour constitutionnelle dans le jugement C-093 de 2001. Toutefois, la question est de savoir si cette version « du jugement intégré de l'égalité » est analytiquement adéquate.

Le jugement intégré d'égalité

La version de la Cour constitutionnelle

Dans le jugement C-093 de 2001, la Cour constitutionnelle a essayé de concevoir un « jugement intégré d'égalité », qui combinerait les avantages du jugement d'égalité de nature européenne – structuré autour du principe de proportionnalité – et ceux du jugement américain. Il s'agissait de concilier la plus grande clarté analytique qu'offre la procédure de la proportionnalité avec la possibilité que chacun de ses sous-principes soit appliqué avec une intensité différente, selon l'étendue du domaine d'appréciation dont dispose le législateur ou l'administration dans la matière concernée[3].

Il convient toutefois de reconnaître que le jugement C-093 propose seulement une description brève et peu développée de ce jugement intégré

[1] La Cour constitutionnelle a explicitement signalé cette circonstance dans le jugement C-673 de 2001, M. P. : Manuel José CEPEDA ESPINOSA. Elle a soutenu que le test de « caractère raisonnable » se développe en trois étapes : « 1. l'analyse de la fin recherchée par la mesure ; 2. l'analyse du moyen employé, et 3. l'analyse de la relation entre la fin et le moyen. » Toutefois, il convient de signaler que, dans ce jugement, la Cour fait allusion aux jurisprudences allemande et espagnole, et à celle de la Cour européenne des droits de l'homme, comme exemples d'application du test de « caractère raisonnable » composé de ces trois éléments. Cette allusion est inexacte car, dans ces contextes, le test d'égalité est mené à bien en général par la structure du principe de proportionnalité, intégré par les sous-principes d'adéquation, de nécessité et de proportionnalité au sens strict.

[2] C. RODRÍGUEZ, « El test de razonabilidad y el derecho a la igualdad », *op. cit.*, p. 285 et s..

[3] Rappelons que la Cour constitutionnelle considère à tort qu'en Europe, le principe de proportionnalité s'applique « avec la même rigueur dans tous les cas ». *Cf.* le jugement C-093 de 2001, M. P. : Alejandro MARTÍNEZ CABALLERO. *Cf.* également, sur l'importance de pratiquer des jugements d'égalité avec des intensités variables selon la matière concernée, le jugement C-081 de 1996, M. P. : Alejandro MARTÍNEZ CABALLERO.

d'égalité. La Cour constitutionnelle se réfère seulement aux trois étapes suivantes de ce jugement :

– Détermination du type de contrôle. La première étape consiste à déterminer « selon la nature du cas », « le niveau ou le degré d'intensité avec lequel on va effectuer le contrôle de l'égalité[1] ». Cette détermination est une étape préalable à l'application des sous-principes de la proportionnalité. Quand la Cour constitutionnelle se réfère à la « nature du cas », elle fait allusion à la matière ou au cadre dans lequel a été prise la mesure *sub examine*. Si, dans le cas concret, est concernée une matière dans laquelle le législateur dispose d'une large liberté d'appréciation, le contrôle de l'égalité devra alors être léger. Ce sera le contraire si le domaine d'appréciation du législateur est restreint[2].

– Jugement d'adéquation. Quand le jugement d'égalité est strict, dans le jugement d'adéquation ou d'aptitude, « il ne suffit pas que la mesure présente l'avantage de matérialiser, même partiellement, l'objectif proposé ». Il sera nécessaire que la mesure « soit réellement utile pour atteindre des buts constitutionnels d'une certaine envergure ». Par contre, quand il s'agira d'un contrôle faible, on exigera uniquement l'existence d'une certaine adéquation de la mesure *sub examine* à la fin légitime proposée.

– Jugement de nécessité absolue. Quand le jugement d'égalité est strict, dans le jugement de nécessité absolue, « la différence de traitement doit être nécessaire et indispensable et, face à la présence de restrictions moins lourdes, la limitation resterait sans fondement constitutionnel ». Au contraire, quand le jugement d'égalité est faible, « il suffit que la mesure ne soit pas manifestement et grossièrement inutile ».

L'établissement de ce jugement d'égalité par la Cour présente plusieurs insuffisances. D'abord, elle ne développe pas complètement chaque sous-principe de la proportionnalité. La Cour reproduit en réalité, sous un autre nom, le modèle américain, dans lequel seules la détermination du type de scrutin, la légitimité de l'objectif constitutionnel et la portée de la mesure qui établit la différenciation sont significatives. Dans la version de la Cour, le sous-principe de proportionnalité au sens strict est seulement mentionné, et le sous-principe de nécessité – « nécessité absolue » – ne correspond pas au sous-principe qu'intègre la proportionnalité – à savoir l'inexistence d'un moyen alternatif au traitement différent, au moyen duquel on peut atteindre l'objectif de façon plus ou moins adéquate, sans affecter autant le droit à l'égalité – mais il s'agit d'une simple réitération du sous-principe d'aptitude, lié à l'exigence qu'il n'existe pas de « restrictions moins graves ».

---

[1] Toutes les citations entre guillemets des trois paragraphes suivants, sont extraites du jugement C-093 de 2001, M. P. : Alejandro MARTÍNEZ CABALLERO.

[2] Pour une critique fondée de l'application de ce critère de la matière traitée, comme mesure pour établir l'intensité de l'application du test d'égalité, voir la réserve de vote du juge Jaime ARAÚJO RENTERÍA pour le jugement C-673 de 2001, M. P. : Manuel José CEPEDA ESPINOSA.

De cette manière, la Cour constitutionnelle paraît adopter de manière irréfléchie la gradation des intensités dans le jugement de l'égalité, plus par imitation de la doctrine d'origine américaine – dont nous avons déjà signalé les inconvénients – que pour satisfaire la nécessité de distinguer entre les prémisses plus ou moins sûres, qui sont appliquées en matière de proportionnalité, et de tenir compte dans une plus ou moins grande mesure du principe d'égalité qui se trouve affecté par les différents types de traitements différenciés établis par les pouvoirs publics et les particuliers. Sur ce point, en outre, la Cour prend l'effet pour la cause. Elle soutient que tandis que l'existence d'un plus large cadre d'appréciation législative implique la pratique d'un contrôle léger, la reconnaissance au législateur d'un domaine de compétence plus étroit exige l'application d'un contrôle strict. En réalité, entre ces deux phénomènes, il existe une relation de corrélation et non de causalité – plus le contrôle est léger, plus le domaine d'intervention législative est important. La véritable cause de l'un et de l'autre réside dans la sécurité des prémisses significatives à chaque étape du jugement de proportionnalité et dans l'intensité de la restriction du principe d'égalité : plus les prémisses sont sûres et la restriction du principe d'égalité est grande, plus l'examen doit être approfondi et le cadre d'appréciation reconnu au législateur, à l'administration et aux particuliers doit être étroit. Ainsi, par exemple, l'illégitimité d'une différenciation fondée sur le critère de la race est une prémisse normative sûre, qui implique une grave atteinte au principe d'égalité, étant donné l'inclusion de la race en tant que critère interdit par l'article 13 de la Constitution, et son acceptation généralisée dans le constitutionnalisme occidental. La sécurité qu'offre cette prémisse donne à la Cour constitutionnelle une plus grande compétence de contrôle sur les décisions du législateur et, pour une telle raison, fonde la pratique d'un examen strict.

Ces insuffisances de la version de la Cour constitutionnelle, rendent nécessaire de proposer un schéma plus complet que le jugement intégré d'égalité, structuré sur la base du principe de proportionnalité.

Le jugement intégré d'égalité comme jugement de proportionnalité

Le jugement intégré d'égalité est un critère structurel qui peut être adéquat pour appliquer tant l'interdiction de discrimination que le devoir d'égalité consistant en la « promotion » et en la « protection » des défavorisés. De cette manière, si on suit la logique de la Cour constitutionnelle, on peut envisager deux versions du jugement intégré de l'égalité, composées des étapes et des règles argumentatives suivantes.

Les présupposés

1. Le premier présupposé de l'application de ce jugement est la constatation que la mesure dont la constitutionnalité est examinée constitue une intervention ou une ingérence dans une norme ou dans une situation qui relève

prima facie du principe d'égalité[1]. Dans ce présupposé, on applique les règles d'argumentation suivantes :

Règle 1. Il existe une ingérence dans l'interdiction de discrimination quand la mesure examinée traite d'une manière différente deux sujets de droit. Le principe d'égalité interdit *prima facie* ce traitement différencié et, par conséquent, sa constitutionnalité dépend des raisons avancées qui le justifient.

Règle 2. Dans le devoir de promotion et de protection, en revanche, l'ingérence trouve son origine dans le fait qu'il existe un traitement égal des individus, dont les circonstances font qu'ils doivent être favorisés par l'État (article 13 alinéas 2 et 3), et des autres sujets de droit. Dans ce cas, on devra justifier le traitement égal.

2. La détermination du type de contrôle de l'égalité : dans ce second présupposé, la Cour constitutionnelle doit examiner quel type de contrôle doit être appliqué : strict, intermédiaire ou léger.

– Pour cela, quand l'interdiction de discrimination est significative, la Cour doit étudier si la mesure *sub examine* implique une atteinte forte, légère ou intermédiaire au principe d'égalité. Le principal critère d'évaluation de cette variable consiste à établir si le traitement différent est fondé sur l'un des « critères potentiellement discriminatoires[2] », non pas tous ceux qui sont énoncés par la Cour constitutionnelle[3], mais seulement ceux qui sont mentionnés explicitement dans la Constitution[4], interprétés de manière restrictive. Sont ici applicables les règles argumentatives suivantes :

Règle 3. Plus il y a de raisons de penser qu'un traitement différent se fonde sur un critère potentiellement discriminatoire, plus il y aura de raisons d'appliquer un contrôle strict.

Règle 4. Plus il y a de raisons de penser qu'un traitement différent n'est pas fondé sur un critère potentiellement discriminatoire, plus il y a de raisons de réaliser un contrôle léger.

Règle 5. Plus il y a de raisons de penser qu'un traitement différent tente de remplir le devoir de promotion et de protection des défavorisés (*affirmative action*), plus il y a de raisons d'exercer un contrôle intermédiaire.

Règle 6. S'il existe plusieurs raisons convergentes justifiant l'application de plusieurs types de contrôle, on devra appliquer le contrôle le plus léger.

---

[1] Sur l'intervention dans une norme ou une position attribuée *prima facie* à un droit fondamental, comme présupposé de l'application du principe de proportionnalité, *cf.* C. BERNAL PULIDO, *El principio de proporcionalidad*, *op. cit.*, chap. VI, I.

[2] Il ne paraît pas déraisonnable de signaler qu'il existerait un consensus, par exemple, sur la circonstance que tandis qu'une différenciation fondée sur le critère de la race implique une grave violation de l'interdiction de discrimination, une différenciation fondée sur le mérite représente une violation beaucoup plus légère de celle-ci.

[3] Voir *supra*.

[4] Sur le commandement général de l'article 13 ou sur les commandements spécifiques des articles 7, 19, 42, 43 et 53 de la Constitution.

Cette dernière règle se dégage du respect de la compétence législative établie par la Constitution, découlant du principe démocratique. Dans ce présupposé, les raisons qui garantissent la pratique d'un contrôle strict ne seront pas inconnues, maís elles seront envisagées dans le cadre du sous-principe de proportionnalité au sens strict, comme des arguments relatifs à la gravité de l'atteinte au principe d'égalité. Ainsi, bien que l'on exerce un contrôle léger, les indices que la mesure *sub examine* se fonde sur un critère potentiellement discriminatoire seront pris en compte comme des arguments conduisant à constater que, dans le cas concret, elle porte gravement atteinte au principe d'égalité.

– Ces mêmes règles argumentatives s'appliquent en ce qui concerne le devoir de promotion et de protection qui découle de l'égalité. La règle 6 s'applique de façon identique. La règle 5 ne peut s'appliquer dans la mesure où les cas d'*affirmative action* sont précisément ceux où l'on remplit le devoir de promotion et de protection. Pour leur part, les règles 3 et 4 s'appliquent avec les variantes suivantes :

Règle 7. Plus il y a de raisons de penser qu'un traitement égal méconnaît les critères de promotion et de protection établies par les alinéas 2 et 3 de l'article 13 de la Constitution[1], plus il y a de raisons d'appliquer un contrôle strict.

Règle 8. Plus il y a de raisons de penser qu'un traitement égal méconnaît certains de ces critères, plus il y a de raisons d'appliquer un contrôle léger.

Les sous-principes de proportionnalité

1. Sous-principe d'adéquation : selon ce sous-principe, toute ingérence dans les droits fondamentaux doit être capable de favoriser un objectif constitutionnellement légitime. Il s'agit alors de deux exigences : la légitimité constitutionnelle de l'objectif et l'adéquation de la mesure examinée[2].

– Quand il s'agit de l'interdiction de discrimination, ces deux exigences doivent s'appliquer au moyen des règles probantes suivantes :

Règle 9. Si l'on exerce le contrôle strict, tout traitement différent doit être la mesure la plus adéquate pour atteindre un objectif constitutionnellement impérieux.

Règle 10. Si l'on exerce le contrôle léger, tout traitement différent doit présenter un certain degré d'adéquation pour atteindre une fin non interdite par la Constitution.

[1] En ce sens, les critères des alinéas 2 et 3 de l'article 13 remplissent, quand au devoir de promotion et de protection des défavorisés, une fonction équivalente à celle des critères potentiellement discriminatoires. Lesdits critères sont : que les groupes en question soit discriminés ou marginalisés, et la faiblesse manifeste en raison de la condition économique, physique ou mentale.

[2] Sur la structure argumentative du sous-principe d'adéquation, voir C. BERNAL PULIDO, *El principio de proporcionalidad*, *op. cit.*, chap. VI, II 1.

Règle 11. Si l'on applique le contrôle intermédiaire, tout traitement différent doit être particulièrement approprié pour favoriser ou protéger certains groupes ou individus défavorisés, dont les caractéristiques sont énoncées aux alinéas 2 et 3 de l'article 13 de la Constitution.

– Par contre, quand il s'agit du devoir de promotion ou de protection, dérivé du principe d'égalité, les règles suivantes, relatives aux contrôles strict et léger, sont retenues :

Règle 12. Si l'on applique le contrôle strict, tout traitement paritaire doit être la mesure la plus appropriée pour atteindre un objectif constitutionnellement impérieux.

Règle 13. Si l'on applique le contrôle léger, tout traitement paritaire doit présenter un certain degré d'adéquation pour atteindre une fin non interdite par la Constitution.

2. Sous-principe de nécessité. D'après le sous-principe de nécessité, pour qu'une ingérence dans les droits fondamentaux soit nécessaire, il ne doit exister aucun autre moyen alternatif qui présente au moins la même adéquation pour atteindre l'objectif proposé et dont les effets sur le droit concerné soient plus légers. Il s'agit, alors, d'une comparaison de la mesure adoptée avec les moyens alternatifs disponibles, comparaison dans laquelle on analyse : 1. l'adéquation équivalente ou plus grande du moyen alternatif, et 2. le moindre degré d'intervention dans le droit fondamental[1].

– Quand il s'agit de l'interdiction de discrimination, le principe de nécessité doit être appliqué au moyen des règles argumentatives suivantes :

Règle 14. Si l'on exerce le contrôle strict, pour qu'un traitement différent soit nécessaire, il ne doit exister aucune mesure alternative qui présente la même capacité à atteindre l'objectif constitutionnellement impérieux[2], et qui n'implique pas une ingérence dans le principe d'égalité ou implique une ingérence moindre[3].

Règle 15. Si l'on applique le contrôle léger, pour qu'un traitement différent soit nécessaire, il ne doit exister aucune mesure alternative qui présente une capacité équivalente ou plus grande à favoriser la fin légitime, et qui n'implique pas une ingérence dans le principe d'égalité ou implique une ingérence moindre.

Règle 16. Si l'on applique le contrôle intermédiaire, pour qu'un traitement différent soit nécessaire, il ne doit exister aucune mesure alternative qui présente une adéquation équivalente ou plus grande pour favoriser ou protéger certains groupes ou individus défavorisés, dont les caractéristiques

---

[1] Sur la structure argumentative du sous-principe de nécessité, *cf. ibid.*, chap. VI, II 2.

[2] Il n'est pas possible ici d'exiger de la mesure une plus grande adéquation, car le contrôle strict exige alors dans le sous-principe d'adéquation que le traitement différent soit la mesure la plus capable d'atteindre l'objectif impérieux.

[3] Ce moindre degré d'atteinte au principe d'égalité est obtenu quand les conséquences qu'un traitement différent occasionne sont moindres par comparaison avec celui dont on examine la constitutionnalité.

sont énoncées aux alinéas 2 et 3 de l'article 13 de la Constitution, et qui n'implique pas une ingérence dans le principe d'égalité ou implique une ingérence moindre.

– Par contre, quand il s'agit du devoir de promotion ou de protection, dérivé de l'égalité, on doit appliquer les règles suivantes :

Règle 17. Si l'on applique le contrôle strict, pour qu'un traitement paritaire soit nécessaire, il ne doit exister aucune mesure alternative qui présente la même adéquation pour atteindre l'objectif constitutionnellement impérieux, et qui n'implique pas une ingérence dans le devoir de promotion et de protection ou implique une ingérence moindre[1].

Règle 18. Si l'on applique le contrôle léger, pour qu'un traitement égal soit nécessaire, il ne doit exister aucune mesure alternative qui présente une adéquation équivalente ou plus grande pour favoriser la fin légitime, et qui n'implique pas une ingérence dans le devoir de promotion et de protection ou implique une ingérence moindre.

3. Sous-principe de proportionnalité au sens strict : d'après ce sous-principe, pour qu'une ingérence dans les droits fondamentaux soit légitime, le degré de réalisation de son objectif doit être au moins équivalent au degré d'affectation du droit fondamental. Il s'agit alors d'une comparaison entre deux intensités ou degrés, celui de la réalisation de la fin de la mesure examinée, et celui de l'affectation du droit fondamental[2].

– Quand il s'agit de l'interdiction de discrimination, le principe de proportionnalité au sens strict doit être appliqué au moyen des règles argumentatives suivantes :

Règle 19. Si l'on applique le contrôle strict, pour qu'un traitement différent soit proportionné au sens strict, le degré de réalisation de l'objectif constitutionnellement impérieux doit être au moins équivalent au degré d'affectation du principe d'égalité.

Règle 20. Si l'on applique le contrôle léger, pour qu'un traitement différent soit proportionné au sens strict, le degré de réalisation de la fin légitime doit être au moins équivalent au degré d'affectation du principe d'égalité.

Règle 21. Si l'on applique le contrôle intermédiaire, pour qu'un traitement différent soit proportionné au sens strict, le degré de promotion ou de protection des groupes ou des individus défavorisés doit être au moins équivalent au degré d'affectation du principe d'égalité.

Concernant ces trois règles, il convient de préciser que le degré d'atteinte au principe d'égalité dépend, non seulement du critère sur lequel on fonde la différenciation – qui est analysé dans les présupposés du principe de propor-

---

[1] Ce moindre degré d'affectation du devoir de protection et de promotion est obtenu quand une mesure alternative offre un plus grand degré de protection et de promotion que celle dont on examine la constitutionnalité.

[2] Sur la structure argumentative du sous-principe de proportionnalité au sens strict, voir C. BERNAL PULIDO, *El principio de proporcionalidad*, *op. cit.*, chap. VI, II 3.

tionnalité –, mais aussi du degré de différence établi. Ainsi, plus les conséquences sur un destinataire du droit sont désavantageuses par rapport à un autre destinataire privilégié, plus l'atteinte au principe d'égalité sera grande.

– Par contre, en ce qui concerne le devoir de promotion ou de protection, qui découle de l'égalité, on doit appliquer les règles suivantes :

Règle 22. Si l'on applique le contrôle strict, pour qu'un traitement paritaire soit proportionné au sens strict, le degré de réalisation de l'objectif constitutionnellement impérieux doit être au moins équivalent au degré de non-réalisation du devoir de promotion et de protection.

Règle 23. Si l'on applique le contrôle léger, pour qu'un traitement paritaire soit proportionné au sens strict, le degré de réalisation de la fin légitime doit être au moins équivalent au degré de non-réalisation du devoir de promotion et de protection.

En ce qui concerne ces deux dernières règles, on doit préciser que le degré de non-réalisation du devoir de promotion et de protection est déterminé par la comparaison entre les mesures que l'on aurait dû et pu adopter pour remplir ce devoir de façon optimale, et celles qui ont été adoptées (accomplissement partiel) ou qui n'ont pas été adoptées (inaccomplissement total).

Ces vingt-trois règles résument les caractéristiques de base d'une version analytiquement structurée du jugement intégré d'égalité. Toutefois, il paraît évident qu'elles doivent être complétées par une large gamme de prémisses analytiques, normatives et empiriques, significatives dans les cas concrets. Créer un système cohérent de ces prémisses, dans la structure du principe de proportionnalité, est un des défis les plus importants posés à la jurisprudence et à la doctrine constitutionnelle du principe d'égalité. Cependant, une autre tâche indispensable est en outre d'essayer une formule pour réduire la complexité du jugement d'égalité qui est posé de cette manière. L'application de ces vingt-trois règles soulève de grandes difficultés dans les conditions normales dans lesquelles les juges et la Cour constitutionnelle doivent opérer. Pour cette raison, on doit chercher une formule du jugement d'égalité qui, sans amoindrir la subtilité analytique qu'il requiert, soit d'une application plus simple en pratique. Cependant, la conception d'un tel modèle devra attendre une prochaine occasion.

Bibliographie

Références doctrinales

R. ALEXY, *Teoría de los derechos fundamentales*, E. GARZÓN VALDEZ (trad.), Madrid, Centro de Estudios Constitucionales, 1997.

R. ALEXY, « Epílogo a la Teoría de los derechos fundamentales », C. BERNAL PULIDO (trad.), *Revista Española de Derecho Constitucional*, n° 66, 2002.

C. BERNAL PULIDO, « Razionalità, proporzionalità e ragionevolezza nel giudizio di costituzionalità delle leggi », *in* M. LA TORRE et A. SPADARO (ed.), *La ragionevolezza nel diritto*, Torino, Giappichelli, 2002.

C. BERNAL PULIDO, *El principio de proporcionalidad y los derechos fundamentales*, Madrid, Centro de Estudios Políticos y Constitucionales, 2003.

M. BOROWSKI, *Grundrechte als Prinzipien*, Baden-Baden, Nomos, 1998.

M. BOROWSKI, *La estructura de los derechos fundamentales*, C. BERNAL PULIDO (trad.), Bogotá, Universidad Externado de Colombia, 2002.

CH. BRÜNING, « Gleichheitsrechtliche Verhältnismäßigkeit », *Juristen Zeitung*, 6 juillet 2001.

G. CARRIÓ, *Algunas palabras sobre las palabras de la ley*, Buenos Aires, Abeledo-Perrot, 1971.

E. CIFUENTES MUÑOZ, « La igualdad en la jurisprudencia de la Corte Constitucional », *Pensamiento Jurídico*, n° 7, 1996.

L. CLÉRICO, *Die Struktur der Verhältnismäßigkeit*, Baden-Baden, Nomos, 2002.

P. CRUZ VILLALÓN, « Formación y evolución de los derechos fundamentales », *Revista Española de Derecho Constitucional*, n° 25, 1989.

Cuadernos de derecho público, n° 5, 1998 (numéro monographique sur le principe de proportionnalité).

R. DESCHLING, *Das Verhältnismäßigkeitsgebot: eine Bestandsaufnahme der Literatur zur Verhältnismäßigkeit staatlichen Handels*, München, Franz Vahlen, 1989.

R. DWORKIN, *Virtud soberana*, Barcelona, Paidós, 2003.

E. ELLIS (ed.), *The Principle of Proportionality in the Laws of Europe*, Oxford y Portland (Oregon), Hart Publishing, 1999.

N. EMILIOU, *The Principle of Proportionality in European Law. A Comparative Study*, Kluwer, London, La Haye & Boston, 1996.

M. GONZÁLEZ BEILFUSS, *Tribunal Constitucional y reparación de la discriminación normativa*, Madrid, Centro de Estudios Políticos y Constitucionales, 2000.

K. HESSE, « Funktionelle Grenzen der Verfassungsgerichtsbarkeit », *in* K. HESSE, *Ausgewählte Schriften*, Heidelberg, C. F. Müller, 1984.

K. HESSE, « Der allgemeine Gleichheitssatz in der neueren Rechtsprechung des Bundesverfassungsgerichts zur Rechtsetzungsgleichheit », *in* P. BADURA et R. SCHOLZ (eds.), *Wege und Verfahren des Verfassungslebens. Festschrift für Peter Lerche zum 65. Geburstag*, München, C. H. Beck, 1993.

L. HIRSCHBERG, *Der Grundsatz der Verhältnismäßigkeit*, Göttingen, Otto Schwartz, 1981.

J. IPSEN, *Staatsrecht*, Berlin, Luchterhand, Neuwied, Kriftel, 1997.

Ch. JAKOBS, *Der Grundsatz der Verhältnismäßigkeit. Mit einer examplarischen Darstellung seiner Geltung im Atomrecht*, tesis, Universidad de Colonia, 1985.

D. P. KOMMERS, « Der Gleichheitssatz: Neuere Entwicklungen und Probleme im Verfassungsrecht der usa und der Bundesrepublik Deutschland », *in* Ch. LINK (ed.), *Der Gleichheitssatz im modernen Verfassungsstaat*, Baden-Baden, Nomos, 1982.
H. KUTSCHER, G. RESS, F. TEITGEN, *Der Grundsatz der Verhältnismäßigkeit in europäischen Rechtsordnungen*, Heidelberg, C. F. Müller, 1985.
L. MICHAEL, « Die drei Argumentationsstrukturen des Grundsatzes der Verhältnismäßigkeit - Zur Dogmatik des Über- und Untermaßverbotes und der Gleichheitssätze », *JuS*, 2001.
L. MICHAEL, « Grundfälle zur Verhältnismäßigkeit », *JuS*, 2001.
N. OSUNA, *Tutela y amparo. Derechos protegidos*, Bogotá, Universidad Externado de Colombia, 1997.
M. PÖSCHL, « Über Gleichheit und Verhältnismäßigkeit », *Juristische Blätter*, 7 de julio de 1997.
M. RAABE, *Grundrechte und Erkenntnis. Der Einschätzungsspielraum des Gesetzgebers*, Baden-Baden, Nomos, 1998.
J. RAWLS, *Teoría de la justicia*, M. D. GONZÁLEZ (trad.), Madrid, Fondo de Cultura Económica, 1995.
J. RAWLS, *El liberalismo político*, A. DOMÉNECH (trad.), Barcelona, Grijalbo-Mondadori, 1996.
B. REMMERT, *Verfassungs und verwaltungsgeschichtliche Grundlagen des Übermaßverbotes*, C. Heidelberg, C. F. Müller, 1995.
C. RODRÍGUEZ, « El test de razonabilidad y el derecho a la igualdad », *Observatorio de Justicia Constitucional*, Bogotá, Universidad de los Andes y Siglo del Hombre Editores, 1998.
F. RUBIO LLORENTE, « Los derechos fundamentales. Evolución, fuentes y titulares en España », *Claves de la Razón Práctica*, n° 75, 1997.
F. RUBIO LLORENTE, « Igualdad », *in* M. ARAGÓN REYES (coord.), *Temas básicos de derecho constitucional*, t. III, Madrid, Civitas, 2001.
B. RUSSELL, « Vagueness », *in* R. KEEFE et P. SMITH (coords.), *Vagueness: a Reader*, Cambridge y London, MIT Press, 1997.
C. STARCK, « Die Anwendung des Gleichheitssatzes », *in* Ch. LINK (ed.), *Der Gleichheitssatz im modernen Verfassungsstaat*, Baden-Baden, Nomos, 1982.
L. H. TRIBE, *American Constitutional Law*, Mineola y New York, Fondation Press, 1978.
R. UPRIMNY et al., *La igualdad en la jurisprudencia de la Corte Constitucional*, manuscrito.
P. WESTEN, *Speaking of Equality. An Analisis of the Rhetorical Force of "Equality" in Moral and Legal Discourse*, Princeton, Princeton University Press, 1990.

G. XYNOPOULOS, *Le contrôle de proportionnalité dans le contentieux de la constitutionnalité et de la légalité en France, Allemagne et Angleterre*, Paris, LGDJ, 1995.

Références jurisprudentielles

Cour constitutionnelle, jugement T-230 de 1994, M. P. : Eduardo CIFUENTES MUÑOZ.
Cour constitutionnelle, jugement C-265 de 1994, M. P. : Alejandro MARTÍNEZ CABALLERO.
Cour constitutionnelle, jugement C-445 de 1995, M. P. : Aleandro MARTÍNEZ CABALLERO.
Cour constitutionnelle, jugement C-022 de 1996, M. P. : Carlos GAVIRIA DÍAZ.
Cour constitutionnelle, jugement C-081 de 1996, M. P. : Alejandro MARTÍNEZ CABALLERO.
Cour constitutionnelle, jugement C-371 de 2000, M. P. : Carlos GAVIRIA DÍAZ.
Cour constitutionnelle, jugement C-093 de 2001, M. P. : Alejandro MARTÍNEZ CABALLERO.
Cour constitutionnelle, jugement C-673 de 2001, M. P. : Manuel José CEPEDA ESPINOSA.
Cour constitutionnelle fédérale allemande, *BVerfGE* 1, 14 (52).
Cour constitutionnelle fédérale allemande, *BVerfGE* 55, 72 (88).
Tribunal constitutionnel espagnol, jugement 209 de 1988.
Tribunal constitutionnel espagnol, jugement 150 de 1993.
Tribunal constitutionnel espagnol, jugement 234 de 1997.
Cour européenne des droits de l'homme, *Marckx vs. Belgique*, du 13 juin 1979.

CHAPITRE X

FONDEMENT, CONCEPT ET STRUCTURE DES DROITS SOCIAUX[1]

Dans un récent texte, le philosophe du droit chilien Fernando Atria soutient que la notion de droits sociaux est contradictoire si elle est comprise « par référence à l'idée de droit subjectif au sens juridique du terme[2] ». « Si nous voulons éviter cette conclusion, ajoute-t-il, nous devons trouver une autre façon de comprendre le concept politique de droits[3]. » Atria fonde cette thèse sceptique du concept juridique des droits sociaux sur le raisonnement suivant :

1. Le point de départ est une perspective historiciste du concept de droit subjectif. Cette perspective souligne que les droits subjectifs sont apparus à l'époque moderne sous la forme de droits « civils et politiques[4] » de nature libérale.

Dans leur version originale, ces droits se caractérisaient : (a) par leur caractère individuel (l'individu était l'unique titulaire) ; (b) par leur caractère naturel (leur existence était antérieure à celle de la communauté) ; (c) par le fait qu'ils étaient exercés contre une communauté politique constituée de manière artificielle ; (d) par le fait que celle-ci ne les remettait pas en question, et (e) par le fait qu'elle les protégeait des attaques de tiers[5].

De même, dans cette conception libérale des droits subjectifs, « les obligations des autres (y compris de l'État) et les droits de l'agent sont corrélatifs, mais la priorité normative est donnée aux droits[6] ». Autrement dit, (f) le droit subjectif d'un titulaire est corrélatif au devoir[7] du destinataire mais, dans tous les cas, le droit subjectif a une « priorité normative » par rapport à ce devoir. Cette priorité « n'est pas conceptuelle mais substantielle[8] ». Le substantiel consiste en ce que, comme l'indique Marshall, « l'incitation qui

---

[1] Une version préliminaire de ce texte a été publiée à la revue argentine de philosophie du droit *Discusiones*.

[2] F. ATRIA, « ¿Existen derechos sociales? », manuscrit, 2004, p. 1.

[3] *Ibid.*.

[4] *Ibid.*.

[5] *Ibid*, p. 2.

[6] *Ibid*, p. 3

[7] F. Atria utilise indistinctement les concepts d'obligation et de devoir. Ici, pour des raisons de consistance conceptuelle, on parlera toujours de devoir.

[8] F. ATRIA, *op. cit.*, p. 3, note 9.

fonctionne dans le système de liberté contractuelle du marché ouvert est l'intérêt personnel[1] ». Ceci veut dire (g) que le fondement du système juridique de la vision libérale des droits est l'intérêt personnel ou « l'auto-intérêt[2] ».

Dans cette vision libérale, (h) les droits sont conçus d'une manière unilatérale. Cette vision envisage « l'individu isolé de la communauté » et ne prend pas en considération « l'individu situé[3] ». Par conséquent, le catalogue des droits répond aux caractéristiques naturelles de l'individu et « le fait de vivre en communauté [n'est] la source d'aucun droit ». De même, du fait de leur caractère unilatéral, (i) le contenu des droits est déterminé. En ce sens, « la spécification complète du contenu actif de ces droits est en même temps une spécification complète de leur contenu passif : en déterminant qui a droit à quoi, on détermine aussi, s'agissant de ces droits, qui a quel devoir[4] ».

Si nous synthétisons tout ce que nous venons de voir, nous devons conclure que les droits subjectifs libéraux sont des droits : a. individuels ; b. naturels ; c. contre une communauté artificielle ; d. de défense contre les attaques de celle-ci ; e. de protection contre les attaques de tiers ; f. corrélatifs à des devoirs, mais prioritaires par rapport à ceux-ci ; g. fondés sur l'intérêt individuel ; h. unilatéraux et i. déterminés.

2. À cette vision libérale des droits subjectifs, Atria oppose la conception socialiste, qui présente les droits subjectifs sous la forme de droits sociaux. Entendus comme des droits sociaux, les facteurs caractéristiques du concept de droits subjectifs revêtent une dimension différente.

Les éléments (d) et (e) seraient transformés, parce que l'objet de la prestation des droits subjectifs ne serait alors pas la défense contre les attaques de la communauté ou de tiers, mais la recherche « d'un mode de vie proprement humain, dans lequel chacun peut à présent être en relation avec les autres[5] ».

À son tour, cette transformation serait le reflet d'un changement plus profond de l'élément (g), c'est-à-dire le fondement du système juridique encadrant les droits. Ce fondement ne serait alors pas « l'auto-intérêt », mais

---

[1] T. H. MARSHALL, *Citizenship and Social Class*, Cambridge (Mass.), 1992, p. 74. Marshall poursuit : « L'[incitation] qui correspond aux droits sociaux est le devoir public. »

[2] F. ATRIA, *op. cit.*, p. 3.

[3] *Ibid.*.

[4] *Ibid.*, p. 4. L'auteur ajoute : « Les droits de première génération peuvent être conçus comme naturels, parce que, pour spécifier leur contenu tant actif que passif, il suffit d'être attentif à la position de l'individu isolé. » Nous devons avancer que cette affirmation ne paraît pas plausible : comment pourrait-on spécifier le contenu passif d'une liberté sans présupposer l'existence d'autres individus capables de nuire et sans présupposer quelques types possibles de violations ? Cette question montre que la spécification du contenu des droits de première génération suppose aussi un individu « situé ».

[5] *Ibid.*, p. 2.

l'idée de « solidarité[1] ». Cette idée, que l'on comprendrait par la devise « de chacun selon ses capacités, à chacun selon ses besoins[2] », soulignerait « l'obligation communautaire de faire attention au bien-être de chacun de ses membres[3] ». Par conséquent, l'élément (f) varierait aussi : dans la corrélation entre le droit et l'obligation, la priorité « normative » ou « justificatrice » correspondrait au devoir et non au droit[4].

De manière analogue, compris comme des droits sociaux, les droits subjectifs perdraient leur caractère unilatéral (h) – parce que les individus ne seraient alors pas appréhendés isolément, mais en communauté, avec les conséquences que cela implique. La plus significative de ces conséquences est celle relative à l'indétermination du contenu du droit (i). Dans les droits sociaux, « la spécification du contenu de son aspect actif ne constitue pas une spécification complète du contenu de son aspect passif, ni du contenu de son obligation ; elle n'inclut pas une information sur la détermination du sujet obligé[5] ».

En synthèse, contrairement aux droits civils et politiques de tradition libérale, les droits sociaux viseraient « un mode de vie proprement humain, dans lequel chacun peut alors être mis en rapport avec les autres » (d et e), sur le fondement du principe de solidarité (g) ; en outre, ils seraient secondaires par rapport aux devoirs corrélatifs (f), et ils ne seraient ni unilatéraux (h), ni déterminés (i).

3. Selon Atria, pour que les revendications de ceux-ci puissent percer dans le discours libéral, les socialistes ont été forcés de les formuler sous forme de droits. Dans le cas contraire, ils auraient été considérés comme présentant un intérêt moindre et auraient dû céder en cas de conflits avec les droits libéraux. En cela, primerait alors la conception selon laquelle les droits subjectifs seraient exclusifs face à d'autres et, par conséquent, les droits libéraux ne pourraient être que limités par d'autres droits.

Cette stratégie d'argumentation du socialisme a eu du succès surtout parce qu'elle est parvenue à faire valoir que l'acceptation de l'existence d'un droit afin d'obtenir la fourniture de conditions matérielles minimales était une condition indispensable pour que les libertés ne soient pas comprises d'une manière seulement formelle et « substantiellement vide[6] ».

4. Toutefois, Atria soutient qu'il existe une différence dans la manière dont libéraux et les socialistes conçoivent les droits sociaux. Dans la conception libérale, comme les droits libéraux, ces droits sont fondés sur l'intérêt

[1] *Ibid.*, p. 3.
[2] *Ibid.*.
[3] *Ibid.*.
[4] *Ibid.*.
[5] *ibid.*, p. 4.
[6] *ibid.*, p. 9 et 10.

personnel et sont « une espèce d'assurance que prend chaque agent pour se prévenir de la possibilité de se retrouver exposé et dans le besoin[1] ».

Pour cette raison, ce ne sont pas des droits « à un mode de vie proprement humain » dans une société plus égalitaire, mais des droits à un minimum de bien-être qui protègent l'individu de la pauvreté et le placent dans une situation meilleure que celle qui était la sienne dans l'état de nature[2]. Par contre, quand ils sont appréhendés dans la conception socialiste, les droits sociaux poursuivent avant tout « la réduction des inégalités de classe [...]. Ils sont une manifestation d'une forme supérieure de communauté, dans laquelle chacun contribue selon ses capacités et reçoit selon ses besoins[3] ».

5. Sur ce point de son argumentation, Atria introduit sa « notion politique de droits » dont il se servira par la suite pour expliquer ce qui, à son avis, constitue le seul sens plausible des droits sociaux. D'après lui, à l'origine, les droits n'étaient pas compris dans un sens juridique, comme des droits subjectifs, mais dans un sens politique, comme des biens particulièrement importants dont la protection légitimait l'existence de l'État. « Le sens politique de l'expression "w a droit (humain, naturel, etc.) à x" peut parfaitement être "un État est illégitime, et son autorité se fonde sur sa seule force, s'il n'assure pas à w la jouissance de x"[4]. » Ce sens politique n'est pas corrélatif au sens juridique. L'attribution à w d'un droit subjectif x est seulement une manière de garantir que, dans la pratique, w puisse jouir de x.

Atria signale qu'aujourd'hui, cette notion politique des droits ne s'inscrit pas à contre-courant. La tendance à la mode paraît discréditer l'appréhension des droits dans un sens uniquement politique et leur attribue toutes les caractéristiques des droits subjectifs au sens juridique, en particulier l'exigibilité. Toutefois, Atria fait valoir que cette tendance entraîne plusieurs graves conséquences négatives. Il souligne notamment le déplacement de la délibération politique sur les garanties des droits des parlements vers les cours (surtout en Amérique latine[5]). Ce déplacement est symptomatique de la subordination de la politique au droit[6], de la perte de neutralité et d'autonomie de ce dernier et du transfert dans le cadre juridique de la lutte entre les idéologies. C'est ainsi que les idéaux de gauche et de droite sont érigés en stratégies interprétatives des significations juridiques des droits[7].

6. Concernant ces transformations, Atria essaye de montrer que l'expression « droits sociaux », comprise dans la conception socialiste sur

---

[1] *Ibid.*, p. 11.
[2] *Ibid.*.
[3] *Ibid.*, p. 12.
[4] *Ibid.*.
[5] *ibid.*, p. 13.
[6] *ibid.*, p. 14.
[7] *ibid.*, p. 15.

laquelle cet auteur centre son analyse de façon exclusive[1], est une contradiction, et que cette contradiction découle du rapport existant entre « la substance contingente » et la « forme d'intervention nécessaire » de ces droits. En se fondant sur l'analyse des considérations de Prieto Sanchís – sur le cas espagnol – et d'Abramovich, de Courtis et de Rosencrantz – sur le cas argentin –, Atria défend que, de par la « nature » propre du concept de droit subjectif et sa caractéristique principale, l'exigibilité, les droits sociaux ne peuvent pas être conçus comme des droits subjectifs, parce qu'ils échappent à la forme de protection judiciairement exigible propre aux droits civils et politiques[2]. En effet, « les droits sociaux ne peuvent pas être complètement exigibles parce qu'ils dépendent dans une large mesure de systèmes que le juge, de par le type de charge qu'il occupe, ne peut pas créer[3] ». Ces systèmes sont des activités de direction de l'économie, qui vont de la planification et de la prévision du budget à son exécution.

À cela, il faut ajouter que l'exigence judiciaire d'un droit social implique la négation de l'idée socialiste qui lui sert de fondement, c'est-à-dire la création d'une forme supérieure de communauté. Cette négation s'explique par le fait que la demande qu'un individu adresse à l'État pour que ce dernier satisfasse une nécessité protégée par un droit social est une prétention du demandeur que « son intérêt soit assuré, même au prix de l'intérêt des autres[4] ». Ainsi, le fondement de la prétention est l'intérêt personnel et non la solidarité.

7. Pour ces raisons, Atria semble être d'accord avec Rosencrantz quand il soutient que considérer les droits sociaux comme des droits subjectifs peut faire perdre sa légitimité à tout le système des droits fondamentaux. S'il n'est pas possible d'exiger judiciairement le respect des droits sociaux, et si en outre l'État ne peut pas satisfaire toutes les prétentions qu'ils impliquent, ces droits sont condamnés à « demeurer une promesse non atteinte ». L'effet pervers de ce phénomène est la dévaluation « des autres promesses que fait le droit, en particulier la promesse de défendre les droits civils et politiques[5] ». Toutefois, Atria s'écarte de Rosencrantz, car il n'est pas d'accord sur le fait que la conséquence de cette argumentation doive être l'exclusion des droits sociaux des textes constitutionnels. Atria, au contraire, plaide pour le maintien de la constitutionnalisation de ces droits, mais il propose de les comprendre uniquement dans leur sens politique, c'est-à-dire dans le sens « primaire[6] » dans lequel ont été invoqués tous les droits à l'époque moderne, comme d'importants objectifs pour l'État, « un aspect central de la

[1] *Ibid.*, p. 17, note 74.
[2] *Ibid.*, p. 18.
[3] *Ibid.*, p. 19.
[4] *Ibid.*, p. 20.
[5] *Ibid.*, p. 21.
[6] *Ibid.*, p. 23.

manière dont la communauté comprend sa responsabilité d'assurer l'égale citoyenneté de chacun[1] ».

En outre, on éviterait ainsi la contradiction entre l'exigibilité comme mode opératoire des droits sociaux et le fondement de ceux-ci, c'est-à-dire l'idée de communauté socialiste fondée sur le principe de solidarité[2]. Ce principe exclurait la protection judiciaire de l'intérêt personnel et l'imposition d'un devoir juridique corrélatif ; il tiendrait compte du fait que la solidarité « ne peut pas être juridicisée sans être dénaturée[3] ».

Or, ces sept points par lesquels les approches d'Atria peuvent être synthétisées se réfèrent à trois aspects : le fondement, le concept et la structure des droits sociaux. Ensuite, il est pertinent de se référer à chacun de ces aspects pour essayer de montrer que la thèse d'Atria sur l'approche politique et non juridique des droits sociaux ne paraît pas être une thèse plausible.

Le fondement des droits sociaux

Atria a raison d'affirmer que, pour comprendre le concept et la portée des droits sociaux, il est indispensable d'avoir à l'esprit quel est leur fondement philosophico-politique et idéologique. Tous les droits fondamentaux – tant les droits sociaux que les droits protecteurs de tradition libérale, les droits démocratiques, le droit à l'égalité et les droits procéduraux – sont une instrumentalisation des droits de l'homme sur le plan constitutionnel[4]. À leur tour, les droits de l'homme sont avant tout des concepts moraux, définis dans le cadre de la philosophie politique comme des positions qui protègent les propriétés fondamentales du sujet qui lui permettent d'interagir dignement et librement dans une société bien organisée.

C'est en ce sens, par exemple, que John Rawls affirme que toute société bien organisée doit protéger deux facultés morales qui résument les positions fondamentales de chaque individu. La première faculté morale consiste en l'aptitude à avoir un sentiment de justice – la capacité d'être « raisonnable », selon le vocabulaire de cet auteur[5]. Quant à la seconde faculté, elle se définit comme la « capacité d'appréhender une conception du bien » – la capacité d'être « rationnel »[6]. La première faculté morale s'identifie avec la prédisposition permettant de prendre part de façon consciente à la coopération sociale. La seconde faculté morale, en revanche, se réfère à la capacité de se proposer des objectifs et de « poursuivre une conception de ce que nous

---

[1] *Ibid.*, p. 24.
[2] *Ibid.*.
[3] *Ibid.*, p. 25.
[4] R. ALEXY, « La institucionalización de los derechos humanos en el Estado constitucional democrático », *Derechos y Libertades*, n° 8, 2000, p. 12 et s..
[5] J. RAWLS *El liberalismo político*, Barcelona, Grijalbo-Mondadori, 1996, p. 49 et 338.
[6] *Ibid.*, p. 338.

considérons comme important dans la vie[1] » ; il s'agit de la capacité de l'individu d'imaginer le bien. Ces deux facultés seraient le fondement philosophico-politique des droits démocratiques et des libertés. Tandis que la première faculté morale serait protégée par les positions inscrites dans les droits démocratiques, les libertés protégeraient la seconde. Par conséquent, la Constitution de toute société bien organisée devrait institutionnaliser les droits démocratiques et les libertés pour protéger les deux facultés morales de l'individu.

Jürgen Habermas et Klaus Günther proposent une conception similaire quand ils soutiennent que toute Constitution qui établit un État démocratique doit institutionnaliser les droits démocratiques et les libertés, afin de protéger les propriétés fondamentales implicites dans la capacité de discernement de l'individu (la *zurechnungsfähigkeit*), propriétés qui définiraient le profil de la personne impliquée par le discours[2].

Il est possible de proposer un fondement analogue des droits sociaux. De fait, c'est en ce sens qu'Atria défend que, dans la conception socialiste, les droits sociaux se fondent sur l'idéal de construction d'« un mode de vie proprement humain » sur la base du principe de solidarité. Toutefois, ce point soulève deux problèmes : l'un relatif aux fondements socialistes des droits sociaux, l'autre concernant la conception d'Atria lui-même. Le problème de la conception socialiste, bien identifié par Atria, est qu'il ne fonde pas les droits sociaux sur l'impératif de protéger des positions subjectives, mais sur un idéal collectif : la construction d'une société plus égalitaire basée sur le principe de solidarité. Par définition, les droits subjectifs protègent des positions subjectives individuelles. Les conséquences collectives qui découlent de cette circonstance peuvent seulement être considérées comme des effets indirects, collatéraux, mais en aucune manière comme le fondement même des droits. L'élément commun à toute théorie sur les fondements des droits subjectifs est que le point de départ de celle-ci est toujours une position de l'individu : la volonté, l'intérêt, une combinaison de ces deux phénomènes, les facultés morales de la personne, exposées par Rawls, ou la capacité de discernement, à laquelle Habermas et Günther font allusion. Évidemment, la protection de ces éléments fondamentaux des droits subjectifs a beaucoup à voir avec la conception de la société que chaque vision philosophique veut défendre. Les fondements de Rawls sont cohérents avec son idée de société libérale, comme la construction habermasienne l'est avec son idéal d'État

---

[1] *Ibid.*.

[2] *Cf.* J. HABERMAS, *Teoría de la acción comunicativa*, t. II, « Crítica de la razón funcionalista », Madrid, Taurus, 1987, p. 110 ; J. HABERMAS, *Facticidad y validez. Sobre el derecho y el Estado democrático de derecho en términos de teoría del discurso*, Madrid, Trotta, 1998, p. 147 et s. ; K. GÜNTHER, « Welche Personenbegriff braucht die Diskurstheorie des Rechts? Überlegungen zum internen Zusammenhang zwischen deliberativer Person, Staatsbürger und Rechtsperson », *in* H. BRUNKHORST et P. NIESEN (eds.), *Das Recht der Republik*, Frankfurt a. M., Suhrkamp, 1999, p. 83 et s..

démocratique, construit sur le principe du discours. Cependant, l'idéal collectif par lui-même ne peut offrir en aucune façon un fondement au droit subjectif. Le droit subjectif doit plutôt être fondé sur la ou les positions de l'individu qui doivent être protégées pour que celui-ci puisse interagir dans la communauté et face à celle-ci.

Par conséquent, rien peut être objecté à la critique d'Atria contre la possibilité de fonder le caractère subjectif des droits sociaux sur la conception socialiste. Cependant, le problème de l'optique d'Atria est qu'il déduit de cette critique le fondement de la thèse selon laquelle les droits sociaux ne peuvent être considérés en aucune manière comme des droits subjectifs et peuvent avoir une valeur en tant qu'idéaux politiques. Pour Atria, de l'impossibilité de fonder les droits sociaux comme des droits subjectifs dans l'idéal socialiste d'une construction d'un « mode de vie proprement humain » découle l'impossibilité absolue de fonder les droits sociaux comme des droits subjectifs[1].

Ce raisonnement serait plausible si la conception socialiste était la seule source dont pourraient émaner les fondements des droits sociaux, ou la seule vraie source. Mais cette thèse n'est pas soutenable. La théorie d'Atria sur l'apparition des droits sociaux comme stratégies du socialisme pour faire valoir ses revendications dans le contexte de la société libérale, n'est pas la seule manière de comprendre la raison d'être de ces droits. On peut même dire qu'il n'est pas pertinent d'invoquer cette reconstruction historiciste pour se référer aux droits sociaux tels qu'ils sont compris dans l'actuel constitutionnalisme hispano-américain, parce que, sur ce point, les constitutions d'Espagne et d'Amérique latine n'ont pas puisé dans la conception socialiste mais dans celle qui découle du principe de l'État social de droit. Et les droits sociaux trouvent dans la conception de l'État social des fondements très différents de celle que leur offre le socialisme, comme le redéfinit Atria. Cette différence de fondement découle des différences structurelles existant entre ces deux modèles de société. Tandis que le socialisme s'oppose complètement à l'État libéral, la doctrine de l'État social ne nie en aucune façon les libertés. Au contraire, comme en leur temps Heller et Lorenz von Stein l'avaient noté dans deux des premières œuvres maîtresses sur la théorie de

[1] Sur cet aspect, Atria semble vouloir demeurer très fidèle à la construction socialiste : « Le concept même de droit subjectif implique que l'intérêt individuel que le droit protège triomphe (au moins typiquement) face aux aspirations communautaires. Celui qui réclame un droit se sépare de la communauté et affirme son droit même contre elle si nécessaire. Par conséquent, concevoir la politique comme typiquement structurée par l'idée de droits subjectifs, aussi humains soient-ils, implique de rejeter l'idée d'une forme d'association dans laquelle les personnes sont liées les unes aux autres, non comme des agents intéressés par eux-mêmes, mais comme unis par des liens de solidarité et de réciprocité [...] Pour les raisons qui précèdent, toutes les formes de socialisation fondées sur des notions de solidarité et de réciprocité ne peuvent être justifiées sans trahir leur signification, c'est-à-dire sans être déformées ou détruites. » (*op. cit.*, p. 24). Toutefois, cette fidélité se paie au prix fort par une capitulation prématurée dans la tentative de fonder les droits sociaux comme des droits subjectifs.

l'État social[1], ce modèle d'État ne nie pas les fondements de l'État libéral de droit mais propose de les réformer, en laissant derrière soi la séparation entre l'État et la société civile, pour garantir à tout individu les moyens nécessaires d'exercice des libertés et la satisfaction de sa recherche existentielle[2].

Or, dans le schéma de l'État social de droit, les droits sociaux peuvent être fondés de deux manières : de manière indépendante ou comme moyens de garantir l'exercice réel des libertés.

Tugendhat propose un remarquable fondement philosophico-politique des droits sociaux dans le concept d'État social de droit. L'idée centrale de Tugendhat est que, pour répondre à la question de savoir quels droits doit avoir une personne, « seul le concept de nécessité peut être fondamental[3] ». D'après cet auteur, les droits fondamentaux établissent des règles de coopération sociale qui fixent les conditions dans lesquelles se développent les liens, d'une part, entre les individus, d'autre part, entre ceux-ci et l'État. Le contenu de ces règles de coopération n'est pas immuable, mais il est défini à chaque époque, selon les valeurs et les intérêts prédominants, ou conformément aux revendications qui sont imposées comme le résultat des luttes sociales. De cette manière, on comprend que la conviction libérale selon laquelle les droits fondamentaux sont uniquement traduits en devoirs étatiques d'abstention n'est qu'un reflet de la pensée bourgeoise qui plonge ses racines dans le contractualisme éclairé[4]. La pensée bourgeoise présuppose que la société est composée d'individus dotés d'un niveau important de pouvoir, d'adultes, aptes au travail, capables de satisfaire par eux-mêmes leurs besoins et d'entreprendre des projets servant leurs intérêts. La seule nécessité de cet ensemble d'individus, autonomes au sens kantien, est d'être protégé des attaques externes. La doctrine de l'autosuffisance de l'homme permet de fonder un système de droits composé exclusivement d'obligations d'abstention, qui cherche à protéger le sujet de toute intervention extérieure.

Tugendhat s'efforce de montrer que cette idéalisation de la société présupposée par le libéralisme passe sous silence le fait qu'en réalité « de larges secteurs de la communauté ne peuvent pas eux-mêmes en tirer profit[5] ». Le système de droits fondamentaux ne peut pas être fondé sur la présomption

---

[1] H. HELLER, « ¿Estado de derecho o dictadura? », *in* H. HELLER, *Escritos políticos*, Madrid, Alianza Universidad, 1985, p. 283 et s. ; L. VON STEIN, *The History of the Social Movement in France, 1789-1850*, Totowa y New Jersey, The Bedminster Press, 1964, p. 86 (cet ouvrage a été partiellement publié en espagnol sous le titre *Movimientos sociales y monarquía*, Madrid, Instituto de Estudios Políticos, 1957).

[2] *Cf.*, sur le concept de recherche existentielle, E. FORSTHOFF, « Problemas constitucionales del Estado social" », *in* E. FORSTHOFF, *El Estado social*, Madrid, Centro de Estudios Constitucionales, 1986, p. 43 et s. ; M. GARCÍA PELAYO, *Las transformaciones del Estado contemporáneo*, Madrid, Alianza Editorial, 1987, p. 26 et s..

[3] E. TUGENDHAT, *Lecciones de ética*, Barcelona, Gedisa, 1997, p. 344 et s..

[4] *ibid.*, p. 321 et s..

[5] *ibid.*, p. 338 et s..

erronée que la société est complètement constituée d'individus capables, autonomes et autosuffisants, qui interviennent en outre de façon égale dans les prises de décisions politiques. Il est impérieux de reconnaître que le libéralisme présuppose davantage d'individus capables d'être des citoyens libres que ceux qui existent dans la pratique.

Devant ce déséquilibre de la conception bourgeoise, Tugendhat suggère de construire un système de droits fondamentaux qui s'enracine dans le concept de nécessité. L'idée de nécessités inhérentes à l'homme n'est pas entièrement incompatible avec le libéralisme. Pour cette raison, elle peut être encadrée par l'État social de droit. Dans les notions de liberté négative et d'autonomie, qui fondent la construction des droits fondamentaux sur des devoirs d'abstention, est aussi sous-jacente la reconnaissance du fait que l'individu doit nécessairement choisir son cap. Exercer la liberté est aussi une nécessité humaine. Cependant, l'idée de nécessité est étendue à d'autres plans, évités par la pensée bourgeoise. Cette idée souligne que la situation de manque des biens indispensables pour exercer les libertés, dans laquelle se trouvent de vastes secteurs de la population des États, est un fait social important. Aucune société qui prétend chercher la justice ne peut abandonner la satisfaction des besoins fondamentaux, en commençant par l'alimentation[1], aux résultats du hasard économique.

Il s'ensuit que l'impératif de satisfaction des besoins essentiels de toute la population donne naissance à certaines règles de coopération qui intègrent aussi le contenu des droits fondamentaux. Ces règles de coopération développent le principe de solidarité[2], façonnent les droits sociaux fondamentaux et prescrivent les obligations d'action qui ont une double portée[3]. Ces obligations se projettent tout d'abord sur la personne concernée – dont le statut initial de personne autonome impose une obligation d'« auto-aide », et sur ses parents et alliés, qui ont avec elle un lien de solidarité très étroit. Toute-

---

[1] Voir un fondement indépendant du droit de recevoir une alimentation de base, *in* A. K. SEN, *El derecho a no tener hambre*, Bogotá, Universidad Externado de Colombia, 2002.

[2] Comme Atria, M. Borgetto a signalé que le principe de solidarité remplit la fonction de fonder dans une certaine mesure certains droits sociaux. Dans cette dimension, la solidarité s'entend comme un « devoir collectif d'aide mutuelle », comme un « véritable principe d'action politique », *in La notion de fraternité en droit public français*, Paris, LGDJ, 1993, p. 398. Dans le même sens, G. Peces-Barba a soutenu que la solidarité est une « valeur qui est à la racine de certains des droits économiques, sociaux et culturels et aussi de nouveaux droits, comme ceux relatifs à l'environnement », *in Curso de derechos fundamentales, Teoría general*, Madrid, Universidad Carlos III de Madrid, 1995, p. 208, 209 et 213. De même, A. WEBER, « L'État social et les droits sociaux en RFA », *Revue française de droit constitutionnelle*, n ° 24, 1995, p. 678. Toutefois, il faut tenir compte du fait que le principe de solidarité ne peut être considéré comme un fondement autonome des droits sociaux. Ce principe fonde les devoirs d'aide mutuelle. Mais, pour pouvoir fonder les droits sociaux, ce principe doit s'ajouter au concept de besoins de base qui met l'accent sur les positions subjectives de l'individu.

[3] TUGENDHAT, *Lecciones*, *op. cit.*, p. 341 et s..

fois, si ces devoirs positifs ne peuvent être satisfaits dans un premier temps, ils sont transférés, de manière auxiliaire, à chacun des membres de la société qui s'unissent dans l'État pour assumer le devoir de prestation qui satisfera le droit social[1].

Le double rayonnement des devoirs qui émanent des droits sociaux, défendu par Tugendhat, présente l'avantage de concilier l'impératif de satisfaire les besoins essentiels de chaque individu en le considérant comme un sujet autonome et capable. De cette manière, à leur tour, les droits sociaux sont rendus compatibles avec les libertés dans le cadre de l'État. Le double rayonnement indique, en outre, quelle est l'analyse que doivent adopter de préférence les prestations étatiques tendant à satisfaire les droits sociaux. Ces prestations doivent essayer en priorité d'offrir à la personne les conditions nécessaires pour que celle-ci s'aide elle-même, pour qu'elle puisse assurer elle-même sa subsistance. Pour cette raison, les prestations publiques doivent, dans la mesure du possible, être temporaires et viser à ce que les sujets bénéficiaires développent leur propre autonomie[2]. De même, la conception des besoins essentiels montre que tant dans les libertés que dans les droits sociaux, les droits ont une priorité par rapport aux devoirs. Comme la nécessité de l'individu d'exercer sa liberté fonde le devoir corrélatif d'abstention de l'État et des particuliers, la nécessité individuelle de poursuivre la recherche existentielle et de disposer des biens minimaux pour exercer la liberté fonde le devoir corrélatif de prestation, également à la charge des autres individus et, en dernier ressort, de l'État.

Avec le concept de personne comme sujet ayant un ensemble de besoins, Tugendhat propose des fondements indépendants des droits sociaux. Un autre fondement considère les droits sociaux comme des finalités en elles-mêmes, et non simplement comme des présupposés ou des moyens indispensables pour l'exercice des libertés ou des droits politiques. Il est bien connu que ce type de fondements instrumentaux des droits sociaux a dominé la philosophie politique et la dogmatique constitutionnelle. Alexy a soutenu, par exemple, que « l'argument principal pour les droits fondamentaux sociaux est un argument de liberté ». Selon cet auteur, l'argument de liberté indique, en premier lieu, que « la liberté juridique de faire ou d'omettre quelque chose sans liberté de fait (réelle), c'est-à-dire sans pouvoir choisir parmi ce qui est permis, est dénuée de toute valeur[3] », et en second lieu que, « dans les conditions de la société industrielle moderne, la liberté de fait

---

[1] De même, J. J. Gomes Canotilho a montré que l'impératif qui se dégage des droits sociaux lie tous les membres de la société, et devient effectif surtout pour les contribuables, lesquels procurent à l'État les ressources nécessaires pour obtenir les prestations correspondantes, en « métholodogie "*fuzzy*" et "caméléons normatifs" dans la problématique actuelle des droits économiques, sociaux et culturels » ; *Derechos y Libertades*, n° 6, 1998, p. 39 et s..

[2] *Ibid..*, p. 49.

[3] R. Alexy, *Teoría de los derechos fundamentales*, Madrid, Centro de Estudios Políticos y Constitucionales, 1997, p. 486.

d'un grand nombre de titulaires de droits fondamentaux ne trouve pas son substrat matériel dans un cadre vital dominé par eux, mais dépend essentiellement d'activités étatiques[1] ». En d'autres termes, Alexy souligne que la satisfaction par l'État des nécessités propres aux droits sociaux représente un moyen indispensable d'exercice de la liberté juridique. En raison de ce lien instrumental, conclut-il, il faut considérer que la liberté juridique s'élargit et inclut les droits sociaux dans leur cadre garanti, ou que les droits sociaux doivent être considérés comme des droits fondamentaux en vertu de leur fonction favorable à la liberté. De même, Böckenförde[2] a signalé que les droits sociaux fondamentaux ne trouvent « certainement pas [leur justification] comme contre-principes face aux droits fondamentaux de liberté, mais à partir du principe même de garantie de la liberté [...] Si la liberté juridique, écrit-il, doit pouvoir se transformer en liberté réelle, ses titulaires ont besoin d'une participation de base aux biens sociaux matériels ; et cette participation aux biens matériels fait partie de la liberté, puisque c'est un présupposé nécessaire pour sa réalisation ».

D'autres auteurs ont également revendiqué le fondement des droits sociaux comme moyens d'exercer, non seulement les libertés, mais aussi les droits politiques. À titre d'exemple, on peut rappeler le rôle que les droits sociaux jouent dans la conception d'Habermas, comme moyens de bénéficier, dans des conditions d'égalité, des droits individuels et politiques[3]. De même, Gomes Canotilho a indiqué, comme argument pour l'attribution de la plus grande portée juridique possible aux droits sociaux, qu'« en deçà d'un certain niveau de bien-être matériel, social, d'apprentissage et d'éducation [garanti], les personnes ne peuvent pas participer à la société en tant que citoyens, et encore moins en tant que citoyens égaux[4] ».

Contre ces conceptions instrumentales, Tugendhat suggère que les droits sociaux doivent être considérés comme des finalités en eux-mêmes. Selon cet auteur, l'idée que la liberté représente la seule finalité du sujet digne de protection dans l'État constitutionnel découle du mythe bourgeois de l'État de nature, dans lequel l'homme est considéré comme un être doté d'une liberté absolue. La grande insuffisance de ce mythe réside dans le fait qu'il idéalise un homme qui n'existe pas, un « Robinson Crusoé » capable de subsister isolé dans un monde sans contact avec les autres, et il oublie qu'« aucun individu n'aurait jamais pu survivre s'il n'était pas né dans une communauté[5] ». Dans le monde réel, tous les individus passent au moins par

---

[1] *Ibid.*, p. 487.

[2] E.-W. BÖCKENFÖRDE, « Los derechos fundamentales sociales en la estructura de la Constitución », *in* E.-W. BÖCKENFÖRDE, *Escritos sobre derechos fundamentales*, Baden-Baden, Nomos, 1993, p. 74.

[3] J. HABERMAS, *Facticidad y validez*, *op. cit.*, p. 189.

[4] J. J. GOMES CANOTILHO, *Direito constitucional e teoria da Constituição*, Coimbra, Almedina, 1997, p. 432.

[5] TUGENDHAT *Lecciones*, *op. cit.*, p. 344.

une étape (l'enfance) dans laquelle ils ne sont pas capables de veiller sur eux-mêmes. Cette circonstance se répète dans la vieillesse et, pour beaucoup, c'est une constante durant toute l'existence. Les devoirs de solidarité corrélatifs aux droits sociaux, qui favorisent ceux qui ne peuvent pas prendre soin d'eux-mêmes, n'ont pas pour but prioritaire de soutenir l'exercice de la liberté, mais de fournir le nécessaire pour la subsistance de l'individu dans des conditions dignes. Selon Tugendhat, ce qui importe en réalité est de reconnaître que l'homme a certains besoins qui lui sont inhérents, et dont la satisfaction est une des fins principales de la communauté politique. Ces nécessités fondent les droits sociaux (qui tendent à satisfaire les besoins matériels, vitaux et physiques), les droits-libertés (qui essayent de combler les nécessités sous-jacentes à l'exercice de la liberté), et les droits politiques (relatifs aux nécessités de coopération politique avec les autres individus). D'après cet auteur, les normes qui standardisent les droits sociaux fondamentaux ne sont alors pas seulement un moyen pour la réalisation de la liberté ; lesdites normes ont pour but d'offrir à tous les individus les conditions minimales pour satisfaire leurs besoins essentiels et pour permettre une existence digne. Les droits sociaux fondamentaux revêtent, en ce sens, le caractère de droits attribués surtout à ceux auxquels ils manquent[1].

Cependant, à notre avis, la thèse des fondements indépendants défendus par Tugendhat n'est pas contradictoire mais complémentaire de l'idée des fondements instrumentaux des droits sociaux. Ce lien de complémentarité réside dans le fait que le cadre des droits sociaux a un contenu assez vaste qui comprend, non seulement les dispositions visant à garantir un minimum existentiel pour l'individu, mais aussi les normes qui forment la dimension de prestation des libertés et des droits politiques.

Le concept et la structure des droits sociaux

La différence entre les droits sociaux et les droits-libertés

Jusqu'à présent, on peut conclure que de la critique des fondements socialistes des droits sociaux ne peut découler une négation de leur caractère juridique. Ce caractère juridique peut être plutôt fondé dans le cadre de l'État social. L'idée de satisfaction des besoins essentiels constitue le pilier de l'un des fondements possibles du concept juridique des droits sociaux dans ce cadre. En ce sens, les droits sociaux qui prétendent satisfaire les besoins essentiels de l'individu sont prioritaires par rapport aux devoirs corrélatifs de solidarité des autres individus et de l'État. À son tour, ce fondement indépendant est complémentaire des fondements libéraux des droits sociaux, comme moyens d'exercer effectivement les libertés. Dans ce se-

[1] Voir sur ce type d'indétermination des droits fondamentaux, C. BERNAL PULIDO, *El principio de proporcionalidad y los derechos fundamentales*, Madrid, Centro de Estudios Políticos y Constitucionales, 2003, chap. I.

cond type de fondements instrumentaux, les droits sociaux ont aussi une priorité substantielle face aux devoirs corrélatifs de prestation.

Si on prend cela en considération, les différences apparemment radicales entre les droits civils et politiques et les droits sociaux que signale Atria semblent alors être écartées. Certains droits ont une priorité substantielle face aux devoirs corrélatifs, sont encadrés dans l'État social, cherchent à satisfaire les besoins essentiels – les droits civils et politiques : la nécessité individuelle d'exercer la liberté privée et l'autonomie politique, et les droits sociaux : la nécessité de se livrer à la recherche existentielle et de disposer des moyens permettant l'exercice effectif des libertés –, présupposent un individu situé – car, dans le cas contraire, il serait impossible de défendre l'existence de devoirs corrélatifs d'abstention ou de prestation à la charge du destinataire du droit –, et sont attribués à l'individu qui en devient le titulaire, et ils sont exercés face l'État et aux autres particuliers.

Toutefois, ceci ne veut pas dire qu'il n'existe pas de différences structurelles entre les droits sociaux et les droits civils et politiques. Cependant, ces différences ne résident dans aucun des éléments mentionnés, ni dans leur indétermination normative. Toutes les dispositions qui établissent les droits dans une constitution sont indéterminées, dans le sens où elles ne spécifient pas clairement l'ensemble les interdictions, des obligations, des autorisations et des compétences qu'elles prescrivent[1]. Cette indétermination normative affecte tant les libertés que les droits politiques, sociaux, procéduraux et le droit à l'égalité. Et c'est en raison de cette indétermination que, pour tous les droits fondamentaux, alors qu'Atria semble ne le signaler que pour les droits sociaux, la lutte idéologique se déplace du cadre de la politique vers l'interprétation constitutionnelle et, par conséquent, du Parlement vers les tribunaux constitutionnels. Pour cette même raison, ces tribunaux exercent des compétences étrangères aux conceptions classiques du pouvoir judiciaire et aux modèles originaux de juridiction constitutionnelle. Ils abandonnent leur rôle idéal de législateurs négatifs et deviennent de véritables législateurs positifs[2].

La différence spécifique des droits sociaux paraît plutôt résider dans la manière dont leur objet est déterminé : une prestation à la charge de l'État, et dans celle dont ils sont précisés quand ceux-ci sont violés. Tous les droits fondamentaux ont un objet indéterminé, mais le type d'indétermination est différent. Pour les droits sociaux, l'indétermination réside dans le fait que la

[1] *Cf.* G. PECES-BARBA, « Los derechos económicos, sociales y culturales: su génesis y su concepto », *Derechos y Libertades*, nº 6, 1998, p. 28 ; L. PRIETO SANCHÍS, « Los derechos sociales y el principio de igualdad sustancial », *Revista del Centro de Estudios Constitucionales*, nº 22, 1995, p. 17 ; et A. BALDASSARRE, « Los derechos sociales », *Revista de Derecho del Estado*, nº 5, 1998, p. 13.

[2] *Cf.*, sur le cas spécifique du droit à l'égalité, M. GONZÁLEZ BEILFUSS, *Tribunal Constitucional y reparación de la discriminación normativa*, Madrid, Centro de Estudios Políticos y Constitucionales, 2000.

disposition qui établit le droit ne spécifie pas clairement dans tous les cas quelle est la prestation par laquelle le droit est satisfait. Par conséquent, ce qui est constitutionnellement contraire à ce que le droit exige, c'est-à-dire ce qui nuit au droit social, n'est pas non plus déterminé. Cette indétermination particulière de l'objet ne se présente pas de la même manière pour les droits-libertés, dans la mesure où, pour ces derniers, la conduite due est une abstention, et où toute action est inconstitutionnelle.

Les quatre conceptions de la notion et de la structure des droits sociaux

Cette différence structurelle entre les droits sociaux et les droits-libertés a donné lieu à diverses conceptions de la notion et de la structure des droits sociaux. Ces conceptions sont très variées, depuis celles qui, comme celle d'Atria, prônent l'impossibilité de comprendre ces droits dans un sens juridique et n'en proposent qu'un sens politique, jusqu'à celles qui essayent de rendre viables une conception en termes de droits subjectifs et une application juridique des droits sociaux.

Dans une célèbre conférence[1], Häberle a montré que les droits-créances nécessitent une élaboration. Cette tâche est d'abord attribuée au législateur. Les dispositions relatives aux droits sociaux ne peuvent être mises en œuvre qu'avec le concours de lois établissant des aides, des subventions, des garanties, des procédures, une planification et des incitations[2]. À leur tour, ces lois doivent être appliquées par l'administration. Le problème qui donne lieu aux différentes conceptions des droits sociaux est qu'il faut établir si de véritables devoirs législatifs et administratifs qui se concrétisent par des positions subjectives exigibles judiciairement peuvent découler des dispositions constitutionnelles relatives aux droits sociaux, ou si, au contraire, on ne peut en aucun cas définir ces devoirs et on doit alors en conclure que les droits sociaux ont uniquement un sens politique qui ne lie, ni le législateur, ni l'administration.

En guise de synthèse, nous évoquerons les conceptions les plus significatives parmi celles qui considèrent les dispositions relatives aux droits sociaux comme des dispositions programmatiques, celles qui conçoivent ces dispositions comme une source de normes définissant les finalités de l'État, celles qui envisagent les droits sociaux comme une source de devoirs étatiques objectifs, et celles qui conçoivent les droits sociaux comme des droits définitifs et des droits *prima facie*[3].

---

[1] P. HÄBERLE, « Grundrechte im Leistungsstaat », *Veröffentlichungen der Vereinigung der Deutschen Staatsrechtslehrer*, n° 30, 1972, p. 43 et s..

[2] *Ibid.*, p. 49 et s..

[3] *Cf.*, pour approfondir l'étude de ces types de théories, C. BERNAL PULIDO, *El principio de proporcionalidad, op. cit.*, p. 362 et s..

Les dispositions de droits sociaux en tant que dispositions programmatiques

La première conception nie la force obligatoire des dispositions de droits sociaux et leur reconnaît seulement la nature de dispositions programmatiques. La thèse d'Atria sur le sens politique des droits sociaux paraît défendre ce point de vue et, en ce sens, ne s'avère pas nouvelle. Ce qui est nouveau est que la défense de ce point de vue soit rendue compatible avec une grande fidélité aux doctrines socialistes. Comme nous le verrons, les prédécesseurs d'Atria ont précisément compté parmi les plus virulents adversaires des doctrines socialistes. Ainsi, par exemple, selon Schmitt, ce n'est que dans un État socialiste que l'on peut reconnaître à l'individu de vrais droits sociaux, et non simplement des droits-libertés négatifs. Pour cette raison, à son avis, les dispositions de la Constitution de Weimar qui établissaient ces droits – droit à l'assurance chômage, à l'aide aux familles nombreuses, à la maternité, à l'art, à la science et à l'éducation – ne pouvaient être considérées comme une source de devoirs pour le législateur, mais seulement comme des programmes que celui-ci pouvait mettre en œuvre en fonction de ses choix[1]. Cette thèse de Schmitt a été reproduite ultérieurement par Forsthoff, pour qui aucun droit ni devoir juridique concret ne peut découler de la formule de l'État social[2].

La conception des normes de droits-créances comme normes programmatiques leur nie tout type de caractère obligatoire face au législateur. Corrélativement, elle nie tout espoir, avantage ou prétention qui pourrait être attribué à l'individu et qui pourrait être considéré comme exigible par voie juridictionnelle. Dans cette perspective, les dispositions de droits sociaux remplissent seulement une fonction politique de source d'inspiration du contenu des lois. Leur dimension juridique n'est pas envisagée face à la loi, comme cela se produit dans le cas des libertés, mais à partir de la loi. Quand ils sont compris ainsi, la seule conséquence qui découle des droits sociaux sur le plan législatif est que ceux-ci servent d'argument pour justifier la restriction législative des libertés. Ainsi, les droits sociaux n'obligent pas le législateur mais l'autorisent ; ils n'exigent pas de lui un certain degré de développement ou de réalisation de buts précis, mais l'autorisent à limiter les droits-libertés, quand ces limitations visent l'accomplissement des objectifs de justice sociale.

À cette conception programmatique et politique des droits sociaux, il peut être objecté, d'une part, qu'elle considère la liberté négative comme le seul objet digne de protection juridique. Comme nous l'avons déjà mentionné, la conception de personne sous-jacente à l'État social de droit reconnaît

[1] C. SCHMITT, « Grundrechte und Grundpflichten », *in* C. SCHMITT, *Verfassungsrechtliche Aufsätze*, Berlin, 2.ª ed., 1973, p. 212 et s..
[2] E. FORSTHOFF, *El Estado de la sociedad industrial*, Madrid, Instituto de Estudios Políticos, 1975, p. 258 et s..

qu'avec la liberté, l'individu a certains besoins essentiels dont la satisfaction doit aussi être garantie au moyen des droits fondamentaux.

D'autre part, tant dans la version d'Atria que dans celle d'autres auteurs, la conception programmatique est aussi fondée sur l'argument de l'indétermination. Cette conception allègue que les dispositions de droits sociaux prescrivent que certaines fins – l'éducation, la santé, le logement décent, le travail pour tous – doivent être atteintes ou visées par l'État. Cependant, la réalisation de ces fins peut être assurée par une infinité de moyens. La Constitution spécifie rarement quels moyens doivent être adoptés par le législateur ni à quelles occasions ils doivent être mis en pratique et n'indique pas dans quelle mesure ces fins doivent être atteintes : elle ne détermine pas si l'on vise un degré maximum, moyen ou minimum de satisfaction des besoins de l'individu[1].

Ce second argument repose sur deux véritables prémisses, dont il tire toutefois une conclusion extrême et, par conséquent, indéfendable. Il est bien certain que les dispositions de droits sociaux ne spécifient que dans de rares occasions quels sont les moyens de protection qui doivent être adoptés. Cependant, cela n'est pas suffisant pour justifier une négation du caractère juridique de ces dispositions. En tout cas, les droits, les devoirs et les fins sociales établis par la Constitution sont prescrits et, par conséquent, on doit s'accorder au moins sur le fait qu'il est demandé par la Constitution au législateur et à l'administration de mettre en œuvre l'un des moyens possibles et d'atteindre un niveau minimum de satisfaction de la fin établie. Cependant, le problème est qu'il faut déterminer quel est le moyen prescrit et, corrélativement, quel est le niveau minimum de protection qu'exige la Constitution.

C'est précisément à ce problème que se réfère le troisième argument de la thèse sur les normes programmatiques. Cet argument soutient que le choix des moyens appropriés pour l'accomplissement des fins prescrites par les droits sociaux et la détermination du moyen le plus indiqué pour les mettre en œuvre revient exclusivement au législateur et à l'administration. L'adoption de moyens ou de stratégies dans le cadre social et économique est une affaire politique et non d'interprétation constitutionnelle. La fixation des moyens ou des stratégies d'action pour la réalisation des objectifs sociaux suppose d'effectuer au préalable une combinaison d'intérêts des groupes concernés, d'adapter les moyens financiers aux besoins – ce qui, dans des conditions normales de pénurie de fonds publics, implique de décider de la priorité des investissements[2] – et de créer des infrastructures techniques et bureaucratiques. Ces décisions sont typiquement politiques. Dans le cadre d'une démocratie, ces décisions ne peuvent être que le résultat de la

---

[1] Sur cet argument, voir E.-W. BÖCKENFÖRDE, « Teoría e interpretación de los derechos fundamentales », *in* E.-W. BÖCKENFÖRDE, *Escritos sobre derechos fundamentales*, *op. cit.*, p. 65 et s..

[2] *Ibid.*, p. 65.

délibération et de la concertation entre les intéressés et les représentants de la société. Pour cette raison, on doit considérer que, dans ce cadre, le législateur est complètement délié de la Constitution. Soutenir le contraire supposerait de conférer au juge constitutionnel le pouvoir de contrôler les politiques économiques et sociales. Un effet pervers se produirait alors dans le système de pouvoirs : ce qui doit être le produit de la décision démocratique serait transfiguré en un objet d'interprétation constitutionnelle. Cette transfiguration serait affectée par l'inconvénient supplémentaire que rien, ou presque, ne peut être interprété à partir des formules lapidaires et finalistes des droits sociaux. Ces dispositions privent l'interprète de toute certitude sur le choix le plus adéquat de la stratégie économique ou sociale favorable à la communauté à un moment déterminé. Par conséquent, si l'on ouvre la porte à l'application juridictionnelle des droits sociaux, le tribunal constitutionnel finirait par ne plus interpréter la Constitution, mais par décider quels sont les moyens qui doivent être adoptés pour satisfaire des objectifs sociaux comme le ferait le législateur. À son tour, cette usurpation des compétences législatives contredirait le principe démocratique et le bon fonctionnement de l'État, parce que le tribunal constitutionnel est dépourvu de légitimation démocratique pour prendre des décisions politiques et n'a pas connaissance des intérêts sociaux impliqués et de la portée technique des stratégies économiques, connaissances que possède le Parlement.

Ce troisième argument est peut-être le plus important. On ne peut rien objecter au fait que, dans un État constitutionnel, le Parlement est celui qui doit décider des politiques économiques et sociales et, par conséquent, celui qui doit choisir les moyens propices à la satisfaction des besoins implicites dans le cadre des droits-créances. Toutefois, il ne paraît pas convenable de considérer que le fait que le législateur ait ces compétences soit ouvertement contredit en reconnaissant un caractère normatif et obligatoire aux droits sociaux. L'exercice des compétences économiques et sociales du Parlement ne jouit pas d'un régime d'exception ou d'immunité en ce qui concerne le principe de suprématie de la Constitution, ni en ce qui concerne le caractère juridique des dispositions qui précisent les droits sociaux. Aucun problème de contradiction logique n'est soulevé entre la compétence législative et la soumission aux droits sociaux, que le tribunal constitutionnel peut rendre effectifs ; il ne s'agit pas d'un dilemme du tout ou rien, qui devrait être réglé par l'acceptation d'une règle générale (la soumission du législateur à la Constitution) et une exception (sa libération des règlements des droits sociaux). Il s'agit plutôt de deux tendances contraires, en partie irréductible, et qui, par conséquent, doivent être conciliées. La nécessité que le législateur dispose d'une vaste marge d'action ne dépouille pas les droits sociaux de toute force obligatoire, contrairement à ce que prétend la thèse des normes programmatiques, de même que le lien qui émane de ces droits ne peut pas priver totalement le Parlement de sa liberté de décision. Le problème, cependant, est de trouver une manière raisonnable d'apaiser cette tension ou, en d'autres termes, de définir le lien entre le Parlement et les droits sociaux, de telle sorte que la liberté du Parlement en matière de régulation de ces droits ne soit pas éphémère, et qu'elle ne soit pas supplantée par un simple décisionnisme du tribunal constitutionnel.

Les dispositions de droit social comme source de normes définissant les finalités de l'État

Cette seconde conception tente précisément de rendre compatibles le cadre législatif et le caractère obligatoire caractéristique des dispositions constitutionnelles relatives aux droits sociaux. Dans cette perspective, on comprend que les droits sociaux ont la structure de normes programmatiques finales[1]. Les normes programmatiques finales se caractérisent par le fait que, contrairement aux normes conditionnelles – les normes typiques du droit –, elles prescrivent à l'État le devoir de poursuivre ou d'atteindre une certaine fin, non le chemin ou les moyens[2]. Tandis que les normes conditionnelles revêtent la structure « si X, alors Y », les normes programmatiques finales adoptent la manière suivante : « L'effet A doit être obtenu. Par conséquent, B1, ou B2, ou B3, etc., doivent être adoptés comme des moyens priés[3]. »

Dans la conception des normes programmatiques finales, on ne précise en général, dans les constitutions, que la première partie de la déclaration, c'est-à-dire que la fin A doit être atteinte. La seconde partie est une conséquence logique de la première. S'il y a le devoir d'atteindre ou de contribuer à la réalisation d'un certain objectif, on doit alors déduire logiquement que le devoir d'adopter les moyens pertinents à cet effet est également valide. Dans les dispositions de droits sociaux, comme l'a signalé de Otto, on ne spécifie habituellement que la fin, sans faire allusion aux moyens de l'atteindre[4]. On sait qu'un certain moyen doit être adopté, mais on n'a pas de certitude sur celui qui est indiqué. Les constitutions laissent ouverte la discussion sur les moyens les plus appropriés et les conditions précises pour atteindre les objectifs fixés. Cette discussion doit être menée à bien sur le terrain de la politique. Dans cette discussion, de nombreux facteurs significatifs ont trait aux circonstances de fait (économiques et politiques), au degré auquel on prétend atteindre les objectifs constitutionnels, à la prévision des meilleures stratégies et aux programmes d'investissement.

---

[1] I. DE OTTO Y PARDO, *Derecho constitucional. Sistema de fuentes*, 4.ª reimp., Barcelona, Ariel, 1995, p. 43.

[2] K.-P. SOMMERMANN *Staatsziele und Staatszielbestimmungen*, Tübingen, Mohr Siebeck, 1997, p. 356.

[3] N. LUHAMNN, *Recht und Automation in der öffentlichen Verwaltung. Eine verwaltungswissenschaftliche Untersuchung*, Berlin, Duncker & Humblot, 1966, p. 36.

[4] DE OTTO, *op. cit.*, p. 43.

C'est au sein du Parlement que doit avoir lieu le débat sur toutes ces questions. C'est une exigence du principe démocratique qui, toutefois, n'empêche pas de reconnaître que les droits-créances ont une force obligatoire. Conformément à la théorie des normes de finalités de l'État, cette force obligatoire trouve son fondement dans le devoir de l'État de poursuivre la fin prescrite. Ainsi observée, cette conception se distingue de la thèse des normes programmatiques, pour laquelle le fait que le législateur ne soit pas lié quant aux moyens implique qu'il ne l'est pas non plus quant aux finalités. En ce qui concerne la thèse des normes de finalités de l'État, au contraire, le législateur est lié par l'obligation de poursuivre la finalité constitutionnellement établie, et qu'il ait ainsi la pleine liberté de décider des moyens et des circonstances de leur mise en œuvre[1].

Toutefois, le problème qui se pose est de concilier, d'une part, le lien du législateur avec la fin constitutionnelle, avec, d'autre part, l'absence de lien avec les moyens. Sommermann[2] a recours pour cela à la notion de contenu essentiel. D'après cet auteur, dans toutes les nomes de finalités de l'État – y compris les droits sociaux –, on peut identifier « un noyau essentiel » contraignant pour le législateur, qui constitue la limite de sa liberté d'organisation. Sommermann soutient que « si une loi va à l'encontre du contenu essentiel de la fin, sans que le règlement concret puisse être justifié ou être soutenu par d'autres valeurs constitutionnelles, il peut être déclaré inconstitutionnel dans le cadre du contrôle de constitutionnalité des lois[3] ». En d'autres termes, il s'agit d'identifier un ou plusieurs moyens qui sont indispensables pour que la fin puisse être réalisée dans son contenu essentiel. Une fois ces moyens identifiés, on doit considérer que leur adoption est obligatoire pour le législateur. C'est pour cela que, quand « le contenu essentiel d'une fin matériellement circonscrite ne peut être atteint en définitive que par une certaine mesure[4] », l'adoption de cette mesure s'avère obligatoire pour le législateur. Dans l'hypothèse où il existe un seul moyen, c'est-à-dire une seule activité qui rende possible de réaliser le « contenu essentiel » de la fin, cette activité est encadrée par la Constitution.

Cependant, cette solution déplace le problème à un autre niveau de discussion. La question est alors d'identifier « le contenu essentiel de la finalité ». À cette question, Sommermann répond seulement par une demande de

---

[1] SOMMERMANN, *Staatsziele*, *op. cit.*,. 379 et s..

[2] Sur le caractère des droits sociaux comme fins de l'État, Sommermann soutient : « Les droits sociaux ne sont pas immédiatement applicables, dans la perspective constitutionnelle, dans leur dimension objective, mais trouvent leur fondement juridique dans la législation ordinaire. Une reconnaissance semblable de la dimension subjective des droits sociaux conduit à supposer qu'ils se trouvent garantis comme fins de l'État. » *Cf. ibid.*, p. 372. Voir également E. DENNINGER, « State Tasks and Human Rights », *Ratio Iuris*, vol. 12, n° 1, 1999, p. 8.

[3] SOMMERMANN, *op. cit.*, p. 384 et 396.

[4] *ibid.*, p. 389.

principe. Il indique que « par cœur de la finalité, on entend le minimum obligatoire également pour le législateur, tandis que par composante accessoire de la finalité, on entend le cadre dans lequel le législateur doit assurer la réalisation[1] ». Il s'agit clairement d'une demande de principe, parce que ce qu'il s'agit d'examiner est nécessairement le « cœur de la finalité », pour établir ainsi les devoirs concrets qui s'imposent au législateur. D'autre part, cet auteur apporte une indication assez évidente : il est plus simple d'identifier le contenu essentiel d'une finalité quand celle-ci est « concrète » que quand elle est « abstraite ». Quand le constituant a fixé une fin très abstraite que le législateur doit atteindre, on doit estimer qu'il a laissé au Parlement, dans une très large mesure, un pouvoir discrétionnaire pour la déter-détermination des mesures pertinentes qu'il convient de prendre. Dans ce cas, le contenu essentiel de la fin apparaît très confus. Par contre, quand les dispositions de fins de l'État sont formulées de manière plus concrète ou précise, elles ont des effets obligatoires plus profonds sur le législateur, et leur contenu essentiel peut être identifié avec une plus grande facilité. Ceci se produit, par exemple, non seulement quand la Constitution se réfère à certaines fins abstraites, mais aussi quand elle les concrétise dans des « sous-fins » plus spécifiques. Par conséquent, Sommermann conclut que « l'ouverture de la fin est inversement proportionnelle aux effets obligatoires effectifs », et vice versa, c'est-à-dire que la concrétisation de la fin donne des effets obligatoires plus importants à la norme qui l'établit[2]. À son tour, l'abstraction ou la spécificité des fins, et le degré de facilité ou de difficulté pour déterminer leur contenu essentiel, sont deux variables qui influencent l'intensité avec laquelle le tribunal constitutionnel peut effectuer son contrôle sur la législation. À une plus grande concrétisation correspondent une plus grande facilité de détermination du contenu essentiel et une plus grande possibilité et intensité de contrôle ; et en sens contraire, à une plus petite concrétisation correspondent un noyau essentiel plus léger et de moindres possibilités d'exercer un contrôle approfondi[3].

Dans ce cadre, il est également important de savoir si le législateur est obligé d'être actif en ce qui concerne les droits sociaux comme normes de finalité de l'État. Il est déjà clair que la fin que ces normes prescrivent s'avère obligatoire pour l'État mais, dans la majorité des cas, il n'en est pas de même pour l'adoption de certains moyens appropriés pour l'atteindre. Toutefois, subsiste la question de savoir si les normes de finalité de l'État font naître un certain devoir d'action qui s'impose au législateur, c'est-à-dire si ces normes imposent le devoir de légiférer et, corrélativement, proscrivent la paralysie législative. D'après Sommermann, la réponse doit être nuancée. On a presque toujours défendu que, non seulement le « comment », mais

[1] *Ibid.*, p. 402.
[2] *Ibid.*, p. 398.
[3] *Ibid.*.

aussi le « si » et le « quand » de la réalisation des fins constitutionnellement prescrites, relèvent exclusivement de la compétence législative. Toutefois, pour Sommermann, il est clair que le « quand » n'est pas quelque chose qui peut relever complètement du pouvoir discrétionnaire du législateur, parce que les normes qui prescrivent des fins à l'État imposent une contrainte immédiate sur les pouvoirs publics. L'inactivité absolue est inconstitutionnelle[1].

La reconstruction des normes de droits sociaux comme normes de finalité de l'État présente plusieurs avantages par rapport à la thèse des normes programmatiques. D'abord, cette conception rend effectif le caractère obligatoire de ces dispositions, au moins en reconnaissant que d'elles émane clairement le devoir de poursuivre la fin prescrite. De même, elle souligne que, suite à cette obligation, le législateur a aussi le devoir d'adopter une certaine mesure pour atteindre le but constitutionnel, et que l'inactivité législative totale est en principe incompatible avec la Constitution.

Cependant, cette perspective présente également plusieurs inconvénients. Le plus grave de tous réside dans l'application du concept « de noyau essentiel de la fin ». Nous avons déjà soutenu, dans d'autres travaux, que la notion de noyau essentiel est seulement un artifice d'argumentation qui masque le décisionnisme[2]. Il suffit de signaler que l'explication de Sommermann s'avère insuffisante pour rendre plus claire la façon dont le tribunal constitutionnel peut identifier la substance du noyau essentiel d'une fin contenue dans la déclaration d'un droit social. On peut penser, par exemple, aux dispositions relatives au droit à la santé. Tout participant à la pratique constitutionnelle devra être conscient des difficultés de spécifier quel est le contenu essentiel des fins : « la protection du droit à la santé », « l'organisation et la protection de la santé publique », « la promotion de l'éducation sanitaire, l'éducation physique et le sport », établis, par exemple, par l'article 43 de la Constitution espagnole. Il est assez difficile de concrétiser ce contenu essentiel et, plus encore, de déterminer avec précision quelles sont les mesures législatives indispensables ou les plus adéquates pour effectuer ce contenu essentiel. Si l'objectif consiste, par exemple, à ce que tous les patients puissent disposer d'un service de santé, il paraît difficile de pouvoir tirer de la disposition constitutionnelle une information suffisante pour préciser quel niveau doit atteindre ce service de santé et comment il doit être assuré – par exemple, par la création d'hôpitaux, au moyen du financement direct de la demande de santé, etc. Sommermann explique que ceci présuppose que les droits sociaux soient une espèce d'entités individualisées, pourvues d'un cadre clair, susceptibles d'être identifiées de manière objective – comme on observe le noyau d'une cellule avec un microscope –, et en outre liées intrin-

[1] *Ibid.*.
[2] *Cf.* C. BERNAL PULIDO, *El principio de proporcionalidad*, *op. cit.*, p. 400 et s..

sèquement à certaines mesures politiques. Cette supposition est fausse, tant pour les droits sociaux que pour les autres droits fondamentaux.

De ce qui précède, on peut déduire qu'en définitive la conception des droits sociaux comme normes de finalité de l'État ne parvient pas à offrir une réponse plausible à la question de savoir quels sont les moyens d'activité prescrits comme conséquence logique de l'obligation de réaliser la fin établie par les dispositions constitutionnelles. Observé dans la forme normative de ces dispositions – « l'effet A doit être obtenu. Alors, B1 ou B2 ou B3 etc. doivent être adoptés comme moyens appropriés » –, le problème réside dans le fait que cette conception ne permet pas de préciser comment on identifie si les moyens B1, B2 ou B3 sont indispensables pour réaliser le contenu essentiel de l'effet A et si, par conséquent, leur adoption s'avère obligatoire. Cette circonstance se présente parce qu'on ne parvient pas non plus à spécifier comment on connaît le contenu essentiel de l'effet A.

Les droits sociaux comme commandements objectifs

La théorie qui conçoit les droits sociaux comme des commandements objectifs prétend offrir une solution différente au problème de l'identification des moyens ou des instruments qui s'avèrent obligatoires pour le législateur et pour l'administration à partir des fins prescrites par les dispositions constitutionnelles.

Cette thèse a été défendue par Böckenförde. D'après cet auteur, les dispositions de droits sociaux se limitent normativement à des commandements juridiques objectifs, adressés au législateur et à l'administration[1]. Cette structure juridique leur est attribuée en raison de leur indétermination. Les énoncés de droits sociaux ont toujours besoin d'une concrétisation au moyen de politiques législatives. Pour cette raison, les tribunaux ne peuvent pas déduire de leur interprétation des prétentions juridiques concrètes pour les particuliers. L'indétermination et la nécessité de respecter les compétences du Parlement imposent de faire abstraction du sujet actif dans la structure du droit social, c'est-à-dire de ne pas attribuer à un titulaire un droit subjectif qui serait la corrélation d'une prétention exigible devant une juridiction. Puisque la Constitution ne détermine pas avec clarté l'objet de l'obligation législative – les moyens d'action –, on ne peut accorder à aucun sujet actif la possibilité d'exiger devant les juges la réalisation d'un certain moyen spécifique. Autrement dit, l'indétermination de l'objet implique l'exclusion du sujet actif de la situation juridique dans laquelle se structure le droit social.

Par conséquent, les normes qui découlent des droits sociaux font naître des situations juridiques combinant seulement deux éléments : un sujet passif (le législateur et l'administration) et un objet. Toutefois, Böckenförde admet que, malgré cela, les normes de droits sociaux ne sont pas des propo-

---

[1] E.-W. BÖCKENFÖRDE, « Los derechos fundamentales sociales en la estructura de la Constitución », *in* E.-W. BÖCKENFÖRDE, *Escritos sobre derechos fundamentales*, *op. cit.*, p. 78 et s..

sitions programmatiques mais ont une portée obligatoire[1]. Selon cet auteur, l'obligation que ces normes établissent se développe dans trois directions. D'abord, quant à la fin qu'elles fixent. Tout comme la thèse des normes de finalité de l'État, Böckenförde estime qu'un devoir juridique de réaliser la fin fixée par la disposition découle toujours des énoncés de droits-prestations – un commandement objectif. Cette fin se soustrait à la liberté législative de choisir les buts de ses politiques ; c'est une fin prescrite. Deuxièmement, il est possible de fonder un commandement juridique objectif qui interdit « l'inactivité et l'ignorance évidente et grossière de la fin ou du programme par les organes de l'État ». On accepte que le caractère obligatoire de la réalisation de la fin implique l'interdiction de n'adopter aucun moyen ou d'adopter des moyens tellement inefficaces qu'ils conduisent à « une ignorance évidente et grossière de la fin ». Finalement, selon Böckenförde, les dispositions de droits sociaux contiennent également une obligation qui interdit la suppression définitive des mesures législatives, une fois qu'elles ont été adoptées, ou « une réduction qui dépasse les limites de l'ignorance grossière (de la fin) ».

Il est intéressant d'observer que Böckenförde lui-même introduit un élément étrange dans sa conception, quand il fait allusion à ces deux derniers sens du lien. Cet auteur indique que ces sens du lien que les droits sociaux produisent sur le législateur (l'omission évidente et la réduction qui implique d'arriver à ce niveau) possèdent aussi un caractère juridique subjectif. Ils donnent lieu « à des prétentions de défense des particuliers affectés par une inactivité, une inattention grossière ou une suppression définitive des mesures adoptées dans l'exécution du commandement constitutionnel ». Cependant, pour cet auteur, ces prétentions ne constituent pas un pouvoir juridique d'un sujet actif, qui a pour but une prestation, mais sont envisagées comme une espèce particulière de prétentions de défense propres aux droits-libertés : « De telles prétentions – soutient Böckenförde – sont liées aux prétentions de défense face au caractère discrétionnaire : en tout cas, elles ne sont pas dirigées, comme elles, vers une action positive déterminée, mais vers la défense face aux violations des limites et des liens tracés au domaine de l'action politique des organes étatiques par les commandements constitutionnels[2]. »

Cette reconstruction du caractère normatif des déclarations de droits sociaux comme des commandements juridiques objectifs présente l'intérêt d'apporter au moins un critère pour pouvoir identifier quels sont les moyens qui s'avèrent obligatoires pour le législateur. Ce critère est composé des éléments suivants. D'abord, l'interdiction de l'inaction absolue, laquelle implique l'interdiction de n'adopter aucun moyen approprié pour atteindre la fin prévue par la disposition constitutionnelle. Deuxièmement, Böckenförde

[1] *Ibid.*, p. 80 et s..
[2] *Ibid.*, p. 81.

introduit le concept « d'omission évidente et grossière de la fin ou du programme ». Cet élément fait allusion au fait que l'on peut aussi assigner aux dispositions de droits sociaux une norme qui interdit d'adopter des moyens tellement iniques ou dérisoires qu'ils constituent « une omission évidente et grossière de la fin ». Enfin, le troisième élément consiste en l'interdiction de supprimer les mesures législatives qui tendent à réaliser la fin constitutionnellement prescrite, une fois qu'elles ont été adoptées, et en l'interdiction d'opérer sur elles « une réduction qui outrepasse les limites de l'omission grossière [de la fin] ». Cet élément fait allusion à l'interdiction bien connue du recul social.

Malgré ces apports, la conception de Böckenförde présente plusieurs inconvénients. D'une part, l'idée de commandement juridique objectif ne paraît pas présenter une cohérence structurelle acceptable. Cette notion est le produit d'une synthèse de deux catégories juridiques qui se situent à des pôles opposés : les normes programmatiques, et les situations juridiques qui limitent les droits subjectifs et qui, comme le note Atria, combinent un titulaire, un destinataire et un objet. Les commandements juridiques objectifs empruntent plusieurs éléments aux situations juridiques, comme le caractère juridique qu'ils attribuent au lien entre un destinataire (le législateur et l'administration) et un objet (l'activité visant la fin). À leur tour, des normes programmatiques retiennent la non-existence d'un sujet actif qui a une prétention juridictionnellement exigible. De cette combinaison apparaît un concept éclectique qui renferme un paradoxe irréductible : le commandement objectif. Le paradoxe de ce commandement objectif est que son accomplissement ne peut pas être exigé dans le cadre du droit. La relation entre le législateur ou l'administration et l'objet ne peut pas être considérée comme une relation juridique au sens strict, parce que son inaccomplissement est dépourvu de contrainte, parce que personne n'est légitime pour la rendre effective. Le devoir législatif qui découle des commandements juridiques objectifs doit alors être politiquement catalogué comme un devoir simplement moral ou politique, mais en tout cas pas comme un devoir exigible ni contrôlable devant les tribunaux, comme c'est le cas des devoirs juridiques. Böckenförde en est conscient. Pour cette raison, il accepte que l'interdiction d'inactivité absolue, l'interdiction d'adopter des moyens complètement inefficaces et l'interdiction d'abroger entièrement les dispositions législatives adoptées ne soient pas structurées comme des commandements objectifs, mais comme des relations triadiques de défense contre l'arbitraire. Toutefois, le problème de cette solution hasardeuse est que ce n'est que métaphoriquement que l'on peut soutenir que ces relations sont des actions de défense qui ont pour but une abstention : l'interdiction de décisions arbitraires. Cette affirmation n'est possible que métaphoriquement car elle fait allusion à l'obligation très générale qui pèse sur le législateur de s'abstenir de négliger arbitrairement le droit. Ce n'est qu'au moyen d'un langage très chargé de rhétorique qu'il peut être soutenu que le législateur néglige arbitrairement le droit quand il n'assure pas la prestation qui fait l'objet d'une obligation positive, et qu'il néglige ainsi complètement un but déterminé par les droits sociaux. Les relations triadiques que décrit Böckenförde sont d'authentiques positions juridiques de prestation.

En outre, il convient d'opposer deux objections supplémentaires à la thèse de Böckenförde. En premier lieu, celle-ci ne permet pas d'établir convenablement la raison pour laquelle on supprime la figure du sujet actif dans la structure des actions juridiques qui limitent les droits sociaux. Comme nous l'avons vu, le seul argument avancé est l'indétermination de l'objet de la prétention. Cet argument est développé de la manière suivante : les droits sociaux prescrivent seulement des fins, et non les mesures législatives concrètes permettant de les atteindre. Ces mesures législatives font l'objet des relations juridiques qui découlent de ces droits ; dès lors, puisque l'objet est indéterminé, on doit supprimer la possibilité d'attribuer au sujet actif tout droit ou prétention exigible, car si on lui attribuait une prétention exigible, ce serait le juge qui devrait concrétiser l'objet, ce qui contredit le principe selon lequel, dans une démocratie, la concrétisation de l'objet des obligations qui découlent des droits sociaux revient surtout au législateur.

Si l'on y prête attention, cet argument part d'une hypothèse assez extrême et indéfendable : celle selon laquelle le juge n'est en aucun cas compétent pour interpréter l'objet du devoir législatif. La faible vraisemblance de cette hypothèse est reconnue par Böckenförde lui-même qui énumère les trois cas de liens mentionnés – l'inactivité, les moyens iniques et la suppression des mesures adoptées – dans lesquels il reconnaît que le juge constitutionnel peut légitimement concrétiser les devoirs législatifs qui découlent des droits sociaux. D'autre part, la conséquence radicale sur le sujet actif est aussi assez critiquable – sa disparition, que Böckenförde attribue à l'indétermination de l'objet de l'activité législative. Si l'indétermination des dispositions juridiques impliquait la non-existence des droits subjectifs, ce type de droits n'existerait en aucun cas. L'indétermination est inhérente au langage et, par conséquent, au droit ; c'est un élément originel des dispositions qui établissent les droits subjectifs. L'objet du devoir législatif, aussi indéterminé soit-il, n'est pas confondu avec le sujet actif ou le titulaire du droit corrélatif. Ce sont deux éléments indépendants. Même quand une disposition d'un droit social prescrit seulement une fin très indéterminée – la promotion de la santé, par exemple –, les individus titulaires du droit ont en tout cas le pouvoir juridique d'exiger que la fin soit effectuée, parce que la poursuite de la fin s'avère en tout cas obligatoire. Comme argument en faveur de cela, on peut alléguer que personne n'est en désaccord avec le fait que les titulaires des droits fondamentaux devraient être en position de demander la déclaration d'inconstitutionnalité pour un ensemble de mesures législatives qui nuiraient ouvertement à la fin prescrite par la Constitution – dans le cas de la santé, par exemple, la démolition de tous les hôpitaux, la fermeture des facultés et l'incinération des livres de médecine, la disparition de la sécurité sociale et la distribution de produits alimentaires destinés à rendre la population malade. L'indétermination de la prestation n'implique pas la disparition de la prétention.

Finalement, comme celle de Sommermann, la conception de Böckenförde est affectée par les difficultés propres à l'essentialisme. Ne recourant pas à ces termes précis, Böckenförde croit possible de découvrir un contenu essentiel aux fins sociales, à partir de l'observation des dispositions qui les standardisent. Cela se voit clairement quand cet auteur fait allusion au concept d'« inattention grossière ». Comme nous l'avons déjà soutenu, l'idée d'interdire l'inattention grossière peut être comprise comme une définition du contenu essentiel de la fin. Ce fait représente sans doute une avancée en ce qui concerne la conception de Sommermann, dans laquelle le contenu essentiel n'est défini en aucune autre manière. Toutefois, cette avancée ne dissipe pas toutes les incertitudes de ce concept, parce qu'on maintient l'image des droits sociaux comme des êtres qui peuvent être isolés, portés sous le microscope et disséqués pour trouver leur noyau, le minimum, le nécessaire, ce qui exige une protection indispensable, ce dont l'évitement implique une inattention grossière. Cette manière de comprendre le lien qui émane des droits sociaux oublie qu'ils sont intégrés dans un système constitutionnel, dans lequel le minimum, le maximum, ce qui est une invective et ce qui n'en est pas une, sont définis par la relation des droits fondamentaux avec d'autres droits ou biens du système juridique, et non par l'observance isolée de chaque droit. Ce défaut de la conception de Böckenförde est observé avec clarté si l'on prend en considération, d'un côté, qu'aussi majeure soit l'inattention d'un droit social, on ne peut la considérer comme une inattention grossière si elle est justifiée par la nécessité de protéger un autre bien ; et, en sens contraire, qu'aussi considérables soient les mesures législatives prises pour la réalisation d'un droit social, si ces mesures n'ont pas permis d'atteindre à 100 % la fin prévue, on ne peut pas considérer qu'elles soient suffisantes, à moins qu'il existe une raison qui découle d'un autre droit ou bien constitutionnel, ou simplement de la nécessité de garantir au législateur une marge d'action, qui rend nécessaire que la satisfaction du droit social respectif ne puisse être portée jusqu'au point maximal.

Les droits sociaux comme droits définitifs

Une quatrième théorie, qui essaye d'expliquer le caractère normatif des droits sociaux, affirme que les dispositions constitutionnelles qui les établissent donnent lieu à des positions juridiques définitives[1]. Comme nous

---

[1] *Cf.* G. LÜBBE-WOLFF, *Die Grundrechte als Eingriffabwehrrechte. Struktur und Reichweite der Eingriffdogmatik im Bereich staatlicher Leistungen*, Baden-Baden, Nomos, 1988. D'après Lübbe-Wolff, la structure des droits sociaux ne peut se reconstruire par le schéma connu de l'intervention et de la limite *Eingriffs-Schranken-Modell*, caractéristiques de certaines théo-

l'avons déjà signalé, les positions juridiques sont des relations tridimensionnelles dans lesquelles un sujet actif (le titulaire) invoque un droit subjectif pour lequel le sujet passif (le législateur et l'administration) adopte une certaine conduite qui constitue l'objet de son devoir. Quand on affirme que les dispositions de droits sociaux établissent des positions juridiques définitives, on veut dire que ces positions ne sont pas susceptibles de restriction, et ne cèdent devant aucune autre raison qui est invoquée à leur encontre. Ces deux éléments, le caractère insusceptible de restriction et l'inclusion d'un sujet actif doté de droits et de prétentions, sont justement les nouveautés qu'introduit la conception des positions juridiques définitives, en comparaison avec la thèse des commandements objectifs.

Pour la théorie des positions juridiques définitives, les droits sociaux de la Constitution se limitent à quelques devoirs d'abstention, au droit contre l'extrême inactivité législative, aux droits de participation égale aux droits sociaux dérivés, au droit à la satisfaction d'un minimum existentiel et le droit au non-recul social[1]. En premier lieu, quelques dispositions de droits sociaux se limitent à des positions juridiques d'abstention. Par exemple, le droit au travail, le droit à la convention collective, le droit à la grève et le droit à l'éducation impliquent aussi des devoirs étatiques d'abstention. Replacés dans cette dimension, les droits sociaux fonctionnent comme des positions de défense qui imposent au législateur le devoir ne pas restreindre le droit des particuliers de travailler, d'être instruits, de provoquer une grève et d'adopter des mesures de négociation collective[2]. De même, d'autres droits sociaux (au logement, à la sécurité sociale, à la santé, etc.) peuvent aussi être observés dans cette perspective, comme interdictions adressées au législateur et l'administration d'amoindrir les fins qu'ils établissent.

En second lieu, la doctrine allemande a distingué les droits sociaux originaires des droits sociaux dérivés[3]. Les droits sociaux originaires sont des

---

ries des droits de défense, dans lequel on accepte que l'État ait une légitimité pour intervenir dans le domaine de protection initiale ou *prima facie* du droit, surtout quand ses interventions observent les exigences du principe de proportionnalité. L'auteur défend, en revanche, un modèle « performatif » (*Präfromationsmodell*) comme structure des droits sociaux. L'idée de ce modèle est que les droits sociaux n'ont pas un domaine de protection minimal, susceptible d'interventions, mais un seul domaine garanti, qui n'admet aucune intervention du pouvoir étatique (p. 27 et s.).

[1] Sur ces positions juridiques, voir NEUMANN, « Sozialstaatsprinzip und Grundrechtsdogmatik », *Deutsche Verwaltungsblatt*, 112, n° 2, 1997, p. 94 et s. ; GOMES CANOTILHO, *Direito constitucional*, *op. cit.*, p. 369 et s..

[2] Sur la dimension négative du droit au travail, voir BALDASSARRE, « Los derechos sociales », *op. cit.*, p. 32 et s.. Selon cet auteur, cette dimension se concrétise par la garantie de la liberté d'accès au travail, c'est-à-dire dans la « liberté de limitations déraisonnable ou de barrières au revenu dans le secteur de travail choisi ».

[3] *Cf.* M. BOROWSKI, « Grundrechtliche Leistungsrechte », *Jahrbuch des öffentlichen Rechts*, n° 49, 2001 ; J. LÜCKE, « Soziale Grundrechte als Staatszielbestimmungen und Gesetzgebungsaufträge », *Archiv für öffentliches Recht*, vol. 107, n° 1, 1982, p. 31 et s..

positions juridiques fondées directement sur la Constitution, qui prescrivent qu'un sujet actif (l'individu) a le droit d'obtenir d'un sujet passif (le législateur) une prestation déterminée (l'objet). Les droits sociaux dérivés sont, parallèlement, des dispositions juridiques fondées sur les lois qui développent les dispositions constitutionnelles, selon lesquelles un sujet actif (l'individu) a le droit d'obtenir d'un sujet passif (l'administration) une certaine prestation (l'objet) fixé par la loi. Vu leur rang légal, les droits sociaux dérivés ne sont pas, en général, significatifs du point de vue du lien du législateur. Toutefois, le législateur est lié de toute façon par le principe d'égalité dans la création et dans le partage de l'exercice de ces droits dérivés. Le principe d'égalité et les déclarations constitutionnelles de droits sociaux convergent dans cette direction pour former un droit subjectif de participation égale les droits sociaux dérivés[1].

Les droits sociaux originaires représentent les positions contraignantes pour le législateur qui se détachent des dispositions de droits sociaux. L'objet de ces positions est le devoir de légiférer. Dans le mécanisme de l'État démocratique constitutionnel, le législateur est l'organe doté de la capacité de créer l'infrastructure administrative et d'adapter les ressources correspondantes que l'administration emploiera ensuite afin de mener à bien les prestations visant à satisfaire les besoins essentiels des individus protégés par les droits sociaux. Conformément à la théorie des positions juridiques définitives, les droits sociaux imposent au législateur le devoir de légiférer pour disposer des moyens tendant à les satisfaire, et ce devoir est corrélatif au moins à deux droits subjectifs qui sont attribués à l'individu : le droit d'obtenir du législateur au moins un degré minimal d'activité législative, et le droit que la législation établisse les conditions appropriées pour satisfaire la recherche existentielle, c'est-à-dire le droit de recevoir un minimum existentiel. Corrélativement, sont interdites l'inactivité législative et l'omission du minimum existentiel. La violation de ces interdictions a pour conséquence l'inconstitutionnalité par omission[2].

Finalement, d'après la thèse des positions juridiques définitives, on doit aussi assigner aux clauses de droits sociaux une interdiction de recul social. En vertu de cette interdiction, il est interdit au législateur de supprimer les mesures qu'il a adoptées pour développer les droits sociaux. Ceci veut dire que la législation de développement de ces droits est irréversible, et que, quand les droits sociaux acquièrent un certain degré de réalisation, il ne peut y avoir une involution à partir de décisions législatives. À son tour, à cette interdiction correspond un droit individuel, exigible devant les tribunaux, et

---

[1] *Cf.* sur cet aspect, NEUMANN, « Sozialstaatsprinzip », *op. cit.*, p. 97 ; H. H. RUPP, « Vom Wandel der Grundrechte », *Archiv für öffentliches Recht*, vol. 101, 1976, p. 537 et s..

[2] Sur le droit à un minimum essentiel des droits sociaux, voir R. ARANGO, *Der Begriff der sozialen Grundrechte*, Baden-Baden, Nomos, 2000, p. 52 et s., 161 et s., 173 et s., et 248 et s. ; PRIETO SANCHÍS, « Los derechos sociales », *op. cit.*, p. 43 et s..

qui fonctionne de manière semblable aux droits acquis de la doctrine civiliste. Les individus bénéficiaires des prestations étatiques ont le droit de continuer à jouir d'elles, et par conséquent ils peuvent introduire des recours en inconstitutionnalité contre les lois qui essayent de les remettre en cause.

De toute manière, la doctrine a presque toujours soutenu que le droit au non-recul social correspond seulement à ces prestations étatiques qui visent à satisfaire le « contenu essentiel » des droits sociaux. Ainsi, le législateur pourrait faire marche arrière par rapport à tous les aspects accidentels de ces droits qui seraient développés, mais non en ce qui concerne les prestations corrélatives au contenu essentiel. La seule manière acceptable dont ces prestations de base pourraient être remises en cause serait par une substitution par d'autres mécanismes alternatifs ou compensatoires. Ce qui est cherché n'est pas une perpétuité des moyens, un *statu quo* des stratégies, mais une garantie stable pour le noyau essentiel des droits sociaux[1].

La théorie des droits sociaux comme droits définitifs a le grand mérite de tenter d'articuler la dimension normative des droits sociaux comme droits subjectifs qui ont comme destinataires le législateur et l'administration. Cette théorie apporte une plus grande clarté au fait que, bien que l'on doive reconnaître au législateur une liberté de régulation des droits sociaux, cette liberté doit respecter un minimum essentiel exigé par ces droits : un minimum d'activité législative, la satisfaction du minimum existentiel, et le droit au non-recul dans les prestations correspondant au noyau essentiel des droits sociaux[2].

Toutefois, cette théorie se heurte à plusieurs difficultés. La première a trait à l'interdiction de l'inactivité législative totale. Il est assez clair qu'une connaissance normative des droits sociaux interdit l'inactivité législative absolue. Cependant, si on conçoit cette interdiction comme une norme définitive, et non seulement comme une norme *prima facie*, on élimine complètement la compétence législative pour décider sur l'opportunité de l'action visant à satisfaire les nécessités connexes aux droits sociaux. On doit reconnaître que l'occasion des interventions dans le monde de la politique et de l'économie est un facteur qui détermine l'efficacité des stratégies mises en pratique. Il est possible, que dans une situation précise, l'inactivité législative soit politiquement recommandable, c'est-à-dire, que la passivité soit fondée. Pour cette raison, il paraît plus nécessaire de reconsidérer l'interdiction d'inactivité comme une interdiction *prima facie* qui, en principe, doit être accomplie, à moins qu'il existe une raison plus forte pour le contraire et seulement tant que cette raison subsiste.

D'autre part, la thèse des positions juridiques définitives soulève aussi le problème de l'essentialisme que nous avons déjà critiqué. Ce problème réside dans la difficulté de déterminer uniquement par la lecture des disposi-

---

[1] Gomes Canotilho, *Direito constitucional*, *op. cit.*, p. 321.
[2] Gomes Canotilho, « Metodología "fuzzy" », *op. cit.*, p. 45 et s..

tions constitutionnelles ce qui peut constituer le minimum des droits sociaux. Le minimum existentiel est « indéterminé », et il n'y a pas beaucoup de critères sûrs pour éliminer cette indétermination. En outre, la doctrine sur les positions définitives ne précise pas si le minimum prôné est celui de la fin (de l'objectif social qu'on prétend atteindre) ou des moyens législatifs qui peuvent être adoptés à cet effet. En tout cas, l'indétermination du minimum comprend les deux aspects. Il n'existe pas de critères sûrs pour établir ce qui constitue le minimum de la fin. De même, même si l'on pouvait reconnaître ainsi le minimum de la fin, subsiste le problème de la définition des stratégies législatives minimales (les moyens minimaux) à mettre en œuvre pour l'obtenir. D'un côté, le jugement sur ces stratégies dépend de variables économiques qui n'offrent presque jamais de certitudes ou de formules sûres. La confiance dans l'intuition des juges, présente dans l'idée des minimums, ne permet pas de réfuter le fait que le choix entre des stratégies d'action sociale pour atteindre le minimum de droits est plutôt une question relevant de la science économique, pour l'évaluation duquel le législateur est le plus légitime.

À cela, il faut ajouter deux objections. En premier lieu, même si l'on pouvait savoir avec certitude quelles sont les positions juridiques qui constituent le minimum de droits sociaux, il existerait peut-être dans certains cas des raisons qui empêchent ou déconseillent d'accomplir ce minimum. La théorie des positions juridiques définitives affirme que chaque droit social a un noyau qui doit être toujours assuré. Cette affirmation, cependant, oublie que le législateur n'est pas lié à chaque droit, considéré de manière isolée, mais à la Constitution dans son ensemble, et que, par conséquent, il peut y avoir des droits, des biens et des fins incompatibles, des raisons constitutionnelles qui empêchent que le minimum d'un droit social soit garanti dans une situation précise.

En outre, si l'on suit la théorie des positions juridiques définitives, des conflits insolubles entre des droits fondamentaux se produiraient en droit constitutionnel. Ces conflits auraient lieu quand le législateur aura été lié par deux exigences contradictoires, qui dériveraient des minimums relevant de deux droits sociaux différents (pensons, par exemple, au fait qu'avec les mêmes moyens, il est impossible de fournir le minimum d'éducation et de santé). Si ces exigences étaient considérées comme faisant l'objet de deux jugements définitifs, cela produirait une collision impossible à résoudre, parce que le législateur ne peut pas satisfaire deux exigences définitives contradictoires. En ce sens, la doctrine et la jurisprudence ont consacré l'affirmation selon laquelle les droits sociaux, dans tout leur cadre normatif, sont soumis « à la réserve du possible[1] ». On ne doit pas entendre par là seu-

[1] L'expression « réserve du possible » a été retenue par la Cour constitutionnelle allemande dans la *BVerfGE* 33, 303 et s.. Il soutient que les droits sociaux sont soumis à la réserve du possible, « au sens où l'individu peut attendre raisonnablement de la société » (p. 333). Sur ce

lement ce qui est possible du point de vue budgétaire ou pratique, mais aussi du point de vue juridique, c'est-à-dire, par rapport aux exigences d'autres droits ou biens constitutionnels dignes de protection.

De même, il est également nécessaire de reconnaître que le droit au non-recul social doit aussi être considéré *prima facie* uniquement comme une position juridique, qui peut parfois être restreinte en raison d'autres biens constitutionnels qui ont une priorité en l'espèce. Le législateur doit avoir la liberté de décider des stratégies qu'il utilise pour essayer de satisfaire les divers buts sociaux que la Constitution lui impose. La tâche de tendre vers tous ces objectifs pourrait devenir très compliquée dans certains cas, si le Parlement était contraint de régler des problèmes sociaux d'aujourd'hui avec des solutions d'hier[1]. Par conséquent, on doit comprendre que le droit au non-recul social est une position *prima facie*, qui admet des restrictions, pourvu que celles-ci soient prévues.

Finalement, on peut objecter à l'encontre de la notion de contenu essentiel qu'elle priverait de caractère obligatoire les droits dérivés des dispositions de droits sociaux qui se situent hors de ce noyau minimal. La conséquence de cette suppression du caractère normatif serait que, dans la zone « accidentelle » du contenu des droits sociaux, seraient permis tous types de restrictions, y compris disproportionnées, irrationnelles, brutales ou injustifiées. Hors de ce qui est « essentiel pour la dignité humaine », on permettrait tout type d'intervention législative, y compris une intervention arbitraire.

Les droits sociaux comme droits « prima facie »

De ces objections à la thèse des positions définitives découle le fait que les dispositions de droits sociaux doivent plutôt se limiter à des positions *prima facie*. Selon cette conception, déjà proposée par Alexy[2] et Borowski[3], les déclarations des droits sociaux fondamentaux donnent lieu à des normes et à des positions *prima facie*, qui admettent des restrictions législatives pourvu qu'elles soient proportionnées. Ces restrictions peuvent se justifier par des limitations économiques et, en outre, par des exigences qui découlent d'autres droits fondamentaux, sociaux, démocratiques ou de liberté, ou d'autres biens constitutionnels. Dans cette perspective, le principe de proportionnalité agit comme un critère de définition des obligations qui émanent

---

concept, voir W. MARTENS, « Grundrechte im Leistungstaat », *Veröffentlichungen der Vereinigung der Deutschen Staatsrechtslehrer*, n° 30, 1972, p. 31. Voir également HÄBERLE, « Grundrechte », *op. cit.*, p. 139 ; NEUMANN, « Sozialstaatsprinzip », *op. cit.*, p. 94. Neumann ajoute à la réserve du possible la réserve du souhaité, avec laquelle il veut exprimer que l'efficacité des droits sociaux dépend aussi des autres raisons que le législateur doit combiner avec la configuration de l'ordre social.

[1] *Ibid.*, p. 97.

[2] R. ALEXY, *Teoría de los derechos*, *op. cit.*, p. 494.

[3] BOROWSKI, *Grundrechte als Prinzipien*, *op. cit.*, p. 137 et s..

des déclarations des droits sociaux. L'analyse de la proportionnalité des restrictions à ces droits indique si, dans les cas concrets, les positions dans lesquelles ces droits sont limités valent seulement *prima facie*, ou si elles valent aussi de manière définitive. En Allemagne, ce type d'analyse de proportionnalité reçoit le nom d'interdiction de protection déficiente (*Untermaßverbot*). Sa structure est très semblable à celle du principe de proportionnalité qui est appliqué pour le contrôle des interventions législatives dans les droits de défense (le principe de l'interdiction de l'excès ou d'*Übermaßverbot*).

Selon cette théorie, les dispositions constitutionnelles sur les droits sociaux se limitent à des positions qui imposent au législateur un certain devoir de légiférer – ainsi qu'à des devoirs d'activité qui pèsent sur l'administration et sur le pouvoir judiciaire. Ces positions ont la structure suivante[1] :

- sujet actif : l'individu ;
- sujet passif : le législateur, l'administration ou le juge ;
- objet : une prestation, c'est-à-dire une conduite positive consistant à voter des lois tendant à satisfaire les besoins essentiels de l'individu et à fournir les moyens nécessaires pour l'exercice des libertés et des droits politiques.

Dans cette structure, l'individu a *prima facie*[2] un droit, non à un minimum, mais à tous les moyens matériels nécessaires pour l'exercice de ses libertés, des droits politiques, et pour la satisfaction de ses besoins essentiels. Mais ce maximum n'est pas exigible de l'État de manière définitive s'il existe d'autres principes constitutionnels ou limitations matérielles qui l'empêchent, et si cela est ainsi démontré par l'application du principe de proportionnalité quand celui-ci vise l'interdiction de la protection déficiente. Ainsi, par exemple, dans le cas du droit à la santé, l'individu a un droit *prima facie* à l'obtention de l'État de tous les médicaments et soins qui lui garantissent la satisfaction de ses besoins essentiels de santé, pour la conservation d'une vie digne et de son intégrité physique et psychologique. Toutefois, ce droit peut être restreint et ne pas valoir avec autant d'ampleur de manière définitive, s'il existe d'autres principes constitutionnels ou d'autres limitations matérielles qui le justifient. Par exemple, la sécurité sociale ne peut se charger des opérations esthétiques parce que le financement de ces interventions impliquerait l'emploi de ressources financières destinées aux soins d'urgences ou à la fourniture de médicaments à des malades dont la survie est en cause.

Ainsi, chaque droit a un contenu *prima facie* qui serait composé de toutes les positions qui garantissent les moyens indispensables pour assurer les

---

[1] Sur cette sructure, L. PRIETO SANCHÍS, « Los derechos sociales », *op. cit.*, p. 15. ; G. PECES-BARBA MARTÍNEZ, « Los derechos económicos, sociales y culturales », *op. cit.*, p. 29.

[2] Sur le concept de droit *prima facie*, voir C. BERNAL PULIDO, *El principio de proporcionalidad*, *op. cit.*, p. 615 et s..

besoins de base que protège le cadre normatif du droit : pour la santé le droit à la santé, pour l'éducation le droit à l'éducation, etc. Mais, en outre, chaque droit a aussi un contenu définitif, composé de toutes les positions du droit *prima facie* qui peuvent être opposables au législateur et à l'administration et que l'on ne peut restreindre, sur la base des critères qu'explicite l'interdiction de protection déficiente. Les positions susceptibles d'être restreintes peuvent être exclues par ces organes de détermination du contenu définitif du droit.

Au vu de ce qui précède, la question finale est alors de savoir quels sont les critères qui explicitent cette interdiction de protection déficiente. Sur ce point, on doit indiquer que cette interdiction est une variante du principe de proportionnalité au sens large dans la version d'interdiction de l'excès[1], qui est composé des mêmes sous-principes d'aptitude, de nécessité et de proportionnalité au sens strict, mais dans une version différente de ces derniers. Ces trois sous-principes sont un critère structurel de détermination du contenu des droits sociaux, par l'application duquel on peut établir si un acte étatique – une omission absolue ou relative – nuit à l'un de ces droits.

L'interdiction de protection déficiente a été au cœur d'une intéressante polémique doctrinale[2], inaugurée par le jugement que la Cour constitutionnelle allemande a prononcé dans le second cas relative à l'avortement[3]. Dans le fondement de ce jugement, ce Tribunal a soutenu, dans les termes suivants, que le législateur doit observer les exigences de l'interdiction de protection déficiente dans la définition des devoirs de prestation et de protection étatique : « Les prescriptions que le législateur établit doivent offrir une protection adéquate et effective et doivent pouvoir être fondées sur des recherches de fait soigneuses et sur des appréciations plausibles. » De même, il a indiqué : « Puisque l'interdiction de protection déficiente ne peut nuire, la configuration de la protection par l'ordre juridique doit correspondre à des exigences minimales. »

Cette brève mention, toutefois, ne précise pas quelles différences structurelles existent entre cette interdiction de protection déficiente et l'interprétation du principe de proportionnalité comme interdiction de l'excès. Les plus représentatives se réfèrent au concept d'intervention en droit social et à la définition des sous-principes d'aptitude, de nécessité et de proportionnalité au sens strict.

---

[1] Sur la structure de ce principe, voir *ibid.*, chap. VI.

[2] Les travaux suivants sont les plus représentatifs de la discussion allemande sur le *Untermaßverbot* : C.-W. CANARIS, « Grundrechtswirkungen und Verhältnismäßigkeitprinzip in der richterlichen Anwendung und Fortbildung des Privatrechts », *Juristische Schulung*, n° 3, 1989, p. 161 et s. ; J. DIETLEIN, « Das Untermaßverbot », *Zeitschrift für Gesetzgebung*, n° 9, 1995, p. 131 et s. ; K.-E. HAIN, « Der Gesetzgeber in der Klemme zwischen Übermaß und Untermaßverbot », *Deutsche Verwaltungsblatt*, 1993, p. 982 et s. ; K.-E. HAIN, « Das Untermaßverbot in der Kontroverse », *Zeitschrift für Gesetzgebung*, n° 11, 1996, p. 75 et s..

[3] *BVerfGE*, 88, 203 (254).

La première particularité de l'interdiction de protection déficiente consiste en ce qu'en général les interventions de l'État en matière de droits sociaux ne se limitent pas à des actions mais comportent aussi des omissions. L'objet du contrôle de constitutionnalité dans l'interdiction de protection déficiente est une omission législative ou administrative absolue ou partielle. Une omission partielle est une activité étatique qui ne protège pas le droit social ou qui le protège insuffisamment pour ne pas favoriser le plus largement possible la satisfaction du besoin essentiel qui est implicite dans le droit. Il s'agit de l'exécution d'une prestation déficiente par l'État, comme, par exemple, une prestation précaire des services de santé, qui ne couvre pas au moins les services d'urgence. En ce sens, une intervention dans le droit social se produit si l'activité étatique ne parvient pas à satisfaire complètement les besoins de base protégés par le droit.

Toute omission absolue ou relative qui constitue une intervention dans un droit social est inconstitutionnelle, à moins qu'elle ne soit justifiée par les exigences des sous-principes d'aptitude, de nécessité et de proportionnalité au sens strict.

b. En ce qui concerne le sous-principe d'aptitude, une omission absolue ou relative de l'État sera inconstitutionnelle quand elle ne sera pas justifiée par le fait qu'elle favorise la réalisation d'une fin législative qui est constitutionnellement légitime. Ceci veut dire que la non-satisfaction arbitraire des droits sociaux est interdite par la Constitution. Pour que cette non-satisfaction soit légitime, il est nécessaire qu'elle soit justifiée par la nécessité de prendre en compte d'autres fins constitutionnellement légitimes, qui conseillent l'omission de l'État ou la satisfaction seulement partielle du droit. Toute omission arbitraire est susceptible d'être déclarée inconstitutionnelle.

Mais cette exigence constitue seulement une première étape. En second lieu, toute omission étatique absolue ou relative doit remplir les exigences du sous-principe de nécessité. Conformément à ce sous-principe, une omission étatique absolue ou relative est inconstitutionnelle quand il existe une autre omission ou une autre mesure légale alternative qui favorise au moins autant la réalisation de la fin constitutionnellement légitime du législateur ou de l'administration, et permette en même temps une meilleure mise application du droit social. Celle-ci est une application de ce que l'on appelle l'optimum de Pareto. On peut penser, par exemple, que le législateur a adopté la mesure M1 pour protéger un droit social DS, et que M1 protège seulement ce droit à 70 %, mais que cette protection déficiente est justifiée par le fait que, de cette manière, on atteint la fin constitutionnelle FC à 40 %. Selon le principe de nécessité, M1 est inconstitutionnel s'il existe une mesure alternative M2 qui parvient à protéger FC également à 40 % mais à protéger DS à 75 %. Ainsi, l'État est obligé d'adopter les moyens qui offrent un équilibre optimal entre les droits sociaux et les autres fins constitutionnellement légitimes qu'il doit protéger.

d. Finalement, selon la pondération ou le sous-principe de proportionnalité au sens strict de l'interdiction de protection déficiente, une omission législative absolue ou relative est inconstitutionnelle quand le bénéfice pour la fin législative sera inférieur au degré auquel le droit social n'est pas réalisé. Autrement dit, bien qu'il existe une fin qui justifie l'omission, celle-ci sera inconstitutionnelle si les bénéfices qu'elle implique pour cette fin ne compensent pas les sacrifices qu'entraîne la non-satisfaction du droit social. Si la fin législative bénéficie seulement d'une manière légère d'une mesure d'omission partielle qui implique une non-satisfaction grave d'un droit social, on devra déclarer l'inconstitutionnalité de cette mesure.

Évidemment, on doit signaler que l'application de ces sous-principes n'élimine pas les marges d'action du législateur et de l'administration[1]. Le Législatif et l'Exécutif ont une marge d'action structurelle, parce que dès lors que la Constitution ne les définit pas, ils sont compétents pour décider quels sont les moyens politiques les plus nécessaires pour la satisfaction des droits sociaux, parmi tous ceux qui remplissent les exigences de l'interdiction de protection déficiente. Ainsi, par exemple, les organes étatiques peuvent établir quel est le système de sécurité sociale – s'il est public, privé ou mixte, et avec quelles spécifications – qui garantit le mieux le droit à la santé, pourvu que : 1. ce système offre la plus grande satisfaction du droit à la santé, compatible avec les possibilités économiques des secteurs public et privé du pays et avec la protection des autres principes constitutionnels (aptitude) ; 2. il n'existe pas un meilleur moyen alternatif selon les termes du sous-principe de nécessité, et 3. les carences qui découlent de ce système pour le droit à la santé soient justifiées par les bénéfices qu'il offre pour la satisfaction des autres principes constitutionnels qui justifient sa protection limitée et pour l'équilibre des finances publiques.

Conformément à cela, le législateur comme l'administration dispose d'une marge d'action épistémique. En vertu de cette marge, quand il sera nécessaire d'appliquer les sous-principes qui constituent l'interdiction de protection déficiente, le juge ne devra déclarer l'inconstitutionnalité des abstentions étatiques absolues et relatives que sur base de prémisses de fait certaines. En d'autres termes, le manque de certitude des prémisses de fait joue pour le législateur et l'administration. Par exemple, si dans un cas on ne sait pas laquelle de deux mesures protège le mieux un droit social, le juge ne pourra pas en imposer une comme étant constitutionnellement nécessaire, et le choix sera réservé aux organes compétents en la matière. Le respect de cette marge d'action, qui découle du principe démocratique, empêche l'interférence illégale du juge constitutionnel sur des compétences législatives et administratives. Son observance garantit que le caractère juridique

[1] Sur les marges d'action structurelles et épistémiques du législateur, voir R. ALEXY, « Epílogo a la Teoría de los derechos fundamentales », *Revista Española de Derecho Constitucional*, n° 66, 2002.

des droits sociaux ne se transforme pas en un stratagème pour que le juge ne connaisse pas les règles du jeu démocratique et du principe de séparation de pouvoirs.

Bibliographie

Références doctrinales

R. ALEXY, *Teoría de los derechos fundamentales*, Madrid, Centro de Estudios Políticos y Constitucionales, 1997.

R. ALEXY, « La institucionalización de los derechos humanos en el Estado constitucional democrático », *Derechos y Libertades*, n° 8, 2000.

R. ALEXY, « Epílogo a la Teoría de los derechos fundamentales », *Revista Española de Derecho Constitucional*, n° 66, 2002.

R. Arango, *Der Begriff der sozialen Grundrechte*, Baden-Baden, Nomos, 2000.

F. ATRIA, *¿Existen derechos sociales?*, manuscrit, 2004.

A. BALDASSARRE, « Los derechos sociales », *Revista de Derecho del Estado*, n° 5, 1998.

C. BERNAL PULIDO, *El principio de proporcionalidad y los derechos fundamentales*, Madrid, Centro de Estudios Políticos y Constitucionales, 2003.

E.-W. BÖCKENFÖRDE, « Los derechos fundamentales sociales en la estructura de la Constitución », *in* E.-W. BÖCKENFÖRDE, *Escritos sobre derechos fundamentales*, Baden-Baden, Nomos, 1993.

M. BORGETTO, *La notion de fraternité en droit public français*, Paris, LGDJ, 1993.

M. BOROWSKI, « Grundrechtliche Leistungsrechte », *Jahrbuch des öffentlichen Rechts*, n° 49, 2001.

C.-W. CANARIS, « Grundrechtswirkungen und Verhältnismäßigkeitprinzip in der richterlichen Anwendung und Fortbildung des Privatrechts », *Juristische Schulung*, n° 3, 1989.

I. DE OTTO Y PARDO, *Derecho constitucional. Sistema de fuentes*, 4.ª reimp., Barcelona, Ariel, 1995.

E. DENNINGER, « State Tasks and Human Rights », *Ratio Iuris*, vol. 12, n° 1, 1999.

J. DIETLEIN, « Das Untermaßverbot », *Zeitschrift für Gesetzgebung*, n° 9, 1995.

E. FORSTHOFF, *El Estado de la sociedad industrial*, Madrid, Instituto de Estudios Políticos, 1975.

E. FORSTHOFF, « Problemas constitucionales del Estado social », *in* W. ABENDROTH, E. FORSTHOFF et K. DOERING, *El Estado social*, Madrid, Centro de Estudios Constitucionales, 1986.

M. GARCÍA PELAYO, *Las transformaciones del Estado contemporáneo*, Madrid, Alianza Editorial, 1987.

J. J. GOMES CANOTILHO, *Direito constitucional e teoria da Constituição*, Coimbra, Almedina, 1997.

J. J. GOMES CANOTILHO, « Metodología “fuzzy” y “camaleones normativos” en la problemática actual de los derechos económicos, sociales y culturales », *Derechos y Libertades*, n° 6, 1998.

M. GONZÁLEZ BEILFUSS, *Tribunal Constitucional y reparación de la discriminación normativa*, Madrid, Centro de Estudios Políticos y Constitucionales, 2000.

K. GÜNTHER, « Welche Personenbegriff braucht die Diskurstheorie des Rechts? Überlegungen zum internen Zusammenhang zwischen deliberativer Person, Staatsbürger und Rechtsperson », *in* H. BRUNKHORST et P. NIESEN (eds.), *Das Recht der Republik*, Frankfurt a. M., Suhrkamp, 1999.

P. HÄBERLE, « Grundrechte im Leistungsstaat », *Veröffentlichungen der Vereinigung der Deutschen Staatsrechtslehrer*, n° 30, 1972.

J. HABERMAS, *Teoría de la acción comunicativa*, t. II, « Crítica de la razón funcionalista », Madrid, Taurus, 1987.

J. HABERMAS, *Facticidad y validez. Sobre el derecho y el Estado democrático de derecho en términos de teoría del discurso*, Madrid, Trotta, 1998.

K.-E. HAIN, « Der Gesetzgeber in der Klemme zwischen Übermaß- und Untermaßverbot », *Deutsche Verwaltungsblatt*, 1993.

K.-E. HAIN, « Das Untermaßverbot in der Kontroverse », *Zeitschrift für Gesetzgebung*, n° 11, 1996.

H. HELLER, « ¿Estado de derecho o dictadura? », *in* H. HELLER, *Escritos políticos*, Madrid, Alianza Universidad, 1985.

G. LÜBBE-WOLFF, *Die Grundrechte als Eingriffabwehrrechte. Struktur und Reichweite der Eingriffdogmatik im Bereich staatlicher Leistungen*, Baden-Baden, Nomos, 1988.

J. LÜCKE, « Soziale Grundrechte als Staatszielbestimmungen und Gesetzgebungsaufträge », *Archiv für öffentliches Recht*, vol. 107, n° 1, 1982.

N. LUHAMNN, *Recht und Automation in der öffentlichen Verwaltung. Eine verwaltungswissenschaftliche Untersuchung*, Berlin, Duncker & Humblot, 1966.

T. H. MARSHALL, *Citizenship and Social Class*, Cambridge (Mass.), Cambridge University Press, 1992.

W. MARTENS, « Grundrechte im Leistungstaat », *Veröffentlichungen der Vereinigung der Deutschen Staatsrechtslehrer*, n° 30, 1972.

V. NEUMANN, « Sozialstaatsprinzip und Grundrechtsdogmatik », *Deutsche Verwaltungsblatt*, 112, 1997, n° 2.

G. PECES-BARBA, *Curso de derechos fundamentales. Teoría general*, Madrid, Universidad Carlos III de Madrid, 1995.

G. PECES-BARBA, « Los derechos económicos, sociales y culturales: su génesis y su concepto », *Derechos y Libertades*, n° 6, 1998.

L. PRIETO SANCHÍS, « Los derechos sociales y el principio de igualdad sustancial », *Revista del Centro de Estudios Constitucionales*, n° 22, 1995.

J. RAWLS, *El liberalismo político*, Barcelona, Grijalbo-Mondadori, 1996.
H. H. RUPP, « Vom Wandel der Grundrechte », *Archiv für öffentliches Recht*, vol. 101, 1976.
C. SCHMITT, « Grundrechte und Grundpflichten », *in* C. SCHMITT, *Verfassungsrechtliche Aufsätze*, Berlin, 2e ed., 1973.
A. K. SEN, *El derecho a no tener hambre*, Bogotá, Universidad Externado de Colombia, 2002.
K.-P. SOMMERMANN, *Staatsziele und Staatszielbestimmungen*, Tübingen, Mohr Siebeck, 1997.
E. TUGENDHAT, *Lecciones de ética*, Barcelona, Gedisa, 1997.
L. VON STEIN, *The History of the Social Movement in France, 1789-1850*, Totowa y New Jersey, The Bedminster Press, 1964 (trad. partielle : *Movimientos sociales y monarquía*, Madrid, Instituto de Estudios Políticos, 1957).
A. WEBER, « L'État social et les droits sociaux en RFA », *Revue française de droit constitutionnel*, n° 24, 1995.

Références jurisprudentielles

Cour constitutionnelle allemande, BVerfGE 33, 303 et s.
Cour constitutionnelle allemande, BVerfGE 88, 203 et s.

CHAPITRE XI

LE DROIT FONDAMENTAL AU PROCÈS ÉQUITABLE[1]

Le procès équitable est l'un des droits fondamentaux généraux qui figurent dans toute constitution digne de ce nom. Bien que notre texte constitutionnel, comme presque tous les textes constitutionnels d'Amérique latine, soit prolixe sur la consécration des droits fondamentaux, il est évident que la longue liste des droits pourrait être réduite à cinq droits fondamentaux généraux : le droit général à la liberté[2], le droit général à l'égalité[3], le droit général à la protection, le droit général d'organisation et le droit général au procès équitable[4].

En effet, le procès équitable s'inscrit dans une longue tradition des droits fondamentaux de l'individu et, de façon générale, en tant que principe de base de l'organisation de toute société. Dans la tradition occidentale, judéo-chrétienne, ses antécédents pourraient remonter à des événements qui ont eu lieu à des époques aussi lointaines que, par exemple, la très célèbre conversation entre Dieu et Abraham dans le jugement contre Sodome et Gomorrhe[5] – dans lequel apparaissent déjà les principes d'impartialité du juge, d'immédiateté procédurale, du contradictoire, de justice, de légalité et d'équité, ou des principes qui s'imposent à l'administration de la justice et que l'on peut lire dans l'Ancien Testament[6], qui ordonnent que les jugements soient justes, proscrivent toute marque de corruption, incitent à la rectitude et à la prédominance des principes de légalité, d'immédiateté pro-

---

[1] Une première version de ce texte a été présentée sous forme de conférence au IIIe Congrès Antioquien de droit procédural, Medelin, Université de Medelin, juillet 2004. L'auteur remercie le docteur María José VIANA pour sa contribution à la recherche documentaire, et le moniteur Andrés GUTIÉRRES pour son aide dans le choix de la jurisprudence analysée ici.

[2] *Cf.*, sur ce droit, C. BERNAL PULIDO, « El derecho al libre desarrollo de la personalidad », *in IVe Jornadas de Derecho Constitucional y Administrativo*, Bogotá, Universidad Externado de Colombia, 2003, p. 301 et s..

[3] *Cf.* sur ce droit C. BERNAL PULIDO, « El juicio de igualdad en la jurisprudencia de la Corte Constitucional », *Letras Jurídicas*, Medellín, Empresas Públicas de Medellín, vol. 8, n° 2, 2003, p. 205 et s..

[4] *Cf.*, sur le droit général d'organisation et de procédure, R. ALEXY, *Teoría de los derechos fundamentales*, Madrid, Centro de Estudios Políticos y Constitucionales, 1997, p. 456 et s..

[5] *Cf.* Genèse 18, 1.

[6] *Cf.* Deuteronome, 16, 18 et s..

cédurale et d'égalité, instituent des règles sur les preuves comme l'expertise ou le témoignage, et établissent la présomption d'innocence.

Évidemment, depuis ces précédents très anciens, et jusqu'à l'État moderne, le procès équitable a connu une infinité de variantes. Il est toutefois certain que, de nos jours, ce principe et ce droit fondamental sont érigés pour structurer deux des dimensions les plus importantes de l'État : l'État de droit et l'État démocratique. Si l'on observe avec attention, il apparaît que l'État de droit[1] est une organisation politique dans laquelle le pouvoir est exercé conformément au principe de procès équitable établi par la loi. De même, on doit reconnaître que la démocratie ne se distingue pas du tout de l'institutionnalisation d'un procès équitable pour l'exercice du pouvoir dans chacune de ses manifestations. Selon les définitions classiques de la démocratie[2], cette forme de gouvernement ne fait pas allusion à des propriétés substantielles, mais à des éléments formels relatifs à la concurrence et à la procédure d'exercice du pouvoir. La démocratie est un mécanisme, un engrenage de processus nécessaires qui sont articulés entre eux pour constituer ainsi un système de contrôle des pouvoirs publics et privés, et qui peuvent être exercés conformément aux compétences et aux procédures prévues par le droit.

L'objet de notre étude est d'analyser le droit fondamental au procès équitable, dans une perspective holistique, en se centrant tout particulièrement sur quatre aspects : ses fondements dans le cadre de l'État constitutionnel démocratique, son institutionnalisation en droit positif, la définition de ses titulaires, et la définition de son objet.

[1] *Cf.* E. W. BÖCKENFÖRDE, « Origen y cambio del concepto de Estado de derecho », *in* E. W. BÖCKENFÖRDE, *Estudios sobre el Estado de derecho y la democracia*, Madrid, Trotta, 2000, p. 31 et s.. En ce sens, la Cour constitutionnelle a soutenu, dans les jugements T-001 de 1993, M. P. : Jaime SANÍN GREIFFENSTEIN, et T-383 de 2000, M. P. : Vladimiro NARANJO MESA : « le procès équitable est celui qui s'adapte complètement au principe de juridicité propre à l'État de droit et exclut, par conséquent, toute action *contra legem* ou *praeter legem*. Comme les autres fonctions de l'État, celle d'administrer la justice est soumise à l'empire du juridique : elle peut être exercée seulement dans les termes établis préalablement par des normes générales et abstraitres qui lient positivement et négativement les serviteurs publics. Est interdite à ces derniers toute action qui n'est pas légalement prévue, et ils peuvent agir uniquement en s'appuyant sur une attribution préalable de compétences. Le droit au procès équitable est celui qu'a toute personne à la bonne administration de la justice ». Et on conclut qu'« est équitable le procès qui satisfait à toutes les demandes, conditions et exigences nécessaires pour garantir l'effectivité du droit matériel ».

[2] *Cf.* N. BOBBIO, « La regla de la mayoría: límites y aporías », *in* N. BOBBIO, *Teoría general de la política*, Madrid, Trotta, 2003, p. 462 et s.. *Cf.* également E. W. BÖCKENFÖRDE, « La democracia como principio constitucional », *in* E. W. BÖCKENFÖRDE, *Estudios sobre el Estado de derecho y la democracia*, *op. cit.*, p. 47 et s..

Le fondement du droit fondamental au procès équitable dans l'État constitutionnel démocratique

L'idée qui structure de l'État constitutionnel démocratique est le concept de discours. Tandis qu'un État totalitaire ou autoritaire est conçu comme un monologue où la référence à l'autorité est le critère de définition du devoir et, par conséquent, du droit, dans l'État constitutionnel démocratique, le pouvoir est exercé et le droit est créé de manière discursive ou, comme le soutient Nino, de manière délibérative[1]. Ceci veut dire que, dans ce type d'État, on présuppose que le souverain et les sujets sont en réalité des interlocuteurs qui agissent mutuellement en cherchant la compréhension, afin de répondre à la question pratique par excellence : que doit-on faire ? Ainsi, et comme le pensait à l'origine Rousseau, sans se limiter à un groupe de citoyens masculins, de nationaux ou de propriétaires, le destinataire du pouvoir étatique doit aussi prendre part à son exercice, et le sujet de droit doit être à son tour auteur, cette ubiquité de l'individu ne pouvant être obtenue qu'au moyen de structures discursives.

C'est ainsi que la démocratie se structure autour d'une procédure législative, suivie d'une procédure d'application des lois par l'administration et les juridictions, dans lesquels les individus échangent des arguments, des prétentions, et présentent des preuves pour la défense de leurs propres intérêts. Dans ce schéma, la justice d'une manière générale, et le droit en particulier, ne dépendent pas d'un concept unique de justice matérielle, imposé par la vision de l'autorité, mais du dialogue entre des interlocuteurs qui exposent leurs visions et leurs besoins, au moyen de procédures qui les incluent et qui leur offrent la garantie de pouvoir s'exprimer sans autre condition que celles qui découlent du respect des droits des autres. Le principe structurant de la démocratie n'est, ni un principe matériel, ni la reconnaissance d'une seule compétence universelle à un souverain, mais le principe du discours. Conformément à ce principe, comme le définit Habermas, seules doivent être considérées comme des normes valables et, par conséquent, seules doivent être mises en œuvre et appliquées celles auxquelles tous les intéressés peuvent accorder leur approbation en qualité de participants à des discours rationnels[2]. Comme on peut le supposer, ces discours rationnels sont structurés par des procédures. Pour cette raison, le respect des différents procès équitables est la meilleure garantie de fonctionnement de la démocratie. C'est pour cela qu'il ne paraît en aucune façon exagéré d'affirmer que le procès équitable est au cœur de la démocratie.

Ceci décrit la dimension objective de la démocratie comme un ensemble de procédures équitables. Toutefois, il faut remarquer qu'à côté de cette dimension objective, il existe aussi une dimension subjective. Les procé-

[1] *Cf.* C. S. Nino *La constitución de la democracia deliberativa*, Barcelona, Gedisa, 1997.

[2] J. Habermas, *Facticidad y validez. Sobre el derecho y el Estado democrático de derecho en términos de teoría del discurso*, Madrid, Trotta, 1998, p. 172.

dures structurant la démocratie ne peuvent surgir de manière autonome. Au contraire, elles sont le produit de l'interaction. C'est pour cette raison que l'individu présupposé par le principe du discours est un interlocuteur, une personne parlant la même langue, doté de la capacité de discernement et, par conséquent, de la faculté de faire des affirmations et de les fonder, de critiquer et de réfuter de façon argumentée les affirmations d'autres individus, de présenter et de contester des preuves et d'exercer la plus saine des critiques, la critique à lui-même ou l'autocritique[1]. L'exercice de toutes ces facultés, implicites dans la capacité de discernement, ou d'imputation, pour reprendre l'expression de Klaus Günther, est le substrat et la matière dont sont composées les procédures démocratiques. Par conséquent, on peut dire que ces procédures et ces facultés sont les deux facettes – objective et subjective – d'une même chose : la forme de gouvernement démocratique et les droits consécutifs de participation les procédures de la vie publique et privée attribués aux individus[2].

Il convient d'indiquer qu'à leur tour, ces deux facettes – objective et subjective – de la forme de gouvernement démocratique ne se justifient pas par elles-mêmes. Le respect des procédures du gouvernement du peuple et par le peuple, et des droits discursifs de l'individu, citoyen, participant à la délibération, ne constitue pas une fin en soi. Son objectif est le respect des droits fondamentaux matériels de l'individu et la recherche de la paix et de la justice sociale. La démocratie ne se justifie pas par elle-même, mais constitue un moyen de respecter les libertés, l'égalité et les droits sociaux, ainsi qu'un mécanisme pour la construction de la paix et l'harmonie sociales, et pour la recherche de la réduction des inégalités, d'une meilleure distribution de la richesse et d'une plus grande efficience sur le marché.

Ainsi, en se fondant sur ces considérations, il est déjà possible d'énoncer une première thèse sur le caractère du procès équitable comme droit fondamental dans l'État constitutionnel démocratique. Il s'agit de la thèse de la double nature du procès équitable comme droit fondamental. Selon cette

---

[1] *Cf.* K. GÜNTHER, « Welchen Personenbegriff braucht die Diskurstheorie des Rechts? Überlegungen zum internen Zusammenhang zwischen deliberativer Person, Staatsbürger und Rechtsperson », *in* H. BRUNKHORST et P. NIESEN (eds.), *Das Recht der Republik*, Frankfurt a. M., Suhrkamp, 1999, p. 83 et s..

[2] En ce sens, la Cour constitutionnelle, dans son jugement T-242 de 1999, M. P. : Martha Victoria SÁCHICA DE MONCALEANO, a souligné que le procès équitable est un droit fondamental qui prétend protéger les facultés d'intervention de l'individu dans les procédures : « Du contenu de l'article 29 de la Charte et d'autres dispositions connexes, on peut conclure que le droit au procès équitable se détache d'une série de principes destinés en particulier à garantir l'intervention pleine et efficace du justiciable et à le protéger de l'éventuelle conduite abusive de l'autorité qui connaît et résout la question juridique soumise à sa décision. En vertu de cela, et comme garantie du respect desdits principes, le procès est institutionnalisé et codifié par des règles écrites qui contiennent des commandements régulateurs de la conduite des autorités administratives ou judiciaires, destinées à assurer l'exercice régulier de leurs compétences. »

thèse, il existe deux manières de fonder le caractère de droit fondamental du procès équitable : comme droit fondamental autonome et comme garantie ou droit fondamental indirect.

Comme droit autonome, le procès équitable doit être un droit fondamental, dans la mesure où il est la corrélation institutionnelle subjective du principe du discours. En ce sens, le droit fondamental au procès équitable protège les facultés de l'individu de prendre part aux procès de l'État constitutionnel démocratique et l'exercice, dans le cadre de ces procès, des possibilités de présenter des argumentations, de faire des affirmations, d'apporter des preuves, et des capacités de réfuter les arguments des autres et de s'autocritiquer.

En second lieu, comme droit fondamental indirect ou garantie, le procès équitable doit être un droit fondamental, parce qu'il est un mécanisme de protection d'autres droits fondamentaux dans l'État démocratique. Le respect du droit au procès équitable garantit, en démocratie, le respect de la liberté, de l'égalité, des droits politiques ou de participation et des droits sociaux.

Il convient de dire que cette thèse de la double nature du procès équitable comme droit fondamental a trouvé un écho dans la Constitution de 1991 et dans la jurisprudence constitutionnelle. En faveur de la nature du procès équitable comme droit autonome, on trouve l'inclusion de ce droit, par le constituant, dans le chapitre Ier – des droits fondamentaux – du titre II de la Constitution. Pour cette raison peut-être, la Cour constitutionnelle n'a pas hésité à affirmer que le procès équitable est un droit protégé en lui-même et non de façon connexe. Bien au contraire, le procès équitable est parfois le droit fondamental auquel sont liés ou auxquels on lie d'autres droits qui ne sont pas fondamentaux, pour pouvoir obtenir une protection rapide par la voie du recours en protection. La même chose se produit *mutatis mutandis* en droit constitutionnel espagnol avec l'article 24.1 de la Constitution qui présente la protection judiciaire effective comme un droit susceptible de faire l'objet d'un recours d'*amparo*[1]. Une multitude de droits non fondamentaux est liée à la protection judiciaire effective pour obtenir une protection par le recours d'*amparo*.

Or, la seconde nature du procès équitable comme droit fondamental transparaît dans la jurisprudence de la Cour constitutionnelle dans divers jugements. C'est ainsi que, dans le jugement T-751A de 1999, la Cour a placé le droit fondamental au procès équitable de l'article 29 de la Constitution « parmi les garanties constitutionnelles qu'établit la charte politique, encadrée comme garantie fondamentale ». Dans ce même jugement, la Cour a également soutenu que

[1] *Cf.* N. OSUNA, *Tutela y amparo. Derechos protegidos*, Bogotá, Universidad Externado de Colombia, 1997, chap. II et III.

> le droit au procès équitable est un droit constitutionnel fondamental, institué pour protéger les citoyens contre les abus et les déviances des autorités en cause, non seulement par des actes de procédure, mais aussi par des décisions prises et qui peuvent injustement affecter les droits et les intérêts légitimes de ceux-ci.

Dans le même sens, dans le jugement C-383 de 2000, la Cour a reconnu que

> le droit au procès équitable [...] comprend une série de garanties par lesquelles on cherche à établir des règles substantielles minimales et des procédures d'exercice des activités par les autorités dans le cadre judiciaire ou administratif, afin de protéger les droits et les intérêts des personnes concernées.

Ainsi, le procès équitable constitue le moyen de garantir la soumission des autorités aux règles établies par l'État constitutionnel. Finalement, dans le même jugement, la Cour a indiqué que le contenu de la garantie que représente le procès équitable n'est pas limité à la protection d'un droit au sens strict, mais aussi à l'ensemble des principes qui lui servent de fondement, « à chaque fois que [ce droit fondamental] sauvegarde la primauté des principes de légalité et d'égalité, et qu'il permet la réalisation effective du droit d'accès à l'administration de la justice, fondement essentiel d'une société démocratique ».

L'institutionnalisation du droit fondamental au procès équitable

Il convient de souligner que le procès équitable a été institutionnalisé, comme nous venons de le mentionner, comme un droit de double nature : comme un droit de l'homme dans le cadre international et comme un droit fondamental dans le cadre national.

L'institutionnalisation du droit de l'homme au procès équitable dans le cadre international

Dans le cadre international, le procès équitable a été institutionnalisé par diverses conventions et accords qui font partie du droit international des droits de l'homme. Ces normes conventionnelles se réfèrent à des notions comme les principes de légalité, de juge naturel, d'application de la loi la plus favorable et de légitimité pour le prévenu ou l'accusé, à l'obligation à charge de l'État de mettre des défenseurs commis d'office à la disposition des prévenus, à l'interdiction de l'autoaccusation, au droit d'accès à la justice et au droit au double degré de juridiction. Ces conventions et accords, non seulement constituent un cadre de relations politiques entre les pays, mais représentent en outre dans leur globalité la nécessité de protéger, sur le plan international, le droit au procès équitable.

En outre, comme cela est bien connu, cette institutionnalisation du procès équitable a deux portées bien définies. D'une part, elle donne à ce droit le caractère de droit protégeable au moyen des procédures contentieuses et non contentieuses des systèmes internationaux de protection des droits de l'homme ; d'autre part, elle l'intègre à l'ordre juridique colombien, par le biais de l'article 93 de la Constitution, pour l'intégration des sources internationales relatives au droit international des droits de l'homme dans le bloc de constitutionnalité[1]. Par ce moyen, l'institutionnalisation internationale du droit de l'homme au procès équitable s'impose au juge interne de par sa nature de droit fondamental.

De nos jours, nous trouvons en droit international un large cadre de consécration, de protection et de garantie du droit fondamental au procès équitable. Comme cela est bien connu, l'un des principaux précédents de cette consécration mondiale du procès équitable en droit public moderne se trouve à l'article 7 de la Déclaration des droits de l'homme et du citoyen[2] qui établit de façon claire et nette le principe de légalité. Toutefois, on doit accepter que le premier ensemble de normes internationales relatives au procès équitable soit composé des articles 8, 10 et 11 de la Déclaration universelle de droits de l'homme. Tandis que l'article 8 fait allusion aux principes de légalité et du juge naturel[3], les articles 10[4] et 11 établissent les principes de publicité, d'indépendance, d'impartialité, la présomption d'innocence et les principes de respect des formes de chaque jugement et d'application de la loi la plus favorable en matière pénale[5].

---

[1] L'application obligatoire des traités internationaux en droit interne trouve son fondement, comme nous l'avons déjà mentionné, dans l'article 93 de la Constitution qui établit la source du « bloc de constitutionnalité » dans le texte constitutionnel dans les termes suivants : « Les traités et conventions internationales ratifiés par le Congrès, qui reconnaissent les droits de l'homme et qui interdisent leur limitation dans les états d'exception, prévalent dans l'ordre interne. Les droits et devoirs consacrés dans cette Charte seront interprétés conformément aux traités internationaux relatifs aux droits de l'homme ratifiés par la Colombie [...] L'État colombien peut reconnaître la juridiction de la Cour pénale internationale dans les termes prévus par le statut de Rome adopté le 17 juillet 1998 par la Conférence plénipotentiaire des Nations unies et, par conséquent, ratifier ce traité conformément à la procédure établie par cette Constitution. L'admission d'un traitement différent dans des matière substantielles par le statut de Rome, dans le respect des garanties contenues dans la Constitution, n'auront d'effet que dans le domaine de la matière réglementée par lui. »

[2] « Aucun homme ne peut être accusé, arrêté ou détenu que dans les cas déterminés par la loi et selon les formalité prescrites par elle. Ceux qui sollicitent, prononcent, exécutent ou font exécuter des ordres arbitraire, doivent être punis ; mais tout citoyen interpellé ou détenu en vertu de la loi doit obéir et, s'il résiste, il se rend coupable de rébellion. »

[3] Article 8 : « Toute personne a droit à un recours effectif devant les tribunaux nationaux compétents, qui la protège contre des actes qui violent ses droits fondamentaux reconnus par la Constitution. »

[4] Article 10 : « Toute personne a droit, dans des conditions de pleine égalité, à être entendue publiquement et avec justice par un tribunal indépendant et impartial, pour la détermination de ses droits et de ses obligations ou pour l'examen de toute accusation contre elle en matière pénale. »

[5] Article 11 : « 1. Toute personne accusée d'un délit a droit à ce que son innocence soit présumée tant que sa culpabilité n'est pas prouvée, conformément à la loi et dans le cadre d'un jugement public dans lequel sont assurées toutes les garanties nécessaires pour sa défense.

Cependant, les normes conventionnelles du système de protection des droits de l'homme de l'ONU n'ont pas été les seules à opérer une institutionnalisation du procès équitable, car ce droit a aussi été reconnu comme un droit de l'homme dans le cadre du système interaméricain. C'est ainsi que la Convention américaine relative aux droits de l'homme, ratifiée par la Colombie par la loi n° 16 de 1972, contient diverses normes relatives au procès équitable. L'article 4 établit l'interdiction de la peine de mort[1] ; l'article 5 se réfère au principe de la limitation des peines sur le fondement de l'intégrité de la personne, des principes relatifs au but des peines et de l'obligation de séparation, d'une part, des condamnés et des prévenus, d'autre part, des enfants et des adultes détenus[2] ; pour sa part, l'article 7, peut-être l'un des plus emblématiques, consacre en détail les règles relatives à la liberté personnelle qui respectent le droit au procès équitable[3] ; et enfin, les articles 8 et 25 précisent toutes les garanties d'un procès équitable[1].

« 2. Nul ne sera condamné pour des actes ou des omissions qui, au moment de leur commission, n'étaient pas délictuels selon le droit national ou international. Il ne sera pas non plus imposé une peine plus grave que celle applicable au moment de la commission du délit. »

[1] Article 4 : « *Droit à la vie.* 1. Toute personne a droit au respect de sa vie. Ce droit sera protégé par la loi et, en général, à partir du moment de la conception. Personne ne peut être arbitrairement privé de la vie.

« 2. Dans les pays qui n'ont pas aboli la peine de mort, celle-ci ne pourra être prononcée qu'à l'encontre des délits les plus graves, en application d'une sentence exécutoire d'un tribunal compétent et conformément à une loi établissant une telle peine, entrée en vigueur antérieurement à la commission du délit. Son application ne sera pas non plus étendue aux délits auxquels elle n'est pas actuellement appliquée.

« 3. La peine de mort ne sera pas rétablie dans les États qui l'ont abolie.

« 4. En aucun cas la peine de mort ne pourra être appliquée à des délits politiques ou à des délits de droit commun connexes à des délits politiques.

« 5. La peine de mort ne sera appliquée, ni à des personnes qui, au moment de la commission du délit, avaient moins de dix-huit ans ou plus de soixante-dix ans, ni à des femmes enceintes.

« 6. Toute personne condamnée à mort a le droit de demander l'amnistie, la grâce ou la commutation de la peine, lesquelles pouvant être accordées dans tous les cas. La peine de mort ne peut être appliquée tant que la demande est en attente d'une décision de l'autorité compétente. »

[2] Article 5 : « *Droit à l'intégrité personnelle.* 1. Toute personne a droit au respect de son intégrité physique, psychique ou morale.

« 2. Nul ne peut être soumis à des tortures ni à des peines ou traitements cruels, inhumains ou dégradants. Toute personne privée de liberté sera traitée avec le respect dû à la dignité inhérente à l'être humain.

« 3. La peine ne doit concerner que la personne du délinquant.

« 4. Les prévenus doivent être séparés des condamnés, sauf circonstances exceptionnelles, et être soumis à un traitement adapté à leur condition de personnes non condamnées.

« 5. Quand les mineurs peuvent être jugés, ils doivent être séparés des adultes et traduits devant des tribunaux spécialisés, avec la plus grande rapidité, pour y être jugés.

« 6. Les peines privatives de liberté auront pour finalité essentielle l'amélioration et la réadaptation sociale des condamnés. »

[3] Article 7 : « *Le droit à la liberté personnelle.* 1. Toute personne à droit à la liberté et à la sécurité personnelles.

« 2. Nul ne peut être privé de sa liberté physique, sauf pour les causes et dans les conditions fixés préalablement par les constitutions politiques des États parties ou par les lois édictées conformément à celles-ci.
« 3. Nul ne peut être soumis à une détention ou un emprisonnement arbitraire.
« 4. Toute personne détenue ou retenue doit être informée des raisons de sa détention et la ou les charges formulées contre elle doivent lui être notifiées sans délai.
« 5. Toute personne détenue ou retenue doit être conduite, sans délai, devant un juge ou un autre fonctionnaire autorisé par la loi à exercer des fonctions judiciaires et aura le droit d'être jugée dans un délai raisonnable ou d'être remise en liberté, sans entraver la suite du procès. Sa liberté pourra être conditionnée par des garanties qui assurent sa comparution au procès.
« 6. Toute personne privée de liberté a le droit d'introduire un recours devant un juge ou un tribunal compétent, afin que celui-ci se prononce, sans délai, sur la légalité de son arrestation ou de sa détention et ordonne sa liberté si l'arrestation ou la détention est illégale. Dans les États parties où les lois prévoient que toute personne qui se verrait menacée d'être privée de sa liberté a le droit de saisir un juge ou un tribunal compétent afin que celui-ci se prononce sur la légalité d'une telle menace, ladite saisine ne peut être restreinte ni abolie. Les recours pourront être introduits par celle-ci ou par une autre personne.
« 7. Nul ne sera détenu pour dettes. Ce principe ne limite pas les ordres des autorités judiciaires compétentes pour non-accomplissement des devoirs alimentaires. »
[1] Article 8 : « *Garanties judiciaires*. 1. Toute personne a le droit d'être entendue, avec les garanties dues et dans un délai raisonnable, par un juge ou un tribunal compétent, indépendant et impartial, préalablement établi par la loi, dans l'instruction de toute accusation pénale formulée contre elle, ou pour la détermination de ses droits et obligations de nature civile, sociale, fiscale ou de tout autre caractère.
« 2. Toute personne inculpée pour délit a droit à ce que son innocence soit présumée tant que sa culpabilité n'est pas légalement établie. Durant le procès, toute personne a droit, en pleine égalité, aux garanties minimales suivantes : a. Le droit de l'inculpé d'être assisté gratuitement par un traducteur ou un interprète, s'il ne comprend pas ou ne parle pas la langue du juge ou du tribunal ; b. La communication préalable et détaillée à l'inculpé de l'accusation formulée ; c. L'octroi à l'inculpé du temps et des moyens adéquats pour la préparation de sa défense ; d. Le droit de l'inculpé de se défendre personnellement et d'être assisté par un défenseur de son choix et de communiquer librement et en privé avec son défenseur ; e. Le droit auquel on ne peut renoncer d'être assisté par un défenseur procuré par l'État, rémunéré ou non selon la législateur interne, si l'inculpé ne se défend pas lui-même et n'a pas désigné un défenseur dans le délai établi par la loi ; f. Le droit de la défense d'interroger les témoins présents au tribunal et d'obtenir la comparution, comme témoins ou experts, d'autres personnes qui peuvent faire le jour sur sur ces faits ; g. Le droit de ne pas être obligé de témoigner contre soi, et ; h. Le droit de faire un recours contre le jugement devant le juge ou le tribunal supérieur.
« 3. L'aveu de l'inculpé n'est valable s'il s'agit d'un fait contrainte de n'importe quelle nature.
« 4. L'inculpé acquitté par un jugement ne pourra être soumis à un nouveau jugement pour les mêmes faits.
« 5. Le procès pénal doit être public, sauf lorsqu'il est nécessaire de préserver les intérêts de la justice. »
Article 25 : « *Protection judiciaire*. 1. Toute personne a droit à un recours simple et rapide ou à tout autre recours effectif devant les juges ou les tribunaux compétents, qui la protège contre des actes qui violent ses droits fondamentaux reconnus par la Constitution, la loi ou la présente Convention, même si une telle violation est commise par des personnes qui agissent dans l'exercice de leurs fonctions officielles.
« 2. Les États parties s'engagent : a. À garantir que l'autorité compétente prévue par le système juridique de l'État se prononcera sur les droits de toute personne qui introduit un tel recours ; b. À développer les possibilité de recours judiciaire ; c. À garantir

À cela, il convient d'ajouter que les garanties du procès équitable figurent aussi dans d'autres normes internationales relatives aux droits de l'homme valablement ratifiées par la Colombie. La convention sur le statut des réfugiés (loi n° 35 de 1961) reconnaît, par exemple, dans son article 32[1], que le principe de légalité s'impose en matière d'expulsion des réfugiés. Cette convention exige ainsi la prise d'une décision conforme aux procédures légales en vigueur à l'origine. De plus, cette convention reconnaît, en faveur du réfugié, le principe du juge naturel, les droits de la défense, le droit à la représentation judiciaire et le principe du contradictoire.

On doit aussi mentionner la Convention contre la torture et autres traitements ou peines cruels inhumains ou dégradants, ratifiée par la loi n° 70 de 1986. Cette convention reconnaît, dans son article 6[2], le principe de légalité, en établissant que « tout État partie » dans la procédure d'extradition devra respecter les dispositions de droit interne relatives à la détention des délinquants. De même, dans son article 7[3], elle réaffirme le principe du juge naturel en prescrivant, d'une part, que le présumé coupable doit être soumis aux autorités compétentes pour sa mise en accusation, d'autre part, les garanties de procédure du « procès équitable » durant toute la procédure.

Pour sa part, le procès équitable est aussi l'un des droits de l'homme les plus importants du droit international humanitaire. La Convention I de Ge-

l'accomplissement, par les autorités compétentes, de toute décision dans laquelle le recours a été estimé recevable. »

[1] Article 32 : « *Expulsion.* 1. Les États contractants n'expulseront aucun réfugié qui se trouve légalement sur le territoire de tels États, si ce n'est pour des raisons de sécurité nationale ou d'ordre public.

« 2. Dans un tel cas, l'expulsion du réfugié ne pourra être effectuée qu'en vertu d'une décision prise conformément aux procédures légales en vigueur. Si aucune raison impérieuse de sécurité nationale ne s'y oppose, il faudra permettre au réfugié de présenter des preuves disculpatoires, de formuler un recours en appel et d'être présenté à cet effet devant l'autorité compétente ou devant la ou les personnes spécialement désignées par l'autorité compétente.

« 3. Dans un tel cas, les États contractants accorderont au réfugié un délai raisonnable pour s'occuper de son acceptation légale dans un autre pays. Durant ce délai, les États contractants se réservent le droit d'appliquer les mesures d'ordre intérieur qu'ils estiment nécessaires. »

[2] Article 6 : « 1. Tout État partie sur le territoire duquel se trouve la personne dont on suppose qu'elle a commis n'importe lequel des délits auxquels fait référence l'article 4, si, à l'examen de l'information dont il dispose, il considère que les circonstances le justifient, procèdera à la détention de ladite personne ou prendra d'autes mesures pour s'assurer de sa présence. La détention et les autres mesures seront prises conformément aux lois de l'État et ne seront maintenues que pour la durée nécessaire afin de permettre d'engager une procédure pénale ou d'extradition. »

[3] Article 7 : « 1. L'État partie sur le territoire duquel se trouve la personne dont on suppose qu'elle a commis n'importe lequel des délits auxquels fait référence l'article 4, dans les hypothèses prévues à l'article 5, s'il ne procède pas à son extradition, doit soumettre l'affaire aux autorités compétentes pour son jugement [...]. 3. Toute personne mise en accusation pour n'importe lequel des délits mentionnés à l'article 4 jouira des garanties d'un traitement juste dans toutes les phases de la procédure. »

nève, loi n° 5 de 1960, reconnaît dans son article 3.1 d[1] le principe du juge naturel, en consacrant l'interdiction d'exécuter des condamnations sans jugement préalable devant « un tribunal légitimement constitué, avec des garanties judiciaires reconnues comme indispensables par les peuples civilisés ». De plus, dans son article 49[2], elle établit le principe de légalité, en engageant les parties contractantes à prévoir, par des dispositions législatives, les sanctions pénales applicables aux personnes qui violent les dispositions de la convention. Finalement, dans son dernier alinéa[3], elle institue les garanties procédurales accordées aux inculpés.

Pour sa part, la Convention II de Genève, loi n° 5 de 1960, consacre, dans son article 3[4], la suprématie du principe du juge naturel et des garanties de procédure, dans les cas de conflits non internationaux, pour les personnes qui ne prennent pas part aux hostilités. De plus, cette convention reconnaît, dans son article 50[5], le principe de légalité comme s'imposant aux parties contractantes, et le principe de l'application de la loi la plus favorable et des droits de la défense comme garanties pour les prisonniers de guerre.

Il faut ajouter que la Convention III de Genève, loi n° 5 de 1960, reconnaît dans ses articles 3, 82 à 104[6], 129 et 130, les garanties de procédure et

[1] Article 3 : « *Conflits non internationaux*. En cas de conflit armé non international éclatant sur le territoire d'une des hautes parties contractantes, chacune des parties en conflit aura l'obligation d'appliquer, au minimum, les dispositions suivantes : [...] À ce sujet, sont interdites, quelles que soient les circonstances de temps et de lieu, en ce qui concerne les personnes susmentionnées : d. Les condamnations et les exécutions sans un jugement préalable devant un tribunal légitimement constitué, avec les garanties judiciaires reconnues comme indispensables par les peuples civilisés. »

[2] Article 49 : « Les sanctions pénales : i. Généralités. Les hautes parties contractantes s'engagent à prendre toutes les mesures législatives opportunes pour déterminer les sanctions pénales adéquates qui doivent être appliquées aux personnes qui ont commis, ou donné l'ordre de commettre, n'importe laquelle des graves infractions contre la présente Convention définies à l'article suivant. »

[3] Article 49 dernier alinéa : « Les inculpés bénéficieront, en toutes circonstances, de garanties de procédure et de libre défense, qui ne pourront être inférieures à celles prévues par les articles 105 et suivants de la Convention de Genève du 12 août 1949 relative au traitement dû aux prisonniers de guerre. »

[4] Un article 3 : « *Conflits non internationaux :* [...] sont interdits, quelles que soient les circonstances de temps et de lieu, en ce qui concerne les personnes susmentionnées (qui ne participent pas aux hostilités) : [...] d. Les condamnations et les exécutions sans un jugement préalable devant un tribunal légitimement constitué, avec les garanties judiciaires reconnues comme indispensables par les peuples civilisés. »

[5] Article 50 : « Les hautes parties contractantes s'engagent à prendre toutes les mesures législatives opportunes pour déterminer les sanctions pénales adéquates qui doivent être appliquées aux personnes qui ont commis ou donné l'ordre de commettre n'importe laquelle des graves infractions à la présente Convention définies par l'article suivant [...] Les inculpés bénéficieront, en toutes circonstances, des garanties de procédure et de libre défense, qui ne pourront être inférieures à celles prévues par les articles 105 et suivants de la Convention de Genève du 12 août 1949 relative au traitement dû aux prisonniers de guerre. »

[6] Article 82 : « Les prisonniers de guerre seront soumis aux lois, règlements et dispositions générales en vigueur dans les forces armées de l'État qui les détient. »

les principes de légalité (pour les prisonniers de guerre), de juge naturel, de *non bis in idem*, d'égalité et de proportionnalité des sanctions, de notification (le prisonnier de guerre inculpé doit être informé de l'enquête menée sur lui et de la décision qui est rendue), du contradictoire et de la défense (on donne au prisonnier la possibilité d'être défendu, d'apporter des preuves et d'introduire des recours) et, finalement, de rapidité dans les procédures judiciaires contre les prisonniers de guerre.

La Convention IV de Genève, loi n° 5 de 1960, reconnaît entre autres, dans ses articles 3, 33, 43, 64 à 75, 78, 114 et 123, les principes de traite-

---

Article 84 : « Seuls les tribunaux militaires pourront juger un prisonnier de guerre, à moins que, dans la législation de l'État qui le détient, il soit expressément autorisé que les tribunaux civils jugent un membre des forces armées dudit État pour une infraction semblable à celle fondant l'accusation contre le prisonnier. En aucun cas, on ne fera comparaître un prisonnier de guerre devant un tribunal, quel qu'il soit, si celui-ci n'offre pas les garanties essentielles d'indépendance et d'impartialité généralement reconnues et, en particulier, si sa procédure ne garantit pas à l'accusé les droits et les moyens de défense prévus à l'article 105. »
Article 86 : « Un prisonnier de guerre ne pourra être condamné plus d'une fois pour le même acte ou sur le fondement de la même accusation. »
Article 88 : « Les prisonnières de guerre ne seront pas condamnées à des punitions plus sévères ou traitées, durant l'accomplissement de leur peine, avec une plus grande sévérité que les femmes appartenant aux forces armées de la puissance qui les détient et punies pour une infraction analogue. En aucun cas, les prisonnières de guerre ne pourront être condamnées à des punitions plus graves ou, durant l'accomplissement de leur peine, traitées avec une plus grande sévérité que les hommes appartenant aux forces armées de la puissance qui les détient punis pour une infraction analogue. Après avoir accompli les peines disciplinaires ou judiciaires qui leur ont été appliquées, les prisonniers de guerre ne pourront être des traités de manière différente que les autres prisonniers. »
Article 95 : « Ne seront pas maintenus en détention préventive les prisonniers de guerre accusés de fautes disciplinaires, dans l'attente d'une décision, à moins que la même mesure soit applicable aux membres des forces armées de la puissance qui les détient pour des infractions analogues, ou que les intérêts supérieurs du maintien de l'ordre et de la discipline dans le campement l'exigent. »
Article 96 : « Avant d'imposer une peine disciplinaire, on informera le prisonnier de guerre inculpé, avec précision, des faits qui lui sont reprochés et on lui donnera l'occasion d'explique sa conduite et d'être défendu. Il sera autorisé, en particulier, à présenter des témoins et à recourir, si nécessaire, aux services d'un interprète qualifié. On annoncera la décision au prisonnier de guerre et son représentant. »
Article 99 : « Aucun prisionnier de guerre ne pourra être jugé ou condamné pour un acte qui n'est pas expressément prohibé par la législation de la puissance qui le détient ou par le droit international en vigueur quand il a commis ledit acte [...] On ne pourra condamner aucun prisonnier de guerre sans que celui-ci ait eu la possibilité de se défendre et sans qu'il ait été assisté par un défenseur qualifié. »
Article 103 : « Les procédures judiciaires contre un prisonnier de guerre seront menées à bien aussi rapidement que les circonstances le permettront et de façon à ce que le procès ait lieu le plus tôt possible. »
Article 104 : « Dans tous les cas dans lesquels la puissance qui le détient a décidé d'engager des poursuites judiciaires contre un prisonnier de guerre, celles-ci seront communiquées à la puissance protectrice le plus rapidement possible et, au moins, trois semaines avant le jugement de l'affaire. »

ments humains sans aucune discrimination, de présomption d'innocence[1] (les personnes protégées ne seront punies que si l'on prouve leur culpabilité), de double degré de juridiction[2] (reconsidération d'une décision concernant une personne internée, par un tribunal ou un conseil administratif), de rapidité (en faisant connaître l'information relative aux procédures de libération de l'interné), de publicité, de défense[3] (on ne peut refuser à un condamné à mort le droit d'introduire un recours en grâce) et de légalité[4] (les décisions en matière de résidence forcée sont prises selon une procédure légitime et par l'autorité compétente).

Finalement, les protocoles additionnels I et II des Conventions de Genève, loi n° 11 de 1992, reconnaissent notamment, en ce qui concerne le droit de l'homme au procès équitable, tout particulièrement dans ses articles 45 et 75[5], les garanties de procédure et certains principes comme ceux

---

[1] Article 33 : « Aucune personne protégée ne pourra être punie pour des infractions qu'elle n'a pas commises. Seront interdites les punitions collectives, ainsi que toute mesure d'intimidation ou de terrorisme. Le pillage sera interdit. Seront interdites les mesures de représailles contre les personnes protégées et leurs biens. »

[2] Article 43 : « Toute personne protégée qui a été internée ou mise en résidence forcée aura droit à ce qu'un tribunal ou un conseil administatif compétent, institué à cette fin par la puissance qui la détient, considère de nouveau, dans les plus brefs délais, la décision prise à son sujet [...] La puissance qui la détient communiquera, le plus rapidement possible, à la puissance protectrice les noms des personnes protégées qui ont été internées ou mises en résidence forcée, ainsi que les noms de celles qui ont été libérées de la prison ou de la résidence forcée. Dans les mêmes conditions, on notifiera, le plus rapidement possible, à la puissance protectrice les décisions des tribunaux ou des conseils mentionnées au premier alinéa du présent article. »

[3] Article 75 : « En aucun cas les condamnés à mort ne pourront renoncer à demander la grâce. Aucune condamnation à mort ne sera exécutée avant l'expiration d'un délai d'au moins six mois à partir du moment où la puissance protectrice a reçu la communication du jugement définitive confirmant la condamnation à mort ou la décision de refuser la grâce. »

[4] Article 78 : « Les décisions relatives à la résidence forcée ou à l'internement seront prises selon une procédure légitime, que déterminera la puissance occupante conformément aux dispositions de la présente convention. Dans une telle procédure, le droit des intéressés à faire appel doit être prévu. On se prononcera sur cet appel dans le plus bref délai possible. Si les décisions sont maintenues, elles feront l'objet de révisions périodiques, si possible semestriellement, par un organisme compétent constitué par la dite puissance. »

[5] Article 75 : « *Garanties fondamentales :* Quand on se trouve dans l'une des situations auxquelles fait référence l'article 1er du présent protocole, les personnes qui sont au pouvoir de l'une des parties en conflit et qui ne jouissent pas d'un traitement plus favorable en vertu des conventions ou du présent protocole seront traitées en toutes circonstances avec humanité et bénéficieront au minimum de la protection prévue dans le présent article, sans aucune distinction de caractère défavorable fondée sur la race, la couleur, le sexe, la langue, la religion ou les croyances, les opinions politiques ou d'un autre genre, l'origine nationale ou sociale, la fortune, la naissance ou autres conditions ou tout autre critère analogue. Chaque partie respectera la personne, l'honneur, les convictions et les pratiques religieuses de toutes ces personnes [...]. 3. Toute personne détenue, prisonnière ou internée pour des actes en rapport avec le confit armé sera informée sans délai, dans une langue qu'elle comprend, des raisons qui ont motivé ces mesures. Sauf dans les cas de détention ou d'emprisonnement pour infraction pénale, cette personne sera libérée dès que possible et dans tous les cas quand disparaissent

de « traitement le plus favorable », de non-discrimination, de publicité et de notification efficace et opportune (la personne détenue, emprisonnée ou internée pour des actes en rapport avec le conflit armé sera informée sans retard et dans une langue qu'elle comprend), d'application des règles de procédures préalablement établies par la loi, de présomption d'innocence, d'interdiction d'autoaccusation (droit « de ne pas témoigner contre soi-

---

les circonstances qui ont justifié la détention, la prison ou l'internement. On ne prononcera ni n'exécutera une peine à l'encontre d'une personne déclarée coupable d'une infraction pénale en rapport avec le conflit armé qu'en vertu du jugement d'un tribunal impartial, constitué conformément à la loi et qui respecte les principes généralement reconnus de la procédure judiciaire ordinaire, et en particulier les suivants : a. La procédure disposera que l'accusé sera immédiatement informé des détails de l'infraction qui lui est reprochée et garantira à l'accusé, dans la phase procédurale préalable au jugement et au cours de celui-ci, tous les droits et moyens de défense nécessaires ; b. Personne ne pourra être condamné pour une infraction si ce n'est sur le fondement de sa responsabilité pénale individuelle ; c. Personne ne sera accusé ou condamné pour des actes ou des omissions qui n'étaient pas délictueux selon le droit national ou international qui lui était applicable au moment de leur commission. On ne prononcera pas non plus une peine plus grave que celle qui est applicable au moment où est commise l'infraction. Si, après cette infraction, la loi prévoit l'application d'une peine plus légère, le contrevenant profitera de cette disposition ; d. Toute personne accusée d'une infraction sera présumée innocente tant que sa culpabilité n'aura pas été prouvée conformément à la loi ; e. Toute personne accusée d'une infraction aura le droit d'être présente lors du jugement ; f. Personne ne pourra être obligé de témoigner contre soi-même ni de reconnaître sa culpabilité ; g. Toute personne accusée d'une infraction aura le droit d'interroger ou de faire interroger les témoins à charge, d'obtenir la comparution des témoins à décharge, et à ce que ceux-ci soient interrogés dans les mêmes conditions que les témoins de charge ; h. Personne ne pourra être jugé ni condamné par la même partie, en application de la même législation et de la même procédure judiciaire, pour une infraction pour laquelle un jugement ferme, prononçant une condamnation ou un acquittement, a déjà été prononcé ; i. Toute personne jugée pour une infraction aura le droit à un prononcé public de son jugement, et j. Toute personne condamnée sera informée, au moment de sa condamnation, de ses droits à introduire un recours judiciaire et de tout type, ainsi que des délais pour exercer ces droits. 5. Les femmes privées de liberté pour des raisons en rapport avec le conflit armé seront gardées dans des locaux séparés de ceux occupés par les hommes. Leur surveillance immédiate sera assurée par des femmes. Cependant, les familles détenues ou internées seront logées, dans la mesure du possible, dans un même lieu, en tant qu'unité familiale. 6. Les personnes détenues, emprisonnées ou internées pour des raisons en rapport avec le conflit armé jouiront de la protection accordée par le présent article, même après la fin du conflit armé, jusqu'au moment de leur libération définitive, de leur rapatriement ou de leur réinstallation. 7. Afin de lever tout doute quant au traitement et au jugement des personnes accusées de crimes guerre ou de crimes contre l'humanité, on appliquera les principes suivants : a. Les personnes accusées de tels crimes devront être soumises à des procédures et jugées conformément aux normes du droit international applicables, et b. Chacune de ces personnes qui ne bénéfice pas d'un traitement plus favorable en vertu des conventions ou du présent protocole, se verra appliquer traitement prévu par le présent article, indépendamment du fait que les crimes dont l'accusé constituent ou non des infractions graves aux conventions ou au présent protocole. 8. Aucune des dispositions du présent article ne pourra être interprétée de sorte qu'elle puisse limiter ou violer toute autre disposition plus favorable et qui offre aux personnes envisagées au paragraphe 1 une plus grande protection en vertu d'autres normes du droit international applicables. »

même ou de ne pas se reconnaître coupable »), de publicité du jugement et de défense (le condamné pourra interposer les recours recevables).

Il est bien connu que toutes ces normes relatives aux droits de l'homme, et qui ont été valablement reconnues par la Colombie, figurent dans le bloc de constitutionnalité et font partie du contenu du droit fondamental au procès équitable. En ce sens, la Cour constitutionnelle, dans le jugement C-252 de 2001, a souligné que le domaine des droits fondamentaux n'est pas seulement celui que délimitent les dispositions de la Constitution, mais englobe aussi les droits de l'homme proclamés par les normes conventionnelles de droit international, valablement souscrites par la Colombie :

> De tels droits (fondamentaux) ne sont pas seulement ceux qui sont repris dans le Statut supérieur, ou la Constitution au sens formel, mais ceux qui sont consacrés par des instruments internationaux qui lient l'État colombien, comme la Déclaration universelle des droits de l'homme, le Pacte international relatif aux droits civils et politiques, la Déclaration américaine relative aux droits et aux devoirs de l'homme, qui font partie du bloc de constitutionnalité (article 93 de la Constitution) et qui, par conséquent, font partie de la Constitution au sens matériel.

L'institutionnalisation en droit constitutionnel du procès équitable comme droit fondamental

Le droit fondamental au procès équitable est institutionnalisé comme droit fondamental par l'article 29 de la Constitution dans les termes suivants :

> Le procès équitable sera appliqué à toute catégorie d'activités judiciaires et administratives.
>
> Nul ne pourra être jugé que conformément à des lois préexistantes à l'acte imputé, devant le juge ou le tribunal compétent et en observant totalement les formes propres de chaque jugement.
>
> En matière pénale, la loi permissive ou favorable, même postérieure, sera appliquée de préférence à la loi restrictive ou défavorable.
>
> Toute personne est présumée innocente tant qu'elle n'a pas été judiciairement déclarée coupable. Le prévenu a droit à la défense et à l'assistance d'un avocat choisi par lui, ou commis d'office, pendant l'enquête et le jugement ; à un procès équitable public sans délai injustifié ; de présenter des preuves et de contester celles qui sont alléguées contre lui ; de contester le jugement condamnatoire, et de ne pas être jugé deux fois pour le même fait.
>
> Est nulle, de plein droit, la preuve obtenue en violation du procès équitable.

En outre, il convient de préciser que ce texte de l'article 29 de la Constitution trouve son fondement dans d'autres dispositions constitutionnelles, comme les articles 2 et 5, et complète d'autres articles, notamment les articles 31, 33 et 228.

L'article 2 de la Constitution établit, comme fin essentielle de l'État, de « garantir l'efficacité des principes, des droits et des devoirs consacrés dans la Constitution », et indique que « les autorités de la République sont instituées pour protéger toutes les personnes résidantes en Colombie, dans leur vie, leur honneur, leurs biens, leurs croyances, et leurs autres droits et libertés, et pour assurer l'accomplissement des devoirs sociaux de l'État et des particuliers ».

Dans le même sens, l'article 5 de la Constitution souligne aussi cette obligation de garantie des droits de l'individu qui pèse sur l'État et qui est assurée par le procès équitable, en établissant que « l'État reconnaît, sans aucune discrimination, la primauté des droits inaliénables de la personne ».

De même, il convient d'indiquer que les articles 31, 33 et 228 de la Constitution complètent l'intégration du contenu constitutionnel du droit au procès équitable qu'ébauche l'article 29. Conformément à l'article 31, « tout jugement judiciaire pourra faire l'objet d'un recours en appel, sauf exceptions prévues par la loi. La juridiction supérieure ne pourra aggraver la peine imposée quand seul le condamné fera appel ». Ainsi, on établit en droit constitutionnel colombien le principe du double degré de juridiction, et l'on interdit la *reformatio in pejus*. À son tour, ce principe et cette interdiction peuvent être considérés comme des expressions particulières du droit de la défense, de la présomption d'innocence et du droit du contradictoire, contenus dans l'alinéa 4 de l'article 29, ainsi que du principe d'application de la loi la plus favorable, contenu dans l'alinéa 3 du même article.

L'article 33, pour sa part, introduit un autre élément au concept de droit fondamental au procès équitable, celui d'interdiction de l'autoaccusation, selon lequel aucune autorité ni aucun particulier ne pourra obliger quelqu'un à s'accuser lui-même ou à accuser ses parents proches. Le texte de cet article établit que « nul ne pourra être obligé de témoigner contre lui-même ou contre son conjoint, son compagnon permanent ou ses parents jusqu'au quatrième degré de consanguinité, au deuxième degré d'affinité ou au premier degré civil ».

Finalement, il est important de mentionner l'article 228, qui consacre les principes suivants relatifs au procès équitable :

> L'administration de la justice est une fonction publique. Ses décisions sont indépendantes. Les procédures seront publiques et permanentes avec les exceptions qu'établit la loi, et dans ces dernières le droit substantiel prévaudra. Les règles de procédure seront observées avec diligence et leur inaccomplissement sera sanctionné. Son fonctionnement sera déconcentré et autonome.

Cet article institutionnalise les principes d'indépendance et de publicité de l'administration de la justice, de permanence et de publicité des procédures, de prévalence du droit substantiel, de rapidité, de déconcentration et d'autonomie dans l'accomplissement de la fonction juridictionnelle.

Les titulaires du droit fondamental au procès équitable

La titularité du droit fondamental au procès équitable a fait l'objet d'un développement jurisprudentiel intéressant. La première chose que l'on doit mentionner est que la Cour constitutionnelle, dans le jugement T-463 de

1992, a déclaré que le droit fondamental au procès équitable n'est pas exclusivement attribué aux personnes physiques mais s'applique également aux personnes morales, privées, publiques ou étrangères. Ainsi, selon les mots de la Cour :

> Le principe général qui conditionne la reconnaissance et l'exercice des droits fondamentaux des personnes morales à la nature du droit faisant l'objet de la violation ou de la menace est clairement exprimé dans les droits fondamentaux procéduraux, ancrés dans le principe de l'État de droit. Le caractère « procédural » de certains droits constitutionnels fondamentaux – le droit à la défense, le droit au procès équitable, le droit au contradictoire, le droit au double degré de juridiction et le droit d'accès à l'administration de la justice (article 229 de la Constitution) – découle de certains droits qui peuvent être invoqués par tout type de personnes, physiques ou morales, qu'elles soient privées, publiques ou étrangères. [De même,] tandis que l'exercice des droits fondamentaux substantiels ou matériels dépend de la nature du droit en question, les droits procéduraux fondamentaux contiennent des principes objectifs de procédure à caractère universel, applicables aux procès judiciaires et administratifs, et auxquels il peut être fait appel indistinctement par les personnes physiques ou morales, publiques ou privées[1].

En ce sens, on peut dire que le droit fondamental au procès équitable, qui est reconnu sans aucun doute aux personnes physiques, est l'un des droits fondamentaux autonomes des personnes morales. Il est bien connu que, d'après la jurisprudence constitutionnelle, les personnes morales sont titulaires de deux types de droits fondamentaux. D'une part, elles sont titulaires de droits fondamentaux dérivés, qui leur sont accordés parce que leur protection implique une protection indirecte mais effective des droits des individus qui forment ensemble la personne morale. D'autre part, elles sont toutefois dotées de droits fondamentaux autonomes, dont la justification ne repose sur la protection d'aucun droit fondamental reconnu à une personne physique, mais sur la protection des caractéristiques de la personne morale elle-même. Parmi ces droits figurent la bonne réputation, l'égalité, ainsi que, comme nous l'avons vu, le droit fondamental au procès équitable.

Une particularité de la théorie jurisprudentielle précédemment citée réside dans l'attribution également aux personnes morales de droit public du droit fondamental au procès équitable. Cette attribution s'écarte à première vue de la thèse classique de la théorie de l'État libéral de droit selon laquelle les institutions étatiques ne sont pas dotées de droits mais de compétences. L'État de droit accorde des droits subjectifs aux individus, tandis qu'il attribue des compétences aux institutions qui composent les diverses branches des pouvoirs publics. Si l'on part de cette logique, on pourrait alors difficilement être d'accord avec l'attribution du droit fondamental aux institutions étatiques ou, selon la terminologie de la Cour constitutionnelle, aux personnes morales de droit public.

---

[1] *Cf.* Cour constitutionnelle, jugement T-463 de 1992, M. P. : Eduardo CIFUENTES MUÑOZ.

Malgré cela, on doit faire valoir ici qu'il est nécessaire de réévaluer la thèse classique de la différence entre les droits les citoyens et les compétences de l'État. Peut-être la particularité la plus reconnue que l'avènement de l'État social de droit a apportée a été le dépassement de la division stricte des domaines de la société et de l'État. Dans l'État social de droit, comme le sous-entend l'expression, s'opèrent une socialisation de l'État et une étatisation de la société. C'est dans ce cadre, par exemple, qu'apparaissent des figures comme les entreprises industrielles de l'État qui, bien qu'appartenant aux structures de l'administration, sont organisées comme des entreprises privées et participent comme telles au marché. La socialisation de l'État implique de reconnaître que les institutions qui le composent ne peuvent pas se concevoir uniquement comme des instances dotées de *potestas*, c'est-à-dire d'un pouvoir exercé au moyen de compétences. Les institutions de l'État interagissent également dans tous les domaines sociaux comme des interlocuteurs mis sur le même plan dans le discours aux particuliers. S'il en est ainsi, les institutions étatiques doivent aussi pouvoir jouir du droit fondamental au procès équitable dans la mesure où, comme nous l'avons dit précédemment, ce droit protège l'intervention de tous les interlocuteurs, publics et privés, étrangers et nationaux, dans la délibération publique, dans le discours dans lequel se prennent les décisions politiques et juridiques et celles relatives au marché et à toutes les affaires sociales.

On ne doit pas conclure cette section relative aux titulaires du droit fondamental au procès équitable sans évoquer aux deux autres groupes de titulaires de ce droit. L'embryon et les groupes, classes et collectivités sont aussi des titulaires du droit fondamental au procès équitable. Bien que la Constitution ne l'établisse pas explicitement, ces sujets sont des titulaires du droit au procès équitable en vertu de la nature de garantie de ce dernier. En ce qui concerne l'embryon, comme on le sait, le jugement C-133 de 1994 a établi que, dans l'ordre juridique colombien, l'embryon, à toutes ses phases et jusqu'à la naissance, est titulaire du droit à la vie[1]. Pour leur part, l'article 88 de la Constitution et la jurisprudence constitutionnelle et administrative ont indiqué que les groupes, les classes et les collectivités sont titulaires de droits de groupes, de classes et de collectivités, qui peuvent être exercés par des actions particulières. Or, tant ces droits que le droit à la vie de l'embryon ont le *status* de droits substantiels qui doivent être garantis dans l'ordre juridique. S'il en est ainsi, ces sujets doivent aussi être titulaires du droit au procès équitable, en vertu de la nature de garantie de ce dernier. Conformément à cette nature, le titulaire d'au moins un droit fondamental substantiel est aussi titulaire du droit fondamental au procès équitable. Comme l'embryon est titulaire du droit fondamental substantiel à la vie, les groupes, les classes et les collectivités sont également titulaires de droits fondamentaux substantiels, et sont donc aussi titulaires du droit au procès équitable.

[1] *Cf.* Cour constitutionnelle, jugement C-133 de 1994, M. P. : Antonio BARRERA CARBONELL.

L'objet du droit fondamental au procès équitable

Le droit fondamental au procès équitable est un droit complexe qui se projette dans tous les domaines de la vie publique et privée et qui a été institutionnalisé dans la Constitution par diverses règles et principes, et surtout par les articles 29, 31, 33 et 228. Même si ces articles se réfèrent presque entièrement au procès équitable qui doit être appliqué par les juridictions, il faut souligner que, par son caractère structurant pour la démocratie et l'État de droit, le principe d'équité doit aussi être appliqué dans les autres activités publiques et privées : administration, pouvoir législatif, organismes de contrôle, collectivités territoriales, banque centrale, pouvoir constituant dérivé et particuliers. Concernant ce dernier aspect, on doit rappeler que le procès équitable est l'un des droits dans lesquels la doctrine de la *Drittwirkung* ou de l'efficacité horizontale des droits fondamentaux a eu la plus grande portée dans notre ordre juridique. Dans une jurisprudence solidement enracinée, que l'on ne peut pas développer ici[1], la Cour constitutionnelle a souligné que les particuliers, ainsi que les collèges, les universités et les employeurs, doivent respecter le droit au procès équitable quand ils se livrent à des activités qui peuvent affecter des droits individuels substantiels de personnes qui se trouvent dans une position de subordination par rapport à eux.

Il conviendra de centrer notre analyse sur les principes et les règles qui forment le contenu constitutionnel du procès équitable et qui sont appliqués dans le cadre juridictionnel et administratif. Comme l'a indiqué la Cour constitutionnelle, dans le jugement C-383 de 2000, le respect du procès équitable dans ce cadre est justifié par le fait que les règles de procédure « constituent des instruments [destinés à] réaliser objectivement et opportunément le droit matériel[2] ». C'est pour cela que la Cour, dans le jugement SU-960 de 1999, a affirmé :

> aucune autorité étatique n'a la capacité d'imposer des sanctions ou des punitions ni d'adopter des décisions individuelles pouvant affecter concrètement une ou plusieurs personnes dans leur liberté ou dans leurs activités si un procès équitable préalable n'a pas offert aux sujets concernés la possibilité de jouir de la plénitude des garanties proclamées par l'article énoncé[3].

En ce sens, les garanties du procès équitable assurent à toute personne partie à un procès « une bonne administration de la justice, la sécurité juridique et le fondement des décisions judiciaires conformément au droit[4] ». Pour cette raison, et comme la Cour constitutionnelle l'a souligné,

---

[1] *Cf.*, sur la notion d'efficacité horizontale des droits fondamentaux et leur application dans ce domaine, A. JULIO ESTRADA, *La eficacia de los derechos fundamentales entre particulares*, Bogotá, Universidad Externado de Colombia, 2000, notamment le chap. IV, p. 223 et s..

[2] *Cf.* Cour constitutionnelle, jugement C-383 de 2000, M. P. : Álvaro TAFUR GALVIS.

[3] *Cf.* Cour constitutionnelle, jugement SU-960 de 1999, M. P. : José Gregorio HERNÁNDEZ GALINDO.

[4] *Cf.* Cour constitutionnelle, jugement T-242 de 1999, M. P. : Martha Victoria SÁCHICA DE MONCALEANO.

il s'avère contraire à l'ordre juridique qu'un fonctionnaire chargé de prévenir des procédures judiciaires ou administratives qui tranchent sur les droits subjectifs procède selon sa volonté, en méconnaissant les règles que la loi lui a imposées pour l'exercice de sa fonction, parce que, dans un tel cas, son activité subjective et capricieuse se transforme en voie de fait, par la violation du droit au procès équitable[1].

De ce point de vue, le procès équitable est un droit fondamental qui présente aussi une dimension de droit de la défense, dont le but est de « protéger les personnes contre les abus et les comportements déviants des autorités à l'origine, non seulement d'activités procédurales, mais aussi de décisions qu'elles prennent et qui peuvent affecter injustement les droits et les intérêts légitimes de celles-ci[2] ». Dans cette perspective, et comme l'a soutenu la Cour constitutionnelle dans le jugement C-383 de 2000, « il est clair que le procès équitable constitue une limite matérielle au possible exercice abusif des autorités étatique[3] ».

Toutefois, cette dimension subjective du droit fondamental au procès équitable présente une dimension objective. Le respect du procès équitable est érigé en condition indispensable pour la garantie de la réalisation exacte des fins de l'État, contenues dans l'ordre juridique, tout particulièrement celles qui sont spécifiées par l'article 2 de la Constitution : garantir l'effectivité des principes, des droits et des devoirs contenus dans le texte constitutionnel. Le respect du procès équitable est une exigence *sine qua non* pour la garantie des autres principes, droits et devoirs substantiels, en particulier de ceux qu'établit la Constitution elle-même. La Cour constitutionnelle l'a rappelé dans son jugement C-252 de 2001[4], dans les termes suivants :

> Le procès équitable, consacré de manière explicite par l'article 29 de la Constitution, implique la garantie que tous les autres droits reconnus par la charte seront rigoureusement respectés par le juge en résolvant des affaires soumises à sa compétence, comme seule façon d'assurer la matérialisation de la justice, objectif ultime et raison d'être de l'ordre positif.

La Cour a continué :

> Ces principes et garanties se transforment ainsi en normes directrices auxquelles doivent s'adapter, tant les autorités que les parties qui interviennent dans le procès, parce que leur ignorance entraîne la violation de la loi suprême.

Ce jugement souligne clairement que les autorités judiciaires sont soumises au droit fondamental au procès équitable, et que l'exercice de leurs fonctions est délimité par le cadre de ce qui est juridiquement autorisé. Ainsi, aucune autorité judiciaire ne pourra déborder du cadre de la légalité dans

---

[1] *Ibid.*.

[2] *Cf.* Cour constitutionnelle, jugement C-214 de 1994, M. P. : Antonio BARRERA CARBONELL.

[3] *Cf.* Cour constitutionnelle, jugement C-383 de 2000, M. P. : Álvaro TAFUR GALVIS.

[4] *Cf.* Cour constitutionnelle, jugement C-252 de 2001, M. P. : Carlos GAVIRIA DÍAZ.

l'exercice de ses compétences, dans la mesure où ces dernières ne lui ont pas été données comme finalité mais comme moyen d'obtenir la protection et la garantie « de la bonne administration de la justice ».

En ce sens, il est pertinent de rappeler ce qu'a affirmé la Cour constitutionnelle dans son jugement T-101 de 1993[1] :

> … comme les autres fonctions de l'État, celle de l'administration de la justice (plus qu'aucune autre, ajoute la Cour) est soumise à l'empire du droit : elle ne peut être exercée que dans les termes établis préalablement par des normes générales et abstraites qui lient positivement et négativement les agents publics. Leur est interdite toute action qui n'est pas légalement prévue, et ils ne peuvent agir sans une attribution de compétence préalable. Le droit au procès équitable est celui qu'a une personne à la bonne administration de la justice.

Ainsi, si la juridiction n'assure pas une bonne administration de la justice et, par exemple, prononce un jugement qui souffre de vices ou d'erreurs de droit, elle violera le droit fondamental au procès équitable[2]. En général, une telle violation de ce droit fondamental se produit lorsque les fonctionnaires chargés de conduire le procès méconnaissent les règles de procédure. En outre, les actes effectués sans observer les règles de procédure mentionnées seront entachés d'illégitimité[3].

La question qui, toutefois, peut être posée ici est de savoir si toute transgression, même minime, de la procédure prévue par la loi a une importance constitutionnelle en tant que violation du droit fondamental au procès équitable.

La jurisprudence constitutionnelle a répondu à cette question par la négative. Dans les jugements T-461[4] et T-685 de 2003[5], la Cour constitutionnelle a établi une différence cruciale entre le procès équitable constitutionnel et le procès équitable légal. Sur le plan constitutionnel, la Cour soutient que le procès équitable

> … garantit que le motif des procédures judiciaires et administratives est entouré des éléments requis – défense, contradictoire, etc. – pour que la procédure soit compatible avec l'ordre constitutionnel. Il s'agit, pour ainsi dire, d'une certaine manière, de garantir que le procès en lui-même n'est pas une simple pantomime ou une action judiciaire ou administrative fictive et qu'il conduit en outre à la réalisation de son but. Cela implique aussi, dans sa phase opérationnelle, que l'on respecte les formes et les procédures établies légalement[6].

---

[1] *Cf.* Cour constitutionnelle, jugement T-101 de 1993, M. P. : Jaime SANÍN GREIFFENSTEIN.

[2] *Cf.* Cour constitutionnelle, jugement C-252 de 2001, M. P. : Carlos GAVIRIA DÍAZ.

[3] *Cf.* Cour constitutionnelle, jugement C-383 de 2000, M. P. : Álvaro TAFUR GALVIS.

[4] *Cf.* Cour constitutionnelle, jugement T-461 de 2003, M. P. : Eduardo MONTEALEGRE LYNETT.

[5] *Cf.* Cour constitutionnelle, jugement T-685 de 2003, M. P. : Eduardo MONTEALEGRE LYNETT.

[6] *Cf.* Cour constitutionnelle, jugement T-461 de 2003, M. P. : Eduardo MONTEALEGRE LYNETT.

Comme l'a établi la Cour constitutionnelle, ce procès équitable constitutionnel ne doit pas être confondu avec le procès équitable légal qui se réfère au développement législatif des principes constitutionnels qui constituent le contenu de ce droit fondamental.

Or, cette différence a une très grande importance dans la pratique. Tandis que les violations au procès équitable constitutionnel peuvent faire l'objet d'une action en protection et conduisent, dans le cadre de telle ou telle procédure de contrôle de constitutionnalité, à la déclaration d'inconstitutionnalité des actes qui constituent une violation de procédure, « ces infractions mineures qui n'ont pas de répercussion sur le procès ou qui n'affectent pas sa constitutionnalité n'ont pas d'importance constitutionnelle[1] ». Autrement dit, les violations du droit au procès équitable légal n'ont pas d'importance constitutionnelle, à moins que, comme l'indique la Cour constitutionnelle, elles ne pénètrent, par leur envergure, le cadre constitutionnel et ne se transforment en violations indirectes du procès équitable constitutionnel[2].

La conséquence de cette distinction conduit alors à se demander quels sont les caractéristiques et les contenus du procès équitable constitutionnel. Sur ce point, la Cour constitutionnelle a indiqué :

> Le procès équitable, en tant que droit constitutionnel, contient des éléments autonomes et déterminants pour « obtenir la dignité humaine » et pour produire des conditions de la garantie des éléments nécessaires « pour obtenir la liberté de choix d'un projet de vie concret et la possibilité d'agir en société et de développer un rôle actif en son sein », qui définissent la qualité de fondamental d'un droit[3].

Parmi ces éléments figurent le droit au juge naturel, le droit de présenter et de contester les preuves, le droit de défense et le droit à une défense technique, le droit de faire appel (concernant des domaines non répressifs), le principe de prédétermination des règles de procédure (principe de légalité), et le droit à la publicité des procès et des décisions judiciaires (interdiction de jugements secrets). Certains de ces principes qui constituent le contenu constitutionnel du procès équitable en tant que droit fondamental complexe, et que la Cour constitutionnelle appelle « principes intégrateurs[4] », seront au cœur des développements suivants.

Le principe du procès équitable au sens strict

Le premier contenu constitutionnel du droit fondamental au procès équitable est le principe du procès équitable au sens strict, qui est énoncé à l'article 29 de la Constitution. Selon ce principe, dans toutes les actions pu-

---

[1] *Ibid.*.

[2] *Ibid.*.

[3] *Cf.* Cour constitutionnelle, jugement T-685 de 2003, M. P. : Eduardo MONTEALEGRE LYNETT.

[4] *Cf.* Cour constitutionnelle, jugement T-482 de 1992, M. P. : Jaime SANÍN GREIFFENSTEIN.

bliques et privées, les formes établies dans les sources du droit doivent être suivies ou, comme l'établit le texte constitutionnel, « en observant la plénitude des formes propres à chaque jugement ».

La Cour constitutionnelle a souligné avec emphase l'importance de ce principe. Ainsi, par exemple, dans le jugement T-751A de 1999, elle a noté

> ... que le procès équitable est l'ensemble des actions que doivent mettre en œuvre les acteurs des procédures et dans lesquelles il est nécessaire de respecter au maximum les formes et les rituels ; par conséquent le législateur exige la plus grande attention pour assurer au maximum les droits substantiels, s'adaptant au principe de juridicité propre à l'État de droit, ce qui conduit par conséquent à exclure toute action *contra legem* ou *praeter legem* de la part des autorités et des acteurs juridiques[1].

Il est évident que le cadre légal des fonctions et des procédures que les autorités doivent respecter dans l'exercice de leurs pouvoirs constitue une garantie pour le citoyen dans un État de droit. C'est une garantie contre le risque d'arbitraire des actes juridictionnels. Pour que cette garantie soit effective, comme l'a rapporté le jugement T-242 de 1999[2],

> ... il est nécessaire que chacune des étapes procédurales soit définie au préalable par le législateur, donc dans le cas contraire, que la fonction juridictionnelle reste soumise à la volonté et à la libre décision de ceux qui ont la fonction de résoudre les conflits entre les justiciables et de résoudre l'interdépendance de leurs droits. Cette définition légale préalable des procédures qui constituent le procès équitable évoque les « formes propres à chaque jugement », et elle est par conséquent constituée de la garantie de la référence sur laquelle comptent les personnes pour déterminer à quel moment la conduite des juges ou de l'administration devient illégitime, en méconnaissant ce que disposent les normes légales, la situation dans laquelle le comportement constitue une voie de fait.

Ainsi, on préserve la valeur de la sécurité juridique et on fait valoir les postulats de justice et d'égalité devant la loi[3].

Comme nous l'avons déjà observé, le procès équitable au sens strict est un principe constitutionnel transversal qui, contrairement à ce qu'inciterait à penser la lettre de l'article 29 de la Constitution, ne s'applique pas seulement aux actions judiciaires et administratives, mais à toutes les actions publiques et privées. L'action en protection se révèle être une garantie de l'accomplissement de ce principe de la part, tant des pouvoirs publics que des personnes privées (l'alinéa 5 de l'article 86 de la Constitution est, sur ce point, explicite).

Le respect des formes procédurales dans les actions publiques et privées est une exigence qui découle du principe de l'État de droit et du concept de

---

[1] *Cf.* Cour constitutionnelle, jugement T-751A de 1999, M. P. : Fabio MORÓN DÍAZ.

[2] *Cf.* Cour constitutionnelle, jugement T-242 de 1999, M. P. : Martha Victoria SÁCHICA DE MONCALEANO.

[3] *Cf.* Cour constitutionnelle, jugement C-491 de 1996, M. P. : José Gregorio HERNÁNDEZ GALINDO.

démocratie. Pour cette raison, il n'est pas correct de supposer que ce principe s'applique seulement en matière pénale. La Cour constitutionnelle l'a souligné dès ses premiers jugements. Ainsi, par exemple, dans le jugement T-445 de 1992[1], elle a soutenu que le respect des formes procédurales est une garantie qui s'applique à toutes les procédures, comme le principe de légalité. Cependant, à ces garanties générales, il faut ajouter, dans le domaine du droit pénal, d'autres garanties spécifiques comme,

> entre autres, les règles de l'application préférentielle de la loi permissive ou favorable par rapport à la loi restrictive ou défavorable, même si elle est postérieure ; la présomption d'innocence, le droit de la défense et à l'assistance juridique ; celui du procès public et rapide ; la possibilité de présenter et de contester les preuves juridiques et le droit de s'opposer aux condamnations et de ne pas être jugé deux fois pour les mêmes faits.

Les jugements C-007 de 1993[2] et SU-960 de 1999[3] vont dans le même sens.

Ces garanties spécifiques font l'objet d'une application spéciale en droit répressif parce que, comme l'a observé la Cour constitutionnelle dans le jugement T-011 de 1992, « toutes les infractions passibles d'une sanction sont de même nature, de même que les conséquences sont identiques, bien qu'elles proviennent d'une autorité administrative ou juridictionnelle ou qu'elles trouvent leur origine dans les différences formelles des règles de procédures ». Par conséquent, « les principes qui régissent toute procédure doivent nécessairement s'étendre à toute matière répressive pour laquelle n'existe pas un développement doctrinal approprié[4] ». La même doctrine a été rappelée dans le jugement C-007 de 1993, dans lequel la Cour constitutionnelle a avancé l'argument suivant :

> l'État ne peut punir un individu que sur la base de son audition et de sa condamnation par un jugement, c'est-à-dire que la décision de l'autorité qui inflige une sanction à l'inculpé en conséquence de sa conduite peut uniquement être fondée sur le fait qu'il a été jugé et déclaré coupable, ruinant la présomption d'innocence dans le cadre d'un schéma procédural adapté aux normes qui assurent ses droits de défense et du contradictoire[5].

Le principe de légalité

Le deuxième des principes composant le procès équitable, consacré par l'article 29 de la Constitution, est le principe de légalité. Cet article le définit

---

[1] *Cf.* Cour constitutionnelle, jugement T-445 de 1992, M. P. : Simón RODRÍGUEZ RODRÍGUEZ.

[2] *Cf.* Cour constitutionnelle, jugement C-007 de 1993, M. P. : José Gregorio HERNÁNDEZ GALINDO.

[3] *Cf.* Cour constitutionnelle, jugement SU-960 de 1999, M. P. : José Gregorio HERNÁNDEZ GALINDO.

[4] *Cf.* Cour constitutionnelle, jugement T-011 de 1992, M. P. : Alejandro MARTÍNEZ CABALLERO.

[5] *Cf.* Cour constitutionnelle, jugement C-007 de 1993, M. P. : José Gregorio HERNÁNDEZ GALINDO.

dans les termes suivants : « Nul ne pourra être jugé que conformément aux lois antérieures à l'acte imputé. »

Cette consécration constitutionnelle du principe de légalité se rapporte précisément au domaine pénal qui, comme cela est bien connu, est le domaine dans lequel il trouve son origine dans le cadre de l'État de droit, même s'il a été ensuite étendu à de multiples autres domaines, tout particulièrement en matière répressive.

Il convient de spécifier que le principe de légalité a deux dimensions : l'une formelle et l'autre matérielle. Dans sa dimension matérielle, éminente en droit pénal et, en général, en droit répressif, ce principe exige que les interdictions de conduite particulière et les sanctions pour les actes qui les enfreignent éventuellement soient spécifiées par une loi antérieure à l'acte faisant l'objet de poursuites. En ce sens, le principe de légalité établit une réserve législative pour les interdictions, les peines et les sanctions. En revanche, dans sa dimension formelle, le principe de légalité établit que les actes de procédure doivent être prévus par une loi antérieure à la procédure concernée. Autrement dit, les actes procéduraux doivent être prévus dans une loi antérieure et le pouvoir judiciaire doit se soumettre totalement auxdites dispositions.

La Cour constitutionnelle s'est référée, dans divers jugements, à la dimension formelle du principe de légalité. Ainsi, dans le jugement T-751A de 1999, la Cour constitutionnelle a affirmé :

> ... les garanties procédurales donnent une transparence aux actes et en général à toutes les activités publiques, par conséquent, la détermination des différentes phases de la procédure a été faite au préalable [sic] par la loi, dont l'objet essentiel est d'équilibrer les obligations procédurales entre les sujets qui participent à une procédure juridictionnelle. Pour cela, les citoyens, sans aucune distinction, doivent jouir au maximum de garanties juridiques concernant les actions, tant administratives que judiciaires, qui visent à permettre un procès équitable [...] En ce sens – continue la Cour –, l'administration de la justice est soumise à l'empire du droit, c'est-à-dire qu'elle ne peut être exercée que dans les limites précises établies au préalable par les normes générales et abstraites qui lient positivement ou négativement les agents publics ; par conséquent, ceux-ci peuvent interdire toute action qui n'est pas légalement prévue, et ils peuvent agir uniquement en s'appuyant sur une attribution préalable de compétence, c'est-à-dire que le procès équitable est le droit qu'a tout citoyen à la bonne administration de la justice[1].

De façon analogue, la jurisprudence constitutionnelle a été péremptoire en se référant à la dimension matérielle du principe de légalité. Ainsi, par exemple, dans le jugement T-011 de 1992, la Cour constitutionnelle a précisé que « quand il s'agit d'appliquer des sanctions, le procès équitable est exigeant en ce qui concerne le principe de légalité car il prétend, non seulement que l'agent public doit accomplir les fonctions qui lui sont attribuées,

[1] *Cf.* Cour constitutionnelle, jugement T-751A de 1999, M. P. : Fabio MORÓN DÍAZ.

mais en plus qu'il doit le faire sur le plan formel comme le détermine l'ordre juridique[1] ».

Or, dans le jugement T-685 précité de 2003[2], la Cour constitutionnelle soutient que, dans sa dimension constitutionnelle, le principe de légalité ne se rapporte pas au respect des exigences légales de procédure, mais comprend des éléments plus larges qui, dans certaines occasions, ne peuvent pas être perçus dans une perspective simplement légaliste. D'une part, soutient la Cour, « le principe de légalité équivaut à la traduction juridique du principe démocratique et se manifeste plus précisément dans l'exigence de la *lex praevia et scripta*[3] ». Pour cette raison, s'il s'agit du contrôle de constitutionnalité de décisions judiciaires, réalisé par le recours en protection contre des jugements, ce contrôle doit se limiter à « vérifier que l'on aurait appliqué une norme en vigueur et existante dans l'ordre juridique[4] ». Cependant, par ailleurs, le principe de légalité doit être compris comme le « cadre dans lequel se développent les autres éléments du procès équitable[5] », c'est-à-dire le cadre dans lequel sont développés le droit de défense, le principe du contradictoire et la prohibition des procès secrets. Dans cette perspective, soutient la Cour, « il revient au juge constitutionnel que la procédure établie par le législateur respecte de tels éléments du procès équitable (par exemple, dans le cadre du contrôle de constitutionnalité)[6] ». De même, continue-t-elle, « devant des imprécisions, des problèmes interprétatifs ou tout autre type de difficultés procédurales dans le cadre d'un procès ou d'un litige, les solutions qu'adopte le juge respectent les divers éléments du procès équitable, à partir d'une interprétation systématique et téléologique du régime procédural[7] ». Ce sera le scénario central concernant le procès équitable constitutionnel. Toutefois, le juge constitutionnel « a interdit de s'immiscer dans des affaires réservées à d'autres juridictions, comme c'est le cas du contrôle de la stricte légalité du procès[8] ».

Si l'on applique cette doctrine, il faut noter qu'en ce qui concerne le respect de la dimension formelle du principe de légalité, dans le contrôle de constitutionnalité qui se développe dans le cadre du recours en protection, la Cour constitutionnelle n'est pas compétente pour vérifier que la procédure a été pleinement accomplie à chaque étape, mais que dans les procédures en vigueur, elle a garanti la défense correcte des parties et la pleine jouissance

---

[1] *Cf.* Cour constitutionnelle, jugement T-011 de 1992, M. P. : Alejandro MARTÍNEZ CABALLERO.
[2] *Cf.* Cour constitutionnelle, jugement T-685 de 2003 M. P. : Eduardo MONTEALEGRE LYNETT.
[3] *Ibid.*.
[4] *Ibid.*.
[5] *Ibid.*.
[6] *Ibid.*.
[7] *Ibid.*.
[8] *Ibid.*.

des autres éléments du procès équitable constitutionnel. De là, il s'ensuit, selon le haut tribunal, que

> ... sauf déviances absolument fantaisistes et arbitraires – une inobservation de précédents ou des décisions dépourvues de justification ou de motivation juridique –, ne feront l'objet de révision que les décisions judiciaires qui ne réunissent pas les éléments du procès équitable constitutionnel et, en particulier, qui conduisent à la violation du droit de la défense et du principe du contradictoire dans le procès. Donc, ces décisions annulent ou restreignent, d'une manière grave, l'équilibre procédural entre les parties ; cela revient à dire que le juge de protection doit protéger la partie restée sans défense face aux excès du juge ordinaire[1].

Par conséquent, conclut la Cour, « toute irrégularité de procédure n'autorise pas le juge de protection à réviser la décision judiciaire. Pourront se présenter des situations, dans les limites de la stricte légalité, qui requièrent l'annulation du procès ou du jugement pour violation du procès équitable, mais qui manquent de portée constitutionnelle[2] ».

Le principe de publicité

L'autre principe faisant partie du droit fondamental au procès équitable est le principe de publicité. Ce principe, établi par l'article 29 de la Constitution pour répondre à l'exigence d'un procès équitable public, s'explique par le fondement même de l'idée de discours. Si la procédure juridictionnelle doit être conçue comme un discours auquel tous les interlocuteurs doivent avoir la possibilité de participer par des affirmations, des argumentations, des critiques, des réfutations et des autocritiques sur les prétentions, les objections et les preuves, un tel discours doit nécessairement être public. Un procès secret est, pour cette raison, à la base d'un discours qui se prête à la manipulation et à l'iniquité.

De même, le principe de publicité, appliqué aux interdictions, aux peines et aux sanctions, est un corrélatif du principe de consentement. La fiction sur laquelle repose l'ordre juridique est que nous connaissons tous la loi et donc que celui qui la repousse le fait de façon pleinement consentie. Celui qui décide de désobéir à la loi accepte que la société lui impose la peine ou la sanction prévue par celle-ci.

Dans le jugement T-1012 de 1999, la Cour constitutionnelle a soutenu :

> ...étant donné la nature et le but philosophico-juridique que remplit le procès dans la société, comme instrument pour garantir la coexistence pacifique entre les membres, il est indispensable que celui-ci soit conforme à quelques règles minimales qui permettent aux parties de concourir et d'intervenir dans les mêmes conditions et avec les mêmes chances dans le débat judiciaire[3].

---

[1] *Ibid.*.

[2] *Ibid.*.

[3] *Cf.* Cour constitutionnelle, jugement T-1012 de 1999, M. P. : Alfredo BELTRÁN SIERRA.

L'une de ces règles minimales doit être, dans n'importe quelle société démocratique, le principe de publicité. Ce principe empêche qu'il y ait, dans le procès, des actions cachées aux parties ou à ceux qui interviennent au nom de la loi en tant qu'acteurs de la procédure, comme le ministère public, le procureur ou la défense. Comme le soutient la Cour dans le même jugement,

> la publicité semble indispensable pour la formation valable de la relation juridico-procédurale, c'est-à-dire que si tel n'était pas le cas, le défendeur serait exposé à ce qu'un jugement soit prononcé contre lui sans même avoir été dûment averti de l'existence d'une plainte formulée contre lui. La publicité est une exigence *sine qua non* pour qu'un débat contradictoire puisse avoir lieu tout au long du procès[1].

Le principe du juge naturel

L'article 29 de la Constitution établit le principe du juge naturel quand il soutient que les jugements doivent être rendus « par un juge ou un tribunal compétent ». Le droit au juge naturel est un droit à un juge préétabli, avec des compétences fixées par la loi, et qui permet ainsi qu'une garantie d'impartialité soit assurée dans le jugement. Le principe du juge naturel exclut la possibilité qu'il existe des juges *ad hoc*, nommés pour l'affaire en question et qui peuvent résoudre les conflits juridiques par des appréciations préconçues, partiales, non exclusivement fondées sur l'« empire de la loi » dont parle l'article 230 de la Constitution.

Le juge naturel, comme le définit la jurisprudence constitutionnelle, est celui à qui la Constitution ou la loi a attribué la connaissance de certaines affaires pour leur résolution[2]. Ladite attribution est faite en conférant à chaque juge une compétence. À son tour, la compétence peut être comprise, selon la Cour constitutionnelle, comme « la part, la quantité, la mesure ou le degré de la juridiction qui correspond à chaque juge ou tribunal, par la détermination des affaires qu'il lui revient de connaître, en tenant compte de facteurs déterminés[3] ». Parmi les facteurs que doit réunir l'attribution d'une compétence juridictionnelle figurent :

> la nature ou la matière du procès et le montant (un facteur objectif), la qualité des parties qui interviennent au procès (un facteur subjectif), la nature de la fonction qu'exerce le fonctionnaire qui doit résoudre le procès (un facteur fonctionnel), le lieu où doit avoir lieu le procès (un facteur territorial) et le facteur de connexité[4].

De plus, la jurisprudence constitutionnelle a été prolixe lorsqu'elle a rappelé que la compétence qui est fixée selon lesdits facteurs doit avoir les caractéristiques suivantes :

---

[1] *Cf.*, dans le même sens, jugement SU-960 de 1999, M. P. : José Gregorio HERNÁNDEZ GALINDO.

[2] *Cf.* Cour constitutionnelle, jugement C-444 de 1995, M. P. : Carlos GAVIRIA DÍAZ.

[3] *Cf.* Cour constitutionnelle, jugement C-040 de 1997, M. P. : Antonio BARRERA CARBONELL.

[4] *Cf.* Cour constitutionnelle, jugement C-655 de 1997, M. P. : Carlos GAVIRIA DÍAZ.

un caractère légal, puisqu'elle doit être fixée par la loi ; un caractère impératif, ce qui signifie que l'on ne peut y déroger par la volonté des parties ; un caractère non modifiable, parce qu'elle ne peut varier au cours d'un procès (*perpetuatio jurisdictionis*) ; un caractère non délégable, puisqu'elle ne peut être déléguée par celui qui la détient [*sic*] ; et un caractère d'ordre public, puisqu'elle est fondée sur des principes d'intérêt général[1].

Ces caractéristiques garantissent l'effectivité du principe du juge naturel qui serait autrement évanescent et susceptible de mystifications.

Il convient de remarquer qu'en principe l'établissement d'une compétence d'une autorité judiciaire déterminée ne prend pas la forme d'une décision de nature constitutionnelle mais relève de la compétence ordinaire du législateur[2], à chaque fois que le constituant ne s'est pas préoccupé de l'assigner explicitement aux différentes entités ou aux différents organes de l'État. Comme l'a soutenu la Cour constitutionnelle,

> ... l'attribution légale d'une compétence à une autorité judiciaire suppose la détermination de l'exercice d'une fonction publique, en application du principe établi à l'article 150.23, en vertu duquel il revient au Congrès de la République « de prendre les lois qui régiront l'exercice des fonctions publiques », l'administration de justice étant dans ce cas la fonction publique réglementée qui, conformément aux dispositions de l'article 228 de la Loi fondamentale, constitue une matière législative en ce qui concerne son organisation et sa réalisation rapide et efficace[3].

C'est pour cette raison qu'en principe le législateur jouit d'une marge d'action pour la détermination des compétences judiciaires. On devra considérer que le législateur dépasse cette marge d'action quand ladite détermination de compétences n'est pas faite conformément au cadre constitutionnel ou qu'elle implique l'altération d'une règle de compétences directement établie par la Constitution[4].

Il est crucial, pour le respect du principe du juge naturel, que « la nature de fonctionnaire judiciaire ne soit pas altérée et que des juges ou des tribunaux *ad hoc* ne soient pas établis[5] ». Il faut définir au préalable quels sont les juges compétents, quels sont ceux qui disent le droit[6], quels sont ceux qui ont un caractère institutionnel et quels sont ceux pour qui, une fois dûment attribuée la compétence pour connaître d'un cas spécifique, la connaissance

---

[1] *Ibid.*.

[2] *Cf.* Cour constitutionnelle, jugement C-208 de 1993, M. P. : Hernando Herrera Vergara.

[3] *Cf.* Cour constitutionnelle, jugement C-111 de 2000, M. P. : Álvaro TAFUR GALVIS.

[4] *Cf.* Cour constitutionnelle, jugement C-392 de 2000, M. P. : Antonio BARRERA CARBONELL.

[5] *Cf.* Cour constitutionnelle, jugement C-208 de 1993, M. P. : Hernando Herrera Vergara.

[6] *Cf.* Cour constitutionnelle, jugement C-728 de 2000, M. P. : Eduardo CIFUENTES MUÑOZ : « Les juges peuvent seulement déterminer si une personne n'a pas respecté ses obligations légales, et pour arriver à cette conclusion, ils doivent conduire un procès au cours duquel il est reconnu à l'accusé le droit d'exercer sa défense et de présenter les recours qu'il considère pertinents. »

d'une affaire est irrévocable, sauf s'il s'agit de modifications de compétences au sein d'une institution.

De même, ce principe exclut l'attribution de privilèges au moment d'attribuer des compétences, par exemple au moyen de juridictions dites spéciales en matière pénale. Pour s'opposer à la création de ce type de juridictions, la Cour constitutionnelle, après s'être prononcée sur la création de juges spécialisés pour connaître de délits qui relevaient antérieurement de la compétence des juges régionaux, a indiqué que le principe du juge naturel « garantit à tous les justiciables l'accès aux mêmes juges, en éliminant toute sorte de privilèges ou de discriminations, et le jugement de certaines personnes par des juges appartenant à une juridiction spéciale est naturellement exclu[1] ».

De plus, il faut remarquer que le principe du juge naturel, avec l'exigence qui en découle en vertu de laquelle seuls les juges doivent être compétents pour dire le droit, n'est pas seulement un principe relevant du procès équitable, mais une condition d'exercice du droit constitutionnel d'accès à la justice[2]. Pour cette raison, comme cela est expliqué dans le jugement T-268 de 1996[3], le fait qu'une organisation sanctionne ou prohibe l'engagement d'actions judiciaires contre elle constitue une violation du droit d'accès à la justice[4].

Finalement, il faut souligner que la Cour constitutionnelle a essayé de délimiter le domaine constitutionnel du droit au juge naturel, pour le distinguer de la fixation de règles de compétence qui relèvent du législateur. En ce sens, le jugement SU-1184 de 2001 a indiqué que, du point de vue constitutionnel, il y a une violation du principe du juge naturel quand :

i. La règle générale de compétence est méconnue pour l'enquête sur des délits fixée par la Constitution, comme c'est le cas pour le ministère public général de la nation ; les exceptions à ce principe sont expressément inscrites dans la Constitution ;
ii. Quand des interdictions constitutionnelles sont violées, comme celle qui proscrit le jugement de civils par des militaires ou le jugement de faits répréhensibles par des autorités administratives ;
iii. Quand n'interviennent pas des juridictions spéciales définies dans la Charte, comme ce serait le cas pour les indigènes ou les mineurs ;
iv. Quand la coutume constitutionnelle (et légale) est ignorée ;
v. Quand des jugements *ex post* sont rendus par des tribunaux *ad hoc*, et

[1] *Cf.* Cour constitutionnelle, jugement C-392 de 2000, M. P. : Antonio BARRERA CARBONELL.
[2] *Cf.* Cour constitutionnelle, jugement C-012 de 2002, M. P. : Jaime ARAÚJO RENTERÍA.
[3] *Cf.* Cour constitutionnelle, jugement T-268 de 1996, M. P. : Antonio BARRERA CARBONELL. Il s'agissait du recours en protection opposée par une personne affiliée à une coopérative contre cette dernière, étant donné que le procès disciplinaire avait été engagé comme conséquence d'avoir engagé des actions judiciaires contre la coopérative, méconnaissant les statuts internes qui exigeaient une démarche interne et conciliatrice préalable.
[4] *Cf.* Cour constitutionnelle, jugement T-544 de 1995, M. P. : José Gregorio HERNÁNDEZ GALINDO.

vi. Quand le droit d'être jugé par une juridiction ordinaire est ignoré[1].

Le principe d'application de la loi la plus favorable

Le principe d'application de la loi la plus favorable est un autre principe faisant partie du procès équitable, qui s'applique surtout en matière pénale et qui est consacré par l'article 29 de la Constitution dans les termes suivants : « En matière pénale, la loi permissive ou favorable, même si elle est postérieure, s'appliquera de préférence à la loi restrictive ou défavorable. »

Comme cela est bien connu, il y a un principe juridique selon lequel une loi est en vigueur à partir de sa promulgation, à moins que celle-ci n'indique une autre date.

Ainsi, le principe d'application de la loi la plus favorable impose certaines nuances à ce principe juridique. Comme l'a noté la Cour constitutionnelle dans le jugement C-252 de 2001, « dans le cas de succession de lois dans le temps, si la nouvelle loi est plus défavorable que la loi abrogée, ce sera cette dernière qui continuera à être appliquée à tous les faits délictueux commis alors qu'elle était en vigueur[2] ». Ce phénomène s'appelle l'ultractivité de la loi.

Lié à l'ultractivité de la loi, le principe d'application de la loi la plus favorable peut aussi impliquer le phénomène opposé : la rétroactivité. Comme l'a noté la Cour constitutionnelle, « quand la nouvelle loi contient des dispositions plus favorables que celles contenues dans la loi qui lui déroge, la nouvelle loi s'appliquera aux faits délictueux survenus avant son entrée en vigueur[3] ».

Il faut noter qu'un autre domaine d'application du principe de la loi la plus favorable est celui du droit du travail. Cependant, ce principe, consacré par l'article 53 de la Constitution, ne se rapporte pas à un changement de normes ou à l'existence de différentes normes applicables en l'espèce au fil du temps, comme cela arrive en matière pénale, mais à l'existence d'une pluralité d'interprétations des dispositions relatives aux droits des travailleurs. Ainsi, la Cour constitutionnelle s'est référée à ce principe, dans des jugements comme le jugement SU-1185 de 2001, dans lesquels elle a soutenu que les travailleurs ont le droit « d'être favorisés en cas de doute sur l'interprétation et l'application des sources formelles du droit[4] ».

Le jugement T-1072 de 2000 se réfère également à ce principe lorsqu'il affirme :

> dans l'ordre constitutionnel, il n'est pas suffisant que les travailleurs jouissent des mêmes droits et prérogatives reconnus dans l'ordre juridique, ni que leurs

---

[1] *Cf.* Cour constitutionnelle, jugement SU-1184 de 2001, M. P. : Eduardo MONTEALEGRE LYNETT.

[2] *Cf.* Cour constitutionnelle, jugement C-252 de 2001, M. P. : Carlos GAVIRIA DÍAZ.

[3] *Ibid.*.

[4] *Cf.* Cour constitutionnelle, jugement SU-1185 de 2001, M. P. : Rodrigo ESCOBAR GIL.

conflits en matière de travail soient jugés par les mêmes juges. Il est aussi indispensable que, dans l'application des sources formelles du droit, ils reçoivent un traitement égal et qu'en cas de doute sur le contenu du droit, on retienne l'interprétation qui semble leur être la plus favorable.

Par conséquent, poursuit la Cour, « face aux doutes possibles que peuvent susciter le sens et la portée d'une norme conventionnelle, et devant diverses interprétations dont elle fait l'objet, il est du devoir du juge de donner la priorité à celle qui est la plus favorable aux droits du travail[1] ».

Pour sa part, le jugement T-555 de 2000 établit de façon explicite que le principe d'application de la loi du travail la plus favorable n'oblige en aucun cas le juge à toujours accepter comme correcte l'interprétation d'une norme qui convient au travailleur ou qui est préférée par celui-ci. Ce qu'institue l'article 53 de la Constitution, c'est le principe selon lequel le doute doit profiter à l'ouvrier ou à l'employé.

> Ce principe conduit le juge à choisir, parmi deux ou plusieurs interprétations, celle qui est "la plus favorable au travailleur", mais, naturellement, à chaque fois qu'elle est le produit d'une différence d'interprétation résultant du sens que le même juge a considéré comme possible en appliquant les règles générales d'herméneutique juridique et spécifiques ou propres au droit du travail[2].

Cela veut dire également, selon la Cour, que « le principe d'application de la loi la plus favorable se limite seulement aux questions complexes des conflits de normes, mais que ledit principe ne peut jamais s'appliquer en matière d'évaluation des preuves[3] ».

La présomption d'innocence

La présomption d'innocence est un autre principe constitutif du procès équitable constitutionnel. Cette présomption est envisagée à l'alinéa 4 de l'article 29 de la Constitution. Il s'agit du principe selon lequel « toute personne est présumée innocente tant qu'elle n'a pas été jugée coupable ». Conformément à cette présomption, l'individu contre lequel une sanction peut être éventuellement prononcée est présumé innocent tant qu'il n'existe aucune preuve digne de foi qui démontre le contraire.

Comme cela est bien connu, présumer quelque chose est supposer que cette chose existe et que son existence est indiscutable bien que non prouvée. La présomption consiste en un jugement du constituant ou du législateur, en vertu duquel un fait est considéré comme certain sur le fondement des règles ou des leçons de l'expérience. La présomption devient un guide pour l'évaluation des preuves, de telle sorte que celles-ci doivent démontrer l'incertitude du fait prétendu ou présumé.

---

[1] *Cf.* Cour constitutionnelle, jugement T-1072 de 2000, M. P. : Vladimiro NARANJO MESA.

[2] *Cf.* Cour constitutionnelle, jugement T-555 de 2000, M. P. : Fabio MORÓN DÍAZ.

[3] *Ibid.*.

Ainsi, la présomption d'innocence fait peser la charge de la preuve sur l'accusation, en particulier sur les organes étatiques qui assument cette fonction. Le travail de ces organes consiste à démontrer, sans que subsiste le moindre doute, que l'accusé est responsable du fait qui lui est imputé et mérite donc la sanction prévue par le droit. La présomption d'innocence est une présomption *iuris tantum* ou légale, c'est-à-dire qu'elle n'est pas absolue, puisque les preuves à charge peuvent la lever. Cependant, elle ne peut être définitivement levée qu'en vertu d'un jugement en ce sens.

Ainsi, comme l'a souligné la Cour constitutionnelle dans le jugement SU-960 de 1999, la présomption d'innocence « exclut toute prédétermination légale de la responsabilité pénale, tout préjugé de la part du juge, toute présomption de faute et toute forme de responsabilité objective[1] ». Aucun organe étatique ne peut présumer la responsabilité pénale d'une personne. Au contraire, la responsabilité pénale et la culpabilité doivent être démontrées avec une totale certitude « au cours d'un procès équitable, devant un tribunal compétent, conformément aux règles préexistant à l'acte imputé, et avec la pleine garantie de sa défense[2] ». N'importe quel type de responsabilité pénale objective ou n'importe quelle norme qui présume la culpabilité de l'inculpé est donc proscrit de l'ordre juridique colombien.

De plus, il convient de noter que la présomption d'innocence s'applique, non seulement en matière pénale, mais aussi, comme le souligne la jurisprudence constitutionnelle, dans le cadre des sanctions disciplinaires en droit administratif. Ainsi, la responsabilité et la faute du sujet doivent être démontrées avant de prononcer une sanction à l'encontre d'une infraction administrative[3].

De même, il faut rappeler que le jugement C-774 de 2001 a souligné que la présomption d'innocence est un droit fondamental dans notre ordre juridique. En ce sens, cette présomption établit que « l'accusé n'est obligé de présenter aucune preuve qui démontre son innocence, et au contraire ordonne aux autorités judiciaires compétentes de démontrer la culpabilité de l'agent[4] ». C'est un droit qui « accompagne l'accusé dès le début de l'action pénale (par dénonciation, dépôt de plainte ou d'office) jusqu'au jugement ou au verdict définitif et ferme de culpabilité, et exige, pour que la conviction ou la certitude soient faites [...] sur des preuves matérielles qui établissent les éléments du délit et le lien avec l'accusé. » Il en est ainsi parce que, devant le doute sur la réalisation du fait et la culpabilité de l'agent, on doit appliquer le principe *in dubio pro reo*, selon lequel tout doute doit profiter à

---

[1] *Cf.* Cour constitutionnelle, jugement SU-960 de 1999, M. P. : José Gregorio HERNÁNDEZ GALINDO.

[2] *Cf.* Cour constitutionnelle, jugement C-626 de 1996, M. P. : José Gregorio HERNÁNDEZ GALINDO.

[3] *Cf.* Cour constitutionnelle, jugement T-463 de 1992, M. P. : Eduardo CIFUENTES MUÑOZ.

[4] *Cf.* Cour constitutionnelle, jugement C-774 de 2001, M. P. : Rodrigo ESCOBAR GIL.

l'accusé[1]. C'est pour cette raison que la présomption d'innocence est le principe juridique le plus important dont jouissent les particuliers pour se défendre contre l'éventuel caractère arbitraire des actions de l'État, quand il exerce le *ius puniendi*[2]. Par conséquent, c'est non seulement un principe propre au procès équitable, mais aussi une garantie de la dignité humaine, de la liberté, de l'honneur et de la bonne renommée.

Le droit de la défense

Le droit de défense est l'un des plus importants principes constitutifs du procès équitable. Ce droit concrétise la garantie de la participation des interlocuteurs au discours juridictionnel, surtout pour exercer leurs facultés de présentation des argumentations et des preuves. Ainsi, le droit de la défense garantit la possibilité d'assister au procès, de participer à celui-ci, de se défendre et de présenter des arguments et des preuves.

Il faut dire que ce droit fondamental se limite à deux droits : d'une part, le droit du contradictoire, d'autre part, le droit à l'assistance technique d'un avocat. En outre, en matière pénale, ce principe comprend l'aide juridictionnelle. De même, la Cour constitutionnelle a souligné que la défense doit être gratuite, qu'elle doit être assurée même en l'absence de l'accusé, et qu'elle doit être efficiente.

Il convient de souligner que l'une des raisons les plus importantes qui justifient l'existence du droit de la défense est la nécessité pour chaque individu de savoir si des procès sont engagés contre lui, d'intervenir dans ceux-ci et de contester les accusations et les preuves réunies contre lui. C'est pour cette raison que la Cour constitutionnelle a noté, dans le jugement SU-960 de 1999, qu'« une situation d'impossibilité absolue pour l'inculpé de savoir qu'un procès se déroule contre lui, et donc d'exercer son droit constitutionnel de défense[3] », est contraire au procès équitable. D'après la Cour constitutionnelle, l'État doit garantir que « les inculpés ont l'opportunité réelle et effective de faire valoir leurs raisons durant l'enquête et le jugement[4] ».

Malgré tout, le but du respect du droit de la défense ne réside pas uniquement dans la protection des droits fondamentaux de l'inculpé, mais aussi dans la recherche de la vérité. À ce sujet Klaus Tiedemann souligne :

> … il est indubitable que l'inculpé peut prendre position sur des reproches formulés à son encontre, et que les points de vue soumis à une discussion sont pris en considération pour rendre le jugement. L'exposé du cas de l'inculpé sert non seulement son propre intérêt, mais aussi à la découverte de la vérité. Le but procédural de l'éclaircissement du soupçon est atteint de la

[1] *Ibid.*.

[2] *Cf.* Cour constitutionnelle, jugement C-252 de 2001, M. P. : Carlos GAVIRIA DÍAZ.

[3] *Cf.* Cour constitutionnelle, jugement SU-960 de 1999, M. P. : José Gregorio HERNÁNDEZ GALINDO.

[4] *Ibid.*.

meilleure façon au moyen d'une procédure dialectique, dans laquelle les éléments à charge et à décharge sont discutés, et les arguments et contre-arguments pesés[1].

Pour cette raison, selon la Cour constitutionnelle, on doit estimer que « la garantie établie par l'article 29 de la Charte politique serait dénuée de sens si le droit de la défense n'était pas inclus, celui-ci étant, pour la Cour, un élément essentiel, irremplaçable et indispensable du procès équitable ».

Par ailleurs, la Cour constitutionnelle a précisé que l'une des conséquences les plus importantes du droit de la défense est celle relative à la possibilité de contredire des preuves. Ainsi, la Cour a souligné :

> le droit de la défense implique la pleine possibilité de contredire les preuves réunies à charge ; d'apporter au procès et d'obtenir que soient [...] prises en compte celles existantes en sa faveur, ou celles qui neutralisent celles qui sont invoquées par l'accusation ; d'exercer les recours légaux ; d'être techniquement assisté à chaque instant ; et de contester la condamnation.

Pour la même raison, dans le jugement SU-087 de 1999, la Cour constitutionnelle a très clairement établi que l'inculpé a un droit à ce que toutes les preuves apportées soient utilisées. En ce sens,

> ... la pratique de l'intégrité des preuves qui ont été demandées par l'inculpé et apportées par le juge fait partie du procès équitable, et ce droit fondamental semble transgressé quand l'autorité judiciaire agit dans un sens différent [...] Selon l'article 29 de la Constitution – poursuit la Cour –, le justiciable a droit à la défense et, par conséquent, de cette norme – qui répond à un principe universel de justice – découle clairement le droit, également garanti constitutionnellement, de contester les preuves avancées contre l'inculpé et de présenter et de solliciter celles qui s'opposent aux prétentions de ceux qui cherchent à affaiblir la présomption de son innocence[2].

Malgré tout, ce droit n'élimine pas la compétence du juge pour évaluer la nécessité des preuves. Comme le signale le jugement,

> ... le juge a la possibilité procédurale de définir si les preuves demandées sont pertinentes, favorables et recevables, et si en réalité les éléments de jugement dont il dispose et qui sont pris en considération, évalués et étudiés, contribuent à l'éclaircissement des faits et à la définition de la responsabilité pénale de l'inculpé. Et, naturellement, il lui est possible de rejeter certaines de ces preuves, s'il estime de façon fondée que les conditions légales requises ne sont pas réunies ou que, dans le procès en question, elles n'ont pas lieu d'être[3].

Cependant, insiste la Cour,

> ... une telle pratique judiciaire doit être menée à bien durant la phase de la procédure qui correspond au moment où le juge décide s'il prononce ou non

---

[1] K. TIEDEMANN, « El derecho procesal penal », J.-L. GÓMEZ COLOMER (trad.), *in* K. TIEDEMANN, *Introducción al derecho penal y al derecho penal procesal*, Barcelona, Ariel, 1989, p. 184.

[2] *Cf.* Cour constitutionnelle, jugement SU-087 de 1999, M. P. : José Gregorio HERNÁNDEZ GALINDO.

[3] *Ibid.*.

la recevabilité des preuves, s'il accède ou non – en tout ou en partie – à la demande de la défense, en motivant sa mesure [...]. Ce qui n'est pas permis au juge – conclut la Cour –, à la lumière des dispositions constitutionnelles, est de retenir les preuves et ensuite, par caprice ou pour interrompre le délai légal en faveur de l'inculpé et de sa liberté, de s'abstenir de poursuivre ou de mener à bien leur prise en compte, pour passer aux étapes postérieures au jugement. Dans l'éventualité où il en serait ainsi, la violation du droit fondamental au procès équitable et l'arbitraire judiciaire ostensible seraient évi-évidents.

Finalement, la jurisprudence constitutionnelle a aussi établi que le droit de la défense n'inclut pas seulement le droit à ce que les preuves soient fournies, mais aussi à ce qu'elles soient analysées, évaluées et prises en compte dans la prise des décisions judiciaires. En ce sens, dans le jugement T-504 de 1998, la Cour constitutionnelle a affirmé :

L'une des façons et, aux yeux de cette Cour, l'une des plus graves, d'ignorer le procès équitable consiste en ce que le juge, au moment de prononcer sa décision, la fonde sans réaliser une analyse exhaustive et complète des preuves, ou sans évaluer les éléments probatoires allégués au procès ou, ce qui est pire, en ignorant totalement leur existence. La pratique des preuves, continue la Cour, opportunément demandées et invoquées dans le cadre du débat procédural, nécessaires pour illustrer le critère d'appréciation du juge et sa pleine connaissance de l'objet du litige, ainsi que les possibilités de les contredire et de les compléter au cours de la procédure, sont des éléments inhérents au droit de la défense et constituent une garantie de la capacité du procès à remplir les buts qui lui ont été assignés dans l'État social de droit[1].

Cependant, en ce qui concerne le domaine d'application du droit à la défense, la jurisprudence constitutionnelle a affirmé « que les garanties qui constituent le procès équitable et, parmi celles-ci, le droit de la défense, doivent être strictement respectées dans tout type d'actions, qu'elles soient judiciaires ou administratives[2] ». De ce point de vue, selon la Cour constitutionnelle, ces garanties « constituent un présupposé pour la réalisa-

[1] *Cf.* Cour constitutionnelle, jugement T-504 de 1998, M. P. : Alfredo BELTRÁN SIERRA.

[2] *Cf.* Cour constitutionnelle, jugement C-131 de 2002, M. P. : Jaime CÓRDOBA TRIVIÑO. Voir également le jugement T-490 de 1992, M. P. : Eduardo CIFUENTES MUÑOZ. Cette dernière se réfère, dans les termes suivants, à l'application du procès équitable aux actions administratives : « L'article 29 de la Constitution oblige au respect du procès équitable à toute catégorie d'actions administratives. L'imposition de peines ou de mesures correctionnelles par l'autorité de police doit par conséquent respecter les garanties procédurales du droit de défense et de contradiction, et spécialement le principe consitutionnel de présomption d'innocence. » De plus, la Cour a précisé, dans ce même jugement, que « toute personne a le droit, avant d'être sanctionnée, à ce que soit menée à bien une procédure minimale qui inclut la garantie de sa défense. La seule exigence d'une attestation, ou de la déclaration d'au moins deux témoignages oculaires pour sanctionner l'accusé, faisant abstraction de ce que celle-ci peut contredire la véracité des preuves, constitue une action unilatérale de l'administration contraire à l'État de droit démocratique et participatif et à la validité d'un ordre juridique juste. »

tion de la justice comme valeur supérieure de l'ordre juridique[1] ». Pour cette raison, le droit de la défense doit être d'application universelle. Ainsi, la Cour a spécifié que « la conception du procès comme un mécanisme pour la réalisation de la justice empêche qu'un domaine de l'ordre juridique soit soustrait à son effet inaliénable, puisque la seule idée d'atteindre la justice en pervertissant le chemin qui conduit à elle choque la conscience juridique contemporaine[2] ».

Toutefois, cela ne veut pas dire que tous les procès doivent être identiques, ni que l'exercice du droit de la défense doit être le même dans tous les types de procès. Sur ce plan, la Constitution reconnaît aussi au législateur une marge d'action. Ainsi, la Cour constitutionnelle a affirmé :

> on ne peut en aucune manière déduire de la seule consécration du procès équitable comme droit fondamental une régulation identique des différentes questions faisant l'objet de procès dans les différentes matières juridiques puisque, pour toutes les questions qui n'ont pas été expressément prévues par la Charte, on doit tenir compte de l'existence d'un espace d'exercice du pouvoir normatif que le peuple exerce par l'intermédiaire de ses représentants.

Le principe de rapidité

Le principe de rapidité fait également partie du droit fondamental au procès équitable. Ce principe est proclamé par la Constitution dans les termes suivants : « Le justiciable a droit [...] à un procès équitable sans retards injustifiés. »

Selon le principe de rapidité, le procès doit alors être réalisé rapidement, sans retards injustifiés. Cependant, la tendance à pousser à l'extrême la rapidité du procès ne doit pas conduire à brûler des étapes, ni à ce que le droit de la défense soit affecté. En ce sens, la Cour constitutionnelle a rappelé :

> ... les personnes ont droit à ce que le procès se déroule sans retards injustifiés, mais aussi à ce que le procès soit équitable (article 29 de la Constitution), ce qui suppose que l'accusé ait la possibilité effective de préparer, avec l'assistance technique d'un avocat, ses stratégies de défense, ce qui inclut évidemment la faculté de demander et de présenter les preuves jugées pertinentes et favorables, ainsi que de contredire celles qui sont présentées contre lui[3].

Ainsi, et comme l'a soutenu la Cour, le droit à un procès équitable sans retards injustifiés ne peut pas être un principe absolu, mais implique « un équilibre raisonnable entre le principe de rapidité et le droit de la défense[4] ». Par conséquent, il revient au législateur de chercher à harmoniser le principe de rapidité, qui tend à ce que le procès ait lieu dans le délai le plus bref, et le

---

[1] *Cf.* Cour constitutionnelle, jugement C-131 de 2002, M. P. : Jaime CÓRDOBA TRIVIÑO.

[2] *Ibid.*.

[3] *Cf.* Cour constitutionnelle, jugement C-699 de 2000, M. P. : Alejandro MARTÍNEZ CABALLERO.

[4] *Ibid.*.

droit de la défense, qui implique que « la loi doit prévoir le temps minimal pour que l'accusé puisse comparaître au jugement et préparer convenablement sa défense[1] ».

De plus, il convient de noter que la violation du procès équitable par la violation du principe de rapidité peut être dénoncée et corrigée au moyen de l'action en protection. En ce sens, dans le jugement T-334 de 1995[2], la Cour constitutionnelle a remarqué qu'il est possible d'exercer éventuellement l'action en protection devant le retard du juge à se prononcer sur une affaire déterminée soumise à sa considération dans le cadre d'un procès judiciaire, « dès lors qu'il ignore les termes de la loi et en l'absence d'un motif établi et raisonnable[3] », c'est-à-dire dès lors que l'on se trouve en présence d'un retard injustifié. En plus de l'article 29 de la Constitution, l'article 229 interdit aussi les retards injustifiés en établissant : « Les délais procéduraux seront observés avec diligence et leur non-respect sera sanctionné. » Pour cette raison, quand un juge retarde une décision procédurale sans que sa conduite puisse être justifiée d'une quelconque manière, il transgresse le principe du procès équitable et une telle violation peut faire l'objet d'une action en protection.

Le principe du double degré de juridiction

Le principe du double degré de juridiction fait également partie du procès équitable, très lié aux droits de la défense et au principe du contradictoire, dans la mesure où il permet l'exercice de la défense contre les décisions judiciaires. Le principe du double degré de juridiction est consacré par l'article 29 de la Constitution, qui fait allusion au droit de contester un jugement de condamnation, et par l'article 31 de la Constitution, qui précise que tout jugement judiciaire peut faire l'objet d'un recours en appel ou en cassation, sauf exceptions prévues par la loi.

Ce principe se concrétise dans le droit à ce que le jugement judiciaire puisse être révisé par la juridiction supérieure à celle qui l'a rendu, et il est rendu effectif par le recours en appel ou en cassation. De cette façon, et comme soutient la Cour constitutionnelle, « on garantit que le point qui fait l'objet d'une décision judiciaire puisse être examiné par deux juges différents, le juge de première instance et le juge supérieur[4] ».

En ce sens, on doit aussi indiquer que le principe du double degré de juridiction et la possibilité de contester le jugement donnent son sens au recours

---

[1] *Ibid.*.

[2] *Cf.* Cour constitutionnelle, jugement T-334 de 1995, M. P. : José Gregorio HERNÁNDEZ GALINDO.

[3] *Ibid.*.

[4] *Cf.* Cour constitutionnelle, jugement T-533 de 2001, M. P. : Jaime CÓRDOBA TRIVIÑO.

en appel. La Cour constitutionnelle l'a signalé dans le jugement C-650 de 2001[1]. Dans ce jugement, la Cour a soutenu :

> On a traditionnellement accepté que le recours en appel fasse partie de la garantie universelle de contestation qui est reconnue à ceux qui sont intervenus ou sont légitimés pour intervenir en l'espèce, afin de pouvoir obtenir la protection d'un intérêt juridique, par l'analyse du juge supérieur qui révise et corrige les défauts, les vices ou les erreurs juridiques de la procédure ou du jugement qu'a pu commettre l'*a quo*. L'origine de ce moyen d'action est déterminée par les règles de procédure en tenant compte de la nature propre de l'activité et de l'objet ou de l'importance du dommage invoqué par la partie adverse[2].

Toutefois, dans ce même jugement et sur le fondement du texte de l'article 31 de la Constitution, la Cour constitutionnelle a soutenu que le principe du double degré de juridiction admet certaines exceptions, c'est-à-dire qu'il est possible qu'il existe des procès judiciaires dans lesquels il n'existe pas de seconde instance. Selon la Cour, on peut déduire de l'analyse du texte constitutionnel que « la garantie du double degré de juridiction dans toutes les affaires qui peuvent faire l'objet d'une décision judiciaire n'est pas obligatoire ni forcée[3] ». Il en est ainsi parce que « la loi est habilitée à introduire des exceptions, pourvu que l'on respecte les garanties du procès équitable, du droit de la défense, de la justice, de l'équité et que l'on ne refuse pas l'accès à la justice[4] ».

Cela veut dire que le principe du double degré de juridiction n'a pas un caractère absolu et que, dans ce cadre, on reconnaît au législateur une certaine marge de manœuvre. Toutefois, dans l'exercice de cette dernière, le législateur ne peut pas introduire de différenciations déraisonnables et disproportionnées qui violeraient le principe d'égalité. Sur ce point, la Cour constitutionnelle a déclaré qu'il découle du contenu normatif du principe du double degré de juridiction que ce principe

> … n'a pas un caractère absolu, dans le sens où tout jugement ou toute autre décision judiciaire est nécessairement susceptible de faire l'objet d'un recours en appel ou en cassation, parce que son application pratique est soumise aux règles établies par le législateur dans le cadre de sa compétence discrétionnaire, mais sans dépasser la limite imposée par les principes, les valeurs et les droits fondamentaux constitutionnels, précisément en ce qui concerne le principe d'égalité. Dans un tel cas, il n'est pas possible pour le législateur, sous prétexte qu'il exerce la compétence qui découle de la disposition mentionnée, lorsqu'il réglemente la recevabilité de l'appel ou de la cassation, d'établir des traitements différenciés qui manquent d'une légitimation objective, en ce qui concerne les fondements de fait et de droit qui les

---

[1] *Cf.* Cour constitutionnelle, jugement C-650 de 2001, M. P. : Clara Inés VARGAS HERNÁNDEZ.

[2] *Ibid.*.

[3] *Ibid.*.

[4] *Ibid.*.

justifient, leur but, leur rationalité, leur caractère raisonnable et leur caractère proportionnel[1].

La Cour a aussi déclaré que la consécration par la Constitution de procès insusceptibles d'appel confirme que le principe du double degré de juridiction n'a pas un caractère absolu. En ce sens, elle a affirmé que le législateur est autorisé « à indiquer dans quels cas il n'y a pas de seconde instance dans tout type de procès, sans préjudice des recours extraordinaires que, comme celui de révision, il peut aussi consacrer ». La Cour poursuit :

> … la Constitution elle-même s'est préoccupée de définir certains jugements comme insusceptibles de recours, parce qu'elle les a confiés aux juridictions les plus hautes dans la hiérarchie. Sans aller plus loin, les articles 174, 175 et 178 de la Charte, qui précisent les règles applicables aux procès engagés contre le président de la République, les magistrats de la Cour constitutionnelle, de la Cour suprême de justice, du Conseil d'État, du Conseil supérieur de la magistrature, ou le Procureur général de la nation, concrétisent le degré unique de juridiction, tant devant le Sénat, pour ce qui relève de sa compétence, que devant la Cour suprême de justice en ce qui concerne la responsabilité pénale si les faits méritent une peine complémentaire à celles de destitution des fonctions, de privation temporaire ou de perte absolue des droits politiques (juridiction constitutionnelle spéciale). Aux membres du Congrès et à d'autres hauts employés de l'État, la Constitution a réservé une juridiction, prévue par l'article 235 en vertu duquel ils doivent être jugés, au cours d'une instance unique, par la Cour suprême de justice. La remise en cause de l'investiture, envisagée par les articles 183 et 184 de la Constitution, n'est pas non plus concernée par le principe du double degré de juridiction, et elle relève exclusivement du Conseil d'État, comme l'a souligné la Cour dans les jugements C-319 du 14 juillet 1994, C-247 du 1er juin 1995 et C-037 du 5 février 1996[2].

Le principe de la prévalence des normes substantielles

Le dernier des principes faisant partie du procès équitable, que nous analyserons ici, est le principe de prévalence des normes substantielles. Ce principe est consacré par l'article 228 de la Constitution selon lequel les activités des juridictions « seront publiques et permanentes hormis les exceptions qu'établit la loi et, dans ces dernières, le droit substantiel prévaudra ».

Le principe de prévalence des normes substantielles implique un véritable changement de paradigme par rapport au droit constitutionnel et ordinaire précédent. En ce sens, le nouveau droit constitutionnel, établi par la Constitution de 1991, a eu une influence très significative sur le droit procédural. Dans la tradition antérieure, on considérait la procédure comme une fin en soi, sans lien avec les normes substantielles. Au contraire, dans le nouveau droit constitutionnel, les garanties procédurales sont inséparablement liées à

---

[1] *Ibid.*.

[2] *Cf.* Cour constitutionnelle, jugement C-411 de 1997, M. P. : José Gregorio HERNÁNDEZ GALINDO.

l'efficacité du droit substantiel. Ainsi l'a souligné la jurisprudence constitutionnelle, selon laquelle la Constitution a profondément modifié les règles procédurales, « les a dotées d'une téléologie qui ne s'explique pas à partir du seul rite ou de la seule procédure mais qui est directement liée aux normes juridiques qui consacrent les effets juridiques concernant les parties. Elle leur a donné une nouvelle dimension pour leur reconnaître désormais le caractère de facultés irrévocables, historiquement confirmées et consacrées par le droit positif, c'est-à-dire relevant des droits fondamentaux[1] ».

Ainsi, la Constitution a produit un véritable renversement dans le procès :

> … elle a doté le procès d'une nouvelle rationalité parce qu'il ne s'agit plus d'épuiser des rituels sans objet ou d'appliquer n'importe comment les normes de droit substantiel, mais de les appliquer en reconnaissant ces garanties irrévocables, parce que leur respect obligé constitue aussi un but du procès. Ainsi, une nouvelle perception du droit procédural est retenue dans la mesure où elle a reconnu des fondements politiques et constitutionnels obligatoires et, en reconnaissant aux garanties procédurales la nature de droits fondamentaux, elle a permis leur application directe et immédiate ; elle a produit des espaces interprétatifs qui se conforment aux dispositions des traités internationaux de droits de l'homme ; leur protection par les juges est devenue possible et elle a ouvert la voie au juge constitutionnel pour que celui-ci, conformément à sa tâche de défense des droits fondamentaux, promeuve l'observance stricte de ces garanties, que celles-ci lient les pouvoirs publics et qu'elles pénètrent ainsi des domaines qui relevaient auparavant strictement de la loi[2].

Or, la raison de ce changement de paradigme est bien évidente. Ce que poursuit le principe de primauté du droit substantiel est la reconnaissance que les finalités supérieures de la justice ne peuvent être sacrifiées pour des raisons relevant du culte aveugle des règles procédurales ou de considérations de forme, qui ne sont pas strictement indispensables pour résoudre au fond les affaires soumises à la compétence du juge. En ce sens, et comme l'affirme la Cour constitutionnelle, « les dispositions faisant partie de l'ordre juridique, en ce qui concerne les règles de forme, sont mises au service du projet étatique de réalisation matérielle des valeurs suprêmes du droit et non l'inverse. En d'autres termes, les formes procédurales ne se justifient pas par elles-mêmes mais en raison de l'objectif substantiel que vise l'administration de la justice[3] ».

Toutefois, cela ne veut pas dire que le droit constitutionnel contemporain prive d'effet les règles formelles de procédure et implique l'affaiblissement du droit procédural. Il est impérieux de réaffirmer que l'accomplissement strict du droit procédural est aussi une garantie démocratique de l'État de

---

[1] *Cf.* Cour constitutionnelle, jugement C-131 de 2002, M. P. : Jaime CÓRDOBA TRIVIÑO.

[2] *Ibid.*. Voir également Cour constitutionnelle, jugement C-029 de 1995, M. P. : Jorge ARANGO MEJÍA.

[3] *Cf.* Cour constitutionnelle, jugement C-131 de 2002, M. P. : Jaime CÓRDOBA TRIVIÑO.

droit pour assurer de l'efficacité des droits substantiels et des principes fondamentaux de l'ordre juridique. Tous les éléments du procès intègrent « la plénitude des formes propres à chaque jugement », établie par l'article 29 de la Constitution, comme nous l'avons vu, comme une partie du droit fondamental au procès équitable et, par conséquent, comme l'a soutenu la Cour constitutionnelle, ils « ne constituent pas simplement des règles formelles vides de contenu mais des instruments nécessaires pour que le droit matériel soit appliqué objectivement et opportunément[1] ». C'est leur seule raison d'être. Ainsi, l'extrême ritualisme qui fait succomber le droit substantiel dans l'enchevêtrement de règles de procédure suppose aussi une violation du droit au procès équitable.

Bibliographie

Références doctrinales

R. ALEXY, *Teoría de los derechos fundamentales*, Madrid, Centro de Estudios Políticos y Constitucionales, 1997.
C. BERNAL PULIDO, « El derecho al libre desarrollo de la personalidad », *in IV Jornadas de Derecho Constitucional y Administrativo*, Bogotá, Universidad Externado de Colombia, 2003.
C. BERNAL PULIDO, « El juicio de igualdad en la jurisprudencia de la Corte Constitucional, *Letras Jurídicas*, vol. 8, n° 2, Medellín, Empresas Públicas de Medellín, 2003.
N. BOBBIO, « La regla de la mayoría: límites y aporías », *in* N. BOBBIO, *Teoría general de la política*, Madrid, Trotta, 2003.
E.-W BÖCKENFÖRDE, « Origen y cambio del concepto de Estado de Derecho », *in* E.-W BÖCKENFÖRDE, *Estudios sobre el Estado de derecho y la democracia,* Madrid, Trotta, 2000.
E.-W BÖCKENFÖRDE, « La democracia como principio constitucional », *in* E.-W BÖCKENFÖRDE, *Estudios sobre el Estado de derecho y la democracia*, Madrid, Trotta, 2000.
K. GÜNTHER, « Welchen Personenbegriff braucht die Diskurstheorie des Rechts? Überlegungen zum internen Zusammenhang zwischen deliberativer Person, Staatsbürger und Rechtsperson », *in* H. BRUNKHORST et P. NIESEN (eds.), *Das Recht der Republik*, Frankfurt a. M., Suhrkamp, 1999.
J. HABERMAS, *Facticidad y validez. Sobre el derecho y el Estado democrático de derecho en términos de teoría del discurso*, Madrid, Trotta, 1998.
A. JULIO ESTRADA, *La eficacia de los derechos fundamentales entre particulares*, Bogotá, Universidad Externado de Colombia, 2000.
C. S. NINO, *La constitución de la democracia deliberativa*, Barcelona, Gedisa, 1997.

[1] *Ibid.*.

N. OSUNA, *Tutela y amparo. Derechos protegidos*, Bogotá, Universidad Externado de Colombia, 1997.
K. TIEDEMANN, « El derecho procesal penal », J.-L. GÓMEZ COLOMER (trad.), *in* K. TIEDEMANN, *Introducción al derecho penal y al derecho penal procesal*, Barcelona, Ariel, 1989.

Références jurisprudentielles

Cour constitutionnelle, jugement T-011 de 1992, M. P. : Alejandro MARTÍNEZ CABALLERO.
Cour constitutionnelle, jugement T-445 de 1992, M. P. : Simón RODRÍGUEZ RODRÍGUEZ.
Cour constitutionnelle, jugement T-463 de 1992, M. P. : Eduardo CIFUENTES MUÑOZ.
Cour constitutionnelle, jugement T-482 de 1992, M. P. : Jaime SANÍN GREIFFENSTEIN.
Cour constitutionnelle, jugement T-490 de 1992, M. P. : Eduardo CIFUENTES MUÑOZ.
Cour constitutionnelle, jugement T-001 de 1993, M. P. : Jaime SANÍN GREIFFENSTEIN.
Cour constitutionnelle, jugement C-007 de 1993, M. P. : José Gregorio HERNÁNDEZ GALINDO.
Cour constitutionnelle, jugement T-101 de 1993, M. P. : Jaime SANÍN GREIFFENSTEIN.
Cour constitutionnelle, jugement C-208 de 1993, M. P. : Hernando HERRERA VERGARA.
Cour constitutionnelle, jugement C-133 de 1994, M. P. : Antonio BARRERA CARBONELL.
Cour constitutionnelle, jugement C-214 de 1994, M. P. : Antonio BARRERA CARBONELL.
Cour constitutionnelle, jugement C-029 de 1995, M. P. : Jorge ARANGO MEJÍA.
Cour constitutionnelle, jugement T-334 de 1995, M. P. : José Gregorio HERNÁNDEZ GALINDO.
Cour constitutionnelle, jugement C-444 de 1995, M. P. : Carlos GAVIRIA DÍAZ.
Cour constitutionnelle, jugement T-544 de 1995, M. P. : José Gregorio HERNÁNDEZ GALINDO.
Cour constitutionnelle, jugement C-626 de 1996, M. P. : José Gregorio HERNÁNDEZ GALINDO.
Cour constitutionnelle, jugement T-268 de 1996, M. P. : Antonio BARRERA CARBONELL.
Cour constitutionnelle, jugement C-491 de 1996, M. P. : José Gregorio HERNÁNDEZ GALINDO.

Cour constitutionnelle, jugement C-040 de 1997, M. P. : Antonio BARRERA CARBONELL.
Cour constitutionnelle, jugement C-411 de 1997, M. P. : José Gregorio HERNÁNDEZ GALINDO.
Cour constitutionnelle, jugement C-655 de 1997, M. P. : Carlos GAVIRIA DÍAZ.
Cour constitutionnelle, jugement T-504 de 1998, M. P. : Alfredo BELTRÁN SIERRA.
Cour constitutionnelle, jugement SU-087 de 1999, M. P. : José Gregorio HERNÁNDEZ GALINDO.
Cour constitutionnelle, jugement T-242 de 1999, M. P. : Martha Victoria SÁCHICA DE MONCALEANO.
Cour constitutionnelle, jugement SU-960 de 1999, M. P. : José Gregorio HERNÁNDEZ GALINDO.
Cour constitutionnelle, jugement T-751A de 1999, M. P. : Fabio MORÓN DÍAZ.
Cour constitutionnelle, jugement T-1012 de 1999, M. P. : Alfredo BELTRÁN SIERRA.
Cour constitutionnelle, jugement C-111 de 2000, M. P. : Álvaro TAFUR GALVIS.
Cour constitutionnelle, jugement C-383 de 2000, M. P. : Álvaro TAFUR GALVIS.
Cour constitutionnelle, jugement C-392 de 2000, M. P. : Antonio BARRERA CARBONELL.
Cour constitutionnelle, jugement T-555 de 2000, M. P. : Fabio MORÓN DÍAZ.
Cour constitutionnelle, jugement C-699 de 2000, M. P. : Alejandro MARTÍNEZ CABALLERO.
Cour constitutionnelle, jugement C-728 de 2000, M. P. : Eduardo CIFUENTES MUÑOZ.
Cour constitutionnelle, jugement T-1072 de 2000, M. P. : Vladimiro NARANJO MESA.
Cour constitutionnelle, jugement C-252 de 2001, M. P. : Carlos GAVIRIA DÍAZ.
Cour constitutionnelle, jugement T-533 de 2001, M. P. : Jaime CÓRDOBA TRIVIÑO.
Cour constitutionnelle, jugement C-650 de 2001, M. P. : Clara Inés VARGAS HERNÁNDEZ.
Cour constitutionnelle, jugement C-774 de 2001, M. P. : Rodrigo ESCOBAR GIL.
Cour constitutionnelle, jugement SU-1184 de 2001, M. P. : Eduardo MONTEALEGRE LYNETT.
Cour constitutionnelle, jugement SU-1185 de 2001, M. P. : Rodrigo ESCOBAR GIL.

Cour constitutionnelle, jugement C-012 de 2002, M. P. : Jaime ARAÚJO RENTERÍA.
Cour constitutionnelle, jugement C-131 de 2002, M. P. : Jaime CÓRDOBA TRIVIÑO.
Cour constitutionnelle, jugement T-461 de 2003, M. P. : Eduardo MONTEALEGRE LYNETT.
Cour constitutionnelle, jugement T-685 de 2003, M. P. : Eduardo MONTEALEGRE LYNETT.

CHAPITRE XII

LA GLOBALISATION ET LES DROITS FONDAMENTAUX DES IMMIGRANTS[1]

Les droits fondamentaux constituent l'un des principaux axes de la relation entre l'individu et la communauté politique. Dès leur création comme catégorie juridique, leur rôle s'est progressivement accru en matière de limitation des interventions du pouvoir étatique sur la liberté privée, de fondement subjectif de l'exercice de la participation démocratique et d'égalisation du statut des personnes dans la sphère publique[2]. À cela, il faut ajouter qu'après l'avènement de l'État social, ces droits ont aussi assumé un rôle de garants du minimum vital et de promotion de l'égalité réelle. Grâce aux droits fondamentaux, l'individu est érigé dans la communauté et face à elle comme un sujet libre, autonome, capable de se déterminer dans la vie publique comme dans la vie privée, et titulaire de certains droits essentiels dont la protection et la satisfaction garantissent la pérennité de l'environnement social. Corrélativement, pour la communauté politique, les droits fondamentaux sont à la fois son moteur et son frein, sa raison d'être, le fondement de son action et le garde-fou contre les agissements abusifs et disproportionnés.

Il convient de noter que cette relation entre l'individu et la communauté politique s'inscrit tout d'abord sur le plan moral et se projette ensuite sur le plan juridique. Les droits fondamentaux ne sont nullement distincts d'une institutionnalisation des droits de l'homme dans l'État constitutionnel démocratique[3]. Dans les diverses conceptions morales du sujet – la conception

---

[1] Une version préliminaire de ce texte a fait l'objet d'une conférence au premier Congrès ibéro-américain d'éthique et de philosophie politique, Alcalá de Henares, septembre 2002. L'auteur remercie le professeur José María ROSALES, de l'Université de Malaga (Espagne), pour ses commentaires et ses critiques.

[2] *Cf.* M. STOLLEIS, *Geschichte des öffentlichen Rechts in Deutschland*, t. II, München, Beck, 1992, p. 114 et s..

[3] R. ALEXY, « Die Institutionalisierung der Menschenrechte im demokratischen Verfassungsstaat », *in* S. GOSEFAN et G. LOHMANN (eds.). *Philosophie der Menschenrechte*, Frankfurt a. M., Suhrkamp, 1999, p. 246 et s. ; dans le même sens, F. I. MICHELMAN, « Brauchen Menschenrechte eine demokratische Legitimation? », *in* H. BRUNKHORST, W. KÖHLER et M. LUTZ-BACHMANN (eds.), *Recht auf Menschenrechte*, Frankfurt a. M., Suhrkamp, 1999, p. 53, et J. HABERMAS, « Die interkulturelle Diskurs über Menschenrechte », *ibid.*, p. 216. Il faut reconnaître qu'il existe aussi des auteurs qui nient carrément la possibilité qu'il existe des

libérale[1], la conception démocratique[2] et la conception de l'État social[3] –, l'individu apparaît déjà investi de diverses attributions qui lui sont inhérentes et indispensables à son développement vital et qui, par conséquent, méritent d'être reconnues et protégées par la communauté politique. Le concept de droits de l'homme synthétise cette protection sur le plan moral, et les droits fondamentaux l'institutionnalisent dans le droit de l'État constitutionnel démocratique. À son tour, et comme conséquence de cela, l'universalité, la dimension morale, le caractère fondamental, la priorité et l'abstraction, caractéristiques des droits de l'homme[4], se reflètent, dans l'État constitutionnel, dans les propriétés essentielles des droits fondamentaux : leur attribution égale à tous les membres de la communauté politique, leur valeur juridique, leur suprématie constitutionnelle, leur priorité *prima facie* par rapport à d'autres biens constitutionnels et leur indétermination.

Or, cette institutionnalisation des droits de l'homme dans le cadre de l'État constitutionnel démocratique a permis une délimitation de leur contenu du point de vue matériel, subjectif, spatial et temporel. Le contenu des droits fondamentaux est défini dans le cadre matériel, subjectif, spatial et temporel de l'État, régi par les normes constitutionnelles qui les établissent[5]. Ainsi, les droits fondamentaux n'exercent leur force obligatoire que face aux normes produites par l'État, sur le territoire où ce dernier est souverain, pendant le temps d'application de la Constitution, et ne lient que les sujets de l'ordre juridique étatique.

Seul importe ici l'aspect relatif aux sujets des droits fondamentaux. Il est bien connu que ces droits mettent en relation deux types de sujets : les titulaires et les destinataires. De plus, ces droits sont définis comme la relation dans laquelle le titulaire d'un droit peut exiger du destinataire un comportement imposé par la Constitution[6]. L'aspect subjectif est l'un de ceux où il est le plus évident que, dans leur conception traditionnelle, les droits fondamen-

---

droits moraux. Sur cette controverse, G. LOHMANN, « Menschenrechte zwischen Moral und Recht », *in* GOSEFAN et LOHMANN (eds.), *op. cit.*, p. 62 et s..

[1] Sur le concept libéral de personne, voir J. RAWLS, *El liberalismo político*, Barcelona, Grijalbo-Mondadori, 1996, p. 49 et 338.

[2] Sur le concept démocratique de personne, voir K. GÜNTHER, « Welche Personenbegriff braucht die Diskurstheorie des Rechts? Überlegungen zum internen Zusammenhang zwischen deliberativer Person, Staatsbürger und Rechtsperson », *in* H. BRUNKHORST et P. NIESEN (eds.), *Das Recht der Republik*, Frankfurt a. M., Suhrkamp, 1999, p. 83 et s..

[3] Sur le concept de personne dans l'État social, en tant que titulaire de certains besoins essentiels, voir E. TUGENDHAT, *Lecciones de ética*, Barcelona, Gedisa, 1997, p. 325 et s..

[4] Sur ces propriétés, voir R. ALEXY, « Die Institutionalisierung der Menschenrechte im demokratischen Verfassungsstaat », *op. cit.*, p. 246 et s..

[5] Sur ces domaines, voir G. JELLINEK, *Teoría general del Estado*, Granada, Comares, 2000, p. 385 et s. ; H. KELSEN, *Teoría general del Derecho y del Estado*, México, Universidad Nacional Autónoma de México, 1995, p. 49 et s., et p. 246 et s..

[6] Sur cette définition, voir R. ALEXY, *El concepto y la validez del derecho*, Barcelona, Gedisa, 1994, p. 182 et 183.

taux sont corrélatifs à la compréhension de l'État comme exclusivement relatif à la communauté politique, dans lequel l'individu exerce les deux facettes les plus importantes de sa liberté : comme autonomie privée, et comme autonomie publique[1]. Ainsi, le titulaire par antonomase des droits fondamentaux est le citoyen, un individu jouissant à la fois de libertés individuelles, de libertés politiques et ayant des besoins essentiels à satisfaire qui justifient une protection publique garantie par les droits fondamentaux de la défense, les droits démocratiques et les droits-créances. Pour sa part, l'État est le destinataire par excellence des droits fondamentaux. C'est le sujet qui doit garantir le bénéfice de tous les droits individuels et, en même temps, s'abstenir de leur nuire. Dans ce schéma, le citoyen apparaît comme la pierre angulaire de la communauté politique qu'il construit par l'exercice de ses droits démocratiques et dont, parallèlement, il espère recevoir le respect de sa liberté négative – comme la liberté de faire ce qu'il souhaite sans interventions externes[2] – et la protection de ses droits les plus importants. Par les droits de la défense, le citoyen est à l'abri d'interférences de l'État sur sa liberté et, par les droits démocratiques, il combine ses efforts avec ceux des autres citoyens pour obtenir la réalisation des fins sociales prioritaires et la satisfaction de ses besoins essentiels.

José María Rosales a raison quand il affirme que, dans ce schéma de l'État constitutionnel démocratique, « la citoyenneté définit le mode d'appartenance des individus à la communauté politique » et, en même temps[3], se transforme en clé d'accès aux droits civils ou aux libertés et aux droits de participation à l'activité de l'État, et au bien-être économique et social[4]. Seul le citoyen jouit dans toute leur plénitude des droits fondamentaux libéraux et démocratiques et des droits-créances[5]. Étant donné que la protection des droits implique un coût élevé, celle-ci ne peut être étendue à tous les individus. La citoyenneté est le critère – inclusif sur le plan interne et exclusif sur le plan externe[6] – par lequel on délimite le groupe de titulaires des droits de la jouissance desquels l'État est directement responsable. Les étrangers jouissent uniquement d'une partie de ces droits, dont l'ampleur

---

[1] Sur ces deux dimensions de la liberté dans l'État constitutionnel démocratique, voir C. STARCK, « Grundrechtliche und demokratische Freiheitsidee », *in* C. STARCK, *Der demokratische Verfassungsstaat*, Tübingen, Mohr (Paul Siebeck), 1995, p. 161 et s..

[2] Sur ce concept de liberté, voir I. BERLIN, « Dos conceptos de libertad », *in* I. BERLIN, *Cuatro ensayos sobre la libertad*, Madrid, Alianza Editorial, 1996, p. 187 et s..

[3] J. M. ROSALES, *Patriotismo, nacionalismo y ciudadanía: en defensa de un cosmopolitismo cívico*, Bogotá, Universidad Externado de Colombia, 1997, p. 21 et 41.

[4] *Ibid.*, p. 43.

[5] Sur le concept et les différences entre ces catégories de droits, voir C. BERNAL PULIDO, *El principio de proporcionalidad y los derechos fundamentales*, Madrid, Centro de Estudios Políticos y Constitucionales, 2003, chap. III.

[6] Sur ces caractéristiques de la citoyenneté, voir R. BRUBAKER, *Citizenship and Nationhood in France and Germany*, Cambridge, Harvard University Press, 1992, chap. I.

dépend en outre de leur situation régulière ou irrégulière dans l'État. Par exemple, la jurisprudence constitutionnelle espagnole a établi, au sujet des étrangers se trouvant en situation régulière :

> … il existe des droits qui correspondent à l'égalité des Espagnols et des étrangers et dont la régulation doit être égale pour les deux ; il existe des droits qui n'appartiennent en aucune façon aux étrangers (ceux reconnus à l'article 23 de la Constitution, comme le dispose l'article 13.2 avec la réserve qu'il contient) [c'est-à-dire les droits politiques] ; [et] il en existe d'autres qui appartiennent ou non aux étrangers, selon ce que disposent les traités et les lois, une différence de traitement avec les Espagnols quant à leur exercice étant alors admissible[1].

Parallèlement, la loi organique n° 8 de 2000, qui a réformé la loi organique n° 4 de la même année sur les droits et les libertés des étrangers en Espagne et leur intégration sociale, opère une distinction entre les étrangers en situation régulière et ceux en situation irrégulière, et il ne reconnaît qu'aux premiers le droit de réunion (article 6), le droit d'association (article 8), les droits syndicaux et de grève (article 11), le droit au logement (article 13) et le droit à la sécurité sociale (article 14) (à l'exception des services et prestations sociaux de base).

Ce schéma de relations entre l'individu et la communauté politique, et de différences entre les citoyens et les étrangers, quant à la titularité des droits fondamentaux, suscite des questions intéressantes quand on est conscient des transformations que la globalisation a introduites dans la carte du monde actuel et des liens entre le particulier et la collectivité. Le schéma posé se fonde sur la vision classique de la souveraineté de l'État, dans laquelle on considère que la meilleure manière de protéger les droits de l'homme, la plus légitime et la plus efficace, est leur institutionnalisation comme droits fondamentaux opposables à l'État par chaque citoyen. On comprend qu'on garantit le mieux le respect des droits essentiels de l'individu, avec la paix et l'harmonie internationale, quand l'État exerce sa souveraineté sur ses citoyens et quand sont respectés les principes d'indépendance des États et de non-ingérence[2].

On doit reconnaître que ce schéma se fonde certainement sur un argument *a priori* plausible : le fondement démocratique des droits de l'homme[3].

---

[1] Jugement 107 de 1984, f. j. 4. Voir une analyse approfondie de ces groupes de droits *in* P. CRUZ VILLALÓN, « Dos cuestiones de titularidad de derechos: los extranjeros, las personas jurídicas », *in* P. CRUZ VILLALÓN, *La curiosidad del jurista persa, y otros estudios sobre la Constitución*, Madrid, Centro de Estudios Políticos y Constitucionales, 1999, p. 197 et s..

[2] *Cf.* P. KOLLER, « Die Internationalisierung der Menschenrechte und die Grenzen staatlicher Souveranität », *in* BRUNKHORST, KÖHLER et LUTZ-BACHMANN, *Recht auf Menschenrechte*, *op. cit.*, p. 231.

[3] Sur cet argument, voir F. I. MICHELMAN, « Brauchen Menschenrechte eine demokratische Legitimation? », *in* BRUNKHORST, KÖHLER et LUTZ-BACHMANN, *op. cit.*, p. 52 et s.. Voir également, dans le même volume, J. HABERMAS, « Der interkulturelle Diskurs », *op. cit.*, p. 216.

Si le cadre étatique est celui par excellence où l'on exerce la démocratie, c'est alors dans le cadre de l'État que l'on doit protéger les droits de l'homme, et non dans le contexte international ou dans le cadre d'autres États. La protection dans le cadre international doit être réduite aux cas où l'État porte lui-même atteinte aux droits et quand leur protection n'a pas été obtenue au moyen des procédures de droit interne. À cet argument, on peut ajouter l'idée que la forme et le degré d'accomplissement des droits de l'homme doivent toujours dépendre des circonstances factuelles et sociales. Celles-ci varient selon les régions de la planète, et le cadre étatique constitue un cadre approprié pour déterminer quelle est la manière la plus pertinente de protéger les droits de l'homme conformément à celles-ci[1].

La question se pose, cependant, de savoir si ce schéma de protection des droits de l'homme par leur institutionnalisation comme droits fondamentaux du citoyen peut fonctionner correctement dans un monde comme le nôtre dans lequel les limites entre les sociétés se sont estompées par la globalisation et les processus migratoires actuels[2], phénomènes qui sont aussi, dans une large mesure, le produit de la pauvreté que ces pratiques économiques ont engendrée à l'échelle mondiale. En d'autres termes, il s'agit de savoir si, dans les conditions actuelles, le schéma de relations entre l'individu et la communauté politique basé sur le concept de citoyenneté, lié aux restrictions mises aux possibilités de s'expatrier et pour acquérir le *status* de citoyen, parvient à être un schéma approprié pour protéger les droits essentiels de la personne, but ultime de toute communauté politique.

Nous tenterons de répondre à cette question en trois temps. Tout d'abord, nous énoncerons les facultés essentielles de la personne qui constituent le fondement et le but de toute communauté politique, et nous nous référerons à la manière dont ils sont protégés dans le schéma classique, c'est-à-dire dans l'ordre étatique. Dans un deuxième temps, nous essaierons de montrer pourquoi les transformations géopolitiques et géoéconomiques survenues après l'avènement de la globalisation constituent un défi pour cette relation entre l'individu et la communauté politique, spécialement dans le phénomène des migrations. Enfin, nous ébaucherons deux schémas possibles au moyen desquels cette relation entre l'individu et la communauté s'adapte aux nouvelles circonstances, et nous exposerons nos arguments pour soutenir la position qui nous semble la plus plausible.

---

[1] *Cf.* MICHELMAN, « Brauchen Menschenrechte eine demokratische Legitimation? », *op. cit.*, p. 62.

[2] P. KOLLER paraît également argumenter en ce sens *in* « Der Geltungsbereich der Menschenrechte », *in* S. GOSEPATH et G. LOHMANN, *Philosophie der Menschenrechte*, Frankfurt a. M., Suhrkamp, 1999, p. 101 et 102.

Le point de départ : l'individu dans l'État

Que la protection de la liberté ou, plus largement, des droits individuels, constitue le fondement et le but de l'État est peut-être l'un des principaux problèmes actuels de la philosophie politique. L'idée centrale est que l'individu est investi de certaines facultés essentielles qui lui sont inhérentes et qu'il ne peut exercer s'il n'existe pas une communauté politique – l'État – qui les protège par son activité. Déterminer ces facultés essentielles a toujours été l'un des aspects les plus débattus par les philosophes et les théoriciens de l'État. Il est évident qu'une recherche approfondie sur ce point déborderait du cadre de ces réflexions. Nous nous contenterons d'énoncer brièvement les trois principales théories sur ces facultés essentielles : la théorie libérale, la théorie démocratique et la théorie de l'État social, et de spécifier quelle est leur portée.

Les facultés essentielles de la personne libérale

D'après la thèse libérale, le but de l'État est de protéger l'exercice de la liberté et les attributs les plus personnels de l'individu. Locke, par exemple, a soutenu que la légitimité du pouvoir de l'État reposait sur la protection de « la vie, la liberté et les finances » de l'individu ou, selon ses propres mots, que « la fin suprême et principale des hommes en s'unissant en république et en se soumettant à un gouvernement est la préservation de leurs tés[1] ». Pour sa part, Kant a indiqué que le principe directeur de l'action de l'État est le « principe général du droit » selon lequel « une action est conforme au droit quand [...] le libre arbitre de chacun peut être concilié avec la liberté de tous, selon une loi générale[2] ». Ce principe montre clairement comment Kant attribue à l'État, et en particulier à la législation, la tâche fondamentale de protéger et d'harmoniser la liberté de tous les individus.

Mais en quoi consiste cette liberté ? Quel est son contenu comme attribut inhérent à l'individu ?

Durant les dernières décennies, John Rawls a essayé d'apporter une réponse à cette question par son concept libéral de personne. D'après Rawls, la personne est caractérisée par deux facultés morales qui constituent le cœur de ses attributs en tant que sujet libre. La première faculté morale consiste en l'aptitude à avoir le sens de la justice – la capacité d'être « raisonnable », dans la terminologie de l'auteur[3]. Quant à la seconde faculté, elle est définie comme « la capacité d'accueillir une conception du bien » – la capacité

---

[1] J. LOCKE, *Dos ensayos sobre el gobierno civil*, Madrid, Espasa-Calpe, 1991, p. 293.

[2] E. KANT, *Introducción a la teoría del derecho*, Madrid, Centro de Estudios Constitucionales, 1978, p. 80.

[3] J. RAWLS, *El liberalismo político*, A. DOMÉNECH (trad.), Barcelona, Grijalbo-Mondadori, 1996, p. 49 et 338.

d'être « rationnel[1] ». La première faculté morale est identifiée comme la disposition humaine de prendre part de manière consciente à la coopération sociale et de respecter les termes dans lesquels celle-ci se développe. Par contre, la seconde faculté morale se réfère à la capacité de proposer des objectifs et « de poursuivre une conception dont nous considérons que, dans la vie, elle vaut la peine[2] ». Entre ces deux facultés, il existe une relation manifeste : tandis que la première fait allusion aux présupposés individuels de l'association politique, la seconde souligne les possibilités que cette association reconnaît à l'individu.

Ces deux facultés morales servent de critère pour déterminer la liste des libertés essentielles de l'individu qui doivent être protégées par toute communauté politique juste. Des facultés morales de la personne découle l'inventaire des libertés qui doivent être prises en considération par les fondateurs de l'État et qui doivent ensuite se matérialiser dans le catalogue des droits fondamentaux[3]. D'après Rawls, seules peuvent figurer dans ce catalogue les libertés qui sont « essentielles » pour le développement des capacités de la personne, c'est-à-dire les libertés de pensée et de conscience, les libertés politiques et d'association, les libertés physiques et le droit à l'intégrité de la personne, et les droits et les libertés implicites dans le principe de légalité[4].

Les facultés essentielles de la personne démocratique

La théorie démocratique a également ébauché une conception du sujet investi d'un ensemble d'attributs ou de facultés essentiels dont la protection représente le fondement et le but de toute communauté politique. La clé de cette conception réside dans le concept d'autonomie, et est déjà exposée *in nuce* dans l'idéal de Rousseau de « trouver une forme d'association qui défende et protège de toute la force commune la personne et les biens de chaque associé, et par laquelle chacun, s'unissant à tous, n'obéisse pourtant qu'à lui-même, et reste aussi libre qu'auparavant[5] ». La théorie démocratique préconise l'attribution à l'individu de la plus grande capacité possible de se donner à lui-même des normes ; il défend une compréhension de l'homme comme sujet souverain, capable de s'autogouverner, qui a le droit de ne pas obéir plus qu'à sa propre volonté.

Cette idée centrale de la théorie démocratique a connu, durant les dernières décennies, un grand essor dans la théorie du discours développée par Habermas et certains de ses disciples. Le concept de personne démocratique ou de personne délibérative est le plus significatif des développements de la

---

[1] *Ibid.*, p. 338.
[2] *Ibid.*.
[3] *Ibid.*, p. 330.
[4] *Ibid.*, p. 328.
[5] J.-J. ROUSSEAU, *El contrato social*, Madrid, Taurus, 1969, p. 25.

théorie du discours, si nous l'observons du point de vue des droits fondamentaux. De même que Rawls a ébauché un concept libéral de personne, les défenseurs de la théorie du discours ont exposé les caractéristiques anthropologiques que présuppose sa conception. Comme nous le savons, dans la théorie d'Habermas, la clé du fonctionnement de l'État et du droit se trouve dans le principe du discours. D'après ce principe, seules doivent être considérées comme des normes valables celles auxquelles toutes les personnes concernées peuvent donner leur approbation, en qualité de participants aux discours rationnels[1]. De cette équivalence entre le principe du discours et le principe démocratique, il découle que le concept de personne présupposé par le principe démocratique s'identifie au concept de personne qu'exige le principe du discours ou, en d'autres termes, que la personne démocratique est la personne délibérante dans un discours rationnel.

Le principe du discours présuppose une personne capable de délibérer et de donner son approbation. Cette circonstance permet d'expliquer pourquoi, du point de vue de la théorie du discours, le concept de personne est élaboré principalement autour de la capacité de discernement de chaque individu (*Zurechnungsfähigkeit*). Cette capacité est définie comme l'aptitude indispensable que chaque personne parlant cette langue doit posséder pour prendre part à la communication[2]. La capacité de discernement comprend deux facultés susceptibles d'être exercées par la personne : d'une part, la capacité de faire des affirmations et de les défendre face à la critique par des raisonnements convaincants, d'autre part, la capacité de se montrer critique à l'égard des affirmations des autres et des siennes, c'est-à-dire l'aptitude de critique et d'autocritique, à laquelle on peut ajouter la faculté d'autocorrection[3]. Ces facultés sont l'objet principal de protection de l'ensemble des droits fondamentaux, comme concept démocratique de personne, et sont le présupposé du *status* de citoyen. Pour cette raison, du point de vue de la théorie démocratique, les droits fondamentaux prioritaires sont les droits politiques et la dimension participative d'autres droits-libertés et droits-créances, comme la liberté expression et d'information ou le droit à l'éducation.

Les besoins essentiels de la personne assurés par l'État social

Finalement, la théorie de l'État social propose aussi une image du sujet qui doit être protégée par l'État et qui est composée cette fois, d'un en-

---

[1] J. HABERMAS, *Facticidad y validez. Sobre el derecho y el Estado democrático de derecho en términos de teoría del discurso*, Madrid, Trotta, 1998, p. 172.

[2] J. HABERMAS, *Teoría de la acción comunicativa*, t. II, « Crítica de la razón funcionalista », Madrid, Taurus, 1987, p. 110.

[3] GÜNTHER, « Welche Personenbegriff braucht die Diskurstheorie des Rechts? Überlegungen zum internen Zusammenhang zwischen deliberativer Person, Staatsbürger und Rechtsperson », *op. cit.*, p. 83 et s..

semble, non pas de facultés, mais de besoins essentiels. Selon ce courant de pensée, aucune conception du contenu des droits fondamentaux, en tant que fondement de l'État, ne peut méconnaître que « de grands secteurs de la communauté ne peuvent se débrouiller tout seuls[1] ». D'après Tugendhat, l'un de ses principaux défenseurs dans le domaine de la philosophie, le système de droits fondamentaux ne peut reposer sur la présomption erronée que la société est complètement composée d'individus capables, autonomes et autosuffisants, qui interviennent de façon égale dans les prises de décisions politiques. Pour cette raison, son fondement ne peut être le concept de liberté mais celui de nécessité ou, plus précisément, de nécessités inhérentes à l'homme.

L'idée de nécessités inhérentes à l'homme n'est pas totalement incompatible avec le libéralisme. Dans les notions de liberté négative et d'autonomie, qui déterminent la précision des droits fondamentaux en matière de devoir d'abstention, la reconnaissance du besoin pour l'individu de choisir librement sa propre conduite est aussi sous-jacente. Cependant, l'idée de nécessité s'étend à d'autres plans laissés de côté par la pensée libérale. Cette idée souligne aussi que la situation de manque des biens indispensables pour la subsistance et pour l'exercice des libertés, dans laquelle se trouvent de vastes secteurs de la population des États, est un fait de nature sociale. Il en découle que l'impératif de satisfaction des besoins essentiels de toute la population fonde certaines règles de coopération qui intègrent aussi le contenu des droits fondamentaux. Ces règles de coopération développent le principe de solidarité[2], déterminent les droits-créances fondamentaux et prescrivent les devoirs d'agir qui ont un double effet de rayonnement[3]. Ces devoirs touchent tout d'abord la personne concernée – dont le *status* initial en tant que personne autonome impose une obligation d'« auto-aide » –, et sur ses proches et sa famille, lesquels ont avec lui un lien de solidarité très étroit. Toutefois, si ces obligations positives ne peuvent être satisfaites dans cette première instance, elles sont accessoirement transférées à chacun des membres de la société, ces derniers étant unis dans le cadre de l'État pour remplir le devoir de fourniture des prestations correspondantes[4]. En assumant ledit devoir, le

---

[1] TUGENDHAT, *Lecciones de ética*, *op. cit.*, p. 338 et s..

[2] Michel BORGETTO a signalé que le principe de solidarité fonde, dans une certaine mesure, certains droits sociaux. Dans cette dimension, la solidarité est comprise comme un « devoir collectif d'aide mutuelle », comme un « véritable principe d'action politique » : *La notion de fraternité en droit public français*, Paris, LGDJ, 1993, p. 398.

[3] TUGENDHAT, *Lecciones*, *op. cit.*, p. 341 et s..

[4] Dans le même sens, J. J. GOMES CANOTILHO a montré que l'impératif qui découle des droits sociaux lie tous les membres de la société et il est rendu effectif surtout par les contribuables, qui fournissent à l'État les ressources nécessaires pour s'occuper des prestations correspondantes : « Metodología "fuzzy" y "camaleones normativos" en la problemática actual de los derechos económicos, sociales y culturales », *Derechos y Libertades*, n° 6, 1998, p. 39 et s..

minimum vital doit être assuré à tous les individus, et l'on doit fournir les biens nécessaires pour l'exercice des libertés et des droits politiques.

Les changements que la globalisation a produits sur les liens entre l'individu et la communauté politique

En résumé, on peut affirmer que les droits fondamentaux constituent le fondement de l'existence de l'État et ont pour but la protection des capacités et des libertés de base de l'individu, de son autonomie politique et la satisfaction de ses nécessités les plus pressantes. La question est maintenant de savoir si ce schéma de relations entre l'individu et la communauté politique peut répondre de façon adéquate aux principaux défis soulevés par la globalisation et qui sont la conséquence de divers phénomènes, dont trois méritent d'être spécialement soulignés : la perte de pouvoir de l'État, la paupérisation d'un grand nombre de sociétés et la migration.

La perte de pouvoir de l'État

Il est peu probable que l'État puisse faire face au défi de la protection des droits essentiels de l'individu et de la satisfaction de ses besoins vitaux, puisque la globalisation a affecté sa souveraineté et a aliéné une partie significative de son pouvoir d'action. Comme nous le savons, la globalisation n'implique pas la disparition de l'État, mais un affaiblissement de son pouvoir sur le plan intérieur et extérieur, pour permettre le renforcement des échanges et des communications transnationaux. La globalisation présuppose le démantèlement des barrières de protection économique des États[1] pour permettre la libre circulation des capitaux et des marchandises. De même, elle conduit à imposer à chaque État une politique de non-intervention dans l'économie, qui se limite à des mesures consistant, par exemple, à s'abstenir de subventionner la production de certaines marchandises, afin de permettre ainsi la libre concurrence.

Cette perte du pouvoir régulateur de l'État entraîne son transfert à d'autres instances internationales – comme la Banque mondiale, le Fonds monétaire international et l'Organisation mondiale du commerce – et aux entreprises transnationales, ainsi que sa capitulation devant les effets des lois du marché. Dans ces circonstances, le schéma de relations entre l'individu et l'État souffre d'une distorsion aiguë, surtout en ce qui concerne la satisfaction des besoins essentiels et l'exercice des droits démocratiques. Comment peut-on continuer à affirmer que la satisfaction de ces besoins constitue le fondement et la finalité de l'État si celle-ci dépend de la politique économique qui, de nos jours, surtout dans le monde périphérique, est dictée par les directives de la Banque mondiale et du Fonds monétaire international et les intérêts des entreprises transnationales ? De même, comment peut-on

---

[1] J. E. STIGLITZ, *El malestar en la globalización*, Madrid, Taurus, 2002, p. 34.

continuer de soutenir que l'un des piliers de la relation entre l'individu et la communauté politique est sa participation à l'élaboration des règles qui la régissent, si les directives de politique économique de ces organismes internationaux – le gouvernement de la globalisation – sont définies par des techniciens provenant des pays industrialisés et liés aux intérêts des entreprises les plus puissantes[1] ? La globalisation a impliqué une perte importante du contrôle de l'État sur sa propre économie. L'économie de tout État peut se retrouver affectée par des déstabilisations soudaines, provoquées par la fuite de capitaux ou des décisions prises par les entreprises transnationales[2], sans que les gouvernements puissent adopter des mesures totalement efficaces pour pallier les effets négatifs d'une crise.

Dans ce nouveau panorama, l'État cesse alors *de facto* d'être la principale référence de la communauté politique, celui qui, par son action fondée sur l'exercice démocratique, peut garantir à l'individu un minimum vital et lui fournir les moyens indispensables à l'exercice de sa liberté. La situation de destinataire des droits-créances fondamentaux et des droits de participation politique devient totalement formelle et vaine devant les effets des politiques globales sur les populations. Les devoirs d'action que les droits fondamentaux imposent à l'État finissent par céder devant les devoirs d'abstention dictés par la globalisation[3]. Comme l'a souligné Oswaldo de Rivero dans son livre stimulant *El mito del desarrollo*, l'État, ce vieux Leviathan, puissant et souverain, redoutable mais inexorable, « s'est autodégradé » pour se transformer en « un vicaire du capitalisme global[4] ». Et cet affaiblissement de

---

[1] Sur ces critiques, voir *ibid.*, p. 44 : « Les institutions [le FMI et la Banque mondiale] sont dominées, non seulement par les pays industrialisés les plus riches, mais aussi par les intérêts commerciaux et financiers de ces pays, ce qui se reflète naturellement dans les politiques de ces organismes. L'élection de leurs présidents symbolise ces problèmes et a contribué trop fréquemment à leur mauvais fonctionnement. Bien que presque toutes les activités du FMI et de la BM se déroulent aujourd'hui dans le monde sous-développé (et certainement tous leurs prêts), ces organismes sont toujours présidés par des représentants des pays industrialisés (par coutume ou par accord tacite, le président du FMI est toujours un Européen, et celui de la Banque mondiale est toujours un Américain). Ceux-ci sont choisis à huis clos et on n'a jamais considéré comme condition que le président possède une certaine expérience sur le monde en développement. Les institutions ne sont pas représentatives des nations qu'elles servent […] Les problèmes découlent aussi de celui qui parle au nom du pays. Au FMI, ce sont les ministres des Finances et les gouverneurs des banques centrales. À l'OMC, ce sont les ministres du Commerce. Chacun de ces ministres est étroitement aligné sur des groupes particuliers dans son propre pays. Les ministres de Commerce reflètent les inquiétudes de la communauté des patrons, tant des exportateurs qui souhaitent l'ouverture de nouveaux marchés pour leurs produits que des producteurs de biens en concurence avec les importations. »

[2] *Cf.* D. HELD, *La democracia y el orden global. Del Estado moderno al gobierno cosmopolita*, Barcelona, Paidós, 1997, p. 162 et s..

[3] *Cf.* J. HABERMAS, « La constelación posnacional y el futuro de la democracia », *in* J. HABERMAS, *La constelación posnacional. Ensayos políticos*, Barcelona, Paidós, 2000, p. 104 et s..

[4] O. DE RIVERO, *El mito del desarrollo. Los países inviables en el siglo XXI*, Lima, Fondo de Cultura Económica, 2ª ed., p. 53.

l'État n'a pas été compensé par la création d'un système démocratique transnational, régi par un « droit démocratique cosmopolite » comme celui proposé par David Held[1]. On n'a pas encore fondé un système dans lequel est amoindrie l'asymétrie entre ceux qui prennent les décisions et ceux qui sont touchés par elles, et dans lequel les entreprises transnationales qui imposent les règles du marché sont responsables devant les citoyens du monde entier, ceux qui sont précisément les destinataires de ses décisions.

La paupérisation engendrée par la globalisation

La seconde raison qui conduit à se demander si l'État peut en réalité continuer à assumer sa responsabilité face aux droits fondamentaux des individus est la grande paupérisation subie par la majorité des sociétés de la planète et qui commence à être comprise comme un effet de la globalisation.

Le jugement qui condamne les politiques qui ont régi l'économie mondiale durant les dernières décennies, et qui ont rendu les riches toujours plus riches et les pauvres toujours plus pauvres, est déjà un lieu commun. Comme le dénonce Stiglitz, les chiffres sont impressionnants : « durant la dernière décennie du XXe siècle, le nombre de pauvres a augmenté de presque cent millions. Ceci s'est produit alors que, dans le même temps, le revenu mondial total augmentait en moyenne de 2,5 % par an[2] ». La politique peu cohérente qui prétend aider les pays sous-développés en ordonnant l'ouverture de leurs marchés, tandis que les pays industrialisés protégeaient les leurs[3], la concentration de la technologie et de la main-d'œuvre qualifiée aux États-Unis, en Europe et au Japon, la dépréciation des matières premières et des manufactures non industrielles, l'application de lois sévères sur la propriété intellectuelle élaborées dans le cadre de l'*Uruguay Round* dans l'intérêt des producteurs et non des consommateurs, et la dégradation de l'environnement ont polarisé le monde dans une espèce d'*apartheid* économique global où on distingue une aristocratie de dominateurs, interconnectés en réseau, qui jouent le sort de la planète dans les centres financiers et qui régissent le monde en exerçant un *lobby* sur les gouvernements les plus puissants et les organismes multilatéraux, et un contingent chaque fois plus nombreux d'exclus, de chômeurs ou de travailleurs précaires, qui déambulent dans les banlieues misérables des grandes villes du tiers-monde ou essayent d'émigrer dans des conditions peu dignes. Dans cette perspective, la globalisation est contradictoire : elle inclut toutes les régions et tous les groupes humains de la planète et, en même temps, elle exclut de ses bénéfices certaines régions et certains groupes.

---

[1] *La democracia y el orden global. Del Estado moderno al gobierno cosmopolita, op. cit.*, p. 44.

[2] STIGLITZ, *El malestar en la globalización*, *op. cit.*, p. 30.

[3] *Ibid.*, p. 17 et 31.

Dans ces conditions, les appelés pays appelés jusqu'à présent « en développement » deviennent les victimes d'une sorte de darwinisme économique international qui paraît les transformer plutôt en pays invivables[1]. Dans ces derniers, le fondement de l'État sur la nécessité de protéger les droits fondamentaux de l'individu acquiert une apparence chimérique – pensons seulement aux droits au travail et à l'alimentation –, quand il ne s'agit pas d'une ruse rhétorique pour justifier une exploitation cynique. De même, dans ces pays, l'émigration n'est rien de plus qu'une conséquence naturelle.

La migration et la fermeture des frontières

En raison de la pauvreté et des guerres, plus de 100 millions de personnes, dont 20 millions de réfugiés, vivent aujourd'hui hors de leur pays d'origine[2]. Certes, on peut penser que ces chiffres représentent seulement un petit pourcentage de la population mondiale. Toutefois, même dans ces proportions, la migration est un défi, tant pour les pays d'origine que pour les pays d'accueil. Dans les premiers, cela signifie la dévastation de multiples structures familiales, culturelles, économiques et sociales, la perte de main-d'œuvre et de talents, la fuite de cerveaux et l'évanouissement corrélatif des espoirs de développement et de progrès. Les pays d'émigrants deviennent dépendants des transferts d'argent provenant de l'étranger et qui, dans la majorité des cas, sont dépensés dans des biens de consommation, ne permettant pas la création d'infrastructures et de réseaux technologiques et industriels qui rendraient compétitives leurs économies. Dans les pays d'accueil, l'immigration modifie le panorama économique et culturel et exige de redéfinir la structure de la demande de travail et les valeurs de la communauté. Le migrant, pour sa part, souffre d'une situation d'exclusion dans son pays d'origine et dans le pays d'accueil. Il émigre parce qu'il se considère comme exclu des opportunités de progrès, et il peut aussi subir l'exclusion du marché et de la société d'accueil.

Quant à la politique de lutte contre l'immigration, développée au sein de la globalisation, elle apparaît comme marquée par un ensemble de contradictions[3]. On garantit le droit de sortir de tout pays, mais pas celui d'entrer dans les pays industrialisés. La globalisation prône l'empire du libéralisme, mais il s'agit d'un libéralisme faussé qui postule la libre circulation du capital mais pas du travail. Les pays pauvres rejettent l'émigration des scientifiques et des travailleurs très qualifiés, ceux-ci étant en effet attirés par les multinationales du monde développé, tandis que les travailleurs non qualifiés sont

---

[1] L'expression est de DE RIVERO, *El mito del desarrollo. Los países inviables en el siglo XXI*, *op. cit.*, p. 97 et s..

[2] *Cf.* S. CASTLES, « Globalization and Migration: Some Pressing Contradictions », *in* S. CASTLES, *Ethnicity and Globalization*, London et New Delhi, Thousand Oaks et Sage Publications, 2000, p. 125.

[3] *Cf.*, sur certaines de ces contradictions, *ibid.*, p. 125 et s..

rejetés par leurs pays qui les considèrent comme une charge sociale, ainsi que par les pays riches. Les restrictions à l'entrée d'immigrants ne permettent pas de contenir le déplacement des nécessiteux, mais offrent un espace à un nouveau marché : le marché noir de l'immigration, le royaume des organisations illégales de traite humaine, qui font de l'homme une monnaie d'échange et exploitent le travail des immigrants qu'elles transforment en esclaves de notre temps. Finalement, selon les termes de Manuel Castels, on crée une tension entre *the net and the self*, entre le réseau et l'individu, entre le global et le provincial, et le monde industrialisé tend à vouloir en même temps dominer la planète tout entière, étendre ses produits et ses tentacules aux confins de la terre, mais aussi se replier sur lui-même, protéger par des murs ses frontières et sa culture.

Ces contradictions de la politique migratoire des pays industrialisés ignorent le fait que la migration est, dans une très large mesure, un produit naturel des politiques économiques globales, qu'elles-mêmes ont promues et qui sont donc la conséquence indirecte de leurs propres actions. Les pays d'accueil d'immigrants sont également en partie responsables de l'immigration[1]. Les contradictions de la politique d'immigration que les pays industrialisés imposent au monde globalisé rendent inefficace cette politique et mettent en évidence la précarité du modèle de relations entre l'individu et la communauté basé sur la sédentarité et la protection des droits essentiels de l'individu qui prend exclusivement la forme de droits fondamentaux contre son propre État. Peut-être les droits essentiels des immigrants ou des citoyens des États qui régissent les pays sous-développés ne sont-ils pas aussi dignes d'être protégés que ceux des citoyens des pays industrialisés ? Peut-on accepter que la garantie effective de ces droits fasse l'objet d'un régime particulier qui échappe à la globalisation et confine la protection de l'individu aux avatars de chaque État, sans que l'on accorde d'importance à ce qui lui arrive ? La protection de ces droits peut-elle être le fondement de la communauté politique dans le cadre étatique, mais non dans le cadre global ? Le plus raisonnable paraît être d'accepter l'échec patent du modèle traditionnel de protection de l'individu. Mais, s'il est nécessaire d'écarter ce modèle, existe-t-il des alternatives ? Ci-après, nous explorerons deux voies de sortie : la république mondiale et le modèle des États interdépendants.

Vers une nouvelle relation entre l'individu et la communauté politique

La république mondiale

La première alternative possible au modèle traditionnel est la république mondiale. Dans ce modèle, qui emprunterait largement les traits à ce que Kant avait ébauché dans son essai sur la paix perpétuelle, la citoyenneté

---

[1] *Cf.* CH. JOPPKE, *Inmigration and the Natio-State. The United States, Germany, and Great Britain*, Oxford, Oxford University Press, 1999, p. 1 et s..

cesserait de fonctionner comme un critère exclusivement vers l'extérieur. En d'autres termes, tous les êtres humains seraient des citoyens d'un même État, la citoyenneté serait cosmopolite, absolument incluse, et cesserait d'être le critère de distinction entre les êtres humains. Pour cette même raison, il existerait des systèmes planétaires de protection des droits essentiels de tous les individus sur un plan d'égalité, et chaque citoyen du monde serait juridiquement lié par le devoir de solidarité qui le rendrait en partie responsable de la satisfaction des besoins essentiels de ses congénères, sans que l'on puisse opérer de distinctions entre eux.

Il est très probable que ce modèle de République universelle soit le plus juste de tous. La citoyenneté cosmopolite serait le substrat idéal pour que le principe d'universalité des droits de l'homme soit assuré de façon optimale. Toutefois, au moins à court terme, l'implantation soudaine d'un système semblable ne paraît être qu'une utopie. D'une part, il convient de reconnaître que, dans la majorité des discours justificateurs du pouvoir, le concept de citoyenneté n'a pas seulement un caractère juridique formel, mais s'apparente généralement à des éléments culturels relatifs à l'existence d'une identité nationale et de valeurs partagées[1]. Indépendamment du jugement sur le caractère correct de ces positions, à savoir sur le fait de savoir si quelque chose de semblable à une identité nationale ou à un groupe de valeurs partagées peut encore exister dans les ensembles humains homogènes, il est certain que les discours nationaux se diffusent aisément sur les cinq continents et ne peuvent être totalement méconnus. D'autre part, permettre brusquement la migration sans restriction dévasterait probablement encore plus les pays pauvres et causerait des dérèglements financiers, économiques et culturels dans le monde développé. Il est possible qu'une transition inopinée vers la citoyenneté cosmopolite aggraverait les déprédations et les iniquités par rapport à celles qui existent actuellement. La création de la république mondiale exige un processus d'évolution progressif et stable, dans lequel la justice s'impose pas à pas, au rythme de la construction de formes renouvelées de démocratie. La liberté planétaire de déplacement et de travail ne peut provenir que d'une délibération entre les pays de sortie et d'arrivée et d'une stabilisation entre les deux types de sociétés, dans laquelle on écouterait les citoyens des unes et des autres. Ce n'est que de cette manière que l'on pourra compter sur l'avis et l'acceptation de toutes les personnes concernées et que, peu à peu, seront tissés les liens de solidarité entre les uns et les autres, sans lesquels la république mondiale ne serait pas du tout différente d'un nouveau stratagème pour cacher l'état de nature, le règne des pouvoirs sauvages.

---

[1] *Ibid.*, p. 6.

Le modèle des États interdépendants

La seconde alternative consiste à établir un modèle intermédiaire entre celui qui existe jusqu'à présent et la république mondiale. Dans ce modèle intermédiaire, on conserverait l'indépendance des États nationaux, mais on renforcerait leur interdépendance en ce qui concerne la protection des droits essentiels de l'individu et la satisfaction de leurs besoins vitaux, par le renforcement des liens de solidarité entre les uns et les autres. Ces objectifs seraient fondamentalement atteints au moyen de deux stratégies : en étendant la démocratie et les principes de justice sociale à la globalisation, et en concevant des politiques de migration à l'échelle mondiale.

Sur le premier point, il est nécessaire que se consolide une politique publique globale et que se constituent des organismes de gouvernement international, où sont examinées les politiques économiques mondiales et où est exigée une responsabilité politique, sociale et écologique aux entreprises transnationales et aux organismes financiers multilatéraux – le FMI et la Banque mondiale. La conception de ces politiques doit cesser d'être une compétence exclusive des pays industrialisés et doit être le produit d'une délibération sur les conditions d'équité entre toutes les personnes concernées. Le gouvernement de la globalisation doit inclure tous les êtres humains et refléter les intérêts et les besoins des producteurs et des consommateurs, qui ont à gagner ou à perdre dans les échanges commerciaux internationaux. C'est seulement de cette façon que l'on pourra produire un partage juste des charges et des bénéfices économiques, écologiques et humains.

En ce qui concerne le second aspect, les pays d'accueil des immigrants doivent être conscients que la politique d'immigration ne peut pas continuer à être considérée comme une manifestation souveraine du droit à l'autodétermination, qui peut être exercée de façon totalement discrétionnaire et irresponsable[1]. La politique d'immigration est aussi une affaire qui, d'une part, doit être régie par les principes de justice qui gouvernent l'État constitutionnel démocratique et, d'autre part, doit répondre aux exigences de protection des droits de l'homme. Une politique qui protège les droits fondamentaux des citoyens et élève leur seuil de satisfaction jusqu'aux niveaux les plus hauts et, en même temps, ne respecte pas les droits des immigrants et du reste de l'humanité, porte aussi atteinte aux droits de l'homme. En ce sens, la politique d'immigration doit cesser de dépendre exclusivement des besoins de la clientèle politique, et doit abandonner le terrain de la rhétorique électorale qui essaye de capturer le vote des citoyens qui voient dans l'immigrant une menace contre leur culture et leur droit au travail. On doit plutôt accepter que l'immigration soit une conséquence naturelle de la globalisation, qui implique de multiples opportunités de croissance pour les pays d'accueil et représente une voie pour la protection des droits essentiels d'une

---

[1] *Ibid.*, p. 2 et 17.

infinité d'individus que ne trouvent pas dans leurs pays les conditions politiques ou économiques d'une existence digne. L'attitude face à l'immigrant doit être l'empathie, la solidarité et la confiance, au lieu du rejet et du mépris.

De même, la politique de migration doit cesser d'être une affaire interne des pays d'accueil. Au contraire, elle doit être inscrite dans l'agenda des discussions démocratique dans les rencontres bilatérales entre États et, surtout, dans les forums internationaux. Devant l'échec total des politiques répressives, il convient d'élaborer des plans internationaux d'amélioration des conditions économiques et sociales dans les pays pauvres, et des programmes de migration légale établis pour toutes les personnes concernées.

Enfin, tant dans les pays d'émigration que dans ceux d'immigration, il est indispensable de mettre en œuvre des politiques de réajustement économique et culturel, pour pallier les effets de la migration. L'intégration de l'immigrant dans les pays d'accueil est l'un des plus grands défis du présent millénaire. Les politiques qui essayent de pallier la discrimination – et les mesures juridiques[1] – sont évidemment la pierre angulaire de toute réponse à ce défi. Toutefois, celle-ci exige aussi d'engager un dialogue culturel entre les valeurs de la société originaire de l'immigrant et la société d'accueil. L'intégration a besoin que cette dernière cherche à connaître les systèmes de valeurs des sociétés d'origine des immigrants et essaye de trouver des points de dialogue et d'équilibre. Il n'y a pas d'intégration sans symbiose culturelle[2]. La dictature des valeurs de la société d'accueil n'est qu'une porte ouverte à la ségrégation, aux ghettos, à l'oppression et au rejet.

Bibliographie

Références doctrinales

R. ALEXY, *El concepto y la validez del derecho*, Barcelona, Gedisa, 1994.

R. ALEXY, « Die Institutionalisierung der Menschenrechte im demokratischen Verfassungsstaat », *in* S. GOSEFAN et G. LOHMANN (eds.), *Philosophie der Menschenrechte*, Frankfurt a. M., Suhrkamp, 1999.

I. BERLIN, « Dos conceptos de libertad », *in* I. BERLIN, *Cuatro ensayos sobre la libertad*, Madrid, Alianza Editorial, 1996.

C. BERNAL PULIDO, *El principio de proporcionalidad y los derechos fondamentaux*, Madrid, Centro de Estudios Políticos y Constitucionales, 2003.

M. BORGETTO, *La notion de fraternité en droit public français*, Paris, LGDJ, 1993.

[1] On peut retenir comme exemple le courant jurisprudentiel nord-américaines commencé avec le jugement *Plyler vs. Doe*, selon lequel les différenciations fondées sur la qualité d'immigrant doivent être considérées comme des classifications suspectes et doivent être jugées selon le test strict de l'égalité.

[2] *Cf.* en ce sens J. HABERMAS, « Die interkulturelle Diskurs über Menschenrechte », *op. cit.*, p. 219.

R. BRUBAKER, *Citizenship and Nationhood in France and Germany*, Cambridge, Harvard University Press, 1992.

S. CASTLES, « Globalization and Migration: Some Pressing Contradictions », *in* S. CASTLES, *Ethnicity and Globalization*, London et New Delhi, Thousand Oaks et Sage Publications, 2000.

P. CRUZ VILLALÓN, « Dos cuestiones de titularidad de derechos: los extranjeros, las personas jurídicas », *in* P. CRUZ VILLALÓN, *La curiosidad del jurista persa, y otros estudios sobre la Constitution*, Madrid, Centro de Estudios Políticos y Constitucionales, 1999.

O. DE RIVERO, *El mito del desarrollo. Los países inviables en el siglo XXI*, Lima, Fondo de Cultura Económica, 2.ª ed., 2001.

J. J. GOMES CANOTILHO, « Metodología "fuzzy" y "camaleones normativos" en la problemática actual de los derechos económicos, sociales y culturales », *Derechos y Libertades*, n° 6, 1998.

K. GÜNTHER, « Welche Personenbegriff braucht die Diskurstheorie des Rechts? Überlegungen zum internen Zusammenhang zwischen deliberativer Person, Staatsbürger und Rechtsperson », *in* H. BRUNKHORST et P. NIESEN (eds.), *Das Recht der Republik*, Frankfurt a. M., Suhrkamp, 1999.

J. HABERMAS, *Teoría de la acción comunicativa*, t. II, « Crítica de la razón funcionalista », Madrid, Taurus, 1987.

J. HABERMAS, *Facticidad y validez. Sobre el derecho y el Estado democrático de derecho en términos de teoría del discurso*, Madrid, Trotta, 1998.

J. HABERMAS, « Die interkulturelle Diskurs über Menschenrechte », *in* H. BRUNKHORST, W. KÖHLER et M. LUTZ-BACHMANN (eds.), *Recht auf Menschenrechte*, Frankfurt a. M., Suhrkamp, 1999.

J. HABERMAS, « La constelación posnacional y el futuro de la democracia », *in* J. HABERMAS, *La constelación posnacional. Ensayos políticos*, Barcelona, Paidós, 2000.

D. HELD, *La democracia y el orden global. Del Estado moderno al gobierno cosmopolita*, Barcelona, Paidós, 1997.

G. JELLINEK, *Teoría general del Estado*, Granada, Comares, 2000.

Ch. JOPPKE, *Inmigration and the Natio-State. The United States, Germany, and Great Britain*, Oxford, Oxford University Press, 1999.

E. KANT, *Introducción a la teoría del derecho*, Madrid, Centro de Estudios Constitucionales, 1978.

H. KELSEN, *Teoría general del derecho y del Estado*, México, Universidad Nacional Autónoma de México, 1995.

P. KOLLER, « Die Internationalisierung der Menschenrechte und die Grenzen staatlicher Souveranität », *in* H. BRUNKHORST, W. KÖHLER et M. LUTZ-BACHMANN (eds.), *Recht auf Menschenrechte*, Frankfurt a. M., Suhrkamp, 1999.

P. KOLLER, « Der Geltungsbereich der Menschenrechte », *in* S. GOSEPATH et G. LOHMANN, *Philosophie der Menschenrechte*, Frankfurt a. M., Suhrkamp, 1999.

J. LOCKE, *Dos ensayos sobre el gobierno civil*, Madrid, Espasa-Calpe, 1991.
G. LOHMANN, « Menschenrechte zwischen Moral und Recht », *in* S. GOSEFAN et G. LOHMANN (eds.), *Philosophie der Menschenrechte*, Frankfurt a. M., Suhrkamp, 1999.
F. I. MICHELMAN, « Brauchen Menschenrechte eine demokratische Legitimation? », *in* H. BRUNKHORST, W. KÖHLER et M. LUTZ-BACHMANN (eds.), *Recht auf Menschenrechte*, Frankfurt a. M., Suhrkamp, 1999.
J. RAWLS, *El liberalismo político*, Barcelona, Grijalbo-Mondadori, 1996.
J. M. ROSALES, *Patriotismo, nacionalismo y ciudadanía: en defensa de un cosmopolitismo cívico*, Bogotá, Universidad Externado de Colombia, 1997.
J.-J. ROUSSEAU, *El contrato social*, Madrid, Taurus, 1969.
C. STARCK, « Grundrechtliche und demokratische Freiheitsidee », *in* C. STARCK, *Der demokratische Verfassungsstaat*, Tübingen, Mohr (Paul Siebeck), 1995.
J. E. STIGLITZ, *El malestar en la globalización*, Madrid, Taurus, 2002.
M. STOLLEIS, *Geschichte des öffentlichen Rechts in Deutschland*, t. II, München, Beck, 1992.
E. TUGENDHAT, *Lecciones de ética*, Barcelona, Gedisa, 1997.

Références constitutionnelles

Tribunal constitutionnel espagnol, jugement 107 de 1984.

TABLE DES MATIÈRES

Questions juridiques aux éditions L'Harmattan

Dernières parutions

CENT FAMILLES ET SANS FAMILLE
Analyse de la place juridique de l'enfant dans sa famille
Bongrain Marcelle
Quelle que soit la cellule familiale, l'enfant est au centre. Mais la famille se révèle parfois hostile à l'enfant, lorsque les parents veulent assouvir leur propre désir au détriment de l'intérêt de l'enfant. Objet de convoitise, l'enfant peut être utilisé pour inventer un lien de filiation au gré des événements conjugaux. Objet de discorde, il peut servir d'enjeu dans la séparation conflictuelle du couple. Objet de rejet, il peut être nié... La médiation familiale permet de pacifier les conflits familiaux, il convient de la développer.
(12.50 euros, 102 p.)
ISBN : 978-2-343-04521-4, ISBN EBOOK : 978-2-336-35781-2

CONFLIT (LE) D'INTÉRÊTS CHEZ LES AVOCATS
Noto-Jaffeux Nelly - Préface de Joël Moret-Bailly
Qu'est-ce que le conflit d'intérêts dans la profession d'avocat ? Ce livre appréhende ce concept juridique méconnu afin d'en borner les contours, d'en souligner les enjeux, les problématiques, voire les contradictions. Il cible aussi une prohibition normative dans une profession dont l'essence même est d'y être confrontée : la mission d'avocat d'aujourd'hui ne se trouve-t-elle pas justement au centre d'intérêts antagonistes ?
(Coll. Bibliothèques de droit, 13.50 euros, 124 p.)
ISBN : 978-2-343-03590-1, ISBN EBOOK : 978-2-336-35911-3

PROCÉDURES (LES) DE LA CRIMINALITÉ ORGANISÉE DEVANT LA COUR DE CASSATION
Tessier Maxime
Comment la Cour de cassation a-t-elle régulé, à travers l'interprétation des textes et l'élaboration de sa jurisprudence, le mécanisme des procédures d'exception applicables à la criminalité et à la délinquance organisées ? Dix ans après l'entrée en vigueur de la loi Perben II et de ces moyens d'investigation dérogatoires du droit commun, ce livre propose une réflexion inédite sur la manière dont s'est construit, arrêt après arrêt, le droit prétorien consacré à ces questions.
(Coll. Bibliothèques de droit, 18.50 euros, 192 p.)
ISBN : 978-2-343-04454-5, ISBN EBOOK : 978-2-336-35909-0

SCIENCES ET PRATIQUES PÉNITENTIAIRES EN FRANCE XIXe-XXe SIÈCLES
Hedhili-Azema Hinda - Préface de Danielle Anex-Cabanis
La discipline pénitentiaire désigne plusieurs réalités. La doctrine conçoit le système pénitentiaire comme une science nouvelle, inaugurant un système pénal juste, bon, moral, dépouillé des archaïsmes de l'Ancien Régime. La revendication principale des pénitentiaristes reste celle de l'abolition de la déportation et de la peine de mort, préconisant leur remplacement par le système pénitentiaire. Puis la philosophie pénitentiaire revendique le droit à l'éducation, à l'instruction et au travail tout en maintenant un objectif premier d'humanité.
(Coll. Criminologie, série Champ pénitentiaire, 38.50 euros, 396 p.)
ISBN : 978-2-343-03242-9, ISBN EBOOK : 978-2-336-35801-7

RÉFORME (LA) DE LA PHASE PRÉPARATOIRE DU PROCÈS PÉNAL
Schenique Laurie - Préface de Christine Courtin
La phase préparatoire du procès pénal, étape décisive pendant laquelle l'affaire est mise en l'état d'être jugée, est attentatoire aux droits et libertés fondamentaux de l'individu. Animé par l'idée de créer un modèle universel de procès empreint d'équité et d'un respect accru des droits de la défense, le législateur semble être en quête constante d'un procès pénal idéal. Mais la matière pénale a-t-elle vocation à respecter un équilibre parfait entre la sécurité de la société et la protection de l'individu ?
(Coll. Logiques Juridiques, 34.00 euros, 338 p.)
ISBN : 978-2-343-04328-9, ISBN EBOOK : 978-2-336-35794-2

DROIT INTERNATIONAL DES ESPACES ET DES TÉLÉCOMMUNICATIONS
Tshiyembe Mwayila
Le droit international des espaces et des télécommunications est une nouvelle branche du droit international, placé au coeur de l'enseignement universitaire par la réforme. Il s'agit d'une part du droit des espaces maritimes, des canaux, détroits et fleuves internationaux, des espaces aériens et extraatmosphérique, d'autre part du droit des télécommunications. Les nouvelles découvertes de richesses sous-marines et celles concernant l'exploration et l'utilisation du cosmos ont changé fortement la donne.
(Coll. Géopolitique mondiale, 19.00 euros, 200 p.)
ISBN : 978-2-343-02055-6, ISBN EBOOK : 978-2-336-35892-5

RELATIONS (LES) ENTRE COMPTABILITÉ ET FISCALITÉ
Vers un passage de l'ère juridique à l'ère économique ?
Sambou Siankolouté - Préface de Jacques Spindler
Pour pacifier les relations entre droit comptable et droit fiscal et se préparer aux évolutions imposées par des normes, venues de cabinets comptables privés, qui dictent leur logique économique, il faut les rebâtir sur de nouvelles bases : celles du compromis. Si, par le passé, ce compromis a été possible, on doit pouvoir en tirer les leçons pour construire le futur de ces relations qui ne peut faire l'impasse des normes comptables internationales, devenues obligatoires.
(Coll. Finances publiques, 38.50 euros, 394 p.)
ISBN : 978-2-343-03409-6, ISBN EBOOK : 978-2-336-35877-2

RENOUVELLEMENT (LE) DU BAIL À L'USAGE PROFESSIONNEL DES PAYS DE LA ZONE OHADA
Dibas-Franck Eric
Préface de Philippe Delebecque - Avant-propos d'Antoine Oliveira
A l'expiration de sa durée, le bail à usage professionnel à durée déterminée ou indéterminée dans la zone OHADA peut être renouvelé. Il existe deux modes de renouvellement du bail à usage professionnel : soit le renouvellement est forcé par la loi, soit le renouvellement est voulu par les parties. Comment analyser le contrat de bail à usage professionnel une fois renouvelé ? S'agit-il du contrat initial qui se prolonge ? S'agit-il d'un nouveau contrat ?
(21.00 euros, 216 p.)
ISBN : 978-2-343-04266-4, ISBN EBOOK : 978-2-336-35808-6

DROIT ADMINISTRATIF
L'angle jurisprudentiel (5e édition)
Gros Manuel
Traitant du programme de 2e année en droit administratif général, cet ouvrage donne également un éclairage particulier au pouvoir du juge administratif sur la fixation du droit administratif français et sur son rôle prédominant dans l'essence même du droit administratif. Utilisable comme un manuel classique, voici également une réflexion approfondie sur l'évolution et l'adaptation d'un droit spécifique à son environnement.
(Coll. Logiques Juridiques, 36.50 euros, 374 p.)
ISBN : 978-2-343-03798-1, ISBN EBOOK : 978-2-336-35432-3

DROIT DE LA CHASSE ET DE LA PROTECTION DE LA FAUNE SAUVAGE
Guide des infractions (2e édition)
Redon Michel
Le droit de la chasse et de la protection de la faune sauvage est parfois complexe. Il est devenu difficile pour les non-spécialistes de se repérer dans une législation abondante, en constante évolution du fait de son imprégnation croissante par la réglementation européenne progressivement intégrée dans notre droit. Cet ouvrage, à jour de la jurisprudence et des textes les plus récents, propose une approche complète mais particulièrement aisée des dispositions pénales et des règles de procédure.
(Coll. La justice au quotidien, 16.00 euros, 162 p.)
ISBN : 978-2-343-03362-4, ISBN EBOOK : 978-2-336-35627-3

OPPOSABILITÉ (L') DES CONVENTIONS DE DROIT PRIVÉ EN DROIT FISCAL
Dal Vecchio Frédéric - Préface de Thierry Lambert
Les conventions, supports indispensables aux échanges économiques des sujets de droit privé, ont des conséquences en droit fiscal. Le concept d'opposabilité des conventions de droit privé oscille entre deux tendances opposées : le respect de la volonté des parties contractantes et leur sacrifice au nom de l'intérêt général. Dans quelle mesure les conditions et les effets de l'opposabilité des conventions de droit privé sont-ils transposables en droit fiscal ?
(Coll. Finances publiques, 46.00 euros, 472 p.)
ISBN : 978-2-343-03911-4, ISBN EBOOK : 978-2-336-35655-6

ARCHITECTURE (L') NORMATIVE DU RÉSEAU INTERNET
Esquisse d'une théorie
Bamdé Aurélien
Comment un réseau de la dimension d'Internet a-t-il pu être édifié sans maître d'œuvre ? Ses bâtisseurs, de nationalités différentes et donc soumis à des droits différents, ont malgré tout globalement œuvré dans le même sens, ce qui laisse à penser qu'ils ont observé les mêmes normes. Quelles sont ces normes ? Quelle est leur nature ? Peuvent-elles être qualifiées de juridiques ? Sont-elles en contradiction avec le droit des États ?
(Coll. Le Droit aujourd'hui, 49.00 euros, 624 p.)
ISBN : 978-2-343-03463-8, ISBN EBOOK : 978-2-336-35350-0

ÉTABLISSEMENTS (LES) PUBLICS D'AMÉNAGEMENT
Cocquière Alexandra - Préface de Jean-Pierre Lebreton
Les EPA, bras urbanistique de l'État, ont été créés dans les années 50 pour conduire des opérations d'urbanisme d'envergure. Avec le ralentissement de l'urbanisation, les EPA se sont mis au service de nouveaux objectifs. Ce livre dresse leur portrait, au regard des motifs divers conduisant au recours à l'EPA, et au regard des évolutions institutionnelles.
(Coll. Logiques Juridiques, 49.50 euros, 518 p.)
ISBN : 978-2-343-04166-7, ISBN EBOOK : 978-2-336-35683-9

ENFERMEMENTS, JUSTICE ET LIBERTÉS
Aujourd'hui et hier, ici et ailleurs
Sous la direction de Christian Chevandier, Jean-Manuel Larralde et Pierre V. Tournier
Les objectifs de l'enfermement, hier comme aujourd'hui, en France comme ailleurs, sont complexes et ambigus : entre inclusion et exclusion, ordre et insertion, soin et sanction. Dans des lieux aussi divers que les locaux de garde, les centres éducatifs fermés, les prisons, les centres médicaux fermés (etc.), la dignité des personnes peut être mise en cause, leurs droits fondamentaux non respectés, leur état physique et mental menacé.
(Coll. Criminologie, 32.00 euros, 316 p.)
ISBN : 978-2-343-04198-8, ISBN EBOOK : 978-2-336-35621-1

ÉVOLUTIONS (LES) DES MODES DE FINANCEMENT DE L'ACTION PUBLIQUE
Sous la direction de Fabien Bottini
La crise de 1929 avait conduit les États à faire preuve d'imagination pour pouvoir financer leur politique. Les chocs pétroliers des années 1970 et la crise de 2008 ayant fait peser des contraintes

supplémentaires sur les budgets nationaux, la question se pose des évolutions qu'ont connues les modes de financement de l'action publique depuis près d'un siècle. Est-il possible, à partir de l'exemple français, de dégager des lignes de force permettant de redonner une cohérence d'ensemble à ces évolutions ?
(26.00 euros, 242 p.)
ISBN : 978-2-343-03655-7, ISBN EBOOK : 978-2-336-35507-8

POUVOIR (LE) DE PUNIR
Qu'est-ce qu'être frappé d'une peine ?
Ferri Tony
Qu'est-ce qu'être frappé d'une condamnation pénale aujourd'hui ? Quelles logiques président à sa mise en œuvre ? Ce livre décrit la réalité, les caractéristiques, les mécanismes et les rationalités des pénalités contemporaines afin d'en révéler les rouages, les structures, les dérives. Est-il désormais envisageable de déplacer la frontière entre le possible et l'impossible dans le champ pénal et donc d'explorer, dans ce champ, de nouvelles possibilités ?
(Coll. Logiques des pénalités contemporaines, 14.50 euros, 144 p.)
ISBN : 978-2-343-04004-2, ISBN EBOOK : 978-2-336-35440-8

CRIMINALITÉ (LA) FÉMININE
Ménabé Catherine
Malgré une égalité pénale formelle entre hommes et femmes, leurs criminalités ne se confondent pas. Pour autant, elles ne sont pas non plus totalement dissociables, les facteurs criminogènes étant semblables. Contrairement au droit pénal qui s'illustre par son indifférence au sexe des auteurs d'infractions, la réaction pénale à la criminalité n'est pas totalement neutre. L'homme et la femme font l'objet d'un traitement judiciaire et pénitentiaire différencié.
(Coll. Bibliothèques de droit, 40.00 euros, 424 p.)
ISBN : 978-2-343-04036-3, ISBN EBOOK : 978-2-336-35419-4

EUROCOPTER SAVAIT
La vérité sur un crash mortel
Henrion Blaise
En avril 2003, un hélicoptère s'écrase sur l'aérodrome de Tarbes, entraînant la mort d'un passager. Le pilote est inculpé d'homicide involontaire. Blaise Henrion, propriétaire de l'appareil, n'a cessé de mettre en cause un vice caché. Il nous entraîne dans un musée des horreurs aéronautiques et nous fait découvrir un réseau institutionnel effarant de truquages administratifs, de connivences souterraines, de mensonges à la justice, de faux certificats, d'incompétence et de désinvolture criminelle...
(Coll. Questions contemporaines, 29.00 euros, 292 p.)
ISBN : 978-2-343-04324-1, ISBN EBOOK : 978-2-336-35700-3

PUNIR, AMNISTIER OU NIER : LE CRIME INTERNATIONAL DE NUREMBERG À LA HAYE
Lingane Zakaria
La diversité actuelle des mécanismes de répression pénale des crimes de droit international ou l'établissement de processus de justice transitionnelle témoignent incontestablement de l'érosion de la «culture de l'impunité». Dans cette réponse planétaire aux crimes graves, la compétence universelle connaît un renouveau juridique, où parfois le réalisme diplomatique le dispute à l'idéal judiciaire. Quelle place accorder à la justice, à la vérité, à l'État de droit, au pardon, à la réconciliation, à la mémoire, mais aussi à l'oubli ?
(36.00 euros, 344 p.)
ISBN : 978-2-343-01782-2, ISBN EBOOK : 978-2-336-35519-1

L'HARMATTAN ITALIA
Via Degli Artisti 15; 10124 Torino

L'HARMATTAN HONGRIE
Könyvesbolt ; Kossuth L. u. 14-16
1053 Budapest

L'HARMATTAN KINSHASA
185, avenue Nyangwe
Commune de Lingwala
Kinshasa, R.D. Congo
(00243) 998697603 ou (00243) 999229662

L'HARMATTAN CONGO
67, av. E. P. Lumumba
Bât. – Congo Pharmacie (Bib. Nat.)
BP2874 Brazzaville
harmattan.congo@yahoo.fr

L'HARMATTAN GUINÉE
Almamya Rue KA 028, en face
du restaurant Le Cèdre
OKB agency BP 3470 Conakry
(00224) 657 20 85 08 / 664 28 91 96
harmattanguinee@yahoo.fr

L'HARMATTAN MALI
Rue 73, Porte 536, Niamakoro,
Cité Unicef, Bamako
Tél. 00 (223) 20205724 / +(223) 76378082
poudiougopaul@yahoo.fr
pp.harmattan@gmail.com

L'HARMATTAN CAMEROUN
BP 11486
Face à la SNI, immeuble Don Bosco
Yaoundé
(00237) 99 76 61 66
harmattancam@yahoo.fr

L'HARMATTAN CÔTE D'IVOIRE
Résidence Karl / cité des arts
Abidjan-Cocody 03 BP 1588 Abidjan 03
(00225) 05 77 87 31
etien_nda@yahoo.fr

L'HARMATTAN BURKINA
Penou Achille Some
Ouagadougou
(+226) 70 26 88 27

L'HARMATTAN SÉNÉGAL
10 VDN en face Mermoz, après le pont de Fann
BP 45034 Dakar Fann
33 825 98 58 / 33 860 9858
senharmattan@gmail.com / senlibraire@gmail.com
www.harmattansenegal.com

L'HARMATTAN BÉNIN
ISOR-BENIN
01 BP 359 COTONOU-RP
Quartier Gbèdjromèdé,
Rue Agbélenco, Lot 1247 I
Tél : 00 229 21 32 53 79
christian_dablaka123@yahoo.fr

Achevé d'imprimer par Corlet Numérique - 14110 Condé-sur-Noireau
N° d'Imprimeur : 115014 - Dépôt légal : janvier 2015 - *Imprimé en France*

www.ingramcontent.com/pod-product-compliance
Lightning Source LLC
LaVergne TN
LVHW011148061026
849535LV00003B/651